AF344722

Transporte de mercancías por carretera

Manual de competencia profesional

José Manuel Ruiz Rodríguez

Transporte de mercancías por carretera

Manual de competencia profesional

José Manuel Ruiz Rodríguez

Colección: BIBLIOTECA DE LOGÍSTICA
Director: David Soler

TRANSPORTE DE MERCANCÍAS POR CARRETERA. MANUAL DE COMPETENCIA PROFESIONAL
1.ª edición, 2008
2.ª edición, 2009
3.ª edición, 2013
4.ª edición, 2018
5.ª edición, 2020
6.ª edición, 2021
7.ª edición, 2022

© José Manuel Ruiz Rodríguez
© de esta edición, incluido el diseño de la cubierta: ICG Marge, SL.
Ilustraciones de Helena Ruiz

Edita: Marge Books
Brutau, 160 - 08203 Sabadell (Barcelona)
Tel. 931 429 486 – marge@margebooks.com
www.margebooks.com

Edición: Mercedes Lara
Imprenta: Safekat, SL (Madrid)

ISBN edición impresa: 978-84-19109-12-5
ISBN edición digital: 978-84-19109-13-2
Depósito Legal: B 3661-2022

El papel empleado en este libro no ha sido blanqueado con cloro elemental (CI_2).

Índice

Capítulo 4

Capítulo 5

Capítulo 6

Capítulo 7

Capítulo 8

Accede a estos test de autoevaluación para practicar los test
y supuestos de cada tema.
Encontrarás las preguntas iguales a los del examen para
el Certificado de Competencia Profesional para Transportistas
de Mercancías por Carretera.

Acceso a Todotest:

Acceso al banco de preguntas del Ministerio de Transportes,
Movilidad y Agenda Urbana:

Introducción

El certificado de competencia profesional para transportistas es un título que expide el Ministerio de Transportes, Movilidad y Agenda Urbana o las comunidades autónomas que tengan transferidas competencias en este ámbito. Se obtiene tras superar unos exámenes que se convocan al menos una vez al año. Quien posea esta titulación es el gestor de transporte de la empresa. Este certificado es necesario para ejercer la profesión de transporte público, tanto de mercancías como de viajeros, así como las actividades auxiliares y complementarias del transporte, es decir, agencia de transporte, empresa transitaria, almacenista distribuidora y de operaciones logísticas.

El título es válido en todos los países de la Unión Europea y su formato en España es similar al que se expide en otros Estados de la Unión. La «competencia profesional» está regulada en el apartado 1 del artículo 10 de la Directiva 96/26/CE del Consejo, de 29 de abril de 1996, y en la misma se establece el reconocimiento recíproco de diplomas.[1]

Además del certificado de competencia profesional, es necesario cumplir los requisitos de honorabilidad y capacidad económica, entre otros, de acuerdo con lo estipulado por la Ley de Ordenación de los Transportes Terrestres (Ley 16/1987, de 30 de julio) y desarrollado en su reglamento (RD 1211/1990 de 28 de septiembre), así como otras normas posteriores.

La necesidad de disponer de este certificado de competencia profesional se establece con carácter obligatorio, y su carencia haría incurrir en las responsabilidades y sanciones procedentes.

Para participar en los exámenes es imprescindible la presentación de una instancia, para lo cual hay un plazo no inferior a quince días hábiles desde que se publica la convocatoria. Una sola instancia o inscripción sirve para presentarse a uno o varios exámenes

---

[1] Esta materia será regulada por el Reglamento (CE) 1071/2009 del Parlamento Europeo y del Consejo, de 21 de octubre de 2009 por el que se establecen las normas comunes relativas a las condiciones que han de cumplirse para el ejercicio de la profesión de transportista por carretera y por el que se deroga la Directiva 96/26/CE del Consejo.

simultáneamente. En la actualidad, se puede hacer la inscripción personalmente, por teléfono y a través de internet.

Los exámenes se deben celebrar en el segundo trimestre de cada año, es decir en abril, mayo o junio. Entre la convocatoria de las pruebas y la realización de los exámenes ha de transcurrir un plazo mínimo de un mes.

Concluidos los exámenes, se publica la relación general de todas las personas que han conseguido superar las pruebas, a las cuales les será expedido el certificado de competencia profesional por el Ministerio de Transportes, Movilidad y Agenda Urbana o, en su caso, por las comunidades autónomas competentes, que faculta para ejercer la profesión de transporte público. Al mismo tiempo, se producirá la inscripción del interesado en el apartado correspondiente del Registro de Empresas y Actividades de Transporte del Ministerio de Transportes, Movilidad y Agenda Urbana.

Desde el 1 de septiembre de 1999, según establece la OM 13021 de 28 de mayo de ese año, solo existen dos modalidades de examen: transporte interior e internacional de mercancías y transporte interior e internacional de viajeros. Cada uno de ellos consiste en:

- *Primera parte:* contestar un cuestionario de cien preguntas tipo test sobre el contenido de las materias del programa, con cuatro respuestas alternativas.
- *Segunda parte:* resolver seis supuestos prácticos, que requieran la aplicación de dicho contenido a un caso concreto.

El tiempo máximo para cada parte es de dos horas, por lo que suelen concederse cuatro horas en total para las dos partes, y no hay ninguna pausa entre la primera y la segunda parte.

Los ejercicios se valoran de 0 a 10 puntos. En las preguntas tipo test, las respuestas se valoran con 0,04 y –0,02 puntos. Los supuestos prácticos se valoran entre 0 y 1 punto cada uno. En todos los exámenes, las respuestas en blanco y las preguntas que contengan dos o más respuestas ni suman ni restan puntos.

Para aprobar un ejercicio se debe obtener una puntuación no inferior a 2 en la primera parte ni a 3 en la segunda, siempre que la suma de puntuaciones obtenidas en ambas partes sea igual o superior a 6.

Lo que se pide en los exámenes es racional y completamente asequible, al alcance de cualquier persona que se lo proponga. Ahora bien, dada la amplitud de temas que el examen incluye, los alumnos deben ser conscientes de que han de estudiar, no siendo suficiente con la sola asistencia a las clases, en caso de que asistan a un curso. En este sentido, es importante tener presente que desarrollar casos prácticos y tests es otra forma de adquirir conocimientos, complementaria al manual que se emplee para estudiar.

Para presentarse a las pruebas se exige una formación mínima de bachillerato o de formación profesional (FP) de, al menos, grado medio de cualquier especialidad.

No obstante lo indicado anteriormente, está previsto que en un futuro próximo los exámenes se puedan hacer en cualquier momento, realizados en línea a través de una aplicación en internet.

El examen constará de dos partes. En la primera se ha de responder un cuestionario de 200 preguntas tipo test sobre el contenido de las materias del programa, con cuatro respuestas alternativas. En la segunda parte hay que resolver cuatro supuestos prácticos con ocho respuestas alternativas, que requieran la aplicación de dicho contenido a un caso concreto.

El tiempo máximo para cada parte es de dos horas. En las preguntas tipo test, las respuestas se valoran con 1 punto y los supuestos prácticos se valoran con 50 puntos. Cada una de las pruebas se valora cuando el participante finaliza o cuando se termina el tiempo disponible.

Para aprobar el examen deberá obtenerse una puntuación no inferior al 50 % de los puntos posibles en cada una de las dos partes, debiendo obtener un mínimo del 60 % del total de puntos atribuibles para el conjunto de las dos pruebas.

Los temas objeto del examen están incluidos en el anexo I del Reglamento CE 1071/2009 del Parlamento Europeo y del Consejo, de 21 de octubre de 2009. Este manual se adapta a los contenidos de dicho anexo, y se ha modulado el detalle o extensión de cada uno de los temas a la vista de la composición del actual banco de preguntas del Ministerio de Transportes, Movilidad y Agenda Urbana de abril de 2018 y de julio de 2021, con las actualizaciones necesarias para adecuarse a la normativa legal en constante cambio. También se han tenido en cuenta multitud de exámenes de varias comunidades autónomas de anteriores convocatorias.

Este manual pretende ser una ayuda para la preparación y superación del examen, pero su contenido en ningún caso puede comprender el cien por cien de las preguntas y supuestos prácticos que se contemplan en el banco oficial del Ministerio de Transportes, Movilidad y Agenda Urbana que, además de ser modificado y estar actualizado de manera permanente, tampoco es una referencia última para la preparación de los ejercicios, como se indica en la propia web del Ministerio.

Capítulo 1

Elementos de derecho privado

Tema 1.1
Contratos en general

Definición

Un contrato se puede definir, simplemente, como un acuerdo de voluntades. Un contrato tiene fuerza de ley para las partes del mismo. Si no se dan los siguientes elementos esenciales, el contrato no existe:

- *Consentimiento.* No sería válido si se hace por error, dolo, violencia o intimidación.
- *Objeto.* Todas las cosas o los servicios que uno puede dar o hacer. El objeto ha de ser lícito.
- *Causa.* Finalidad perseguida, el «para qué». La causa debe ser auténtica, no fingida.

La existencia y el contenido de los contratos pueden probarse por cualquier medio admitido en derecho, como documentos, testigos, etc. Recordemos que un contrato no siempre es escrito.

El nacimiento o la perfección de un contrato tienen lugar cuando concurren la oferta de una parte y la aceptación de la otra.

Los denominados contratos de adhesión son aquellos en los que una parte solo puede aceptar o rechazar el contrato, y no tiene capacidad para discutir o negociar su contenido.

Requisitos de las partes

Las partes que intervienen en cualquier tipo de contrato deben reunir los siguientes requisitos:

- *Legitimidad.* Para ser parte en un contrato, si se contrata en nombre de otra persona, se debe tener un poder.
- *Capacidad jurídica.* Consiste en ser apto para poseer derechos. Una persona tiene dicha capacidad desde que nace; una sociedad, desde su constitución.

– *Capacidad de obrar.* Ser apto para contraer obligaciones. Las personas físicas la tienen al cumplir los dieciocho años, excepto los locos, los sordomudos que no sepan leer ni escribir y las personas que hayan sido declaradas en quiebra. Las personas jurídicas no pueden tener esta capacidad, aunque sí la tiene su representante legal.

Incumplimientos de contratos

Se pueden producir los siguientes incumplimientos en un contrato:

– *Por responsabilidad del deudor:* cuando una parte deja de cumplir su obligación, sin existir una razón para ello.
– *Sin responsabilidad del deudor:* si existe un hecho imprevisto o inevitable que impide a una de las partes cumplir su obligación. En tal caso, el deudor (obligado) no responde por incumplir.
– *Temporal:* cuando existe un retraso en el cumplimiento de su obligación por una de las partes.

Contrato de compraventa

Es aquel por el cual uno de los contratantes se obliga a entregar una cosa determinada (actual o futura) y otro a pagar por ella un precio cierto, en dinero o cosa que lo represente. Este contrato es consensual, bilateral (también llamado sinalagmático), oneroso y traslativo de dominio.

El precio cierto no significa necesariamente que esté cuantificado. Es válido si está referido a algo futuro, cuya cuantía no conocemos ahora. La condición es que no haya que formalizar un nuevo contrato para establecerlo.

La compraventa es civil cuando el comprador adquiere la cosa para su uso, y mercantil si el comprador adquiere la cosa para revenderla y obtener una ganancia.

Elementos

– *Personales:* comprador y vendedor.
– *Reales:* la cosa y el precio.
– *Formales:* no se exige ninguna forma concreta.

Contrato de permuta

Uno de los contratantes se obliga a dar una cosa para recibir otra. Permuta es sinónimo de cambio o trueque. En este contrato no hay un precio en dinero.

Se dan también las modalidades de civil y mercantil, y la diferencia entre una y otra es idéntica al caso de la compraventa.

Es un contrato consensual, bilateral y traslativo de dominio; debe tenerse en cuenta que es un contrato distinto al de compraventa.

Contrato de arrendamiento

Mediante este contrato, el arrendador se obliga a prestar una cosa para su uso al arrendatario a cambio de un precio, o bien a efectuar una obra o un servicio.

Es un contrato bilateral, traslativo de uso (no de dominio), consensual y temporal (no puede ser indefinido). No es necesaria forma escrita; cuando se impone la forma escrita es por otras razones legales, no para que exista en sí el contrato.

Arrendamiento de vehículos

El arrendamiento es una actividad auxiliar del transporte, aunque el artículo 21 del título IV de la Ley 25/2009 (Ley Omnibus), modifica el artículo 133 de la LOTT que trata del arrendamiento de vehículos. Declara libre esta actividad, que deja de estar sujeta a autorización administrativa.

Fija solo las siguientes condiciones: «La actividad de arrendamiento de vehículos sin conductor podrá ser realizada libremente por todas aquellas empresas que cumplan las obligaciones que, por razones de índole fiscal, social y laboral o de seguridad ciudadana o vial, les vengan impuestas por la legislación reguladora de tales materias».

El arrendamiento con conductor solo es posible para turismos. Hay que tener presente que el *leasing* es una modalidad de arrendamiento financiero en la que al final hay una opción de compra, no una obligación.

Contrato de depósito

Es aquel por el cual una persona (depositario) recibe una **cosa** mueble de otra (depositante) y se obliga a custodiarla y a devolverla cuando le sea reclamada, todo ello a cambio de un **precio**.

- *Elementos personales:* depositante y depositario.
- *Elementos reales:* la cosa y el precio.
- *Elementos formales:* no se requiere forma escrita; basta con la entrega de la cosa.

Se dice que es un contrato no solo consensual, sino real, porque es necesaria la entrega física de la cosa para que se perfeccione el contrato.

Depósito regular

El depositario debe devolver la misma cosa que se depositó. El depositante conserva la propiedad de la cosa y el depositario no puede consumirla. En este tipo de contrato existen los siguientes derechos y obligaciones:

- *Obligaciones del depositante.* Pagar al depositario la cantidad pactada y los gastos que el depositario haya hecho para conservar la cosa.
- *Obligaciones del depositario.* Conservar y custodiar la cosa y devolverla en el mismo estado en que la recibió cuando el depositante lo pida.
- *Derechos del depositario.* Derecho de retención, es decir, retener en prenda la cosa para cobrar el almacenaje. Debe haber conexión entre la deuda y la cosa.
- *Responsabilidad del depositario.* Responde de los daños de las cosas por su malicia o negligencia. Si son por naturaleza o vicio de las cosas, debe hacer todo lo necesario para evitarlo y además dar aviso al depositante de manera inmediata.

Depósito irregular

El depositario adquiere la propiedad de la cosa, y puede consumirla. Debe devolver otro tanto de la misma especie y calidad, con sus posibles ganancias (típico depósito de dinero en los bancos).

Comisión mercantil

Contrato entre un comitente, que da órdenes de comprar algo a un comisionista, debiendo pagarle y, salvo pacto expreso, proveerle de fondos.

El comisionista puede actuar en nombre del comitente o bien hacerlo en nombre propio. Si actúa en nombre propio, es como si el negocio fuese suyo y no es necesario decir quién es el comitente. Si no recibe provisión de fondos, puede suspender la ejecución de las instrucciones hasta recibir dicha provisión, salvo que exista un pacto expreso en otro sentido. Los encargos recibidos debe hacerlos el comisionista, y no puede delegarlos a un tercero, salvo pacto expreso.

En el transporte, la función de comisionista es desarrollada por los OT (operadores de transporte de mercancías).

En efecto, la actividad de mediación está reservada por la Ley de Ordenación de los Transportes Terrestres (LOTT) a los operadores de transporte (OT) (agencia de transporte, empresa transitaria, almacenista distribuidora y de operaciones logísticas). Las actividades que desarrollan las cooperativas y sociedades de comercialización, así como los supuestos de colaboración entre transportistas, no se consideran actividades de mediación, y por tal razón no se les exige la tarjeta de OT.

Colaboración entre transportistas

La normativa permite que un transportista solicite la colaboración de otro (que lo subcontrate) para poder prestar servicios a sus clientes, siempre que se cumplan una serie de premisas o condiciones:

a) Tanto el transportista principal como el colaborador deben ser titulares de autorización de transporte.

b) El transportista principal debe tener totalmente ocupada su capacidad de carga. Debe contratar en nombre propio con sus clientes, y ocupar de hecho la posición de un operador de transporte, aunque no lo es.

c) En ningún momento, la colaboración debe ser superior al 100 % medida por el número de vehículos.

d) Estos servicios deben ser contabilizados de manera diferenciada del resto. Dicha contabilidad puede ser comprobada por los servicios de Inspección del Transporte, que además pueden utilizar otros sistemas, como el cruce de datos entre el transportista principal y los colaboradores.

Tema 1.2
El contrato de transporte

La principal norma nacional que regula el contrato de transporte terrestre de mercancías es la Ley 15/2009 de 11 de noviembre, BOE de 12 de noviembre de 2009, en vigor desde el 12 de febrero de 2010. También la Ley de Ordenación de los Transportes Terrestres 16/1987 de 30 julio (LOTT) y su Reglamento aprobado por Real Decreto 1211/1990 de 28 septiembre (ROTT), y las Condiciones Generales de Contratación del Transporte, contenidas en la Orden FOM/1882/2012 en todo aquello que no se oponga a la Ley 15/2009.

El contrato de transporte

El contrato de transporte por carretera es aquel mediante el cual una persona llamada porteador se compromete a transportar una cosa, y otra, llamada cargador, a pagar un precio a cambio.

Características

- *Consensual:* se perfecciona por simple acuerdo de voluntades.
- *Bilateral y sinalagmático:* crea obligaciones para las dos partes.
- *Oneroso:* debe haber un precio, no es gratuito; sin precio no hay contrato.
- *No formal:* no necesita plasmarse por escrito, pero puede hacerse.

Elementos personales

Los elementos personales son las personas, físicas o jurídicas, entre las que se formaliza el contrato de transporte. En transporte nacional por carretera, reciben los siguientes nombres:

- *Porteador.* Quien asume, en nombre propio, la obligación de transportar las mercancías. Puede ser transportista con flota propia o no serlo.
- *Cargador.* Quien tiene interés en trasladar las mercancías y puede disponer de ellas. Puede ser remitente o no serlo y casi siempre es la misma persona.

Elementos reales

- *La mercancía,* que debe ser de lícito comercio.
- *El precio,* que debe ser en dinero o en algún signo que lo represente (letra, pagaré, cheque). Puede ser porte pagado, si se ha pagado o se pagará en el lugar de carga, o bien porte debido, cuando se ha de pagar en el lugar de destino. Estos términos no establecen, por lo tanto, cuándo se paga el precio, sino quién lo paga.

Elementos formales

La forma es libre y puede ser escrita o verbal. La carta de porte es solo una prueba de que existe el contrato, pero puede haber otras (albaranes, facturas, etc.).

Responsabilidad

El porteador es responsable de los daños durante el transporte, salvo que sean por caso fortuito, fuerza mayor (aquí no se pueden incluir nunca las averías de los vehículos) o vicio propio de las mercancías. En este caso, deberá probarlo él, y si lo prueba, nadie será responsable.

La responsabilidad del porteador se inicia en momentos diferentes:

- *Para un porteador no transportista,* cuando se hace cargo de la mercancía.
- *Para un porteador que es además transportista,* cuando la mercancía está a bordo del vehículo.

El límite de responsabilidad es de un tercio del indicador público de renta de efectos múltiples/día (Iprem/día) por cada kilogramo de peso bruto de mercancía perdida o averiada. El límite no se aplica cuando existe dolo o bien se ha hecho declaración de valor.

La indemnización por los perjuicios derivados de retraso no excederá del precio del transporte.

Carga completa

Un transporte de carga completa es aquel que no necesita de operaciones complementarias al propio transporte. La carga y la estiba corresponden al cargador, y la descarga y desestiba, al destinatario. Esto es así a menos que se pacte expresamente otra cosa (artículo 4 de la ROTT). Podemos también ver la carga completa como un «envío directo».

Carga fraccionada (pequeños envíos y paquetería en la Ley 15/2009)

Los servicios de paquetería y cualesquiera otros similares que impliquen la recogida o reparto de envíos de mercancías consistentes en un reducido número de bultos que puedan ser fácilmente manipulados por una persona sin otra ayuda que las máquinas o herramientas que lleve a bordo el vehículo utilizado. Las operaciones de carga y descarga, salvo que se pacte otra cosa, serán por cuenta del porteador.

Comienzo de responsabilidad

Para el porteador, la responsabilidad empieza cuando se hace cargo de la mercancía. Para el transportista efectivo, cuando la mercancía se encuentra a bordo del vehículo.

Anomalías

Las principales anomalías o incidencias en relación con la mercancía transportada y su entrega son las siguientes:

- *Pérdida:* resulta afectada toda o parte de la mercancía (cantidad).
- *Avería:* resulta afectado el valor en todo o parte (calidad).
- *Retraso:* demora sobre lo pactado o lo usual (tiempo).

El deje de cuenta

Es la facultad que tiene el destinatario de rechazar la mercancía en unos supuestos determinados, reclamando al porteador el valor de la misma. Los supuestos se detallan a continuación:

- Cuando hayan transcurrido veinte días desde la fecha convenida para la entrega sin que esta se haya efectuado; o, a falta de plazo, cuando hubiesen transcurrido treinta días desde que el porteador se hizo cargo de las mercancías (artículo 54, Ley 15/2009).
- Cuando llegan unos bultos en perfecto estado y otros destrozados, puede aceptar los correctos y rechazar los destruidos.
- Cuando llega parte de la mercancía, pero falta otra parte indispensable para hacer funcionar o para poner a la venta la mercancía llegada.

Plazos para reclamar

Los plazos que la normativa concede al destinatario para reclamar, en función del tipo de anomalía, son los siguientes:

- *Retraso:* en el plazo de veintiún días desde el siguiente al de la entrega de las mercancías al destinatario.
- *Pérdida:* cuando hayan transcurrido veinte días desde la fecha convenida para la entrega sin que esta se haya efectuado; o, a falta de plazo, cuando hubiesen transcurrido treinta días desde que el porteador se hizo cargo de las mercancías.
- *Daños visibles:* en el acto de la entrega.
- *Daños no visibles:* dentro de los siguientes siete días naturales a la entrega.

Las acciones prescriben en un año. En supuestos de dolo dos años.

Derechos del transportista en envíos a portes debidos

Si llegadas las mercancías a destino, el obligado no pagase el precio u otros gastos ocasionados por el transporte, el porteador podrá negarse a entregar las mercancías a no ser que se le garantice el pago mediante caución suficiente.

Cuando el porteador retenga las mercancías, deberá solicitar al órgano judicial o a la junta arbitral de transporte competente el depósito de aquéllas y la enajenación de las necesarias para cubrir el precio del transporte y los gastos causados, en el plazo máximo de diez días desde que se produjo el impago.

Cuando se haya pactado el pago del precio del transporte y los gastos por el destinatario, este asumirá dicha obligación al aceptar las mercancías. No obstante, el cargador responderá subsidiariamente en caso de que el destinatario no pague.

En portes pagados, cuando haya dificultades en la entrega, el porteador podrá asimismo optar por solicitar la constitución del depósito de la mercancía ante el órgano judicial o la junta arbitral de transporte competente. Este depósito surtirá para el porteador los efectos de la entrega, considerándose terminado el transporte.

Paralizaciones

Salvo acuerdo diferente, deberá pagarse al porteador el indicador público de renta de efectos múltiples/día (Iprem/día) multiplicado por dos por cada hora o fracción de paralización, sin que se tengan en cuenta las dos primeras horas ni se computen más de diez horas diarias por este concepto.

Cuando la paralización del vehículo fuese superior a un día, el segundo día será indemnizado en cuantía equivalente a la señalada para el primer día incrementada en un 25 %. Cuando la paralización del vehículo fuese superior a dos días, el tercer día y siguientes serán indemnizados en cuantía equivalente a la señalada para el primer día incrementada en un 50 %

Intereses

Si se han de cobrar intereses por cualquier tipo de reclamación, estos serán los legales que establezca el Banco Central Europeo (BCE) más 7 puntos porcentuales.

Tema 1.3
Condiciones generales de contratación

Las condiciones generales de contratación (CGC) están reguladas por la Orden FOM/1882/2012 de 1 de agosto de 2012 (BOE de 5 de septiembre, vigente desde el día 25). Esta normativa deroga la OM de 25 de abril de 1997.

Las condiciones generales son de aplicación subsidiaria respecto a lo que pacten las partes. Los pactos que vayan contra la ley no tendrán validez. Si un contrato es contrario en todo a la ley, se aplicarán las CGC en todo su contenido, si solo son contrarios a la ley algunos puntos valdrán los demás y en lugar de los nulos, se aplicarán las CGC.

La contratación de los servicios de transporte se hará siempre en nombre propio. No obstante se podrá contratar en nombre de otro si la mediación es gratuita y se puede acreditar.

Se consideran independientes los contratos celebrados entre cargador y operador de transporte y entre este y el transportista efectivo. Lo mismo se aplica en el caso de colaboración entre transportistas.

Definiciones

- *Transportista:* titular de una empresa especialmente concebida y equipada para la realización material de transportes de mercancías por carretera por cuenta ajena con sus propios medios personales y materiales, y que, al efecto, dispone de uno o más vehículos adecuados con capacidad de tracción propia, bien en propiedad, o en virtud de cualquier otro título permitido por la legislación vigente.

- *Operador:* titular de una empresa que bajo la denominación comercial de agencia de transporte, empresa transitaria, almacenista distribuidora o de operaciones logísticas, se dedica a intermediar en la contratación del transporte de mercancías, actuando como organización interpuesta entre los cargadores y los porteadores que contrata en nombre propio.

- *Cargador:* es quien contrata en nombre propio la realización de un transporte y frente al cual el porteador se obliga a efectuarlo.

- *Porteador:* es quien asume la obligación de realizar el transporte en nombre propio con independencia de que lo ejecute por sus propios medios o contrate su realización con otra persona física o jurídica.

- *Expedidor:* es el tercero que, por cuenta del cargador, hace entrega de las mercancías al transportista en el lugar donde este recibe la mercancía.

- *Envío:* es la cantidad de mercancía, embalajes y soporte de la carga incluidos, que un cargador entrega simultáneamente a un porteador para su transporte y entrega a un único destinatario, desde un único lugar de carga a un único lugar de destino.

- *Bulto:* cada unidad material de carga diferenciada que forman las mercancías objeto de transporte, con independencia de su volumen, dimensiones y contenido.

Carta de porte y precio del transporte

La carta de porte no es obligatoria, pero las partes pueden exigir que se haga. Se admite la carta de porte electrónica. Para el cálculo de costes del transporte la Orden FOM/1882/2012 remite al observatorio de costes, es decir, al programa informático Acotram.

Cuando se contrata con un consumidor, el porteador deberá informarle de la posibilidad de hacer una declaración de valor, de interés en la entrega o de contratar un seguro.

Si el precio del combustible se incrementa desde que se contrató el transporte hasta el momento de realizarse, se podrá aplicar una revisión de precios. La orden facilita fórmulas en el punto 3.3. Esta revisión será automática si el incremento es igual o superior a un 5 %. De igual modo, se aplicarían descuentos si el precio del combustible bajase.

Los descuentos que se tengan que hacer entre cargador y porteador deben estar pactados de antemano y claramente.

Si no se pacta nada, el obligado al pago de los portes es el cargador. En porte debido el destinatario asume la obligación de pago al aceptar la mercancía. El cargador responde subsidiariamente de este pago.

Los portes deben abonarse una vez cumplida la obligación de transportar y puesta la mercancía a disposición del destinatario.

Salvo plazo acordado para el pago, quien debe pagar lo hará al poner el porteador el envío a disposición del destinatario. Si no paga o presta caución suficiente, el porteador puede negarse a entregar el envío. Si el porteador retiene el envío deberá solicitar a las juntas arbitrales de transporte su enajenación en diez días desde el impago.

A partir de los treinta días de recibida la factura deberán pagarse intereses. En caso de duda sobre la fecha se contarán treinta días desde la recepción de la mercancía por el destinatario.

La carga

El porteador debe poner el vehículo a disposición del cargador en el lugar y tiempo pactados. Si no hay hora pactada, el porteador cumple si llega antes de las 18 horas. Si el porteador incumple, el cargador puede buscar otro y reclamarle una indemnización.

Si el cargador no entrega todo o parte del envío tendrá solo dos opciones: pago de cantidad equivalente al precio del transporte que no se haga o bien entregar otro envío similar y que esté disponible inmediatamente.

Los palés y contenedores son parte del envío y el cargador no puede cobrar por ellos. Si han de regresar vacíos, eso sería objeto de otro contrato de transporte.

El porteador tiene la obligación de conservar y entregar los documentos que se le faciliten, pero no de reconocerlos. La pérdida de documentos puede implicar responsabilidades como las de perder mercancía, como ocurre en el Convenio CMR.

Si se sospecha falsedad, el porteador puede hacer comprobar peso, dimensiones o contenido ante el cargador o sus auxiliares y, si no es posible, ante notario, presidente de junta arbitral o perito designado por este. Quien tenga que asumir los gastos dependerá del resultado. El resultado de esta comprobación se indicará en la carta de porte o en acta adjunta. Si la comprobación la pide el cargador la pagará él en todos los casos.

El porteador puede rechazar bultos mal acondicionados o identificados, que no lleven la documentación necesaria o cuya naturaleza no coincida con lo declarado. El porteador lo comunicará de inmediato al cargador. También puede el porteador supeditar la admisión de la carga a que se le permita formular las reservas que estime necesarias.

La carga y estiba son por cuenta del cargador, salvo pacto expreso antes de que se presente el vehículo a la carga.

Derecho de disposición

El cargador tiene derecho de disposición sobre la mercancía para que se detenga el envío, se vuelva a origen o se entregue en otro lugar o destinatario diferente. Pero ese derecho puede tenerlo el destinatario si se ha pactado expresamente. Si el destinatario deriva el envío a otra persona, esta persona no puede reenviarlo a una tercera.

El cargador o destinatario debe presentar al porteador el ejemplar primero de la carta de porte con las nuevas instrucciones y pagar al porteador los gastos que ese cambio suponga. Las nuevas instrucciones deben ser posibles cuando se den al porteador, sin cau-

sarle perjuicios a cargadores o destinatarios de otros envíos con él contratados. En caso contrario, el porteador lo comunicará de inmediato a quien le dio esas instrucciones. No podrán tener como consecuencia la división del envío.

Si el porteador no ejecuta las instrucciones o lo hace sin el ejemplar primero de la carta de porte, responderá de los perjuicios causados.

El derecho se extingue cuando el segundo ejemplar de la carta de porte se entrega al destinatario. A partir de ese momento el porteador se someterá a las instrucciones del destinatario.

Dificultades en la entrega

Si hay dificultades en la entrega el porteador lo comunicará al cargador. Si pasadas dos horas no lo ha podido comunicar o no ha tenido respuesta, podrá solicitar el depósito de la mercancía.

El porteador podrá enajenar (vender) las mercancías solicitándolo al juez o a la junta arbitral del lugar, si lo justifica la naturaleza perecedera de la mercancía (del mismo modo a como sucede en el Convenio CMR). El importe obtenido se pondrá a disposición del que tiene derecho sobre las mercancías, descontando los gastos causados y los de transporte en su caso. Si estos gastos fuesen superiores a lo obtenido, el porteador podrá reclamar la diferencia.

Plazo para la entrega

El porteador entregará el envío en el lugar y plazo pactados o en un plazo razonable (velocidad media de 20 km/h más períodos de descanso obligatorios del conductor), el de las formalidades administrativas y operaciones complementarias solicitadas por el remitente.

El plazo empieza a correr cuando el porteador recibe el envío, se prorroga por el tiempo que esté detenido por causa no imputable al porteador y su cómputo se suspenderá los días festivos y los inhábiles para circular.

Si no consta la hora en que el porteador recibió el envío se comenzará a contar a las cero horas del día siguiente a la recepción por el porteador. Si el plazo acaba después de las 18 horas de un día el envío se entregará a las 9 horas o a la hora de apertura del establecimiento si es posterior a las 9 horas, del primer día laborable que siga al término del plazo.

Reembolsos

Si el destinatario no hace efectivo un reembolso se entiende que rehúsa el envío. Una vez cobrado el reembolso, el porteador deberá entregar lo cobrado al cargador en diez días, salvo que hayan pactado otro plazo mayor.

Si el porteador entrega un envío sin cobrar el reembolso deberá pagar su importe al cargador y tendrá derecho a reclamar al destinatario.

El pago de la prima por reembolso se facturará de forma separada del porte y deberá pagarla quien pague el transporte.

Incidencias en la entrega

Cuando por algún motivo no se entregue el envío, el porteador lo hará saber al cargador en el plazo más breve posible y esperará sus instrucciones. Si el destinatario da orden de entregar a un tercero y hay impedimentos, el destinatario asume aquí el papel de cargador de este nuevo envío.

Depósito y enajenación por incidencias en la entrega

Si no se pueden pedir instrucciones al cargador, o pasado el plazo acordado el cargador no da instrucciones, o no las da en dos horas, el porteador podrá solicitar el depósito de las mercancías.

El plazo para la descarga será de dos horas desde la llegada del vehículo, o desde la hora pactada si hubo tal pacto, aunque el porteador llegue antes de esa hora. Si a las 18 horas o a la hora de cierre del establecimiento si es posterior, no han pasado las dos horas, su cómputo se suspende hasta las 8 horas o hasta la hora de apertura del establecimiento si es antes, del primer día laborable siguiente. Si no se cumplen estos plazos el porteador podrá exigir una indemnización por paralización.

Reservas por pérdidas, averías o retrasos en la entrega

Si el destinatario estima que se ha producido alguna de estas incidencias deberá manifestar por escrito sus reservas al porteador, haciendo una descripción general de lo sucedido. Si son visibles se harán en el acto y si no lo son en los siete días naturales siguientes a la entrega.

En caso de retraso el destinatario solo tendrá derecho a indemnización si ha hecho reservas escritas al porteador en veintiún días desde el siguiente a la entrega. Las reservas pueden dirigirse contra el porteador contractual o contra el porteador efectivo, indistintamente.

A efectos de indemnizaciones, el valor de las mercancías es el de mercado que tenían en el momento y lugar en que fueron entregadas al porteador para su transporte. En caso de avería la cantidad a indemnizar sería este valor menos el valor que tendrían las mercancías averiadas en el momento y lugar en que fueron recibidas por el porteador.

Supuestos equiparables a pérdida total:

- Cuando se entregue una parte de la mercancía y el destinatario pruebe que no puede usar esa parte sin la faltante.
- Cuando presenten una avería tal que las haga inútiles para su venta o consumo.
- Cuando hayan transcurrido veinte días desde la fecha convenida de entrega o treinta días desde que el porteador se hizo cargo de ellas, en caso de no haber plazo acordado para la entrega.

En pérdida o avería total, además de la indemnización que corresponda, el porteador pagará el precio del transporte y demás gastos devengados durante el mismo. Si la pérdida o avería es parcial, pagará la parte proporcional.

El porteador no podrá alegar nunca defectos en los vehículos utilizados como causa de exoneración de responsabilidad.

El porteador no será responsable en:

- Uso de vehículos descubiertos o no entoldados, si así se pactó.
- Ausencia o deficiencia de embalaje.
- Manipulación, carga, estiba, descarga o desestiba realizadas por el cargador o el destinatario.
- Naturaleza de ciertas mercancías expuestas por causas intrínsecas a daños como rotura, moho, herrumbre, merma, derrame, desecación, acción de polillas o roedores.
- Deficiente identificación o señalización de los bultos.
- Transporte de animales vivos (si el porteador ha cumplido con la normativa).

Recuperación de mercancías perdidas

Quien sea indemnizado por pérdida podrá pedir por escrito, en el momento de recibir la indemnización, que se le avise inmediatamente si las mercancías aparecen en un período de un año. El porteador le hará un recibo donde conste esa petición.

En treinta días desde el aviso de aparición de las mercancías se podrá pedir la entrega de las mismas, previo pago de los portes en su caso y la devolución de la cantidad cobrada por la pérdida. Se podrá entonces reclamar por el retraso sufrido.

Si no hay instrucciones de recuperación o bien las mercancías aparecen pasado un año, el porteador podrá disponer libremente de ellas.

Envíos de paquetería

En estos servicios la carga, estiba, desestiba y descarga corresponde en todo caso al porteador. El plazo para el transporte se calculará sumando veinticuatro horas al plazo establecido en el punto 6.1 de la Orden FOM/1882/2012.

Depósito y enajenación de envíos de paquetería

Cuando no exista una declaración de valor, el porteador que no haya podido entregar un envío podrá considerar abandonado dicho envío a los tres meses desde que por primera vez intentó la entrega sin haber recibido instrucciones de quien tuviera poder de disposición sobre el envío.

El porteador podrá enajenar (vender) el contenido y con el dinero obtenido cubrir los gastos de transporte, almacenaje y otros que se hubieran generado.

Si el valor fuese ínfimo, el porteador podrá destruir la mercancía y reclamar al cargador el pago de los gastos antes mencionados.

En estos casos, el porteador quedará libre de cualquier reclamación de terceros.

Mercancías peligrosas no declaradas

La entrega de una mercancía peligrosa no declarada da derecho al porteador, si lo descubre, a descargarla, destruirla o retornarla a su origen, sin consecuencias para él, aunque deberá comunicarlo al cargador, que tendrá que hacerse cargo de los gastos ocasionados.

Tema 1.4
Juntas arbitrales de transporte

Las juntas arbitrales de transporte se han creado en todas las comunidades autónomas y en las ciudades de Ceuta y Melilla y su función principal es resolver reclamaciones relacionadas con el cumplimiento de los contratos de transporte terrestre y de las actividades auxiliares y complementarias del transporte.

Composición

Debe estar compuesta por un presidente (que tiene que ser licenciado en Derecho) y por entre dos y cuatro vocales. Tiene que estar representada la Administración (le corresponde la presidencia), así como los empresarios de transporte y los cargadores y usuarios.

Asuntos de su competencia

Las juntas entienden de temas de transporte por ferrocarril, carretera, mercancías y viajeros, tanto nacional como internacional; también, de transporte multimodal, si una parte es terrestre; no entienden de cuestiones laborales ni penales, aunque estén relacionadas con el transporte.

Si la controversia no supera los quince mil euros y ninguna de las partes que intervienen en el contrato hubiera manifestado expresamente a la otra su voluntad de excluir la competencia de las juntas arbitrales, antes de que se inicie o debiera haberse iniciado la realización del servicio contratado, las juntas arbitrales son las únicas competentes para resolver estas reclamaciones.

Si excede de quince mil euros, para que sean competentes las juntas arbitrales, es necesario que las partes intervinientes, de común acuerdo, sometan a su conocimiento la controversia de que se trate.

Juntas competentes

Pactándolo expresamente, las partes contratantes pueden elegir cualquier junta arbitral. Si no ha habido tal pacto, las juntas donde se podrá acudir serán las de origen o destino del transporte, así como la del lugar donde la empresa prestadora del servicio tenga su domicilio, a elegir por la persona física o jurídica demandante. Si esta persona es una consumidora final, podrá optar además por la junta arbitral más próxima a su domicilio. Para depósitos de mercancías rechazadas o con problemas en la entrega, será competente la junta arbitral correspondiente a donde se encuentre dicha mercancía.

Procedimiento

Se necesita un simple escrito, y no hace falta abogado ni procurador. El procedimiento es simplificado, rápido y gratuito, y si alguna parte no puede asistir a la vista, podrá hacerlo otra persona en su nombre, siempre y cuando esté autorizada dicha persona por escrito.

La vista oral será válida aunque falte algún componente de la junta o parte convocada, con la excepción del presidente.

En lo referente a los plazos de prescripción de acciones, rigen los mismos que para los tribunales. El laudo puede hacerse ejecutar por un juez una vez pasados veinte días desde su resolución.

El presidente de la junta arbitral podrá prescindir de la vista oral en asuntos de cuantía que no exceda de 100 €.

Otras funciones

Dictaminan e informan sobre las condiciones de cumplimiento de los contratos de transporte y sus cláusulas de ejecución.

Intervienen en el depósito, la valoración y la enajenación de mercancías cuyos portes no se paguen por el destinatario obligado a ello, si la reclamación se presenta en el plazo de ocho días naturales.

Llevan a cabo el depósito y la enajenación de las mercancías transportadas cuando no sea posible efectuar la entrega y corran riesgo de perderse.

Actúan como depositarias de mercancías rehusadas o cuya entrega es imposibilitada al llegar a su destino.

Efectúan depósitos y peritaciones cautelares previos al arbitraje cuando haya dudas y discusiones sobre el estado de las mercancías transportadas.

Subastas

Los arbitrajes son gratuitos, pero en caso de subasta en un envío a portes debidos, se abonarán los gastos de peritación soportados por la junta arbitral.

En algunos supuestos, en lugar de subasta la junta arbitral puede acordar la venta directa de las mercancías (estado de conservación, escaso valor, subasta desierta, etc.). Si el importe obtenido en la venta directa no alcanza a pagar todos los gastos y derechos, se pagará por este orden:

1) Gastos soportados por la junta arbitral.
2) Derechos y gastos de peritación.
3) Gastos de almacenaje.
4) Los portes.

Cuando el que promueve el depósito no se hace cargo de los gastos, procederá la enajenación siempre que hayan transcurrido tres años.

En caso de una segunda subasta, el tipo de licitación con respecto al precio de la primera subasta será del 75 %.

Los licitadores en una subasta deberán depositar al inicio de misma una fianza que no podrá exceder de 10 %.

Para más información sobre juntas arbitrales consultar la web del Ministerio de Transportes, Movilidad y Agencia Urbana: https://www.mitma.gob.es/transporte-terrestre/servicios-al-transportista/juntas-arbitrales/juntas-arbitrales-del-transporte-funcionamiento

Tema 1.5
El convenio CMR

Firmado en Ginebra el 19 de mayo de 1956, el convenio CMR[1] es el que regula las condiciones que rigen el contrato de transporte internacional de mercancías por carretera.

El convenio se aplica a todo contrato de transporte de mercancías por carretera llevado a cabo, a título oneroso, por medio de vehículos,[2] siempre que el lugar de la toma de la carga de la mercancía y el lugar de descarga previstos estén situados en dos países diferentes, siendo al menos uno de éstos un país contratante,[3] independientemente del domicilio y de la nacionalidad de las partes del contrato.

Se aplica igualmente en el caso de que los transportes sometidos al convenio sean efectuados por estados, instituciones u organismos gubernamentales. El convenio prevé la posibilidad de no aplicación del mismo al tráfico fronterizo, por parte de estados firmantes. Sin embargo, ningún estado ha aplicado dicha excepción hasta la fecha.

Cuando el vehículo viaja con la mercancía por un medio marítimo o ferrocarril, sin que haya ruptura de carga, se sigue aplicando el CMR al trayecto. No obstante, si se produce una avería, rotura, pérdida o demora, y se prueba que fue en el medio marítimo o ferrocarril, la indemnización será de acuerdo al medio en el que se produjo y no al CMR (artículo 2).

El convenio no se aplica en los siguientes supuestos:

– Transportes efectuados bajo la regulación de convenios postales internacionales.
– Transportes funerarios.
– Transportes de mudanzas.[4]
– Transportes gratuitos (si el transporte es gratuito no existe contrato que regular).

---

[1] Siglas relativas a la convención sobre el Contrato de Transporte Internacional de Mercancías por Carretera. La formalización de dicho contrato se realiza mediante la «carta de porte» *(Diccionario de Logística* en www.logisnet.com).

[2] El CMR considera vehículo el camión, el vehículo articulado, el remolque y el semirremolque. Un contenedor o una caja móvil es una mercancía como otra cualquiera.

[3] En la actualidad, los estados firmantes del convenio son los veintisiete miembros de la UE, y, además, Bielorrusia, Bosnia-Herzegovina, Croacia, Georgia, Irán, Kazajstán, Kirguizistán, Macedonia, Moldavia, Noruega, Rusia, Suiza, Tayikistán, Túnez, Turkmenistán, Turquía, Uzbekistán, Serbia y Montenegro.

[4] Las mudanzas suelen incluir, además del traslado, el desmontaje y montaje de muebles, quitar y poner lámparas y cuadros, embalaje, etc. El CMR trata del transporte puro, razón por la cual quedaron excluidas de su ámbito las mudanzas.

La carta de porte

La carta de porte es un elemento formal no obligatorio y un documento fehaciente de la existencia de un contrato de transporte. Su ausencia, irregularidad o pérdida no afectará ni a la existencia, ni a la validez del contrato de transporte, que seguirá estando sometido a las disposiciones de este convenio. En la parte superior derecha de la carta de porte se suele indicar esto mismo.

La carta de porte se expide en tres ejemplares originales, firmados por el remitente y por el transportista. El primer ejemplar será para el remitente, el segundo acompañará a la mercancía y se entregará al destinatario y el tercero será retenido por el transportista y estará a disposición de quien tenga derecho sobre la mercancía en caso de litigio y/o controversia.

En el momento de hacerse cargo de la mercancía, el transportista está obligado a revisar la exactitud de los datos de la carta de porte relativos al número de bultos, marcas, números, estado aparente de la mercancía y embalaje. La IRU (International Routier Union o Unión Internacional del Transportistas por Carretera) ha establecido una lista de comprobaciones para facilitar dicha revisión, que se adjunta aquí como anexo.

La carta de porte da fe, salvo prueba en contra, de las condiciones del contrato y de la recepción de la mercancía por el transportista.

El derecho de disposición

El remitente tiene derecho a disponer de la mercancía, a solicitar al transportista que detenga el transporte, a modificar el lugar previsto para la entrega o a entregar la mercancía a un destinatario diferente del indicado en la carta de porte, hasta que el segundo ejemplar de la carta de porte (el del destinatario) llegue al consignatario de la mercancía. Este derecho de disposición no puede consistir en la división del envío en varias entregas.

Cuando después de la llegada de la mercancía al lugar de destino se presenten impedimentos para la entrega, el transportista pedirá instrucciones al remitente. Si el destinatario rehusase la mercancía, el remitente tendría derecho a disponer de esta sin necesidad de utilizar el primer ejemplar de la carta de porte.

El transportista tiene derecho a exigir el pago de los gastos que ocasione su petición de instrucciones o los que implique la ejecución de las instrucciones recibidas, a menos que estos gastos sean causados por su culpa.

Garantía de cobro de los portes

Según el artículo 16, la mercancía misma es garantía de que el transportista cobrará los portes y gastos por el transporte de esa mercancía, aunque no establece mecanismos concretos de realización. No puede disponer por sí mismo de la mercancía, venderla o quedársela en cobro. Para hacerlo, debe acudir a los tribunales o, en el caso de España, a la junta arbitral de transporte.

El transportista puede también proceder a la venta de la mercancía si así lo justifican la naturaleza perecedera o el estado de las mercancías o si los gastos de custodia son excesivos en relación con el valor de la mercancía. El importe obtenido por la venta debe abonarlo al remitente. El modo de proceder a la venta estará determinado por la ley o costumbre del lugar donde se encuentre la mercancía. En el caso de España, debe dirigirse a la junta arbitral de transporte.

Responsabilidades

El transportista responderá de los actos y las omisiones de sus empleados y de todas las otras personas a cuyo servicio recurra para la ejecución del transporte, cuando tales empleados o personas lleven a cabo dichos actos y omisiones en el ejercicio de sus funciones (artículo 3). No responderá si dichos empleados están de vacaciones, fuera de su jornada de trabajo, etc.

El transportista es responsable de la pérdida total o parcial o de las averías que se produzcan entre el momento de recepción de la mercancía y el de la entrega, así como del retraso de esta, pero está eximido de esta responsabilidad si la pérdida, la avería o el retraso han sido ocasionados por culpa del que tiene derecho a la mercancía, por una instrucción de este no derivada de una acción culposa del transportista, por vicio de la mercancía o por circunstancias que el transportista no pudo evitar y cuyas consecuencias no pudo impedir.[5] La responsabilidad del remitente, derivada de falta de veracidad de los datos que a él compete facilitar, es ilimitada. El artículo 7 no establece ningún límite para estos supuestos, ni tampoco el artículo 10.

El transportista no puede alegar para eximirse de responsabilidad ni defectos en los vehículos de que se sirve para llevar a cabo el transporte, ni culpa de las personas a las que haya alquilado el vehículo o a empleados de estas.

El transportista está también exonerado de responsabilidad cuando la pérdida o avería resulte de los riesgos particulares inherentes a uno de los hechos siguientes:

---

[5] Es lo que conocemos como «fuerza mayor». No existe una lista exhaustiva de casos, pero algunos podrían ser los siguientes: robo, incendio del vehículo, accidente de tráfico, lluvias torrenciales, heladas, huelgas, cierre patronal, bloqueo de fronteras, manifestaciones, protestas políticas, económicas o laborales, inundación, caída de rayo, terremoto, gran tempestad, guerras, atentados, etc.

- Empleo de vehículos abiertos si se ha pactado en la carta de porte.
- Ausencia o deficiencia de embalaje, siempre y cuando el transportista haya hecho constar la reserva oportuna en la carta de porte.
- Manipulación, carga o descarga de la mercancía por el remitente o el destinatario o por personas que obren por cuenta de uno u otro.
- Naturaleza de ciertas mercancías expuestas a pérdida o avería.
- Insuficiencia o imperfección de las marcas o los números de los paquetes.
- Transporte de animales vivos.

La prueba de que la pérdida, avería o mora (retraso) ha tenido lugar por causa de uno de los hechos mencionados con anterioridad incumbe al transportista.

Las mercancías peligrosas que no hubieran sido conocidas como tales por el transportista pueden en todo momento ser descargadas, destruidas o convertidas en inofensivas por el transportista y esto sin que haya lugar a indemnización alguna.

Reclamaciones y acciones

El que tiene poder de disposición sobre la mercancía (el derechohabiente) puede, sin necesidad de prueba, considerar la mercancía perdida cuando hayan transcurrido treinta días sin efectuarse la entrega después del plazo convenido para la misma, o, si no se ha convenido plazo, a los sesenta días después de que el transportista se hizo cargo de la mercancía.

El consignatario de la mercancía deberá hacer constar en la carta de porte sus reservas por averías aparentes antes de firmar la misma. Dispondrá de siete días hábiles para efectuar la reclamación, siempre que las averías no sean aparentes. Si no se hiciese así, se presumirá que las mercancías han sido recibidas según la descripción de la carta de porte.

Se considerará retraso cuando se haya superado el plazo establecido en la carta de porte, o, si no hubiera plazo, cuando el tiempo del transporte sea superior al tiempo que es razonable otorgar a un transportista diligente.

En los casos de reclamación por retraso, la indemnización no podrá ser superior al importe de los portes, debiéndose presentar en los veintiún días siguientes a la entrega de la mercancía o puesta a disposición de esta. Es decir, lo peor que le puede pasar al transportista es no cobrar los portes o reintegrar su importe si cobró por anticipado.

En los casos de reclamación por pérdida o avería, si no hay pacto expreso o no se ha declarado el valor de la mercancía en la carta de porte, el máximo de la indemnización es de 8,33 unidades de cuenta o DEG (derechos especiales de giro del Fondo Monetario Internacional) por kilogramo bruto. Si existe declaración de valor de la mercancía, la indemnización variará en función de esta. Si existe una declaración de interés en la entrega y es admitida por el transportista, responderá por esta cantidad, además del importe de la declaración de valor, si existe.

Además del importe de 8,33 unidades de cuenta, cuando no se produce una entrega (falta total o parcial) el transportista debe responder por los portes o la parte proporcional en supuestos de falta parcial de mercancía. Si existe dolo, no se aplicaría dicho límite máximo.

La indemnización del transportista no alcanza al lucro cesante, sino que se limita al daño emergente. El valor que se debe considerar es el que tenía la mercancía en el momento y lugar en los que el transportista se hizo cargo de ella. No sería, por tanto, admisible la factura de venta, sino en todo caso la de compra de dicha mercancía, o bien peritajes efectuados a la misma.

Transportistas sucesivos

Cuando el transporte sea efectuado por varios transportistas sucesivos, cada uno de ellos asume de manera solidaria la responsabilidad de la ejecución del transporte total, es decir, que el cargador o usuario del transporte podrá reclamar a cualquiera de los porteadores que han efectuado el transporte, sin que ello impida que el transportista requerido pueda repercutir en el responsable del daño o la avería. Los transportistas sucesivos deben indicarse en la casilla 17 de la carta de porte.

Si no fuese posible establecer la responsabilidad en ninguno de los casos o bien el responsable fuese insolvente, la cantidad pagada al usuario se repartirá entre los transportistas en función de la cantidad que cada uno de ellos cobró por su intervención (artículos 37 y 38 del convenio).

Según el artículo 40, la única excepción al CMR que los transportistas pueden acordar es la no aplicación de los artículos 37 y 38, dado que trata de acuerdos entre ellos y no afectaría a los derechos de los usuarios.

Sí se pueden pactar cosas que no estén en el convenio, como por ejemplo la actuación en supuestos de paralizaciones en destino.

Prescripción de las acciones

En el CMR las acciones prescriben en un año. Cuando exista dolo o culpa equivalente, el plazo es de tres años; en cualquier caso, el dolo debe ser probado, nunca se presupone. El plazo se cuenta como sigue:

– *Pérdida parcial, avería o retraso:* a partir del día en que se entregó la mercancía.

- *Pérdida total:* a partir de treinta días después del plazo convenido de entrega, o de sesenta desde que el transportista se hizo cargo de la mercancía, en caso de no haber plazo de entrega acordado.
- *Resto de casos:* a partir de que termine un plazo de tres meses desde que se concluyó el contrato de transporte (el día en que el plazo de prescripción empieza a correr no está incluido en estos tres meses).

También se puede entender de la siguiente manera:

- *Pérdida parcial, avería o retraso:* doce meses a partir del día en que se entregó la mercancía.
- *Pérdida total:* trece meses después del plazo convenido de entrega, o de catorce meses desde que el transportista se hizo cargo de la mercancía, en caso de no haber plazo de entrega acordado.
- *Resto de casos:* quince meses desde que se concluyó el contrato de transporte.

En aplicación del artículo 33, conviene en el caso de España indicar en la casilla 19 de la carta de porte «en caso de reclamación, ambas partes acuerdan someterse a la junta arbitral de transporte de X».

Intereses de demora

El que tiene derecho sobre la mercancía podrá reclamar los intereses de la indemnización, calculados a razón del 5 % anual, que corren a partir del día de la reclamación dirigida por escrito al transportista, o bien desde el día en que se interpuso demanda judicial. En cambio, el interés de las reclamaciones del transportista al usuario se regirá por el interés legal del dinero del país donde esté el tribunal que intervenga.

Declaración de valor

Es la valoración que el remitente hace de la mercancía, cuando los 8,33 DEG por kilogramo son insuficientes. Se aplicará en caso de pérdida, roturas, faltas parciales o totales, etc. Se debe indicar en la casilla 19 de la carta de porte CMR; esta figura tiene relación con el «daño emergente».

Hay que tener claro que esto no constituye un seguro, porque habrá muchos casos en los que el transportista no indemnizará (fuerza mayor, causa fortuita, etc.) y en cambio el seguro sí que indemnizaría.

Declaración de interés en la entrega

Es la valoración que el remitente hace de las consecuencias que una demora, un daño o una pérdida puede tener (cancelación de pedidos futuros, pérdida de cliente, etc.), al margen del valor en sí de la mercancía. Se aplicará en cualquiera de los casos anteriores y, además, cuando exista un retraso. A veces se entiende mejor si pensamos que se trata de una «penalización». Se debe indicar también en la casilla 19 de la carta de porte CMR; esta figura tiene relación con el «lucro cesante».

En caso de retraso, el límite de responsabilidad no sería el precio del transporte, sino la declaración de interés en la entrega. En caso de pérdida, se sumarían declaración de valor y declaración de interés en la entrega, caso de existir ambas, además de los portes y gastos accesorios.

Reembolsos

En caso de reembolso, su importe se consignará en la casilla 15 de la carta de porte. Hay que tener claro que el cobro de reembolso es un contrato de comisión o gestión de cobro, distinto, adicional y accesorio al contrato de transporte, que es el básico o principal.

Derechos especiales de giro (DEG)

Se denomina también «unidad de cuenta» y es una forma de activos de reserva internacional definidos por el Fondo Monetario Internacional (FMI), que sirve como referente para el establecimiento de los límites de responsabilidad del transportista en los transportes internacionales. En principio, su valor se definió por igualación a un dólar, pero desde 1981 se estableció el valor como una «canasta» de monedas.

Su importe se convertirá a la moneda nacional del estado del que depende el tribunal que conozca del litigio y se calculará según el método del fondo monetario. Se trata de una especie de moneda artificial y cuyo contravalor en la moneda nacional de cada país firmante del convenio CMR es fluctuante, aunque bastante estable.

Cuando el Estado no sea miembro del Fondo Monetario Internacional, se podrá limitar la responsabilidad en su territorio a 25 unidades monetarias (unidad monetaria = 10/31 gramos de oro de 900 milésimas de fino) que se convierten a la moneda nacional.

Un DEG oscila alrededor de 1 €. Se puede consultar su cambio actualizado en la web del FMI (www.imf.org/external/np/fin/data/rms_five.aspx).

Exemplaire de l'expéditeur / Copy for sender

LETTRE DE VOITURE INTERNATIONALE **(CMR)** INTERNATIONAL CONSIGNMENT NOTE

Pays/Country   No ....

1 Expéditeur (nom, adresse, pays) / Sender (name, address, country)

6 Transporteur (nom, adresse, pays, autres références) / Carrier (name, address, country, other references)

2 Destinataire (nom, adresse, pays) / Consignee (name, address, country)

7 Transporteurs successifs / Successive carriers

Nom / Name

Adresse / Address

Pays / Country

Reçu et acceptation / Receipt and Acceptance   Date   Signature

3 Prise en charge de la marchandise / Taking over the goods:
Lieu / Place

Pays / Country

Date

Heure d'arrivée / Time of arrival   Heure de départ / Time of departure

8 Reserves et observations du transporteur lors de la prise en charge de la marchandise / Carrier's reservations and observations on taking over the goods

4 Livraison de la marchandise / Delivery of the goods:

Lieu / Place

Pays / Country

Heures d'ouverture du dépôt / Warehouse opening hours

5 Instructions de l'expéditeur / Sender's instructions

9 Documents remis au transporteur par l'expéditeur / Documents handed to the carrier by the sender

10 Marques et numéros / Marks and Nos   **11** Nombre de colis / Number of packages   **12** Mode d'emballage / Method of packing   **13** Nature de la marchandise / Nature of the goods   **14** Poids brut, kg / Gross weight in kg   **15** Cubage m3 / Volume in m3

Numéro ONU / UN Number   Nom voir **13** / Name see **13**   Numéro d'étiquette / Label Number   Groupe d'emballage / Packing Group   (ADR*)

16 Conventions particulières entre l'expéditeur et le transporteur / Special agreements between the sender and the carrier

17 A payer par / To be paid by: Expéditeur / Sender   Destinataire / Consignee

Prix de transport / Carriage charges

Frais accessoires / Supplementary charges

Droits de douane / Customs duties

Autres frais / Other charges

18 Autres indications utiles / Other useful particulars

19 Remboursement / Cash on delivery

20 Ce transport est soumis, nonobstant toute clause contraire, à la Convention relative au contrat de transport international de marchandises par route (CMR)
This carriage is subject, notwithstanding any clause to the contrary, to the Convention on the Contract for the international Carriage of Goods by Road (CMR)

21 Etablie à / Established in   le / on   20..

24 Marchandises reçues / Goods received

Heure d'arrivée / Time of arrival   Heure de départ / Time of departure

22   **23**

Lieu / Place   le / on   20.. / 20..

Signature ou timbre de l'expéditeur / Signature or stamp of the sender

Signature ou timbre du transporteur / Signature or stamp of the carrier

Signature et timbre du destinataire / Signature and stamp of the consignee

Partie non contractuelle réservée au transporteur / Non-contractual part reserved for the carrier

No ....   Modèle **IRU** 2007

Les parties encadrées de lignes grasses doivent être remplies par le transporteur / The space framed with bold lines must be filled in by the carrier

1 - 5, 9 - 16, 18 + 22

A remplir sous la responsabilité de l'expéditeur / To be completed on the sender's responsibility

(ADR*) - En cas de marchandises dangereuses indiquez, à la dernière ligne du cadre: Numéro ONU, Marchandises des classes 1 et 7: voir demande spéciale dans ADR, Partie 5; Numéro d'étiquette et Groupe d'emballage.
- In case of dangerous goods mention on the last line of the column: UN number, Goods from class 1 and 7: see special documentation demands in ADR, Part 5; The label number and Packing Group.

Figura 1. Modelo de carta de porte CMR.

	Aspectos que ha de verificar el conductor al efectuar un transporte internacional	
A	Lea atentamente cada casilla de la carta de porte CMR	
B	Si observa alguna de las circunstancias que a continuación se relacionan, hágala constar en la casilla 18 del CMR	
	Sobre los vehículos	
	1	Vehículo abierto y sin cubrir con lona conforme a lo convenido con el expedidor o remitente
	Sobre el embalaje	
	2	Sin embalaje
	3	Embalaje defectuoso
	4	Embalaje insuficiente
	Sobre el número de bultos, marcas, número de cada bulto	
	5	Encontrado exacto después de la comprobación
	6	Imposible de verificar por haber efectuado la carga el remitente o expedidor
	7	Imposible de verificar por las condiciones atmosféricas
	8	Imposible de verificar por tratarse de un gran número de bultos
	9	Imposible de verificar por tratarse de un contenedor precintado
	Sobre la mercancía	
	10	En aparente mal estado
	11	Dañada
	12	Mojada
	13	Helada
	14	No protegida de las inclemencias atmosféricas, transportada en estas condiciones a petición del remitente o expedidor
	Sobre la manipulación, carga, estiba y descarga	
	15	Manipulación, carga y estiba efectuada por el expedidor o remitente
	16	Manipulación, carga y estiba efectuada por el conductor, en condiciones atmosféricas desfavorables para la mercancía, a petición del expedidor
	17	Descarga efectuada por el destinatario
	18	Descarga efectuada por el conductor, en condiciones atmosféricas desfavorables para la mercancía, a petición del destinatario
C	No inicie el viaje sin que previamente el expedidor haya firmado la carta de porte CMR. De no ser así, pida instrucciones a su empresa o rechace la ejecución del transporte	

Tabla 1. Lista de comprobaciones CMR propuesta por la IRU.

CAPÍTULO 2

El transportista como empresario mercantil

Tema 2.1
El empresario mercantil

Concepto

Un empresario es una persona física o individual, así como jurídica o social, que por sí misma, o por mediación de sus representantes, ejercita y desarrolla una actividad empresarial mercantil, en nombre propio, con habitualidad, adquiriendo la titularidad de las obligaciones y los derechos que se derivan de tal actividad, siendo esta una actividad organizada en función de una producción o un intercambio de bienes y servicios en el mercado.

En esta definición del Código de Comercio aparecen cuatro condiciones necesarias:

- *Capacidad legal:* disponen de capacidad legal todas las personas mayores de edad que puedan disponer de sus bienes libremente, que tengan capacidad jurídica y que puedan hacer uso de sus deberes y obligaciones; es decir, que no estén incapacitadas legalmente.
- *Ejercicio del comercio:* llevar a cabo una actividad empresarial dirigida a la producción de bienes o servicios para el mercado.
- *Habitualidad:* que el ejercicio del comercio se haga de manera habitual, que sea una actividad constante y profesional.
- *Actuar en nombre propio.*

El transportista como empresario mercantil

El empresario de transportes es un empresario mercantil, ya que cumple estas condiciones, tiene capacidad legal para ejercer la actividad del transporte, la efectúa con habitualidad y actúa en nombre propio. El transportista como empresario mercantil puede ser:

a) *Empresario individual:* aporta su capital y su trabajo y responde ante terceros con la totalidad de sus bienes, presentes y futuros; por lo tanto, implica un gran riesgo.

b) *Empresario colectivo:* asociación voluntaria de personas que tratan de lograr una serie de beneficios individuales a partir de las ganancias obtenidas por esta asociación, que se denomina sociedad mercantil (sociedades anónimas, sociedades limitadas, etc.).

En cuanto a la responsabilidad, hay que señalar que en algunos casos los socios responden de manera ilimitada con sus bienes particulares, como sucede en las sociedades colectivas, mientras que en otros supuestos, responden de las posibles deudas de la empresa con el capital aportado, no con sus bienes particulares.

Los socios de una compañía no se consideran empresarios individuales, son simplemente socios de dicha sociedad, tanto si su responsabilidad es limitada como ilimitada. En algunas sociedades, como la colectiva, se exige que sean los propios socios los que dirijan y gestionen la sociedad, siendo por este motivo su responsabilidad ilimitada.

Representación del empresario

En ocasiones, el empresario efectúa determinados actos no por sí mismo sino por medio de un representante. Cuando se trate de una sociedad, la representación es necesaria en todos los casos, habida cuenta que la sociedad por sí misma no tiene capacidad de obrar. Existen dos clases de representación:

a) Representación legal: se da en los casos en los que el empresario no tiene capacidad de obrar (padres, tutores o quien ostente la patria potestad).

b) Representación convencional o voluntaria: es aquella que nace cuando una persona con plena capacidad para obrar, autoriza a otra para llevar a cabo uno o varios actos jurídicos. Puede ser apoderado general, factor o factor mercantil; para todos los actos, debe actuar en nombre del empresario y en todos los actos y contratos ha de hacerlo constar expresamente. También se da la figura del apoderado singular, dependiente o mancebo, a quien se dan poderes para alguna gestión específica y concreta.

Los actos efectuados por el apoderado dentro de las operaciones propias del ramo concreto que tuviese encomendado, obligarán al empresario y no a él personalmente. Los menores de edad no pueden actuar como representantes del empresario.

Para ampliar información se puede visitar la web del Registro Mercantil Central (www.rmc.es).

Tema 2.2
Obligaciones formales del empresario mercantil

Trámites administrativos para sociedades mercantiles o empresarios individuales

Para constituirse y empezar a operar, tanto la sociedad mercantil como el empresario individual deben efectuar unos trámites previos, que son los que se indican a continuación.

Alta del impuesto sobre actividades económicas/alta fiscal

Es obligatorio solicitar el alta del impuesto de actividades económicas (IAE), para la puesta en marcha de la empresa o para el ejercicio de todo tipo de actividad económica. Se debe expresar la actividad empresarial que se propone llevar a cabo y el epígrafe correspondiente. Se trata de un impuesto anual que se devenga por trimestres.

La solicitud de alta del IAE es previa al inicio de las actividades de la empresa o del empresario.

Solicitud de alta de inicio de actividad y obtención de CIF/NIF

a) Alta inicio de actividad. Cada empresario, con el objeto de declarar el inicio de la actividad empresarial o profesional en territorio nacional, debe darse de alta en el censo de empresarios profesionales y artistas.

- *Plazo:* la declaración censal por inicio de actividades ha de ser presentada con anterioridad al inicio de la actividad.
- *Lugar:* en la delegación de la agencia de la administración tributaria (Hacienda), correspondiente al domicilio fiscal.

---

[1] El número de identificación fiscal (NIF) es el sistema de identificación tributaria utilizado en España para las personas físicas con documento nacional de identidad (DNI) o número de identificación

b) Solicitud del número de identificación fiscal (CIF/NIF).[1] Cada empresario, con el objeto de identificar a la sociedad a efectos fiscales, solicitará el número de identificación fiscal. Lo deben solicitar todas las personas jurídicas y entidades en general, que de algún modo hayan de relacionarse con la administración pública, y las personas físicas empresarios o profesionales que no dispongan de él.

- *Plazo:* el plazo de la solicitud será dentro de los treinta días siguientes a la fecha de constitución de la empresa, aunque en la práctica se suele efectuar el mismo día la solicitud del alta de inicio de actividad y la obtención del CIF/NIF.
- *Lugar:* en la delegación de la agencia estatal de la administración tributaria (Hacienda), correspondiente al domicilio fiscal de la sociedad o empresario.

Finalmente, mediante los impresos 036 y 037, se optará también por el régimen fiscal correspondiente, referente a las opciones de IVA e IRPF, tramitándose en la administración tributaria.

Inscripción de la escritura pública en el Registro Mercantil

La inscripción en el Registro Mercantil será voluntaria para los comerciantes o empresarios mercantiles individuales, siendo obligatoria para las sociedades y los navieros.

---

de extranjero (NIE), asignados por el Ministerio del Interior. A este número se añade una letra que actúa como elemento verificador.

La letra del NIF se obtiene dividiendo el número entre 23, con lo cual el resto de la división ha de ser necesariamente un número entre 0 y 22, correspondiendo cada número a una letra, como sigue:

0	1	2	3	4	5	6	7	8	9	10	11	12	13	14	15	16	17	18	19	20	21	22
T	R	W	A	G	M	Y	F	P	D	X	B	N	J	Z	S	Q	V	H	L	C	K	E

No se utilizan las letras I, Ñ, O, U. La I y la O se han eliminado para evitar confusiones con otros caracteres, como 1, l o 0.

El *código de identificación fiscal* (CIF) es el sistema de identificación tributaria utilizado en España para las personas jurídicas o entidades en general. Consta de nueve caracteres. El primero es una letra que indica el tipo de sociedad o agrupación; por ejemplo:

- A: sociedades anónimas.
- B: sociedades de responsabilidad limitada.
- C: sociedades colectivas.

A continuación van siete dígitos con las siguientes posiciones: las dos primeras indican la provincia: 01-Álava, 02-Albacete, 03-Alicante, 04-Almería, 05-Ávila, etc.

Los cinco siguientes dígitos (posiciones 3 a 8) constituyen un número correlativo de inscripción de la organización en el registro provincial, y el último dígito (posición 9) es un código de control que suele ser un número o una letra en determinados tipos de organización.

Previamente, se debe constituir la empresa en escritura pública ante notario (en determinados casos podrá hacerse en documento privado). La persona que solicite ser inscrita como comerciante en el registro mercantil presentará al registrador de la capital de provincia en que haya de dedicarse, o esté dedicada al comercio, una instancia con firma legitimada en la que expresará las circunstancias siguientes:

- Nombre, apellidos, estado civil, edad y nacionalidad.
- Clase de comercio que ejerce.
- Nombre comercial y, en su caso, el rótulo que tenga el establecimiento.
- Calle y número o lugar de situación del establecimiento y de las sucursales y agencias, si las tuviera, ya sea dentro o fuera de la provincia.
- Fecha del comienzo de las operaciones.

El comerciante afirmará, bajo su responsabilidad, que no está comprendido en ninguna de las situaciones de incapacidad.

La finalidad del registro es facilitar al público ciertos datos importantes para el tráfico mercantil, información de carácter público, así como legalizar libros de comercio y contables.

La sociedad adquirirá su personalidad jurídica mediante la inscripción en el registro mercantil correspondiente al domicilio social. Este organismo es una oficina pública que está a cargo de los registradores y depende del Ministerio de Justicia, radicado en las capitales de provincia y en las poblaciones donde por necesidades de servicio reglamentariamente se determinan. La inscripción de la sociedad se publicará en el Boletín Oficial del Registro Mercantil (Borme).

- *Plazo:* previo al inicio de las actividades.

Licencias municipales

Para iniciar una actividad determinada el empresario deberá estar en posesión de lo siguiente:

- *Licencia de apertura del centro de trabajo,* para acreditar la adecuación de las instalaciones proyectadas a la normativa vigente, urbanística, técnica y de seguridad. La solicitud debe hacerse en los treinta días siguientes al inicio de la actividad.
- *Licencia de obras,* cuando se hagan actuaciones de edificación, modificación de estructuras y exteriores de edificaciones.
- *Licencia de actividades,* para solicitar la ampliación, nueva implantación o modificación de actividades e instalaciones de cualquier industria, taller, oficina, comercio, etc.

- *Autorización de vertidos no domésticos,* que autoriza la puesta en uso de los edificios o las instalaciones según las condiciones urbanísticas establecidas.
- *Lugar:* se solicitará y presentará en el ayuntamiento en el que se establezca la empresa o junta municipal respectiva. Los plazos de presentación variarán en función de los diferentes municipios.

Inscripción de la empresa a la Seguridad Social

El empresario individual estará sujeto al régimen especial de autónomos o al régimen especial que corresponda, dependiendo de la actividad, debiendo darse de alta o afiliarse en el supuesto de no estarlo. El alta en la Seguridad Social es un trámite obligatorio para todo empresario, que se formaliza mediante la presentación del impreso oficial (modelo TA-6) que a los efectos distribuye la Tesorería General de la Seguridad Social (TGSS).

Una vez inscrita, la TGSS asigna un código de cuenta de cotización, para su identificación, conocido como número patronal, que seguirá a la empresa durante toda su existencia. Este número consta de once dígitos.

Además, en el supuesto de que se tengan trabajadores por cuenta ajena la empresa deberá cubrir los riesgos comunes (enfermedad común y accidente no laboral) y profesionales (enfermedad profesional y accidente de trabajo) con una entidad para tener derecho a las prestaciones, pudiendo optar entre causar alta en la entidad gestora (INSS) o una entidad colaboradora (mutua).

La inscripción de los empresarios en el régimen general de la Seguridad Social se efectuará a nombre de la persona física o jurídica titular de la empresa.

Libros de contabilidad obligatorios para los comerciantes

El Código del Comercio establece que todos los comerciantes deberán llevar y tener los siguientes libros de contabilidad:

a) Libros obligatorios para todos los comerciantes:

- *Libro diario.* Lugar donde se registrarán los asientos contables por orden cronológico de fechas. Día a día se registrarán las operaciones relativas a la actividad de la empresa, pudiendo resumirse la información y elaborarse asiento diario, semanal o mensual. Las anotaciones se efectúan mediante los asientos contables, aplicando el razonamiento contable básico.
- *Libro inventario y de cuentas anuales.* Se abrirá con el balance inicial detallado de la situación patrimonial de la empresa. Al menos trimestralmente, se transcri-

birán los balances y saldos. También se transcribirán, anualmente, el inventario de cierre del ejercicio y las cuentas anuales.

b) Libros obligatorios para algunos comerciantes:

– *Libro de actas*: Es un libro obligatorio para todas las sociedades, donde constarán todos los acuerdos tomados por las juntas generales y por los demás órganos colegiados de la sociedad.

c) Libros potestativos:

– Como libro voluntario podemos encontrar el libro mayor, que es el lugar donde se relacionan todas las cuentas que han tenido movimiento durante el ejercicio económico (es decir, se agrupan por cuentas o elementos patrimoniales); además, los comerciantes podrán llevar aquellos libros que consideren convenientes.

Requisitos de la llevanza de los libros

Se deberán presentar los libros que obligatoriamente se hayan de llevar encuadernados y foliados, a los órganos del registro mercantil del lugar donde tenga su establecimiento mercantil (domicilio social), para que antes de su utilización pongan en el primer folio de cada uno, diligencia firmada del número de folios de que consta el libro. Se estampará, además, en todas las hojas de cada libro el sello del juzgado que lo autorice.

Todos los libros deberán ser llevados con claridad y exactitud por orden de fechas. Las anotaciones contables deberán ser hechas expresando los valores en euros. El empresario deberá conservar los libros, la correspondencia, los documentos y las justificaciones de su negocio durante seis años a partir del último asiento, aún en el supuesto de cese del empresario.

La contabilidad debe registrarse en libros (hojas encuadernadas) o en hojas informatizadas que se encuadernan correlativamente con posterioridad.

Se puede ampliar información consultando las webs de la Agencia Estatal de Administración Tributaria (www.aeat.es) y del Registro Mercantil Central (www.rmc.es).

Tema 2.3
El empresario individual

El empresario individual es la persona física que ejerce, en nombre propio, por sí mismo o por medio de representantes, una actividad comercial, industrial o profesional. El negocio está dirigido bajo su propia responsabilidad individual, gestiona la empresa y recibe los beneficios o compensa las pérdidas.

Los requisitos para ser empresario individual son los siguientes:

– Ser mayor de edad.
– Tener libre disposición de sus bienes.

Las características más sobresalientes de esta forma jurídica son las que se enumeran a continuación:

1. La persona física o individual es la única propietaria de la empresa y quien la gestiona.
2. Responde con todos sus bienes personales de las deudas contraídas frente a terceros en su actividad empresarial. Esta elevada responsabilidad tiene su origen en el punto anterior.

En efecto, no existe separación entre el patrimonio privado del empresario y el patrimonio empresarial, por lo que este responde con todos sus bienes presentes y futuros de las obligaciones que adquiera con su actividad.

Sobre la responsabilidad, un punto importante es determinar la posición del cónyuge según se hayan otorgado o no capitulaciones matrimoniales. Si los cónyuges no han otorgado capitulaciones matrimoniales, el régimen aplicado como regla general será el de gananciales, por el que los bienes aportados por cada uno de ellos al matrimonio son comunes. En este caso el empresario responderá:

– Con todos sus bienes presentes y futuros y con todos los gananciales que haya adquirido como consecuencia de su actividad empresarial.
– Con todos los demás bienes gananciales, incluyendo los aportados por su cónyuge, siempre y cuando este haya prestado su consentimiento. El consentimiento se pre-

sumirá prestado cuando al contraer matrimonio uno de los cónyuges venía ejerciendo el comercio y lo continuó después sin oposición del otro, y también cuando el empresario venga ejerciendo la actividad mercantil con conocimiento y sin oposición de su consorte.

En el caso de que exista oposición, para que esta tenga efectos frente a terceros, deberá hacerse constar en escritura pública que se inscribirá en el Registro Mercantil. En el caso de que el consentimiento se haya otorgado de manera expresa o por presunción, este podrá revocarse mediante escritura pública e inscripción en el registro.

Si los cónyuges otorgaron capitulaciones, habrá que atenerse a lo que estas establezcan, respondiendo el empresario como mínimo con todos sus bienes propios y con los adquiridos por medio de su actividad empresarial.

Si tienen el régimen de separación de bienes y quieren que los bienes del cónyuge sirvan como garantía para el negocio, deberán hacer constar el consentimiento en escritura pública ante notario, con su posterior inscripción en el Registro Mercantil.

El empresario podrá tener trabajadores a su cargo, del mismo modo que una empresa que haya optado por una forma jurídica societaria. También deberá retener el IRPF que corresponda a dichos empleados e ingresarlo trimestralmente mediante los formularios 111 correspondientes. En cuanto a la fiscalidad, el empresario individual está sujeto al IVA y al IRPF.

No obstante, se debe valorar si la sencillez o el escaso coste administrativo de esta modalidad es lo mas conveniente para la actividad que se va a iniciar, teniendo en cuenta la responsabilidad que se asume. Asimismo, se debe medir bien el riesgo que la actividad económica conlleva, considerando otras opciones de forma jurídica, como las sociedades unipersonales que la legislación ofrece.

El emprendedor de responsabilidad limitada

El emprendedor persona física, cualquiera que sea su actividad, puede limitar su responsabilidad por las deudas que traigan causa del ejercicio de dicha actividad empresarial o profesional mediante la asunción de la condición de «emprendedor de responsabilidad limitada» o ERL.

El objetivo es limitar parcialmente la responsabilidad del ERL. En concreto, queda libre de responsabilidad su vivienda habitual, siempre que su valor no supere los 300.000 €, determinado ese valor conforme a lo dispuesto en la base imponible del impuesto de transmisiones patrimoniales (ITP) y del impuesto sobre actos jurídicos documentados (AJD) en el momento de la inscripción en el Registro Mercantil. En el caso de viviendas situadas en una población de más de 1.000.000 de habitantes se aplicará un coeficiente del 1,5, siendo por tanto el valor de 450.000 €.

En la inscripción del emprendedor en el Registro Mercantil correspondiente a su domicilio se indicará el bien inmueble, propio o común, que se pretende no haya de quedar obligado por las resultas de la actividad empresarial o profesional.

El empresario es libre de constituirse en emprendedor de responsabilidad limitada, pero si lo hace deberá cumplir las obligaciones establecidas en el marco jurídico.

En esta figura jurídica, quedan fuera las deudas con Hacienda y la Seguridad Social. De todos modos, ambas instituciones deben haber agotado otros medios de pago y entre notificación y embargo de vivienda deben transcurrir como mínimo dos años.

Un aspecto negativo es la obligatoriedad de aportar las cuentas en el Registro Mercantil, lo que incrementa de manera significativa los costes de administración y asesoría.

La creación de esta figura va acompañada de las oportunas garantías para los acreedores y para la seguridad jurídica en el tráfico mercantil. En este sentido, la operatividad de la limitación de responsabilidad queda condicionada a la inscripción en el Registro Mercantil y el Registro de la Propiedad.

El emprendedor inscrito deberá hacer constar en toda su documentación, con expresión de los datos registrales, su condición de «Emprendedor de responsabilidad limitada» o mediante la adición a su nombre, apellidos y datos de identificación fiscal de las siglas «ERL».

Subsiste la responsabilidad universal del deudor por las deudas contraídas con anterioridad a su inmatriculación en el Registro Mercantil como ERL.

El ERL deberá formular y, en su caso, someter a auditoría, las cuentas anuales correspondientes a su actividad empresarial o profesional de conformidad con lo previsto para las sociedades unipersonales de responsabilidad limitada. Asimismo, tiene que depositar sus cuentas anuales en el Registro Mercantil, como se ha indicado anteriormente.

Transcurridos siete meses desde el cierre del ejercicio social sin que se hayan depositado las cuentas anuales en el Registro Mercantil, el emprendedor perderá el beneficio de la limitación de responsabilidad en relación con las deudas contraídas con posterioridad al fin de ese plazo. No obstante, recuperará el beneficio en el momento de la presentación.

Tema 2.4
Las sociedades

Definición de sociedad mercantil

Es la asociación de varias personas que ponen en común el dinero, los bienes y el trabajo para conseguir un fin y repartirse ganancias.

Los elementos que la integran son los siguientes:

- *Personales:* los socios, pueden ser personas físicas o jurídicas.
- *Reales:* aportación de dinero o bienes.
- *Formales:* escritura pública y registro mercantil o el que corresponda (para conocimiento de terceros).

Tras constituirse una sociedad, se le reconoce personalidad jurídica y se produce separación de responsabilidad de socios y empresa (en algún caso, los socios responden de forma subsidiaria de las deudas de la sociedad).

Podemos diferenciar entre sociedades mercantiles y no mercantiles:

- *Sociedades mercantiles.* Se constituyen con ánimo de lucro y como ejemplos tenemos las sociedades colectivas, las comanditarias, las comanditarias por acciones, la sociedad anónima, la sociedad limitada, la sociedad anónima laboral, la sociedad limitada laboral, la sociedad de comercialización y la agrupación de interés económico.
- *Sociedades no mercantiles.* Entre estas sociedades están las cooperativas de diversos tipos o clases, las fundaciones y las asociaciones.

Registro Mercantil

Es una oficina pública, que depende del Ministerio de Justicia. El registro se encuentra radicado en las capitales de provincia y en las poblaciones donde, por necesidades de servicio, reglamentariamente se determine.

Mediante su registro, las sociedades mercantiles adquieren personalidad jurídica y se pone en conocimiento de terceros determinados datos de interés para el tráfico mercantil.

Se deben inscribir en el Registro Mercantil las sociedades anónimas, las limitadas, las colectivas, las comanditarias y sus variantes. Este registro es obligatorio para todas las sociedades mercantiles y para los navieros, siendo voluntario para el empresario individual.

Es obligatorio registrarse en el plazo de dos meses desde la fecha de otorgamiento de la escritura pública, y siempre de forma previa al inicio de las actividades.

Además del Registro Mercantil, también encontramos el Registro Administrativo de Sociedades Laborales y otro de cooperativas.

Sociedad colectiva

Es una sociedad mercantil y personalista, que se basa en la mutua confianza y el conocimiento personal de los socios; de hecho, es una prolongación del empresario individual.

Es necesario un mínimo de dos socios y no se exige capital social mínimo para su constitución. La responsabilidad de los socios es ilimitada, hecho que viene determinado por la obligación de gestionar y dirigir la sociedad, que debe recaer en los propios socios.

De las deudas de la sociedad, responden la sociedad, en primer lugar, y también los socios, de forma subsidiaria respecto a la sociedad, pero solidaria entre ellos.

En una sociedad colectiva, puede haber solamente socios colectivos o bien colectivos e industriales.

Los colectivos aportan trabajo y capital, gestionan y dirigen la sociedad y su responsabilidad es, por esta razón, ilimitada. Los socios industriales aportan solamente trabajo, no gestionan la sociedad y no tienen responsabilidad.

La denominación puede consistir en el nombre de todos los socios colectivos, seguido de «sociedad colectiva» o bien el nombre de algunos socios seguido de «y compañía» o bien «y cía.». Este tipo de sociedad debe constituirse mediante escritura pública e inscripción en el Registro Mercantil.

Sociedad comanditaria simple

Es una sociedad mercantil y personalista, que representa una variedad de la sociedad colectiva. El mínimo de socios necesario es dos (un socio colectivo y un socio comanditario), no siendo exigible un capital social mínimo. La responsabilidad es limitada para unos socios e ilimitada para otros. La gestión se encomienda a todos los socios colectivos.

Hay dos tipos de socios: los colectivos, que aportan capital y trabajo o solamente trabajo y que gestionan la sociedad, por cuanto su responsabilidad es ilimitada; y los socios comanditarios, que aportan capital exclusivamente, no gestionan la sociedad, siendo su responsabilidad limitada al capital aportado.

Los socios comanditarios que acepten el nombramiento como gestores en la sociedad o en la denominación, asumirán la condición de socio colectivo, siendo su responsabilidad ilimitada.

La denominación está formada por el nombre de uno o varios socios colectivos más «sociedad en comandita» o bien «S en C». Requieren para su constitución escritura pública e inscripción en el Registro Mercantil.

Sociedad comanditaria por acciones

Es una variante de la sociedad comanditaria simple. El capital aportado por los socios comanditarios está dividido en acciones. El capital social mínimo es de 60.000,00 €. La denominación está formada por el nombre más «sociedad en comandita por acciones».

En lo demás, es igual a la sociedad comanditaria simple.

Para ampliar información, se pueden consultar las siguientes webs:

- Boletín Oficial del Registro Mercantil: www.boe.es/diario_borme
- Agencia Tributaria: www.aeat.es
- Registro Mercantil Central: www.rmc.es

Tema 2.5
La sociedad anónima

Sociedad anónima

Es una sociedad capitalista (despersonalizada, cuenta el capital, no las personas) y mercantil. Desde 1995 existe la sociedad anónima unipersonal, que se puede crear con un solo socio. El capital social está dividido en acciones, que otorgan a sus titulares la condición de socios. Las acciones pueden ser nominativas o al portador, se pueden negociar en bolsa y transmitirse libremente. Además, generan dividendos, cuando la sociedad procede a reparto de beneficios.

El valor real o efectivo de las acciones es el precio que alcanzan si se venden a terceros. El valor de cotización es el que alcanzan cuando cotizan en bolsa.

- Capital social = número de acciones × valor nominal de la acción.
- Número de acciones = capital social / valor nominal de la acción.
- Valor nominal de la acción = capital social / número de acciones.

El capital social mínimo exigible es de 60.000,00 euros, totalmente suscrito y con un desembolso inicial mínimo del 25 % del valor.

Una sociedad anónima puede emitir obligaciones, como una forma de conseguir financiación ajena. Las obligaciones generan intereses para el obligacionista. Para emitir obligaciones, el capital social más reservas de la sociedad debe ser superior al total de la emisión de obligaciones.

La responsabilidad de los socios está limitada al capital social suscrito.

La denominación es el nombre más la indicación «SA». Una denominación no puede coincidir con otra previa, lo cual se acredita mediante certificación negativa del Registro Mercantil Central.

Se constituye mediante escritura pública e inscripción en el Registro Mercantil, en un plazo no superior a dos meses desde la fecha de otorgamiento de escrituras, y siempre previo al inicio de la actividad.

Los órganos de gobierno

Junta general de accionistas

Representa la voluntad social y es el órgano decisorio. Las reuniones deben ser convocadas, no espontáneas, y en ellas se deliberan, deciden y nombran administradores. Pueden ser ordinarias, a celebrar dentro de los seis primeros meses de cada ejercicio, o extraordinarias, a celebrar en cualquier época, es decir, todas las demás.

La convocan los administradores por anuncio en el Boletín Oficial del Registro Mercantil (Borme) y en uno de los periódicos de mayor tirada en la provincia, con quince días de antelación.

La junta extraordinaria puede ser solicitada por socios que representen al menos un 5 % del capital, expresando los asuntos que hay que tratar.

Consejo de administración

Puede haber un administrador único o bien ser dos o tres administradores. Si son varios se le denomina consejo de administración. Representan a la sociedad anónima frente a terceros y la gestionan.

Los administradores o miembros del consejo pueden ser socios o no serlo, son nombrados por la junta general y en diez días debe inscribirse su nombramiento en el Registro Mercantil, para conocimiento de terceros.

No pueden formar parte del consejo de administración las personas físicas declaradas en quiebra que no hayan sido rehabilitadas, los menores e incapacitados ni los funcionarios públicos.

Auditores de cuentas

Verifican las cuentas de la sociedad anónima y son nombrados por la junta general de accionistas por un período de tres a nueve años.

Sociedad anónima laboral

Es una sociedad anónima en la que al menos el 51 % del capital social debe estar en manos de socios trabajadores, que presten en ella servicios retribuidos en forma personal y directa.

Son necesarios un mínimo de tres socios y ninguno de ellos puede tener más de un tercio del capital social. Puede haber socios trabajadores, que aportan trabajo y capital y también socios capitalistas, que aportan capital exclusivamente.

El capital social mínimo es de 60.000,00 euros, que se divide en acciones nominativas. La responsabilidad de los socios está limitada al capital social aportado.

Los órganos de gobierno son la junta general de accionistas y el consejo de administración. La denominación está formada por el nombre más la indicación «SAL». Para su constitución, se requiere certificación negativa del Registro Mercantil Central, escritura pública e inscripción en el Registro Administrativo de Sociedades Laborales.

Las siguientes características son comunes para las sociedades anónimas y las sociedades anónimas laborales:

- Entre la convocatoria de la junta general y la celebración, deberán transcurrir un mínimo de quince días.
- La junta general se convocará siempre que lo soliciten un número de socios que represente al 5 % del capital social, como mínimo.
- Se debe convocar una junta dentro de los seis primeros meses del ejercicio para aprobar las cuentas del ejercicio anterior.

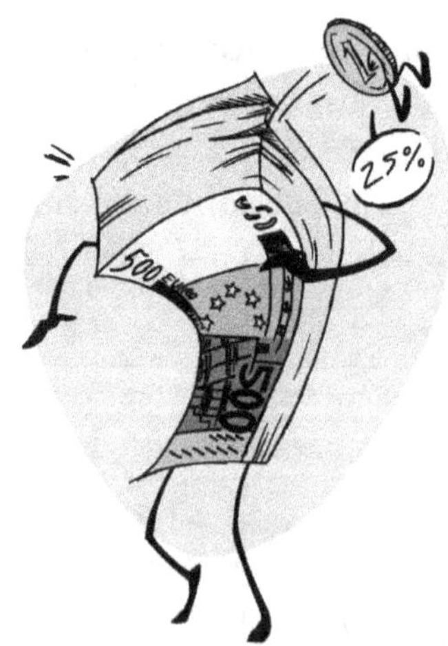

Puede ser de interés consultar el Boletín Oficial del Registro Mercantil (www.boe.es/diario_borme).

Tema 2.6
La sociedad de responsabilidad limitada

La sociedad limitada

La sociedad limitada es capitalista, personalista y mercantil. Para su constitución se requiere escritura pública e inscripción en el registro mercantil.

El número mínimo de socios es uno, y no existe un máximo. Como la sociedad anónima, puede ser unipersonal desde 1995 y la responsabilidad de los socios es limitada.

El capital social está dividido no en acciones sino en participaciones sociales; debe estar totalmente desembolsado al constituirse y el mínimo es 3.000,00 euros; no hay un máximo (Ley 2/1995).

La condición de socio no se transmite libremente, sino que existe el derecho de tanteo a favor del resto de socios. En el caso de que ningún socio adquiera las participaciones de otro socio saliente, la propia sociedad puede adquirir dichas participaciones, haciendo una reducción de capital.

Una sociedad limitada puede emitir obligaciones, aunque el importe total de las mismas no puede ser superior al doble de sus recursos propios, salvo algunas excepciones, y las participaciones sociales no pueden negociarse en bolsa.

La denominación se compone del nombre elegido por los socios fundadores más la sigla «SL», no pudiendo coincidir con el de ninguna otra sociedad; por lo tanto, el requisito previo a la escritura de constitución es la obtención de un certificado del Registro Mercantil Central, acreditando que la denominación no es utilizada por ninguna otra sociedad. En caso de existir dicha denominación, habría que proponer otros nombres al Registro Mercantil Central.

Órganos de gobierno

1. *Administradores.* Pueden ser uno o varios. Gestionan la empresa y la representan frente a terceros. Salvo acuerdo de los socios, los administradores no pueden dedicarse por cuenta propia o ajena a la misma actividad que la sociedad. Los administradores pueden ser socios de la sociedad limitada o no serlo.
2. *Junta general de socios.* Solo es obligatoria cuando los socios son más de quince. Cuando son quince o menos la junta se puede celebrar de manera más informal,

y si son más de dicha cantidad, debe ser convocada por el administrador o los administradores. Se llama junta universal a la que tiene lugar cuando, estando presentes todos los socios, deciden celebrarla sin previa convocatoria.

Sociedad limitada laboral

Es una sociedad mercantil, y, al igual que en la SAL, al menos el 51 % del capital debe pertenecer a socios-trabajadores que presten en ella servicios retribuidos en forma personal y directa.

Deben constituirse con tres socios como mínimo y ninguno de ellos puede tener más de un tercio del capital social. Puede haber socios-trabajadores, que aportan trabajo y capital, y también socios capitalistas, que solamente aportan capital.

El capital social mínimo es de 3.000,00 euros. La responsabilidad de los socios es limitada, ya que se reduce al capital social aportado.

La denominación se compone del nombre elegido más la sigla «SLL» y no puede coincidir con ninguna otra preexistente; por lo tanto, el requisito previo a la escritura de constitución es la obtención de un certificado del Registro Mercantil Central, acreditando que la denominación no es utilizada por ninguna otra sociedad.

Para su constitución es necesaria escritura pública e inscripción en el Registro Mercantil y en el Registro Administrativo de Sociedades Laborales.

Tema 2.7
Cooperativas y sociedades de comercialización

Cooperativas

Las cooperativas se rigen por la Ley 27/1999 de 16 de julio (BOE de 17 de julio de 1999), aunque algunas comunidades autónomas tienen legislación propia al respecto, como son Andalucía, Cataluña, País Vasco y la Comunidad Valenciana.

En una cooperativa, el capital es variable, la gestión es democrática, la adhesión y baja de los socios es libre y hay igualdad de derechos entre los socios. Las infracciones de los socios prescriben a los cuatro meses.

Una cooperativa de primer grado es aquella que está formada por personas físicas o físicas y jurídicas. Las de segundo grado son las integradas por dos cooperativas, al menos.

La responsabilidad de los socios puede ser limitada o bien ilimitada, según se haya hecho constar en la escritura de constitución.

Los socios promotores deben desembolsar al menos el 25 % de la aportación obligatoria mínima, que dependerá del tipo de sociedad, ya que existen trece clases diferentes de cooperativas de primer grado.

Para su constitución, se requiere escritura pública e inscripción en el registro de cooperativas en los doce meses siguientes a la escritura. No es necesaria su inscripción en el Registro Mercantil.

El Real Decreto 1830/99 (BOE de 18 de diciembre de 1999) establece el capital social mínimo para las cooperativas de transportistas, que va en función del número de socios:

Número de socios no superior a quince	10.000 €
Superior a quince, pero no superior a treinta	30.000 €
Número de socios superior a treinta	60.000 €

Órganos de gobierno

Asamblea general

Reunión de socios. Cada socio representa un voto. Las decisiones se toman por mayoría de la mitad más uno, aunque para determinados asuntos se requiere mayoría de dos tercios. Debe convocarse dentro de los seis meses desde el cierre del ejercicio y debe estar presente al menos el 20 % de los votos. Si tienen más de quinientos socios debe convocarse con una antelación de quince días y con un anuncio en un diario de suficiente difusión en el territorio donde opere.

Consejo rector

Asume las labores de gobierno, gestión y representación de la cooperativa. Como mínimo han de ser tres miembros y como máximo, quince. Son elegidos por la asamblea general en voto secreto por plazo de entre tres y seis años. Cuando la cooperativa tiene menos de diez socios, el consejo rector lo puede formar una sola persona, que puede ser a la vez presidente y secretario del consejo rector.

Interventores

Su misión principal es fiscalizar y censurar las cuentas anuales. También son elegidos por la asamblea general por períodos de entre tres y seis años.

Comité de recursos

Resuelve los recursos que se interpongan contra el consejo rector. Son elegidos por la asamblea general por plazos de dos años.

En las cooperativas de trabajo asociado, que veremos a continuación, el total de horas al año de los trabajadores no socios deberá ser igual o inferior al 30 % de las horas efectuadas por los socios trabajadores.

Cooperativas de transportistas y cooperativas de trabajo asociado

Una cooperativa de trabajo asociado actúa como empresa de transportes, dado que es titular de la tarjeta y de sus copias y en consecuencia dispone de los vehículos.

Los socios son a la vez socios y trabajadores, pero en ningún caso empresarios. Por tal razón, es la cooperativa la que factura a los clientes los transportes que lleva a cabo, y al mismo tiempo paga a los socios la cantidad que hayan estipulado. Algunas cooperativas de este tipo facturaban a los socios y eran estos quienes a su vez facturaban a los clientes, lo cual era una práctica fraudulenta y que ha estado y está perseguida por la Inspección del Transporte.

Ahora bien, una cooperativa de servicios o cooperativa de transportistas es diferente. Está constituida por personas físicas o jurídicas que previamente son transportistas, es decir, que disponen de vehículos y son titulares de tarjetas.

En estos casos, el funcionamiento de la cooperativa es similar al de los operadores de transporte, intermediando entre los socios y los clientes. Todos los servicios encargados a la cooperativa deben ser efectuados a través de alguno de los socios, la cooperativa factura a los clientes y el socio a su vez lo hace a la cooperativa. En cambio, el socio puede tener otros transportes y otros clientes para los cuales trabaja y a los cuales factura, al margen de la cooperativa a la que pertenece.

Sociedades de comercialización de transporte

Estas sociedades son idénticas en todo a las cooperativas de transportistas, pero con forma jurídica societaria. Son, por lo tanto, sociedades mercantiles (sociedad limitada o bien sociedad anónima).

Frente a los clientes, quien debe contratar es la sociedad en nombre propio. Los socios no transmiten sus tarjetas a la sociedad y esta no puede tener autorizaciones de transporte a su nombre.

El capital varía en función del número de socios. Al igual que en las cooperativas de transportistas, el director deberá tener competencia profesional de OT; el de una cooperativa de trabajo asociado de transportes, en cambio, debe tener la de transporte nacional e internacional de mercancías.

El Real Decreto 1830/99 establece también el capital social mínimo para las sociedades de comercialización de transporte:

Número de socios no superior a quince	10.000 €
Superior a quince, pero no superior a treinta	30.000 €
Número de socios superior a treinta	60.000 €

Para más información, consultar la web de la Confederación Española de Cooperativas de Trabajo Asociado (www.coceta.coop).

Tema 2.8
La ley concursal

Introducción

La Ley 22/2003 de 9 de julio de 2003 o «Ley Concursal» entró en vigor el día 1 de septiembre de 2004. Hasta esa fecha, las situaciones de crisis de una empresa o de un empresario, denominadas suspensión de pagos o bien quiebra, estaban reguladas por normas vigentes pero de considerable antigüedad, entre otras, la Ley de Suspensión de Pagos de 1922, algunos artículos del primer Código de Comercio promulgado por Fernando VII en 1829 y también por el Código de Comercio de 1885.

Con la nueva ley desaparece la figura de la suspensión de pagos y también la de la quiebra, quedando fusionadas en una sola denominada *concurso*. Dicho nombre proviene del hecho de la concurrencia de los acreedores sobre el patrimonio del deudor, en estas situaciones.

Declaración de concurso

Presupuestos

La declaración de concurso puede aplicarse a cualquier deudor, persona física o jurídica; pero no pueden declararse en concurso entidades que formen la organización del Estado ni los organismos públicos.

La declaración procede cuando el deudor sea insolvente, es decir, cuando no pueda cumplir sus obligaciones exigibles.

Si la solicitud de concurso es presentada por el propio deudor (concurso voluntario), debe justificar su endeudamiento y su estado de insolvencia. Debe presentar la declaración dentro de los dos meses siguientes a la fecha en que conoció o debió conocer su insolvencia y aportará poderes para solicitar el concurso y la memoria económica de su actividad en los últimos tres años.

Si la solicitud de concurso es presentada por un acreedor (concurso necesario), deberá haber intentado el cobro por vía de ejecución, sin que del embargo resulten bienes suficientes libres, o bien deberá basar su petición en alguno de estos supuestos:

– Cese general del deudor en sus obligaciones de pago.
– Existen embargos por ejecución pendientes contra el deudor que afectan a su patrimonio.
– Ha habido alzamiento o liquidación apresurada o ruinosa de sus bienes por el deudor.
– El deudor ha dejado de pagar sus impuestos o cuotas de seguridad social y salarios en los últimos tres meses.

Deberá indicar en su solicitud el origen, la naturaleza, el importe, las fechas, los vencimientos y la situación del crédito mediante documentos. Un testigo no se considera prueba suficiente.

Procedimiento de la declaración

La solicitud de declaración de concurso se presenta en los tribunales y son competentes en esta materia los jueces de lo mercantil.

El centro de intereses del deudor es aquel donde ejerce de modo habitual la administración de dichos intereses. Si es persona jurídica, será su domicilio social, no teniéndose en cuenta un cambio de domicilio efectuado en los seis meses anteriores a la solicitud.

Los efectos del concurso tienen alcance universal, porque afecta a los bienes del deudor dentro y fuera de España. Si se han presentado varias solicitudes en dos o más juzgados, será preferente el juzgado donde se hubiera presentado la primera solicitud.

El mismo día o el día siguiente al de su reparto, el juez examinará la solicitud. El deudor puede oponerse a la declaración de concurso, basándose en la inexistencia del hecho o en que no es insolvente.

Administración concursal

Nombramiento de los administradores

La administración concursal está formada por:

a) Un abogado con experiencia profesional de al menos cinco años.
b) Un auditor de cuentas, economista o titulado mercantil colegiado, con experiencia mínima de cinco años.
c) Un acreedor titular de un crédito ordinario (es decir, no privilegiado).

Efectos de la declaración de concurso

Efectos sobre el deudor

Si el concurso es voluntario, el deudor conservará la administración de su patrimonio. Si el concurso es necesario, será sustituido por los administradores concursales. No obstante, el juez puede cambiar estas situaciones tras oír al concursado y a los administradores.

Conservación y administración de la masa activa

Hasta que finalice el proceso (aprobación judicial del convenio o liquidación) no se podrán vender los bienes y derechos que forman la masa activa sin autorización del juez.

Continuación de la actividad profesional o empresarial

La declaración de concurso no interrumpirá la continuación de la actividad profesional o empresarial del deudor.

Informe y determinación de la masa activa y pasiva

Presentación del informe

El plazo para la presentación del informe será de dos meses, contados desde la fecha en que dos de los administradores acepten hacerlo. El juez podría prorrogar este plazo un mes más.

El informe debe contener los siguientes datos:

a) Análisis de los datos y las circunstancias del deudor.
b) Estado de la contabilidad del deudor.
c) Memoria de las principales decisiones y actuaciones de la administración concursal.

Y se añadirá inventario de la masa activa, lista de acreedores y evaluación de las propuestas de convenio que se hubieran presentado.

Determinación de la masa activa

La masa activa del concurso está formada por los bienes y derechos del deudor en la fecha de la declaración y los que se reintegren en su patrimonio hasta la conclusión del procedimiento.

Determinación de la masa pasiva

Son los créditos contra el deudor, que no se consideran créditos contra la masa (que no se deben a los acreedores del concurso). Ejemplos:

- Créditos por salarios de los últimos treinta días de trabajo anteriores a la declaración y que no supere el doble del sueldo mínimo interprofesional.
- Costas y gastos judiciales de la propia declaración de concurso.
- Costas y gastos judiciales ocasionados por la asistencia y representación del deudor.
- Alimentos del deudor y de las personas a su cargo.
- Los generados por el ejercicio de la actividad profesional o empresarial del deudor tras la declaración de concurso.

Los créditos pueden ser privilegiados, ordinarios y subordinarios. Los privilegiados pueden ser con privilegio especial y general:

- *Con privilegio especial:* los que están garantizados con hipotecas mobiliarias o inmobiliarias, con prenda mediante un bien pignorado, garantizados con anticresis,[1] los refaccionarios, etc.
- *Con privilegio general:* salarios a razón del triple del sueldo mínimo interprofesional por número de días de salarios pendientes de pago, retenciones tributarias y cuotas de Seguridad Social, etc.

Fases de convenio o de liquidación

El proceso puede finalizar de dos formas diferentes:

1. Convenio entre el deudor y los acreedores (antigua figura de suspensión de pagos).
2. Liquidación de bienes del deudor (antigua figura de quiebra).

---

[1] Contrato en que el deudor consiente que su acreedor goce de los frutos de la finca que le entrega, hasta que sea cancelada la deuda.

Contenido de la propuesta de convenio

El convenio deberá contener propuestas de quita[2] o de espera,[3] pudiéndose acumular ambas.

En ningún caso, la propuesta puede consistir en la cesión de bienes y derechos a los acreedores para el pago de sus créditos. Cualquier pacto de mejores condiciones entre el deudor y alguno de los acreedores (por ejemplo, compensación) será nulo. La propuesta deberá acompañarse de un plan de pagos con detalle de los recursos previstos para su cumplimiento.

Calificación del concurso

El concurso se podrá calificar como fortuito o como culpable. Procederá la clasificación del concurso en las siguientes situaciones:

- Cuando se apruebe judicialmente un convenio en que se establezca una quita superior a un tercio del importe de sus créditos o una espera superior a tres años.
- En todos los casos en que se abra una fase de liquidación.

Será culpable cuando se haya llegado a la insolvencia mediante dolo o culpa grave del deudor o sus representantes legales, y, en caso de persona jurídica, de sus administradores.

---

[2] Remisión o liberación que de la deuda o parte de ella hace el acreedor al deudor.
[3] Aplazamiento que los acreedores acuerdan conceder al deudor en quiebra, concurso o suspensión de pagos.

Capítulo 3

Derecho social

Tema 3.1
Delegados de personal y comité de empresa

Normativa laboral

La regulación de la relación laboral, individual y colectiva viene reflejada en una serie de normas y principios, que configuran el ordenamiento jurídico laboral. El orden jerárquico de la normativa laboral está establecido como sigue:

1. Normas de origen estatal, según el orden de su respectiva jerarquía (Constitución, Estatuto de los Trabajadores, leyes, real decreto, orden ministerial).
2. Normas de origen profesional (convenios colectivos).
3. Contratos de trabajo.
4. Usos y costumbres.

Podemos resumir que, dentro del marco general de la Constitución, la normativa básica reguladora de las relaciones laborales es la siguiente:

El Estatuto de los Trabajadores

El estatuto será de aplicación a los trabajadores que voluntariamente presten sus servicios retribuidos por cuenta ajena y dentro del ámbito de organización de otra persona, física o jurídica, denominada empresario.

Quedan excluidos del Estatuto de los Trabajadores los funcionarios públicos (personal de justicia).

Los convenios colectivos

a) Definición
Acuerdo libremente adoptado por los representantes de los trabajadores y de los empresarios, en virtud de su autonomía colectiva, y que regula las condiciones de trabajo y la productividad de las relaciones laborales individuales de que sean sujetos las personas obligadas por el convenio

b) Ámbito de aplicación

El ámbito de aplicación del convenio colectivo podrá extenderse a una empresa, un sector, una provincia, una comunidad autónoma o a todo el Estado.

c) Legitimación

Se hallan legitimados para negociar en los casos siguientes:

- *Convenios de empresa:* se hallan legitimados para negociar los delegados de personal, en representación de los trabajadores, cuando la empresa o los centros de trabajo tengan menos de cincuenta trabajadores y más de diez; o bien el comité de empresa, en empresas cuyo censo sea de cincuenta o más trabajadores. Por parte de la empresa, el propio empresario o bien su(s) representante(s).
- *En convenio de ámbito superior a la empresa:* por parte de los trabajadores, los sindicatos que tengan la condición de más representativos a nivel estatal o de comunidad autónoma; y, por parte de la empresa, con carácter general, las asociaciones empresariales

La designación de los componentes de la comisión corresponderá a las partes negociadoras. En los convenios colectivos de ámbito empresarial, ninguna de las partes superará el número de doce miembros, y en los de ámbito superior, el número de cada parte no excederá de quince.

La duración del cargo de representante de los trabajadores tiene una vigencia de cuatro años. Tienen capacidad para ser elegidos representantes de los trabajadores los mayores de dieciocho años que tengan una antigüedad en la empresa mínima de seis meses.

Tienen capacidad para elegir a los representantes de los trabajadores en unas elecciones sindicales los mayores de dieciséis años y los que tengan una antigüedad de un mes en la empresa.

Podrán designar a los candidatos a representantes de los trabajadores las personas afiliadas al sindicato.

d) Entrada en vigor y duración

El Estatuto de los Trabajadores no señala un plazo mínimo ni máximo de duración del convenio colectivo, puesto que será el que se establezca en el propio convenio. La vigencia del convenio se extiende desde su entrada en vigor hasta el término de duración. Si no hay denuncia de las partes negociadoras se prorroga anualmente.

e) Requisitos de validez de los convenios

Para que sean legalmente válidos, los convenios colectivos deben reunir un mínimo de condiciones:

- Que se efectúen por escrito.
- Deben ser presentados ante la autoridad laboral competente (Departamento de Trabajo), a efectos de registro, en un plazo de quince días.
- Una vez registrado, será remitido al Cemac/Imac (Centro de Mediación y Arbitraje) para su depósito.
- En el plazo máximo de diez días desde la presentación del convenio en el registro se dispondrá por la autoridad laboral su publicación obligatoria y gratuita en el BOE o en el diario oficial de la comunidad autónoma correspondiente.

Comité de seguridad e higiene

Órgano cuya función es la consulta regular y periódica por parte de la empresa en materia de prevención de riesgos laborales.

Es obligatoria su constitución en empresas o centros de trabajo con cincuenta o más trabajadores.

Competencias

Participar en la elaboración, la puesta en práctica y la evaluación de los programas y planes de prevención, y proponer a la empresa mejoras de las condiciones de trabajo y corrección de las deficiencias detectadas por el comité.

Composición

- *Delegados de prevención:* son los representantes de los trabajadores con funciones específicas en materia de prevención de riesgos laborales.
- *Empresario y representantes:* en número igual al de los delegados de prevención.

Se puede obtener más información en las webs de los sindicatos UGT (www.ugt.es), Comisiones Obreras (www.ccoo.es) y CGT (www.cgt.org.es).

Tema 3.2
La empresa y la Seguridad Social

Definición y finalidad de la Seguridad Social

Podemos definir la Seguridad Social como «la protección que la sociedad proporciona a sus miembros, mediante una serie de medidas públicas, contra las privaciones económicas y sociales que, de no ser así, ocasionarían la desaparición o una fuerte reducción de los ingresos por causa de enfermedad, maternidad, accidente de trabajo o enfermedad laboral, desempleo, invalidez, vejez y muerte; y también la protección en forma de asistencia médica y de ayuda a las familias con hijos». Esta es una definición de la Organización Internacional del Trabajo (OIT), en un documento publicado en el año 1991.

La Seguridad Social tiene como finalidad garantizar una protección adecuada en las contingencias y situaciones que la ley define.

Composición y financiación del sistema de la Seguridad Social

El sistema de Seguridad Social se compone de varios regímenes:

Régimen general

Su campo de aplicación se extiende a todos los trabajadores por cuenta ajena, incluidos los directivos, pero no los consejeros.

Se excluyen del régimen general:

- Los que ejecuten ocasionalmente servicios llamados amistosos, benévolos o de buena vecindad.
- Trabajadores que desarrollen una actividad profesional comprendida en alguno de los regímenes especiales (agrario, mar, autónomos, empleados de hogar, etc.).
- Salvo prueba en contrario, el cónyuge, los descendientes o los ascendientes del empresario y, en su caso, por adopción, hasta el segundo grado, cuando conviven en su hogar y estén a su cargo, a no ser que demuestren su condición de asalariado.

– Actividades de personas que intervengan en operaciones mercantiles.
– Transportistas autónomos con vehículo propio.

Regímenes especiales

Los principales regímenes especiales son los siguientes:

– Agrario (incluye trabajadores por cuenta ajena y por cuenta propia).
– Trabajadores del mar (incluye trabajadores por cuenta ajena y propia).
– Trabajadores autónomos.
– Empleados de hogar.
– Minería de carbón.
– Funcionarios públicos, civiles o militares.

Actos previos de registro. Inscripción de la empresa a la Seguridad Social

Es el paso previo al inicio de actividades por parte de la empresa, siempre que para ella vayan a prestar servicios trabajadores por cuenta ajena. Se trata de solicitar el número patronal para identificar a la empresa a efectos de Seguridad Social.

Se formaliza ante la Tesorería General de la Seguridad Social (TGSS) mediante el sistema RED (Remisión Electrónica de Documentos).

Afiliación de los trabajadores a la Seguridad Social

La afiliación es el acto administrativo por el que se lleva a cabo la incorporación al sistema de la Seguridad Social de un sujeto protegido, convirtiéndose en titular de derechos y obligaciones con la misma. De la afiliación cabe destacar los siguientes aspectos:

– *Solicitud:* el obligado a llevar a cabo la afiliación es el empresario, de todos aquellos trabajadores que ingresen a su servicio y no estuvieran ya afiliados.
– *Forma:* la afiliación se formaliza en el impreso oficial correspondiente.
– *Lugar:* ante la dirección provincial de la Tesorería General de la Seguridad Social.
– *Plazo:* con anterioridad al inicio de la prestación de servicios del trabajador.
– *Identificación:* se asignará a cada trabajador un número de afiliación con carácter vitalicio, que consta de doce dígitos.

Alta, baja y variación de datos

Alta

El alta se produce cada vez que el trabajador inicia o reanuda su relación laboral, teniendo en cuenta los siguientes aspectos:

- *Solicitud:* los empresarios deberán comunicar el alta del trabajador.
- *Forma:* el alta se solicita en el impreso oficial correspondiente (parte de alta, baja y variación de datos).
- *Lugar:* ante la dirección provincial de la TGSS.
- *Plazo:* las altas se presentarán con anterioridad al inicio de la prestación de servicios del trabajador, pero esa antelación no puede ser superior a sesenta días.

Baja

Las bajas siguen las normas comentadas anteriormente y se comunican mediante el mismo modelo de documento oficial. La baja se presentará en los seis días naturales siguientes a aquel en que se llevó a cabo.

Los justificantes de altas y bajas deben conservarse durante cinco años.

La base de cotización

Cotizar es aportar recursos económicos al sistema de la Seguridad Social. Las contingencias protegidas implican la necesidad de tener cubiertos determinados riesgos y obligan a la empresa y los trabajadores a efectuar cotizaciones por distintos conceptos:

- Contingencias comunes.
- Horas extraordinarias.
- Desempleo.
- Fondo garantía salarial (Fogasa).
- Contingencias profesionales.

Los tipos de cotización al Régimen General serán para las contingencias comunes el 28,30 %, del que el 23,60 % será a cargo de la empresa y el 4,70 % será a cargo del trabajador.

Conceptos computables

Se computa la remuneración o retribución total, que podrá incluir el salario base y los complementos salariales en cualquiera de sus modalidades:

- Personales (antigüedad, títulos o conocimientos).
- De puesto de trabajo (nocturnidad, toxicidad, peligrosidad, responsabilidad, etc.).
- Por calidad o cantidad de trabajo (asistencia, puntualidad, incentivos).
- De vencimiento periódico superior al mes (pagas extraordinarias).

Conceptos no computables

No se computan en la base de cotización los siguientes conceptos:

- Gastos de locomoción.
- Plus transporte.
- Plus por distancia.
- Desgaste de herramientas.
- Quebranto de moneda.
- Prendas de trabajo o vestuario.
- Dietas.

La base de cotización o base de contingencias comunes se obtiene sumando las percepciones salariales más la suma del valor de las pagas extraordinarias dividido por doce.

- Base de cotización × 6,4 % aproximadamente (la paga el trabajador) = cuota que debe pagar a la Seguridad Social.
- Base de cotización × 33 % aproximadamente (la paga el empresario) = cuota que debe pagar a la Seguridad Social.

Cuota obrera (lo que paga el trabajador)
- Contingencias comunes: 4,7 % × base de cotización.
- Desempleo: 1,6 % × base de cotización (1,55 % en contratos indefinidos).
- Formación profesional: 0,1 % × base de cotización.
- Horas extras por fuerza mayor: 2 % × base de cotización.
- Resto de horas extras: 4,7 % × base de cotización.

Cuota patronal (lo que paga el empresario)
– Contingencias comunes: 23,6 % × base de cotización.
– Desempleo: 5,50 % (indefinido), 6,70 % (duración determinada) o 7,70 % (tiempo parcial) × base de cotización.
– Formación profesional: 0,6 % × base de cotización.
– Fondo de garantía salarial: 0,4 % × base de cotización.
– Horas extras por fuerza mayor: 12 % × base de cotización.
– Resto de horas extras: 23,6 % × base de cotización.

Las deducciones en el recibo de salarios

A la hora de confeccionar el recibo de salarios correspondiente al período que se liquida, el empresario deberá efectuar las deducciones a cuenta del impuesto sobre la renta de las personas físicas (IRPF), así como la cuota obrera que como cotización a la Seguridad Social le corresponda al trabajador.

Nacimiento y duración de la obligación de cotizar

– *Nacimiento.* La obligación de cotizar surge desde el momento en que se inicia la actividad laboral.
– *Duración.* La obligación de cotizar permanece mientras dura la actividad laboral. Se mantiene, por tanto, durante todo el período en que el trabajador esté de alta o preste sus servicios.
– *Extinción.* La extinción de la obligación de cotizar se produce con la comunicación de baja del trabajador a la Tesorería General de la Seguridad Social en el plazo reglamentario (seis días naturales desde el cese).

Documentos de cotización

La gestión recaudatoria se lleva a efecto por la Tesorería General de la Seguridad Social a través de sus órganos de recaudación y la tramitación la deberá efectuar el empresario cumplimentando los modelos de cotización. Los documentos de cotización dentro del régimen general son:

– Relación nominal de trabajadores (TC-2).
– Boletín de cotización al régimen general (TC-1).

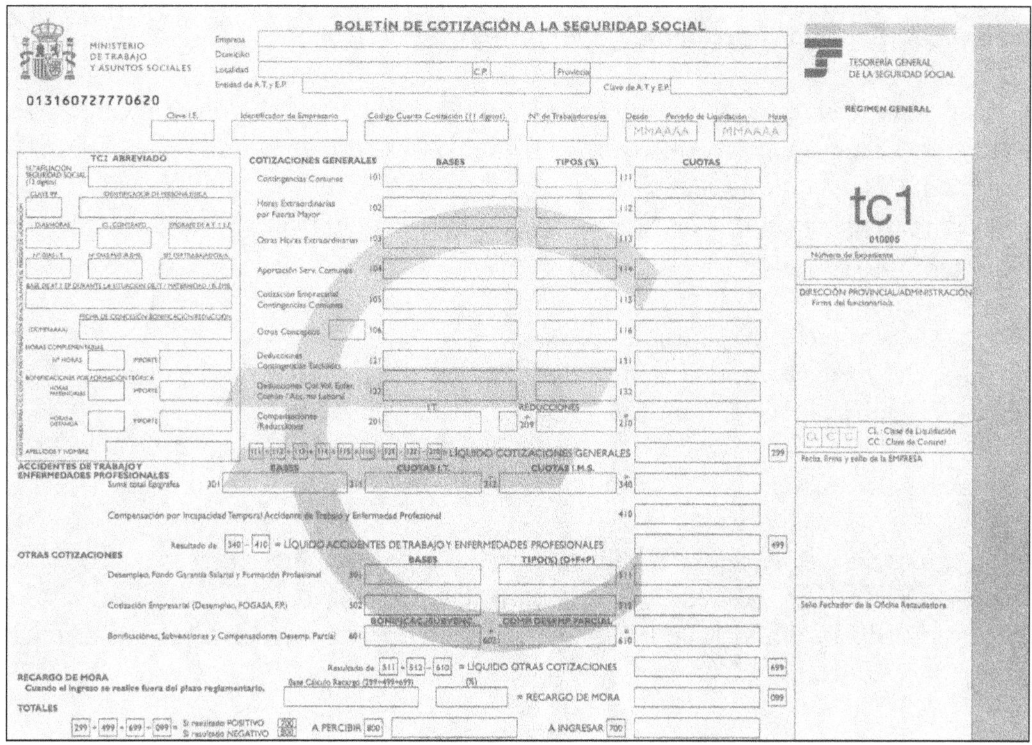

Figura 1. Modelo de boletín de cotización al régimen general de la Seguridad Social o TC1.

Ingreso de las cuotas

La gestión recaudatoria de las cuotas, que están obligadas a cotizar las empresas y los trabajadores, se lleva a efecto por la Tesorería General de la Seguridad Social. Las cuotas se devengan por mensualidades vencidas y se ingresan dentro del mes natural siguiente a su devengo.

El plazo de prescripción de las cuotas debidas a la Seguridad Social y devoluciones pendientes de recibir es de cinco años.

La acción protectora del sistema de la Seguridad Social

Incapacidad temporal

Es la situación en la que se encuentra el trabajador incapacitado temporalmente para trabajar y precisa asistencia sanitaria de la Seguridad Social. Se tendrá derecho al subsidio por incapacidad temporal en las situaciones siguientes:

Enfermedad común o accidente no laboral

- *Requisitos.* Haber cotizado al menos ciento ochenta días en los últimos cinco años anteriores a la baja por enfermedad común. No se exigirá período previo de cotización en caso de accidente no laboral.
- *Prestación económica.* Consiste en un subsidio que resulta de aplicar un porcentaje a la base reguladora:

  - Tres primeros días no se cobra nada.
  - Del 4.º día hasta el 20.º incluido (diecisiete días), el 60 % de la base reguladora.
  - Del día 21.º en adelante, el 75 % de la base reguladora.

- *Responsabilidad:*

  - Los tres primeros días nadie, pues no existe prestación.
  - Del 4.º al 15.º día (doce días), a cargo del empresario.
  - Del día 15.º en adelante, la responsabilidad del pago es a cargo de la Seguridad Social.

Accidente de trabajo y enfermedad profesional

- *Requisitos.* No se exigirá período previo de cotización en caso de accidente laboral o enfermedad profesional.
- *Prestación económica.* La prestación económica consiste en un subsidio del 75 % desde el día siguiente al de la baja por accidente de trabajo o enfermedad profesional.
- *Responsabilidad.* El pago de la prestación correrá a cargo de la mutua de accidentes de trabajo o el Instituto Nacional de la Seguridad Social, dependiendo de con quién se tengan concertados los riesgos de accidentes de trabajo y enfermedad profesional.

Duración de la prestación

El subsidio se abonará mientras el trabajador se encuentre en situación de incapacidad temporal y la duración máxima será de doce meses prorrogables a otros seis meses.

Maternidad

Períodos de descanso que disfruta el trabajador con motivo de la maternidad, la adopción y el acogimiento previo.

- *Requisitos.* Debe tener un período mínimo de cotización (dependerá de la edad de la madre) de ciento ochenta días dentro de los últimos siete años inmediatamente anteriores al hecho causante, para mayores de veintiséis años. De veintiún a veintiséis años, noventa días dentro de los siete años inmediatamente anteriores.
- *Prestación.* Resulta el equivalente al 100 % de la base reguladora desde el primer día de la baja por maternidad.
- *Duración del subsidio.* La duración máxima será de dieciséis semanas por maternidad, ampliándose a dos semanas más por cada hijo, en el supuesto de parto múltiple.

El desempleo

La protección del nivel contributivo se denomina prestación por desempleo. Para el acceso a la misma se requiere, además de cumplir ciertos requisitos, la cotización previa del trabajador. Los requisitos son estar afiliado a la Seguridad Social y en situación legal de desempleo.

La duración de la prestación por desempleo está en función de los períodos de tiempo cotizados en los últimos seis años anteriores a la situación legal de desempleo, o al momento en que cesó la obligación de cotizar.

La escala para la determinación de la duración de la prestación, que está en función de los períodos de ocupación cotizados, es la que figura en la tabla 1.

La cuantía de la prestación se determina aplicando a la base reguladora los tipos del 70 % durante los primeros ciento ochenta días (seis meses) y 60 % a partir del día ciento ochenta y uno.

En los casos de situación legal de desempleo, se solicita la prestación en el plazo de quince días hábiles a contar desde la misma.

La invalidez

Es la situación del trabajador en que, después de haber seguido el tratamiento prescrito y de haber sido dado de alta, presenta reducciones anatómicas o funcionales graves, previsiblemente definitivas, que disminuyen o anulan su capacidad laboral dando lugar a distintos grados de incapacidad.

Incapacidad permanente

Incapacidad permanente parcial

- *Definición.* Incapacidad permanente parcial para la profesión habitual es aquella que sin llegar a ser total, ocasiona al trabajador una disminución no inferior al

Período de cotización		Período de prestación	
Días	*Meses*	*Días*	*Meses*
Desde 360 hasta 539	12 a 18	120	4
Desde 540 hasta 719	18 a 24	180	6
Desde 720 hasta 899	24 a 30	240	8
Desde 900 hasta 1.079	30 a 36	300	10
Desde 1.080 hasta 1.259	36 a 42	360	12
Desde 1.260 hasta 1.439	42 a 48	420	14
Desde 1.440 hasta 1.619	48 a 54	480	16
Desde 1.620 hasta 1.799	54 a 60	540	18
Desde 1.800 hasta 1.979	60 a 66	600	20
Desde 1.980 hasta 2.159	66 a 72	660	22
Desde 2.160	Más de 72	720	24

Tabla 1. Relación entre los períodos de ocupación cotizados y la duración de la prestación por desempleo.

33 % en su rendimiento normal de trabajo y sin impedirle la realización de las tareas fundamentales de su profesión.

– *Cuantía de la prestación*. Cantidad a tanto alzado de veinticuatro mensualidades de la base reguladora que sirvió para el cálculo de la prestación de la situación de incapacidad temporal de la que derive la incapacidad permanente.

Incapacidad permanente total

– *Definición*. Es aquella que inhabilita al trabajador para la realización de todas o las fundamentales tareas de su profesión habitual, siempre que pueda dedicarse a otra distinta.
– *Cuantía de la prestación*. Pensión vitalicia del 55 % de la base reguladora, respetando las cuantías máximas y mínimas establecidas anualmente por el gobierno.

Incapacidad permanente absoluta para todo trabajo

– *Definición*. Es aquella invalidez que inhabilita por completo al trabajador para toda profesión u oficio.
– *Cuantía de la prestación*. La prestación económica correspondiente a la incapacidad permanente absoluta consistirá en una pensión vitalicia del 100 % de la base reguladora.

Gran invalidez

- *Definición.* Se trata de la situación del trabajador que a consecuencia de pérdidas anatómicas o funcionales, necesite la asistencia de otra persona para llevar a cabo los actos más esenciales de la vida, tales como vestirse, desplazarse, comer o análogos.
- *Cuantía de la prestación.* La prestación económica correspondiente a la gran invalidez consistirá en una pensión vitalicia del 100 % de la base reguladora incrementada con un complemento destinado a que el inválido pueda remunerar a las personas que le atiendan.

La jubilación

La pensión de jubilación consiste en una pensión vitalicia que le es reconocida al trabajador cuando cumpliendo determinados requisitos al llegar a cierta edad, cesa en el trabajo o no se reincorpora.

El trabajador podrá acceder a la pensión de jubilación cuando tenga cumplidos los sesenta y cinco años, aunque existe la posibilidad de jubilarse anticipadamente en determinados supuestos, aplicando a la pensión unos coeficientes reductores. Esta edad va a ir incrementándose progresivamente hasta 2027, momento en el que serán exigibles 67 años, salvo que el trabajador haya cotizado 38 años y seis meses, supuesto en que podrá seguir jubilándose a los 65 años de edad.

- *Período de cotización.* Período mínimo de cotización de quince años, de los cuales dos, al menos, deberán estar comprendidos dentro de los quince años inmediatamente anteriores al momento de causar derecho.
- *Prestación económica.* La cuantía de la pensión de jubilación se determinará aplicando a la base reguladora el porcentaje procedente.
- *Porcentaje.* El porcentaje aplicable a la base reguladora está en función de los años de cotización del trabajador. Por los primeros quince años cotizados se tendrá derecho al 50 % de la base reguladora; posteriormente, por cada año cotizado entre el año 16 y el 25 se deberá añadir un 3 %, y a partir del año 26 cotizado por cada año se incrementará un 2 %, hasta alcanzar el 100 % cuando se tengan treinta y cinco años cotizados.

Viudedad

- *Definición.* Prestación económica a la que tiene derecho el cónyuge superviviente (viudo/a) por el fallecimiento del causante.

– *Prestación.* El valor de la prestación será el 46 % de la base reguladora. El porcentaje será del 70 %, cuando la pensión de viudedad constituya la principal o única fuente de ingresos del pensionista, y cuando los rendimientos del conjunto de la unidad familiar, incluido el pensionista, dividida entre el número de miembros que la compongan, no supere, en cómputo anual, el 75 % del salario mínimo interprofesional, desde enero del año 2002.

Orfandad

– *Definición.* Tendrán derecho a la pensión de orfandad cada uno de los hijos del causante fallecido, cualquiera que sea la naturaleza legal de su afiliación.
– *Prestación.* El valor de la prestación será del 20 % de la base reguladora, que se incrementará un 45 % cuando fallezca el cónyuge sobreviviente.

La cuantía de las pensiones de orfandad más la de viudedad no puede superar el 100 % de la base reguladora del causante. En los supuestos en que el hijo del causante no tenga ingresos anuales superiores al 75 % en cómputo anual, podrá ser beneficiario de la pensión, siempre que sea menor de veintiún años, o de veintitrés, si no sobreviviera ninguno de los dos padres.

Régimen especial de trabajadores autónomos (RETA)

El trabajador por cuenta propia o autónomo es aquel que lleva a cabo de manera habitual, personal y directa una actividad económica a título lucrativo, sin sujeción por ella a contrato de trabajo y aunque utilice el servicio remunerado de otras personas.

Se presume la condición de trabajador autónomo si el interesado es titular de un establecimiento abierto al público como propietario, arrendatario u otro concepto análogo.

Tramitación

El trabajador por cuenta propia o autónomo precisa llevar a cabo los siguientes trámites:

– Solicitar el alta del IAE (impuesto de actividades económicas).
– Afiliarse al sistema de la Seguridad Social, si no ha trabajado nunca.
– Solicitar el alta inicial o las sucesivas de autónomos.

Afiliación, alta y baja

- *Afiliación.* Los trabajadores por cuenta propia solicitarán su afiliación al iniciar su actividad, a no ser que estuviesen ya afiliados.
- *Alta.* El trabajador debe solicitar su alta inicial o sucesivas ante la Tesorería General de la Seguridad Social en los treinta días naturales siguientes al inicio de la actividad, es decir, desde la fecha de solicitud del IAE. El alta será única aunque se efectúen varias actividades incluidas en este régimen y tendrá efectos desde el primer día del mes natural en que concurran todas las condiciones.

    La inclusión en este régimen no excluye la posibilidad de que el interesado pueda estar en otros regímenes de la Seguridad Social simultáneamente.
- *Baja.* El plazo de comunicación de las bajas es de seis días naturales a partir de aquél en que dejen de concurrir las condiciones requeridas y surtirá efectos desde el día primero del mes siguiente al cese de la actividad.

Cotización

La obligación de cotizar recae únicamente sobre el propio trabajador y nacerá desde el día primero del mes natural en que concurran las condiciones de su inclusión en el campo de aplicación de este régimen especial, manteniéndose la obligación mientras el trabajador desarrolle su actividad.

Las bases de cotización pueden ser cantidades elegidas, comprendidas entre los topes mínimos y máximos de las bases de cotización, aplicables en la tabla que establece el Gobierno anualmente.

El tipo de cotización aplicable a la base mínima obligatoria o a la elegida voluntariamente es del 29,80 % con la cobertura de la incapacidad temporal y por cese de actividad y de 26,50 % sin dicha cobertura. La tabla establecida por el Gobierno indica los diferentes topes y las cuotas que deben ingresar los trabajadores por cuenta propia o autónomos. Los trabajadores adscritos a este régimen pueden cambiar anualmente la base de cotización, eligiendo otra dentro de los márgenes establecidos.

Plazo reglamentario de ingreso

En este régimen especial, la liquidación de las cuotas debe efectuarse por períodos mensuales que coinciden con los meses naturales y su importe se ingresa dentro del mismo mes a que aquellos correspondan.

El boletín mecanizado de cotización que facilita la Tesorería General de la Seguridad Social, es el modelo TC-1/15.

Figura 2. Boletín de cotización al régimen especial de trabajadores autónomos de la Seguridad Social, modelo TC-1/15.

Prestaciones

No se hace distinción entre carácter común o profesional de los riesgos. Es necesario estar al corriente de pago.

Incapacidad temporal

Desde el 1 de enero de 2004, los trabajadores autónomos, en el momento de causar alta en el régimen, pueden acogerse voluntariamente a la cobertura de esta prestación. Una vez realizada la opción de acogerse a ella, esta surtirá efectos desde el alta.

Si no se hubiera optado por la cobertura del subsidio en el momento de causar alta en el régimen, se podrá optar por acogerse a dicha protección una vez transcurridos tres años naturales desde la fecha de efectos del alta, en cuyo caso el trabajador deberá formular por escrito solicitud al respecto antes del día 1.º del mes de octubre de cada año, surtiendo efectos desde el día 1.º del mes de enero del año siguiente.

Realizada la opción en favor de la cobertura, los derechos y las obligaciones serán exigibles por un período mínimo de tres años, computados por años naturales completos.

A partir del 1 de enero de 2004, los trabajadores autónomos podrán mejorar voluntariamente la acción protectora correspondiente a las contingencias de accidentes de trabajo y enfermedades profesionales, siempre que, previa o simultáneamente, hayan optado por acogerse a la cobertura de la prestación por incapacidad temporal.

Los trabajadores que figuren en alta en este régimen especial el 1 de enero de 2004 y que hubieran optado en dicha fecha por la cobertura de la prestación por incapacidad temporal, podrán optar por la cobertura de las contingencias profesionales dentro de los dos meses siguientes, surtiendo efectos desde el día de dicha opción y hasta el día en que finalice la opción por incapacidad temporal por contingencias comunes, aunque no coincida con un período de tres años.

La cobertura de las contingencias profesionales se llevará a cabo con la misma entidad gestora o colaboradora con la que se haya formalizado o se formalice la cobertura de la incapacidad temporal.

La renuncia a la cobertura de la prestación por incapacidad temporal implicará, en todo caso, la renuncia a la protección por contingencias profesionales, sin que la renuncia a esta última conlleve la renuncia a la cobertura por incapacidad temporal, salvo que así se solicite expresamente.

La cuantía de la prestación se obtiene aplicando los porcentajes correspondientes a la base reguladora. Dichos porcentajes son los siguientes:

Si deriva de enfermedad común o accidente no laboral:

- El 60 %, que se abonará desde el día cuarto al vigésimo de la baja, ambos inclusive.
- El 75 %, que se abonará a partir del día vigésimo primero.

Si deriva de accidente de trabajo o enfermedad profesional, se abonará el 75 % de la base reguladora desde el día siguiente al de la baja, siempre que el interesado hubiese optado por la cobertura de las contingencias profesionales.

Base reguladora

Estará constituida por la base de cotización del trabajador correspondiente al mes anterior al de la baja médica, dividida entre treinta. Dicha base se mantendrá durante todo el proceso, incluidas recaídas, salvo que el interesado hubiese optado por una base de cotización inferior, en cuyo caso, se tendrá en cuenta esta última.

Incapacidad temporal y cese en la actividad

Los trabajadores que estén percibiendo la prestación por incapacidad temporal en el momento del cese en la actividad, continuarán percibiendo dicha prestación hasta que se produzca una causa de extinción de la misma.

Se percibe del INSS (Instituto Nacional de la Seguridad Social) o de la mutua de accidentes de trabajo y enfermedades profesionales mediante pago directo. La duración de la prestación por cese de actividad varía según cotización en los cuarenta y ocho meses anteriores, siendo el máximo doce.

Maternidad

Igual que en el régimen general, es decir, el 100 % de la base reguladora, siendo imprescindible estar al corriente de pago de las cuotas de la Seguridad Social. La duración es de dieciséis semanas de prestación.

Invalidez

Funciona igual que en el régimen general. El Real Decreto 2/2003, aprobado el 25 de abril de 2003, reconoce a los trabajadores por cuenta propia el incremento del 20 % en la pensión por incapacidad permanente total para la profesión habitual al alcanzar los cincuenta y cinco años de edad, equiparándolo al régimen general.

Jubilación

Se deben tener cumplidos los sesenta y cinco años, no existiendo la posibilidad de la jubilación anticipada. Un trabajador cobrará el 100 % si ha cotizado treinta y cinco años, dos de los cuales deben estar dentro de los últimos quince años. Para calcular la base reguladora se tomará la cotización de los últimos quince años.

En cuanto a la compatibilidad, se puede compaginar ambas pensiones siempre que se haya cotizado simultáneamente al régimen general y régimen de autónomos. El tiempo cotizado al régimen general puede computar como carencia para el régimen especial al trabajador por cuenta propia o autónomo.

Pensión de viudedad

En caso de muerte, cualquiera que fuera su causa, el viudo/a tendrá derecho a percibir una pensión vitalicia de viudedad, que se regirá por las normas que regulan el régimen general. Así, la cuantía de la pensión será el equivalente al 46 % de la base reguladora, pudiendo alcanzar el 70 %, que será compatible con cualquier renta de trabajo.

Pensión de orfandad

Sigue la misma normativa que en el régimen general; cada huérfano tendrá derecho a una pensión del 20 % de la base reguladora con los topes establecidos dentro del régimen general.

Libros oficiales

– *Libro de matrícula.* La ley 24/2001 de 27 de diciembre, suprimió la obligación del libro de matrícula, siendo, por tanto, voluntario.

En este libro se inscribe o registra a los trabajadores contratados por cuenta ajena. El modelo del libro de matrícula se puede adquirir en cualquier centro especializado en material de oficina, aunque lo suele entregar la mutua. Debe estar debidamente diligenciado por la autoridad laboral.

– *Libro de visitas.* El libro de visitas será obligatorio, aun sin tener trabajadores contratados, deberá estar debidamente habilitado y se presentará uno por cada centro de trabajo ante la Dirección Provincial de Trabajo, donde se registrarán las visitas y observaciones llevadas a cabo por los inspectores de trabajo.

Se puede ampliar la información contenida en este tema consultando las webs del Ministerio de Empleo y Seguridad Social (www.empleo.gob.es) y de la Seguridad Social (www.seg-social.es).

Tema 3.3
Los contratos laborales

El contrato de trabajo

El contrato de trabajo es el documento por medio del cual el trabajador y el empleador se obligan recíprocamente, el primero a prestar servicios personales bajo dependencia y subordinación y el segundo a pagar por estos servicios una remuneración determinada. En España, la norma que regula los contratos de trabajo es el Estatuto de los Trabajadores.

Está excluida del ámbito laboral la actividad de las personas prestadoras de servicios de transporte que sean titulares de tarjetas de servicios públicos con vehículos de los que dispongan legalmente, aun cuando tales servicios se presten de manera continuada para un mismo cargador o comercializador.

Tienen capacidad para contratar como trabajadores:

– Las personas mayores de edad (dieciocho años).
– Los menores de dieciocho años legalmente emancipados.
– Las personas mayores de dieciséis y menores de dieciocho años, cuando vivan de manera independiente con el consentimiento expreso de sus padres o tutores o si tienen autorización de los padres o tutores.
– Los extranjeros de acuerdo con la legislación que les sea aplicable.

Elementos personales del contrato de trabajo

– *Trabajador:* persona física que voluntariamente presta sus servicios retribuidos por cuenta ajena y dentro del ámbito de organización y dirección de otra persona, física o jurídica, denominada empresario.
– *Empresario:* persona física o jurídica que se obliga a remunerar el trabajo prestado por su cuenta, haciendo suyos los productos obtenidos con dicho trabajo.

Elementos formales del contrato de trabajo

El contrato de trabajo se podrá formalizar por escrito o de palabra, aunque solo se podrán formalizar de manera verbal el indefinido ordinario y el eventual por circunstancias de la producción, de duración inferior a cuatro semanas.

El período de prueba es un tiempo de duración determinada que pueden pactar empleado y empresario, con el objeto de comprobar, por ambas partes, la conveniencia de la contratación.

La duración máxima del período de prueba será la establecida en el convenio colectivo, y, en su defecto, seis meses para los técnicos titulados y dos meses para el resto de trabajadores. En las empresas de menos de veinticinco trabajadores el período de prueba no podrá ser superior a tres meses para los trabajadores que no sean técnicos titulados.

Procedimiento de contratación

El proceso que se sigue a la hora de llevar a cabo una contratación se compone de los siguientes pasos o fases:

- Formalizar el correspondiente contrato de trabajo, cuando deba ser por escrito.
- Solicitar, en su caso, la afiliación del trabajador a la Tesorería General de la Seguridad Social.
- Formalizar el parte de alta del trabajador.
- Registrar el contrato de trabajo en el Servicio Público de Empleo Estatal (Sepe) (tres copias) dentro de los diez días siguientes.
- Facilitar a los representantes de los trabajadores una copia básica de los contratos.
- Depositar una copia básica firmada por los representantes de los trabajadores en el Sepe.
- Las prórrogas de los contratos se registran en el Sepe (cuatro copias más fotocopia del contrato).

Modalidades contractuales

El contrato de trabajo puede concertarse por tiempo indefinido o mediante contratos temporales:

Contrato de prácticas

- *Objeto.* facilitar la obtención de la práctica profesional adecuada al nivel de estudios cursados.
- *Requisitos.* Es necesario haber obtenido la titulación de licenciado, la de diplomado universitario, la de técnico auxiliar (FP1) o la de técnico especialista (FP2).

Otro requisito es que no hayan transcurrido cinco años desde la obtención del título.
- *Duración.* Máxima de dos años y mínima de seis meses.
- *Retribución.* En función de la categoría profesional desarrollada, y que como mínimo será del 60 % el primer año y del 75 % el segundo año.

Contrato para la formación

- *Objeto.* La adquisición de la formación teórica y práctica necesaria para el desempeño adecuado de un oficio o de un puesto de trabajo, que requiera un determinado nivel de cualificación. Sustituye parcialmente al contrato de aprendizaje.
- *Requisitos.* Trabajadores mayores de dieciséis años y menores de veinticinco que carezcan de titulación académica requerida para llevar a cabo un contrato en prácticas.
- Período de formación variable, no inferior al 15 % de la jornada.
- *Duración.* Mínima de un año y máxima de dos años (cuatro años para trabajadores discapacitados).
- *Remuneración.* Salario mínimo interprofesional en proporción a la jornada trabajada y no menos del salario mínimo interprofesional.

Contrato de interinidad

- *Objeto.* Sustituir a un trabajador con derecho a reserva del puesto de trabajo.
- *Requisitos.* El trabajador que se pretende sustituir deberá tener derecho a la reserva del puesto de trabajo, por ejemplo, por excedencia, maternidad, incapacidad temporal, proceso de selección o suspensión de empleo y sueldo por razones disciplinarias.
- *Duración.* La del tiempo durante el que subsista el derecho de reserva del puesto de trabajo.
- La duración de la excedencia voluntaria es de dos a cinco años.

Contrato de obra o servicio

- *Objeto.* La realización de una obra o un servicio determinado, cuya ejecución, aunque limitada en el tiempo, es de duración incierta.
- *Duración.* La del tiempo exigido para la realización de la obra o del servicio.

Contrato eventual por circunstancias de la producción

- *Objeto.* Atender las exigencias circunstanciales del mercado, reforzar la plantilla por acumulación de tareas o exceso de pedidos, aun tratándose de la actividad normal de la empresa.
- *Requisitos.* Ninguno.
- *Duración.* Máximo de seis meses dentro de un período de doce meses.

Por convenio colectivo, se podrá modificar la duración máxima de los contratos, siempre que en un período de dieciocho meses no se sobrepasen doce meses. Solo se puede concertar una prórroga hasta llegar al máximo de su duración; cuando sea inferior a cuatro semanas se puede celebrar de manera verbal, como el indefinido ordinario.

Contrato indefinido ordinario

- *Objeto.* La prestación de un trabajo retribuido por tiempo indefinido.
- *Requisitos.* Ninguno.
- *Duración.* Indefinido.
- *Forma.* Puede ser escrito o de palabra.

Contrato a tiempo parcial

- *Objeto.* La prestación de un trabajo retribuido durante un número de horas al día, a la semana, al mes o al año, inferior a la jornada a tiempo completo establecida en el convenio colectivo de aplicación, o, en su defecto, de la jornada ordinaria máxima legal.
- *Requisitos.* Ninguno.
- *Duración.* Podrá concertarse por tiempo indefinido o por una duración determinada.
- *Retribución.* En función de las horas efectivamente trabajadas.

Contrato de trabajo a domicilio

- *Objeto.* Es aquel en que la prestación de la actividad laboral se lleva a cabo en el domicilio del trabajador sin vigilancia del empresario.
- *Requisitos.* Debe hacerse por escrito.
- *Duración.* Por tiempo indefinido o de duración determinada.

Contrato a tiempo parcial por jubilación parcial

- *Objeto.* Es un contrato formalizado por el trabajador que concierta con su empresa una reducción de su jornada de trabajo y de su salario, fijándose ambos entre un mínimo del 25 % y un máximo del 85 % por acceder a la situación de jubilación parcial.
- *Requisitos.* Reunir las condiciones generales para tener derecho a la pensión de jubilación con excepción de la edad del trabajador. La edad de este ha de ser inferior en cinco años como máximo, por lo que será necesario tener una edad de entre 60 y 64 años.
- *Duración.* Equivalente al tiempo que le reste al trabajador para alcanzar la edad ordinaria de jubilación (65 años), como máximo cinco años.

Contrato de relevo

- *Objeto.* Se concierta con un trabajador inscrito en el Sepe, para sustituir parcialmente a un trabajador de la empresa que accede a la pensión de jubilación de forma anticipada y parcial, pues la percibe simultáneamente con la realización de un trabajo a tiempo parcial en la misma empresa.
- *Requisitos.* Desempleados inscritos en el Sepe.
- *Duración.* Por el tiempo que falte al trabajador sustituido para causar derecho a la pensión por jubilación, con un máximo de cinco años.

Contrato de fijos discontinuos

- *Objeto.* La prestación de trabajo de forma indefinidida, de forma cíclica o intermitente.

Contrato para el fomento de la contratación indefinida

Este contrato nace con el objetivo de facilitar la colocación estable de trabajadores desempleados y empleados sujetos a contratos temporales.

Puede ser usado con trabajadores que estén en alguno de estos grupos:

a) Desempleados inscritos en el Sepe que tengan entre dieciséis y treinta años, mujeres desempleadas en ciertas circunstancias, mayores de 45 años de edad, personas con discapacidad, parados que lleven al menos un mes inscritos como demandantes, contratados de forma temporal en los dos años anteriores, o que en los dos años anteriores se les hubiera extinguido un contrato indefinido en una empresa diferente.

b) Trabajadores que estuvieran empleados en la misma empresa mediante un contrato de duración determinada o temporal a quienes se les transforme dicho contrato en uno de fomento de la contratación indefinida.

La empresa no puede concertar este contrato si en los seis meses anteriores a su celebración hubiera extinguido contratos de trabajo alegando causas objetivas y estas extinciones fueran declaradas improcedentes, o cuando hubiera procedido a un despido colectivo.

Modificación del contrato de trabajo

Movilidad funcional

Se entiende por movilidad funcional el cambio del trabajador a funciones distintas de aquellas que venía desempeñando hasta ese momento. Para que el empresario pueda imponer la movilidad funcional, deben concurrir una serie de circunstancias:

- Que existan razones técnicas u organizativas que las justifiquen.
- Que dichas funciones se desarrollen por el tiempo imprescindible para su atención.
- En cualquier caso, el trabajador tiene derecho a percibir, desde el principio, el salario correspondiente a las funciones que lleve a cabo o a mantener el salario de origen, aunque desempeñe funciones inferiores.

Movilidad geográfica o traslado

Entendemos por traslado el cambio de un centro de trabajo a otro de un trabajador, cuando tenga carácter definitivo, y siempre que dicho traslado exija un cambio de residencia para el trabajador. Para que se pueda acordar por el empresario el traslado del trabajador, deben concurrir una serie de circunstancias:

- Razones económicas, técnicas, organizativa o de producción, cuando la adopción de las medidas propuestas contribuya a mejorar la situación de la empresa, a través de una más adecuada organización de sus recursos que favorezca su posición competitiva en el mercado o una mejor respuesta a las exigencias de la demanda.

- Aceptación del traslado y cobro de una compensación económica por gastos.
- Extinción del contrato de trabajo, con una indemnización de veinte días de salario por año trabajado con un límite máximo de doce mensualidades.

La suspensión y extinción de la relación laboral

La suspensión de la relación laboral

Es la interrupción temporal de la prestación laboral sin que quede roto el vínculo contractual entre la empresa y el trabajador, y conlleva la suspensión temporal de la obligación de trabajar y remunerar el trabajo sin que por esto se produzca la extinción de la relación laboral. Las principales causas de la suspensión son las siguientes:

- Por mutuo acuerdo de las partes.
- Causas consignadas válidamente en el contrato de trabajo.
- Incapacidad temporal.
- Maternidad.
- Privación de libertad.
- Fuerza mayor: acontecimiento externo de carácter imprevisible o, aun previsto, inevitable (incendio, inundación, terremotos, guerras, etc.), que imposibilitan temporalmente el trabajo.
- Causas económicas, técnicas, organizativas o de producción.
- Ejercicio del derecho de huelga. Durante la situación de huelga quedará suspendido el contrato de trabajo.
- Excedencias: implica la suspensión de la relación laboral, por ocupar un cargo público, cuidado de hijos o una excedencia voluntaria (la duración de la voluntaria es de dos a cinco años).
- Permisos sin retribución.

Extinción del contrato de trabajo

Significa la terminación de la relación laboral entre empresarios y trabajadores y sus causas pueden ser las que a continuación se indican:

1. Mutuo acuerdo de las partes, que manifiestan su voluntad de rescindir la relación laboral. La forma más frecuente es la petición de baja por el trabajador.
2. Causas consignadas válidamente en el contrato. Deben ser alegadas por alguna de las partes; de todas las posibles, destaca la no-superación del período de prueba.

3. Expiración del período contratado o realización de la obra o del servicio objeto del contrato: supone la finalización del período para el cual se ha elaborado el contrato.

4. Dimisión del trabajador. El trabajador no tiene necesidad de alegar motivos, debiendo preavisar al empresario con la antelación prevista en el convenio colectivo.

5. Muerte, jubilación, incapacidad o extinción de la personalidad jurídica del empresario. Es necesario que no exista continuidad en la actividad empresarial. No es necesario que exista autorización alguna en los casos de muerte, jubilación o incapacidad del empresario, teniendo derecho el trabajador a una indemnización equivalente a un mes de salario.

6. Muerte, invalidez permanente total, absoluta, gran invalidez del trabajador.

7. Jubilación del trabajador.

8. Fuerza mayor. Se trata de hechos extraordinarios imprevisibles o inevitables que imposibilitan definitivamente el trabajo (incendio, inundaciones, guerras, catástrofes, etc.).

9. Despido colectivo, fundado en causas económicas, técnicas u organizativas: la extinción de los contratos de trabajo debe estar fundada en causas económicas, técnicas, organizativas o de producción, en situaciones de concurso y liquidación de la empresa o reconversión. Se entiende que concurren estas causas cuando con la adopción del despido colectivo se contribuya a superar la viabilidad futura y el empleo a través de una más adecuada organización. Debe afectar a:

   – Diez trabajadores en las empresas de menos de cien trabajadores.
   – 10 % del número de trabajadores en empresas de entre cien y trescientos trabajadores.
   – Treinta trabajadores en empresas que ocupen a trescientos o más trabajadores.

10. Voluntad del trabajador con causas justificativas. Es aquella en que el trabajador solicita la extinción del contrato de trabajo y percibir las correspondientes indemnizaciones por despido improcedente y deberá efectuarla por alguna de las causas siguientes:

    – Modificación sustancial de las condiciones de trabajo, en perjuicio de su formación profesional o menoscabo de su dignidad.
    – La falta de pago o retrasos continuos en el abono del salario.
    – Cualquier incumplimiento grave de sus obligaciones por parte del empresario.

11. Causas objetivas legalmente procedentes. El contrato de trabajo podrá extinguirse por alguna de las siguientes causas:

- Ineptitud del trabajador.
- Falta de adaptación del trabajador a las modificaciones técnicas de su puesto de trabajo. Es necesario que las modificaciones hayan sido razonables para los conocimientos del trabajador y que se le concedan al menos dos meses para adaptación a los cambios.
- Amortización de puestos de trabajo, que debe estar objetivamente acreditada en causas económicas, técnicas, organizativas o de producción.
- Falta de asistencia al trabajo. La justificación de las faltas al trabajo depende de lo establecido en el convenio colectivo.

12. Despido disciplinario. Es la extinción del contrato de trabajo por decisión del empresario, basada en un incumplimiento grave y culpable de las obligaciones del trabajador. Las causas son las siguientes:

- Faltas repetidas e injustificadas de asistencia o puntualidad.
- Indisciplina o desobediencia.
- Ofensas verbales o físicas al empresario o a las personas que trabajan en la empresa o a los familiares.
- Transgresión de la buena fe contractual.
- Disminución continuada y voluntaria en el rendimiento del trabajo normal o pactado.
- Embriaguez habitual o toxicomanía, si repercute negativamente en la actividad laboral.

Efectos de un despido

La sentencia que dicta el juez de lo social puede calificar el despido de procedente, improcedente o nulo y producir los siguientes efectos:

Despido nulo

- *Motivo.* Es el que tiene por móvil alguna de las causas de discriminación prohibidas en la Constitución o en la ley, o bien se produce la violación de los derechos fundamentales y de las libertades públicas del trabajador.
- *Consecuencia.* La readmisión inmediata del trabajador en el puesto que venía desempeñando y el abono de los salarios dejados de percibir (salario de tramitación).

Despido improcedente

- *Motivo.* Se dicta despido improcedente cuando no quedan acreditadas las causas o razones que se alegan para el despido.
- *Consecuencias.* El empresario podrá optar entre la readmisión o la indemnización al trabajador, extinguiendo la relación contractual. Si el empresario opta por la readmisión del trabajador, devengará los salarios de tramitación y su cotización a la Seguridad Social, correspondientes a los días transcurridos desde la fecha del despido hasta la notificación de la sentencia. Por otro lado, si el empresario opta por la extinción de la relación laboral y por la consiguiente indemnización, el importe de esta será de 33 días por año trabajado, con un tope de 24 mensualidades. La indemnización por despido improcedente antes de la entrada en vigor de la reforma laboral, el 12 de febrero de 2012, era de 45 días por año trabajado, con un máximo de 42 mensualidades. Los derechos adquiridos de los trabajadores se mantienen hasta ese momento, por lo que a una persona despedida hoy le corresponderían los 45 días por año trabajado hasta el 12 de febrero de 2012 y 33 días, a partir de esa fecha, según la Ley 3/2012.
- Finalmente, se debe señalar que si el trabajador despedido fuera un representante legal de los trabajadores o un delegado sindical, la opción de readmisión corresponderá siempre a este.

Despido procedente

- *Motivo.* El juez declarará el despido procedente si quedan acreditadas las causas alegadas por el empresario o la certeza de las causas objetivas.
- *Consecuencias.* Extinción de la relación laboral, sin derecho a indemnización, ni a salarios de tramitación. Si el despido por causas objetivas es procedente, el trabajador hace suya la indemnización de veinte días por año de servicio, con un máximo de doce mensualidades, que la empresa le entregó en el momento del despido.

Los salarios de tramitación son los salarios dejados de percibir desde la fecha del despido hasta la notificación de la sentencia o hasta que el trabajador despedido encontró otro empleo. Si excede de sesenta días el empresario puede reclamar al Estado.

Puntos clave de la reforma laboral de 2012

La Ley 3/2012, de 6 de julio, de medidas urgentes para la reforma del mercado laboral (BOE de 7 de julio de 2012) introdujo cambios importantes en la normativa laboral, que de forma resumida se indican a continuación:

- *Reforma del contrato de formación y aprendizaje.* El contrato fue introducido en 2011 por el gobierno de José Luis Rodríguez Zapatero y establece que el 75 % de la jornada laboral se llevará a cabo en el puesto de trabajo y el 25 % restante se dedicará a la formación en un centro autorizado. Va dirigido a jóvenes sin formación y la reforma dicta que la edad máxima para acceder a este tipo de contrato será los treinta años. Cuando la tasa de paro baje hasta el 15 %, la edad máxima para el contrato de aprendizaje será de veinticinco años.

- *Nuevo contrato indefinido y bonificación por contratación juvenil.* Las empresas de menos de cincuenta trabajadores contarán con una bonificación en la cuota de la Seguridad Social de 3.600 euros, si contratan indefinidamente a jóvenes de entre dieciséis y treinta años por un tiempo de tres años en jornada completa. El período de prueba será como máximo de un año y el despido será libre y gratis para el empresario durante este primer año.

- *Posibilidad de capitalizar el paro.* Los jóvenes interesados en constituir su propio negocio (hombres hasta treinta años y mujeres hasta treinta y cinco), podrán cobrar el paro de una vez y en una sola paga, con el requisito de que se den de alta como trabajadores autónomos.

- *Regulación del teletrabajo.* Para evitar la economía sumergida, a partir de ahora el contrato de teletrabajo deberá formalizarse por escrito. La finalidad es crear el marco legal que equipara las condiciones del teletrabajador (salariales, formativas, de representación colectiva, etc.) a las del trabajador que presta sus servicios en una oficina.

- *Reformas en la formación continua.* Las empresas tendrán competencias en la acreditación de la formación de los trabajadores. Además, los centros y entidades de formación podrán ejecutar planes y participar en el diseño del subsistema de formación profesional. Los empleados con más de un año de antigüedad tendrán un permiso retribuido de veinte horas anuales de formación continua. También se creará una cuenta de formación que recopilará la formación recibida por el trabajador a lo largo de su vida.

- *Compatibilizar sueldo y paro.* Se crea un nuevo modelo de contrato que permitirá que el desempleado compatibilice el sueldo con el 25 % de la prestación por desempleo. En cuanto al empresario, este tipo de contrato le permitirá deducir el 50 % de la prestación que le correspondía al trabajador durante un año.

- *Despido improcedente y procedente.* A partir de ahora, las personas que sean despedidas tendrán una indemnización de veinte días por año trabajado. El despido es justificado si existe una disminución persistente del nivel de ingresos o de las ventas. Se considerará que es despido procedente cuando la empresa registre tres trimestres de bajada de facturación. En el caso de despido improcedente, la indemnización será de treinta y tres días y un máximo de veinticuatro mensualidades. La rebaja afecta a todos los contratos firmados a partir de la fecha de aprobación de la Reforma; en cuanto al resto, la indemnización se calculará sumando cuarenta y cinco días por año trabajado antes de la reforma y los que correspondan después.

- *No se podrán encadenar contratos temporales más allá de veinticuatro meses.* Además, se favorece el contrato a tiempo parcial, permitiendo la realización de horas extras.

- *Modificación sustancial de las condiciones laborales.* Se facilita a la empresa poder reducir los sueldos de los trabajadores, cambiar categorías profesionales por necesidad de la empresa, cambiar horarios y lugar de trabajo, etc., cuando esta acumule y demuestre tres trimestres consecutivos de descenso en facturación.

- *Trabajadores absentistas.* Hasta ahora el absentismo estaba ligado a la media de la plantilla. Ahora pasa a ser un cómputo personal, por lo que un trabajador podrá ser despedido si las faltas de asistencia al trabajo, aún justificadas pero intermitentes, alcanzan el 20 % de las jornadas hábiles en dos meses consecutivos, o el 25 % en cuatro meses discontinuos dentro de un período de doce meses.

- *Apoyo a la emprendeduría.* Las empresas cuya plantilla sea inferior a cincuenta trabajadores podrán beneficiarse de un nuevo contrato de trabajo por tiempo indefinido, a jornada completa y con un período de prueba de un año para todas las categorías. Entre otras medidas, por contratar al primer trabajador menor de treinta años, su empresa se beneficiará de una deducción fiscal de 3.000 euros.

– *Horas extraordinarias en el contrato a tiempo parcial.* Se permite a los trabajadores con contratos a tiempo parcial hacer horas extraordinarias, que se tomarán en cuenta para la determinación de la base de cotización.

– *Formación.* Los trabajadores con al menos un año de antigüedad en la empresa, tienen derecho a un permiso retribuido de veinte horas anuales de formación vinculada al puesto de trabajo. Estas horas se deberán convenir con el empresario.

Tema 3.4

Tiempos de conducción y descanso. El tacógrafo

Los tiempos de conducción y descanso de los conductores, así como el aparato para su control, están regulados por los reglamentos CE 561/2006 y (UE) 165/2014, respectivamente.

Tiempos de conducción

El tiempo de conducción diario no debe ser superior a nueve horas, pero se puede ampliar hasta diez horas dos veces por semana. El tiempo máximo de conducción semanal no superará las cincuenta y seis horas; el tiempo total acumulado durante dos semanas consecutivas no será superior a noventa horas; el tiempo máximo de conducción continuada o ininterrumpida será de cuatro horas y media.

El tiempo de conducción diario indicado no es en 24 horas, sino entre dos descansos diarios o entre uno diario y uno semanal. Por ejemplo, si se hacen diez horas de conducción y a continuación nueve de descanso diario, se podría volver a conducir hasta cinco horas dentro de las 24 horas, lo cual sería correcto.

De forma excepcional (no habitual) se pueden ampliar una o dos horas el límite máximo de conducción diaria o semanal, a fin de que el personal conductor pueda pasar más tiempo en casa. Podrán superar el tiempo máximo de conducción diario (9 o 10 horas) y semanal (56 horas) en un máximo de una hora, para llegar al centro de trabajo de la empresa o al lugar de residencia del conductor con el fin de disfrutar del período de descanso semanal. Asimismo, el conductor podrá superar el tiempo de conducción diario y semanal en un máximo de dos horas, siempre que tome una pausa ininterrumpida de treinta minutos inmediatamente antes de la conducción adicional para llegar al centro de trabajo de la empresa o al lugar de residencia del conductor con el fin de disfrutar de un período de descanso semanal normal. En ambos casos, deberá seguir respetándose el tiempo máximo de conducción bisemanal (90 horas) y el conductor deberá señalar el motivo de la excepción en el disco diagrama o en un documento impreso del tacógrafo digital, a más tardar al llegar a destino o punto de parada adecuado. Este tiempo de conducción excepcional deberá compensarlo con un descanso equivalente, antes del final de la tercera semana, en bloque y añadiéndolo a un descanso diario o semanal.

Tras cuatro horas y media de conducción se debe efectuar una interrupción de al menos cuarenta y cinco minutos, a menos que se tome un período de descanso. Esta interrupción se puede sustituir por una pausa de al menos quince minutos seguida de una pausa de al menos treinta minutos, intercalada en el período de conducción. En el transcurso de las interrupciones, el conductor no podrá efectuar otros trabajos. Las interrupciones no podrán ser consideradas como descansos diarios.

En caso de conducción en equipo, el copiloto podrá hacer su pausa de 45 minutos a bordo mientras el otro conduce, a condición de que el conductor que hace la pausa no se dedique a asistir al que conduce.

Tiempos de descanso

En cada período de veinticuatro horas, el conductor disfrutará de un tiempo de descanso diario de al menos once horas consecutivas. Estas once horas se pueden reducir a un mínimo de nueve horas consecutivas tres veces por semana como máximo. Si los conductores son dos, cada uno de ellos debe descansar durante nueve horas seguidas como mínimo dentro de un período de treinta horas.

Para que se considere conducción en equipo, el conductor segundo se ha de incorporar como máximo en la primera hora de recorrido. Si lo hace más tarde contarán como conductores individuales.

Los días en que el descanso no sea reducido, se podrán disfrutar en dos períodos: el primero de ellos de al menos tres horas ininterrumpidas y el segundo de al menos nueve horas ininterrumpidas.

Después de un máximo de seis períodos de conducción diaria, el conductor deberá disfrutar de un descanso semanal. El descanso semanal será de cuarenta y cinco horas consecutivas. No obstante, dicho plazo se puede, excepcionalmente, reducir hasta un mínimo de veinticuatro horas. Estas reducciones, en su caso, serán compensadas en bloque antes del final de la tercera semana siguiente a la semana en que hayan tenido lugar las reducciones.

Todo tiempo de descanso disfrutado como compensación de la reducción de los períodos de descanso semanal, deberá ser incorporado a otro descanso de al menos nueve horas y deberá ser llevado a cabo en el lugar de estacionamiento del vehículo o lugar de residencia del conductor.

- *Definición de semana.* Período comprendido entre las 0 horas del lunes y las 24 horas del domingo.
- *Definición de descanso.* Cualquier período ininterrumpido durante el cual un conductor pueda disponer libremente de su tiempo.

Se prohíbe el descanso semanal normal (45 horas o más) en cabina. La empresa deberá garantizar que el conductor realice el descanso fuera del camión en un alojamiento adecuado y asumir los gastos que esto ocasione.

Descanso semanal en transporte internacional

Se permite que el conductor realice dos descansos semanales reducidos consecutivos (de al menos 24 horas), solo si son tomados fuera de su país de establecimiento, y siempre que en cada cuatro semanas consecutivas se efectúen al menos cuatro periodos de descanso semanales, dos de ellos normales (de al menos 45 horas). Dicha reducción de descanso deberá compensarse en bloque añadiéndolo al siguiente descanso semanal normal (no en las tres semanas siguientes). Se considera que un conductor se dedica al transporte internacional si inicia los dos períodos de descanso semanal reducidos consecutivos fuera del Estado miembro de establecimiento de su empresa y fuera del lugar de residencia del conductor.

Regreso a domicilio. Los conductores deben regresar a su centro de trabajo o lugar de residencia cada tres o cuatro semanas: La empresa de transporte organizará el trabajo de su personal conductor de manera que, en cada período de cuatro semanas consecutivas, este pueda regresar al centro de trabajo de la empresa en el que normalmente tiene su base el conductor y en el que empieza su período de descanso semanal, en el Estado miembro de establecimiento de la empresa, o regresar al lugar de residencia de los conductores, para disfrutar al menos de un período de descanso semanal normal o de un período de descanso semanal de más de 45 horas tomado como compensación de un período de descanso semanal reducido. Si el conductor ha tomado dos períodos consecutivos de descanso semanal reducido, la empresa de transporte organizará el trabajo del conductor de tal modo que este pueda regresar antes del inicio del período de descanso semanal normal de más de 45 horas que tome como compensación, esto es, en la tercera semana. La empresa deberá documentar la manera en que da cumplimiento a esta obligación y conservará esta documentación en sus locales para presentarla a solicitud de las autoridades de control.

El tacógrafo

El tacógrafo es un aparato que se instala en los vehículos de transporte por carretera, de registro automático de datos sobre la marcha. En los vehículos utilizados por dos conductores, el tacógrafo deberá permitir el registro de manera simultánea y diferenciada en dos hojas diferentes.

Los datos registrados son los siguientes:

– Distancia recorrida por el vehículo.
– Velocidad del vehículo.
– Tiempos de conducción, disponibilidad y otros trabajos.
– Tiempos de descanso e interrupciones.

Deben llevar instalado tacógrafo los vehículos de transporte público y privado de mercancías, que circulen con carga o en vacío y tengan una masa máxima autorizada superior a 3.500 kg, incluido cualquier remolque o semirremolque. También los de transporte de viajeros con más de nueve plazas, incluida la del conductor, y con radio de acción superior a cincuenta kilómetros medidos en un solo sentido. La instalación y la reparación del tacógrafo solo podrán ser llevadas a cabo por instaladores o talleres autorizados.

El empresario debe entregar a los conductores el número de hojas (discos) suficientes y también debe conservar dichas hojas o discos durante un año desde su utilización. Los conductores no utilizarán hojas manchadas o estropeadas. Si un disco se estropea, el nuevo disco debe adjuntarse al disco estropeado.

Los conductores usarán las hojas de registro cada día que conduzcan, desde el momento en que se hagan cargo del vehículo. La hoja no será retirada antes de terminar el período de trabajo diario, salvo que su retirada sea autorizada. Un disco permite registrar datos de un período de veinticuatro horas.

El tacógrafo permite seleccionar la actividad que desarrolla el conductor, mediante teclas o un conmutador giratorio. El tiempo de conducción en los modelos semiautomáticos no es necesario seleccionarlo manualmente.

Tiempo de conducción	→	Un volante
Tiempo de otros trabajos	→	Uno o dos martillos
Tiempo de disponibilidad o espera	→	Cuadrado con diagonal
Interrupciones y descansos	→	Una cama

El disco tiene un espacio en el centro para que el conductor anote las siguientes informaciones:

– Su nombre y apellido.
– Fecha y lugar al principio y al final de la utilización de la hoja.
– Matrícula del vehículo.
– Lectura del cuentakilómetros antes de comenzar el viaje y al terminarlo.
– Número de kilómetros recorridos.
– En su caso, la hora del cambio de vehículo.

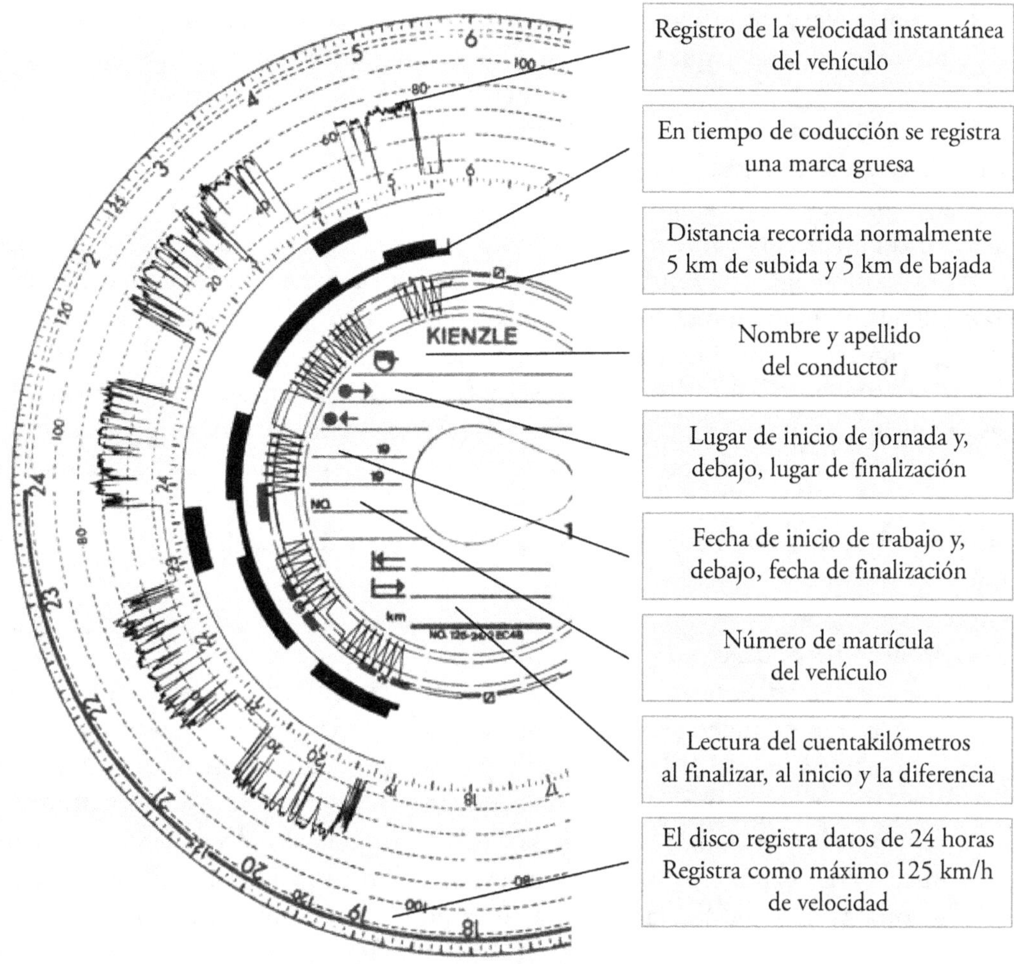

Figura 1. Principales campos y registros de un disco de tacógrafo.

En la figura 1 se muestra un disco de tacógrafo con la información de los campos que el conductor del vehículo está obligado a rellenar y los gráficos que se registran sobre el disco.

El tacógrafo deberá tener un dispositivo (suele ser una luz roja) que permita verificar, sin abrir la caja, si se efectúan los registros, sin necesidad de retirar la hoja.

El conductor deberá presentar, ante cualquier requerimiento de los agentes de control, las hojas o los registros del día en curso y de los 28 días anteriores, ampliados a 56 días desde el 31 de diciembre de 2024.

En caso de avería del tacógrafo en ruta, el empresario deberá hacerlo reparar tan pronto como sea posible, salvo que la avería se produzca durante un viaje, en cuyo caso, mientras dure la avería, los conductores anotarán los tiempos en los discos o en una hoja aparte. Pero si el regreso a la sede va a tardar más de una semana desde la avería, la reparación deberá efectuarse en ruta.

Cada dos años se controlará en un taller autorizado el funcionamiento correcto del aparato, la presencia de la marca de homologación y placa de instalación, la integridad de los precintos y la circunferencia efectiva de los neumáticos; y cada seis años, se debe controlar el cumplimiento de los errores máximos tolerados. Este control incluye, obligatoriamente, la sustitución de la placa de instalación.

En determinados vehículos que por su masa máxima autorizada o número de plazas de viajeros deberían estar dotados de tacógrafo, la norma permite su circulación sin él, habida cuenta de que por el tipo de actividad que desarrollan sus conductores, se hace innecesario. Son los siguientes, según Real Decreto 640/2007, de 18 de mayo, BOE de 26 de mayo de 2007. Punto *p)* modificado por RD 1163/2009 y actualizado aquí:

a) Transportes oficiales.

b) Transportes que tengan por objeto la recogida y entrega de envíos postales por proveedores de dicho servicio, siempre que la MMA del vehículo utilizado, incluida en su caso la de los remolques y semirremolques, no sea superior a 7,5 t, el transporte se desarrolle íntegramente dentro de un radio de 50 km alrededor del centro de explotación de la empresa titular o arrendataria del vehículo, y la conducción de vehículos no constituya la actividad principal del conductor, cuya categoría profesional habrá de ser la correspondiente a quienes se encargan de la recogida y el reparto de la correspondencia postal.

c) Transportes realizados en vehículos exclusivamente dedicados a la prestación de los servicios de alcantarillado, protección contra las inundaciones, abastecimiento de agua, mantenimiento de las redes de gas y electricidad, mantenimiento y conservación de carreteras, recogida de basura a domicilio, telégrafos y teléfonos, teledifusión y radiodifusión y detección de receptores y transmisores de radio y televisión.

d) Transportes realizados para la eliminación de residuos urbanos íntegramente comprendidos en un radio de 50 km alrededor del centro de explotación de la empresa titular o arrendataria del vehículo.

e) Transportes de mercancías de carácter privado complementario realizados en el marco de su propia actividad empresarial por empresas agrícolas, hortícolas, forestales, ganaderas o pesqueras, que se desarrollen íntegramente en un radio de 50 km alrededor del centro de explotación de la empresa.

f) Transportes de carácter privado complementario realizados mediante la utilización de tractores agrícolas o forestales en el desarrollo de una actividad agrícola o forestal, siempre que se desarrollen íntegramente en un radio de 100 km alrededor del centro de explotación de la empresa titular o arrendataria del vehículo.

g) Transportes de recogida de leche en las granjas o que tengan por objeto llevar a estas recipientes de leche o productos lácteos destinados a la alimentación del ganado, siempre que se desarrollen íntegramente en un radio de 100 km alrededor del centro de explotación de la empresa titular o arrendataria del vehículo.

h) Transporte de animales vivos entre granjas y mercados locales, entre mercados y mataderos locales o entre granjas y matadero locales, siempre que la distancia en línea recta entre origen y destino del transporte no sea superior a 50 km.

i) Transportes de carácter privado complementario de material de circo y atracciones de feria realizados en vehículos especialmente acondicionados para ello.

j) Traslado de exposiciones móviles instaladas a bordo de vehículos especialmente acondicionados y equipados para ello y cuya finalidad principal sea su utilización con fines educativos cuando el vehículo se encuentre estacionado.

k) Transportes de fondos u objetos de valor en vehículos especialmente acondicionados y equipados para ello.

l) Transportes realizados en el desarrollo de cursos destinados al aprendizaje de la conducción o a la obtención del permiso de conducir o del certificado de aptitud profesional de los conductores mediante la utilización de vehículos especialmente equipados para ello.

m) Transportes de mercancías realizados mediante vehículos propulsados por electricidad o gas natural o licuado, cuya MMA, incluida en su caso la de los remolques o semirremolques, no sea superior a 7,5 t, siempre que se desarrollen íntegramente en un radio de 50 km alrededor del centro de explotación de la empresa titular o arrendataria del vehículo.

n) Transportes de carácter privado complementario cuyo objeto sea el traslado del material, equipo o maquinaria utilizado por el conductor en el ejercicio de su profesión, siempre que la MMA del vehículo utilizado, incluida en su caso la de los remolques y semirremolques, no sea superior a 7,5 t, el transporte se desarrolle íntegramente dentro de un radio de 50 km alrededor del centro de explotación de la empresa titular o arrendataria del vehículo y la conducción de vehículos no constituya la actividad principal del conductor.

o) Transportes realizados por vehículos exclusivamente dedicados a la prestación de servicios que se desarrollen íntegramente en recintos cerrados dedicados a actividades distintas del transporte por carretera, tales como puertos, aeropuertos y estaciones ferroviarias.

p) Transportes íntegramente desarrollados en islas cuya superficie no supere los $250\,km^2$, siempre que estas no se encuentren unidas al territorio peninsular por ningún puente, vado o túnel cuyo uso esté abierto a los vehículos de motor.

q) Transporte de maquinaria de construcción hasta 100 km de radio si la conducción no es la actividad principal.

r) Transporte de hormigón preamasado (hormigoneras).

Las excepciones contempladas en este artículo se extenderán a los recorridos en vacío que los vehículos hayan de llevar a cabo necesariamente como antecedente o consecuencia de la realización de uno de los transportes a los que dichas excepciones se encuentran referidas.

El tacógrafo digital

El tacógrafo digital tiene la misma finalidad que el analógico o convencional, pero incorpora moderna tecnología electrónica para impedir o dificultar los fraudes; no utiliza discos sino una tarjeta personal del conductor que registra y guarda en memoria las actividades que haya llevado a cabo los veintiocho días anteriores y que es expedida por la administración.

El tacógrafo se coloca en el salpicadero del vehículo y cuenta con una memoria que registra todos los movimientos del vehículo durante un año, con una pequeña pantalla y con una impresora. Registra el tiempo, la velocidad y la distancia recorrida por el vehículo y dispone de un menú que permite seleccionar las diversas actividades, tales como la conducción, el trabajo, el descanso o la disponibilidad.

Mediante su uso, las autoridades comunitarias esperan poder controlar de una manera más fiable el cumplimiento de la normativa sobre los tiempos de conducción y los períodos de descanso de los conductores profesionales que se dedican al transporte por carretera.

La principal norma comunitaria que regula el tacógrafo digital es el reglamento (CE) número 1360/2002 de la comisión, de 13 de junio de 2002, por el que se adapta por séptima vez al progreso técnico el reglamento (CEE) número 3821/85 del consejo.

Y la norma española es la orden ministerial 1190/2005 de 25 de abril (BOE de 3 de mayo) por la que se regula la implantación del tacógrafo digital.

En España, los vehículos fabricados a partir del 5 de agosto de 2005 podían instalar tanto los tacógrafos analógicos como los digitales indistintamente, siendo obligatoria la instalación de estos últimos en los fabricados a partir del 1 de enero de 2006.

La tarjeta de conductor es personal e intransferible, solo se puede ser titular de una tarjeta y su validez es de cinco años, debiendo solicitar su renovación en un plazo de quince días hábiles como máximo antes de su caducidad. Debe solicitarse al órgano de la administración de transportes por carretera que le corresponda al conductor por su domicilio o residencia normal.

La tarjeta de empresa permite leer y hacer volcados de los datos del tacógrafo. Deben solicitarse al órgano de la administración de transportes por carretera que le corresponda por su domicilio fiscal. Se pueden solicitar cuantas tarjetas de empresa se deseen, hasta un máximo de sesenta y dos, y tienen también una validez de cinco años. Si la empresa deja de ser titular o arrendataria de vehículos dotados de tacógrafo, deberá devolver a la administración las tarjetas de empresa de las que sea titular.

Las tarjetas para centros de ensayo son para uso de fabricantes de tacógrafos digitales, instaladores, fabricantes de vehículos, así como estaciones ITV, y tienen una validez de un año. Permiten acceder al tacógrafo para activar o verificar su funcionamiento.

Las tarjetas para control son utilizadas por los órganos de la Inspección del Transporte y por las fuerzas y cuerpos de seguridad encargados de la vigilancia y el control del transporte por carretera. La administración de transportes proporciona dichas tarjetas a estos

servicios de inspección, y se cuida también de su renovación. La validez de estas tarjetas es de cinco años.

La norma indica una serie de supuestos en que debe hacerse un volcado de datos a cualquier medio de almacenamiento externo. Para el tacógrafo, este volcado debe hacerse al menos cada tres meses, sin que dicho volcado suponga en ningún caso el borrado de los datos de la memoria del aparato. De la tarjeta de conductor debe hacerse un volcado al menos cada treinta y un días, para evitar la pérdida de datos por sobreescritura. La empresa debe guardar datos del tacógrafo digital durante al menos 365 días desde su registro.

La citada orden ministerial 1190/2005 tiene como anexos modelos diversos para la solicitud de tarjetas para el conductor, la empresa y el centro de ensayos.

Sobre el tacógrafo y los tiempos de conducción se puede ampliar información en las webs siguientes:

- Ministerio de Transportes, Movilidad y Agenda Urbana (https://www.mitma.gob.es) y desde la página de inicio seleccionar: transporte por carretera, novedades, el tacógrafo digital.
- Departament de Territori i Sostenibilitat de la Generalitat de Catalunya (www20.gencat.cat/portal/site/territori).

CAPÍTULO 4

Derecho fiscal

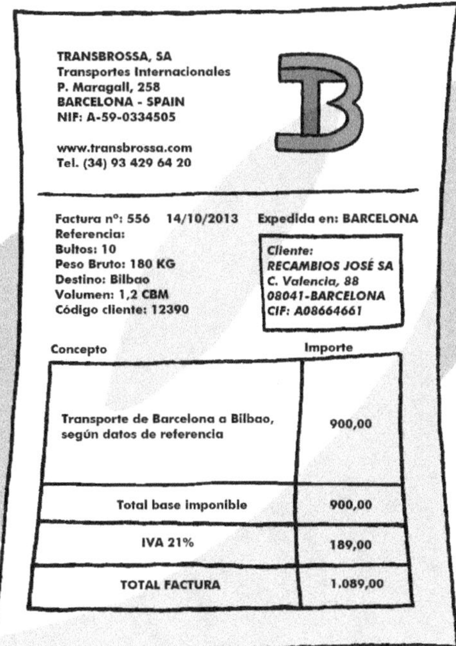

Tema 4.1

El impuesto sobre el valor añadido (IVA)

Aspectos generales

El artículo 1 de la Ley del IVA lo define como un impuesto de naturaleza indirecta, que grava la entrega de bienes, prestación de servicios, importaciones y adquisiciones intracomunitarias y recae sobre el consumo.

El ámbito geográfico de aplicación es la Península y las Baleares, quedando, por tanto, fuera de dicho ámbito Canarias, Ceuta y Melilla. Los tipos o porcentajes vigentes son 21 %, 10 % y 4 %. Al transporte de mercancías le corresponde el tipo general del 21 % y al de viajeros el 10 %.

Los sujetos pasivos deben presentar las declaraciones censales de inicio, modificación o cese de actividad (modelos 036 y 037).

Las declaraciones periódicas suelen ser trimestrales (modelo 303) y anuales (modelo 390). Las liquidaciones negativas se compensan en el período siguiente y a 31 de diciembre se puede solicitar su devolución. Las declaraciones del IVA deben presentarse durante los veinte primeros días de abril, julio y octubre y del 1 al 30 de enero. En cuanto a plazos y documentos hay excepciones, dado que algunas empresas deben presentar la declaración del IVA mensualmente, porque tienen un elevado volumen de facturación o bien porque solicitan la devolución del IVA mensualmente, como es el caso de los exportadores.

En el régimen general, los libros que se deben llevar son el de registros de facturas emitidas, el de facturas recibidas y el de bienes de inversión.

Regímenes especiales IVA

Hay muchos regímenes especiales de IVA (minoristas, agencias de viaje, AGP, etc.), pero en transporte se aplica el simplificado por módulos. Es necesario estar también en módulos de IRPF para poder aplicar este sistema. La condición para poder estar en este régimen es ser persona física, por lo que quedan excluidas del mismo las personas jurídicas.

Deben cumplirse, además, las siguientes premisas para estar en el régimen simplificado de módulos: no superar la magnitud de cuatro vehículos cualquier día del año anterior, que los ingresos anuales no sean superiores a 150.000 € y que el volumen de compras de bienes y servicios no sea mayor de 150.000 €.

Ayuda

MINISTERIO DE ECONOMÍA Y HACIENDA

Agencia Tributaria

Teléfono: 901 33 55 33
www.agenciatributaria.es

DECLARACIÓN CENSAL SIMPLIFICADA

de alta, modificación y baja en el Censo de Empresarios, Profesionales y Retenedores

Iniciar Formulario

Pág. 1

Modelo **037**

Datos identificativos

Espacio reservado para la etiqueta identificativa.

101 N.I.F.

102 Apellidos y nombre

037464452112 4

1. CAUSAS DE PRESENTACIÓN

A) Alta

111 Alta en el censo de empresarios, profesionales y retenedores

B) Modificación

122 Modificación domicilio fiscal. (página 1)
124 Modificación domicilio a efectos de notificaciones. (página 1)
125 Modificación otros datos identificativos. (página 1)
127 Modificación datos relativos a actividades económicas y locales. (página 3)
131 Modificación datos relativos al Impuesto sobre el Valor Añadido. (página 2)
132 Modificación datos relativos al Impuesto sobre la Renta de las Personas Físicas. (página 2)
136 Modificación datos relativos a retenciones e ingresos a cuenta. (página 3)

C) Baja

150 Baja en el censo de empresarios, profesionales y retenedores.
151 Causa
152 Fecha efectiva de la baja __/__/____

2. IDENTIFICACIÓN

Identificación

A4 N.I.F. | A5 Apellido 1 | A6 Apellido 2 | A7 Nombre | A8 Nombre comercial

Domicilio fiscal en España

A11 Tipo de vía | A12 Nombre de la vía pública | A13 Tipo Num. | A14 Núm. casa | A15 Calif. nu | A16 Bloque | A17 Portal | A18 Escal. | A19 Planta | A20 Puerta

A21 Complemento domicilio (ej: Urbanización.., Polígono Industrial.., C. Comercial...) | A22 Localidad / Población (si es distinta de Municipio) | A29 e-mail

A23 C. Postal | A24 Nombre del Municipio | A25 Provincia | A26 Tfno. Fijo | A27 Tfno. Móvil | A28 Núm. de FAX

Domicilio a efectos de notificaciones (si es distinto del fiscal, cumplimente el apartado 1 ó el 2 según estime oportuno)

1) A41 Tipo de vía | A42 Nombre de la vía pública | A43 Tipo Num. | A44 Núm. casa | A45 Calif. nu | A46 Bloque | A47 Portal | A48 Escal. | A49 Planta | A50 Puerta

A51 Complemento domicilio (ej: Urbanización.., Polígono Industrial.., C. Comercial...) | A52 Localidad / Población (si es distinta de Municipio) | A70 e-mail

A53 C. Postal | A54 Nombre del Municipio | A55 Provincia | A56 Tfno. Fijo | A57 Tfno. Móvil | A58 Núm. de FAX

A59 Destinatario (si es distinto del declarante) | A60 En calidad de: (representante, apoderado, familiar, etc...)

2) A61 APARTADO DE CORREOS NÚMERO: | A62 Población / Ciudad

A63 C. Postal | A64 Provincia | A65 Tfno. Fijo | A66 Tfno. Móvil | A67 Núm. de FAX

A68 Destinatario (si es distinto del declarante) | A69 En calidad de: (representante, apoderado, familiar, etc...)

Ver. 3.0/2008 Iniciar Formulario Ejemplar para la Administración

Figura 1. Declaración censal de inicio, modificación o cese de actividad, modelo 037.

Agencia Tributaria

Teléfono: 901 33 55 33
www.agenciatributaria.es

MINISTERIO
DE ECONOMÍA
Y HACIENDA

Impuesto sobre el Valor Añadido

AUTOLIQUIDACIÓN

Modelo
303

Identificación (1)

Espacio reservado para la etiqueta identificativa

Devengo (2)   Ejercicio [ ][ ][ ][ ]   Período [ ][ ]

NIF

Apellidos y Nombre o Razón social

¿Está inscrito en el Registro de devolución mensual (Art. 30 RIVA)?   SI [ ]   NO [ ]

Liquidación (3)

IVA Devengado

	Base imponible		Tipo %		Cuota	
Régimen general	01		02	03		
	04		05	06		
	07		08	09		
Recargo equivalencia	10		11	12		
	13		14	15		
	16		17	18		
Adquisiciones intracomunitarias ..	19			20		

Total cuota devengada ([03] + [06] + [09] + [12] + [15] + [18] + [20]) .... [21]

IVA Deducible

	Base		Cuota	
Por cuotas soportadas en operaciones interiores corrientes	22		23	
Por cuotas soportadas en operaciones interiores con bienes de inversión .	24		25	
Por cuotas devengadas en las importaciones de bienes corrientes	26		27	
Por cuotas devengadas en las importaciones de bienes de inversión	28		29	
En adquisiciones intracomunitarias de bienes corrientes	30		31	
En adquisiciones intracomunitarias de bienes de inversión	32		33	
Compensaciones Régimen Especial A.G. y P.			34	
Regularización inversiones			35	
Regularización por aplicación del porcentaje definitivo de prorrata (sólo 4T o mes 12)			36	
Total a deducir ([23]+[25]+[27]+[29]+[31]+[33]+[34]+[35]+[36])			37	

Diferencia ([21] - [37])	38	
Atribuible a la Administración del Estado............................ 39 [ ] %	40	
Cuotas a compensar de periodos anteriores	41	
Entregas intracomunitarias 42		
Exportaciones y operaciones asimiladas 43		
Operaciones no sujetas o con inversión del sujeto pasivo que originan el derecho a deducción... 44		

Exclusivamente para sujetos pasivos que tributan conjuntamente a la Administración del Estado y a las Diputaciones Forales. Resultado de la regularización anual.

45 [ ] euros

Resultado ([40] - [41] + [45]) 46

A deducir (exclusivamente en caso de autoliquidación complementaria):
Resultado de la anterior o anteriores declaraciones del mismo concepto, ejercicio y periodo 47

Resultado de la liquidación ([46] - [47]) 48

Compensación (4)

Si resulta [48] negativa consignar el importe a compensar

49 [C]

Sin actividad (5)

Sin actividad - [ ]

Ingreso (7)

Ingreso efectuado a favor del **Tesoro Público**, cuenta restringida de colaboración en la recaudación de la AEAT de autoliquidaciones.

Importe: [I]

Código Cuenta Cliente (CCC)
Entidad   Sucursal   DC   Número de cuenta

Devolución (6)

Manifiesto a esa Delegación que el importe a devolver reseñado deseo me sea abonado mediante transferencia bancaria a la cuenta indicada de la que soy titular:

Importe: 50 [D]

Código Cuenta Cliente (CCC)
Entidad   Sucursal   DC   Número de cuenta

Complementaria (8)

Si esta autoliquidación es complementaria de otra autoliquidación anterior correspondiente al mismo concepto, ejercicio y periodo, indíquelo marcando con una "X" esta casilla.

[ ] Autoliquidación complementaria

En este caso, consigne a continuación el número de justificante identificativo de la declaración anterior.

Nº. de justificante [ ]

Firma (9)

Lugar y fecha

Firma

<u>Ejemplar para el sujeto pasivo</u>

Figura 2. Declaración trimestral del impuesto sobre el valor añadido (IVA), modelo 303.

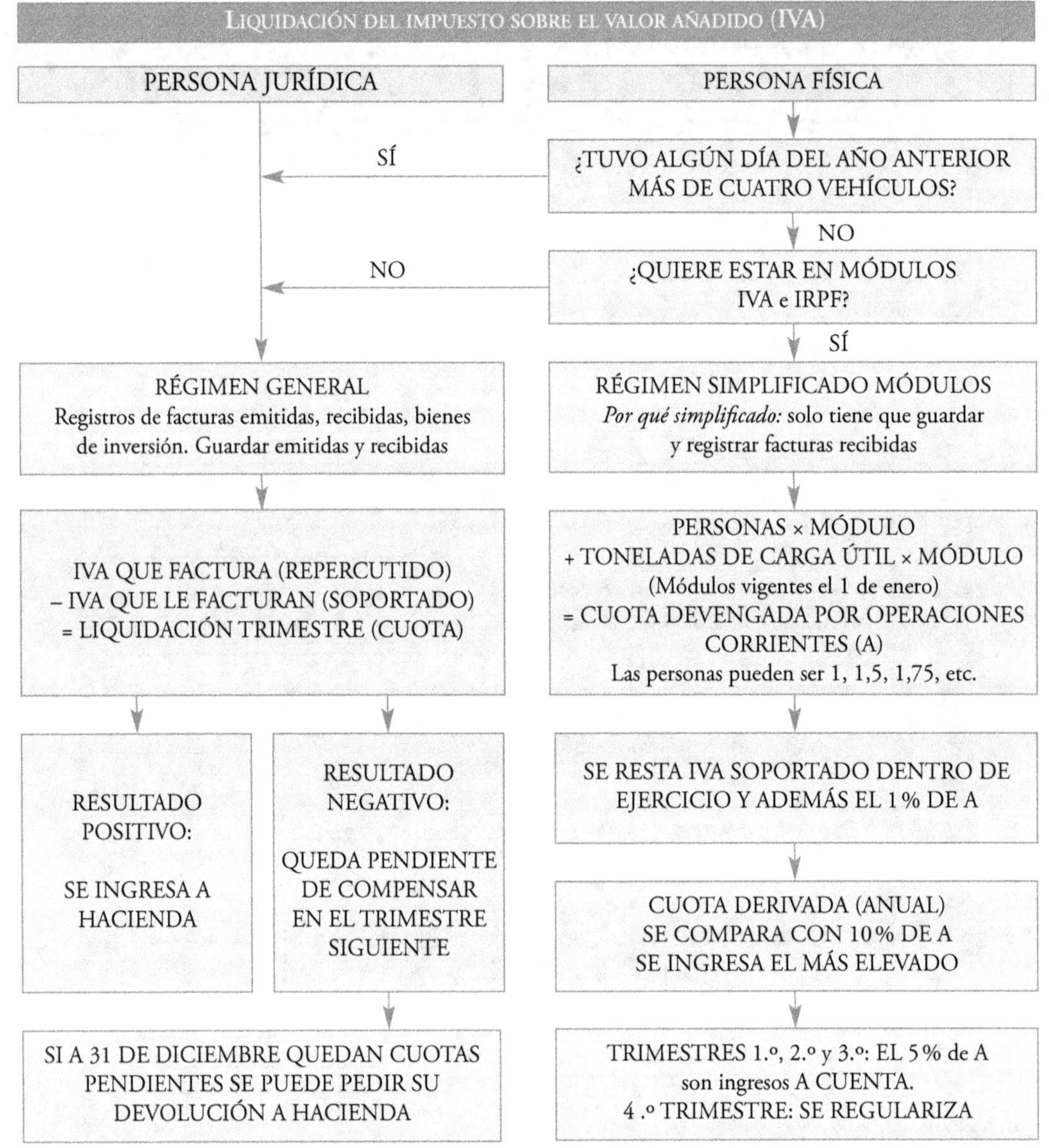

Tabla 1. Esquema del proceso que se debe seguir para las liquidaciones del impuesto sobre el valor añadido (IVA).

Con los módulos (por personas empleadas y toneladas de carga útil) se calcula la cuota devengada por operaciones corrientes (a). A este importe, se le resta el IVA realmente soportado por operaciones corrientes, además del 1 % de (a) por gastos de difícil justificación. La cuota resultante (derivada) no podrá ser inferior al 10 % de (a) y, si lo fuese, se aplicaría este 10 %. Solo es necesario llevar registro de las facturas recibidas y guardarlas durante cuatro años.

Si hay personas que trabajan parte de la jornada, se prorratea. Por ejemplo, media jornada contaría como 0,5 personas.

Acogerse a este régimen, así como a los módulos de IRPF, es voluntario, pero no se puede simultanear régimen general con módulos.

Los pagos trimestrales son del 5 % los tres primeros trimestres, calculados según módulos vigentes el 1 de enero; en el cuarto, se regulariza.

En los módulos no se incluyen las importaciones, las adquisiciones intracomunitarias ni la inversión del sujeto pasivo, que deberán declararse aparte.

IVA: criterio de caja

Para reducir los problemas de liquidez y de acceso al crédito de las empresas, la Ley 14/2013 sobre emprendedores, crea un régimen especial de IVA llamado «criterio de caja».

La nueva regulación permite a las personas físicas o jurídicas contribuyentes que no superan los 2.000.000 de euros este régimen optativo, con la finalidad de retrasar el devengo, declaración e ingreso del IVA repercutido hasta el momento de su cobro total o parcial. Pero hay una fecha límite para hacerlo, que es el 31 de diciembre del año inmediatamente posterior. Evidentemente, la deducción del IVA soportado se puede hacer cuando se haga el pago a las empresas proveedoras y acreedoras.

Este régimen optativo obliga la aplicación a todas las operaciones realizadas con excepción de las intracomunitarias y las sometidas a otros regímenes especiales del impuesto.

Novedades en módulos

Aunque en el año 2017 se mantuvo el límite de cuatro vehículos como máximo para permanecer en régimen de módulos, y también se mantuvieron las cuantías de los mismos, desde 2018 no podrán permanecer en este régimen quienes hayan facturado en 2017 más de 75.000 €. No obstante, el RD Ley 20/2017 de 29 de diciembre de 2017, BOE de 30 de diciembre, prorroga de manera indefinida la magnitud en 125.000 €, no aplicándose por tanto el límite de 75.000 € previsto.

Existe una extensa información en la web de la Agencia Estatal de Administración Tributaria (www.aeat.es). Una vez dentro de la página, se debe seguir la siguiente ruta: inicio, empresas y profesionales, empresarios individuales y profesionales, e IVA.

Tema 4.2

Impuesto sobre la renta
de las personas físicas (IRPF)

Hecho imponible

El IRPF es un impuesto de naturaleza directa, que grava la renta de las personas físicas, de acuerdo con sus circunstancias familiares y personales. La renta está formada por la totalidad de los rendimientos, las ganancias y las variaciones patrimoniales.

Sujeto pasivo

Son sujetos pasivos del impuesto las personas físicas que tengan su residencia habitual en territorio español durante más de 183 días al año o bien las que tengan en España el centro principal o la base de sus actividades.

Período impositivo y devengo

El período impositivo coincide con el año natural, con carácter general; por tanto, comienza el 1 de enero y finaliza el 31 de diciembre de cada año. Este período solamente puede ser más corto en el caso de fallecimiento del contribuyente antes del 31 de diciembre.

Esquema del IRPF

La base imponible se forma con los siguientes conceptos, en los cuales rendimiento neto quiere decir que ya se han descontado los gastos deducibles:

    Rendimiento neto del trabajo personal
    + Rendimiento neto capital mobiliario
    + Rendimiento neto capital inmobiliario
    + Rendimiento neto actividades empresariales

+ Ganancias y pérdidas patrimoniales
+ Otros conceptos

= BASE IMPONIBLE
− Reducciones

= BASE LIQUIDABLE
× Tipo de gravamen (escala general y autonómica)

= CUOTA ÍNTEGRA ESTATAL Y AUTONÓMICA
− Deducciones de la cuota

= CUOTA LÍQUIDA ESTATAL Y AUTONÓMICA
− DEDUCCIONES, RETENCIONES Y PAGOS A CUENTA

CANTIDAD QUE HAY QUE INGRESAR O DEVOLVER

La deuda tributaria

Para conocer el importe de la deuda tributaria hay que determinar la cuota íntegra, la cuota líquida y la cuota diferencial.

La cuota íntegra es el primer paso y se obtiene aplicando la escala progresiva y el tipo de gravamen a la base liquidable. Debido a las competencias normativas de las comunidades autónomas, habrá una cuota íntegra estatal y una cuota íntegra autonómica, utilizando escalas estatales y autonómicas así como tipos de gravamen estatal y autonómico para su cálculo.

Sobre las dos cuotas resultantes, se harán las deducciones legalmente admitidas, tanto a nivel estatal como autonómico, y así obtendremos la cuota líquida estatal y la cuota líquida autonómica.

A esta cuota, se le restarán las retenciones y los pagos a cuenta y obtendremos la cuota diferencial, que nos indicará el importe que hay que ingresar o devolver, si es de signo negativo.

Pago del impuesto

Si el resultado anterior es positivo, el contribuyente debe ingresar la deuda tributaria, que podrá hacerse mediante un pago único o bien fraccionándolo en dos partes, el 60 % en el momento de presentar la declaración y el 40 % restante en el plazo que determine la Agencia Tributaria.

A todo este proceso de cuantificación de la deuda y al pago o la devolución de la cantidad que resulte, efectuado por el obligado a declarar, se le denomina gestión del impuesto.

Rendimiento de actividades económicas en el transporte

El empresario individual (nunca sociedades) que se dedique al transporte podrá calcular la base imponible y el rendimiento neto por alguna de las siguientes modalidades:

- Estimación directa normal.
- Estimación directa simplificada.
- Estimación objetiva (más conocida como módulos).

En las dos primeras se calcula el beneficio en base a los ingresos y gastos de cada empresario, mientras que en la tercera se estima indirectamente en base a unos parámetros, como el número de personas asalariadas y no asalariadas y la capacidad de carga de los vehículos.

Estimación directa normal

Es obligatorio este sistema para los empresarios cuyo importe de la cifra de negocio (ventas) de todas sus actividades en el ejercicio anterior haya sido superior a 600.000 €, o bien aquellos que renuncien a la estimación directa simplificada, aunque no alcancen la cifra anterior.

En este sistema, el rendimiento neto se calcula mediante la fórmula siguiente:

Rendimiento neto de actividad = ingresos − gastos necesarios para conseguirlos.

En ingresos, se incluyen las subvenciones, las transferencias y los aumentos de patrimonio. En gastos, se incluyen las amortizaciones y las disminuciones de patrimonio.

El empresario debe efectuar cuatro pagos a cuenta trimestrales del 20 % del rendimiento neto acumulativo (se resta lo pagado en trimestres anteriores), y se utiliza el modelo 130. Los plazos para estos pagos son del 1 al 20 de abril, julio y octubre y del 1 al 30 de enero.

Si tiene trabajadores, deberá practicar retenciones e ingresarlas trimestralmente (modelo 111) y hacer el resumen anual (modelo 190) nominativo. También deberá entregar a dichos trabajadores el correspondiente certificado de retenciones de IRPF.

Si se aplica este sistema, se aplicará a todas las actividades que tenga el empresario.

Ayuda

Castellano   Català   Galego   Valencià   Rellenar Formulario

MINISTERIO
DE ECONOMÍA
Y HACIENDA

Agencia Tributaria
Teléfono: 901 33 55 33
www.agenciatributaria.es

Impuesto sobre la Renta de las Personas Físicas
Actividades económicas en estimación directa
Pago fraccionado   **Declaración**

Modelo
130

Declarante (1)

Espacio reservado para la etiqueta identificativa

Si no dispone de etiquetas, consigne los datos identificativos que se solicitan a continuación.

NIF | | Apellidos y nombre

Devengo (2)

Ejercicio ... | | | | | Período ..... | | T |

130456217639 1

Liquidación (3)

I. Actividades económicas en estimación directa, modalidad normal o simplificada, distintas de las agrícolas, ganaderas, forestales y pesqueras. (Datos acumulados del periodo comprendido entre el primer día del año y el último del trimestre).

Ingresos computables correspondientes al conjunto de las actividades ejercidas ... | 01 |

Gastos fiscalmente deducibles correspondientes al conjunto de las actividades ejercidas ... | 02 |

Rendimiento neto ([01] - [02]). Si se obtiene una cantidad negativa, consígnela con signo menos (-) ... | 03 |

20 por 100 del importe de la casilla [03] si dicho importe es positivo. (Si la casilla [03] fuese negativa, consigne el número cero) ... | 04 |

A deducir:

De los trimestres anteriores: suma de los importes positivos de la casilla [07] menos la suma de los importes de la casilla [16] ... | 05 |

Retenciones e ingresos a cuenta soportados por las actividades incluidas en este apartado y correspondientes al periodo comprendido entre el primer día del año y el último día del trimestre ... | 06 |

Pago fraccionado previo del trimestre ([04] - [05] - [06]). Si se obtiene una cantidad negativa, consígnela con signo menos (-) ... | 07 |

II. Actividades agrícolas, ganaderas, forestales y pesqueras en estimación directa, modalidad normal o simplificada.

Volumen de ingresos del trimestre (excluidas las subvenciones de capital y las indemnizaciones) ... | 08 |

2 por 100 de importe de la casilla [08] ... | 09 |

A deducir: Retenciones e ingresos a cuenta soportados por las actividades incluidas en este apartado y correspondiente al trimestre ... | 10 |

Pago fraccionado previo del trimestre ([09] - [10]). Si se obtiene una cantidad negativa, consígnela con signo menos (-) ... | 11 |

III. Total liquidación.

Suma de pagos fraccionados previos del trimestre ([07] + [11]). Si se obtiene una cantidad negativa, consigne el número cero (0) ... | 12 |

A deducir: Minoración por aplicación de la deducción a que se refiere el artículo 80 bis de la Ley del Impuesto ... | 13 |

Diferencia ([12] - [13]). Si se obtiene una cantidad negativa, consígnela con signo menos (-) ... | 14 |

A deducir (si la diferencia anterior es positiva y con el máximo de su importe):

Resultados negativos de trimestres anteriores ... | 15 |

Por destinar cantidades al pago de préstamos para la adquisición o rehabilitación de la vivienda habitual:

El 2 por 100 de [03] (máximo: 660,14 euros por trimestre) o el 2 por 100 de [08] (máximo: 660,14 euros anuales) ... | 16 |

Total ([14] - [15] - [16]). Si se obtiene una cantidad negativa, consígnela con signo menos (-) ... | 17 |

A deducir (exclusivamente en caso de declaración complementaria):

Resultado a ingresar de las anteriores declaraciones presentadas por el mismo concepto, ejercicio y período ... | 18 |

Resultado de la declaración ([17] - [18]) ... | 19 |

Ingreso (4)

Ingreso efectuado a favor del Tesoro público. Cuenta restringida de colaboración en la recaudación de la AEAT de autoliquidaciones.

Importe del Ingreso (casilla [19]) ..... | I |

Forma de pago: [ ] En efectivo   [ ] Adeudo en cuenta

Código cuenta cliente (CCC)
Entidad | Sucursal | DC | Número de cuenta

Negativa (6)

[ ] Declaración negativa

A deducir (5)

[ ] Declaración con resultado a deducir en los siguientes pagos fraccionados del mismo ejercicio

Complementaria (7)

Si esta declaración es complementaria de otra declaración anterior correspondiente al mismo concepto, ejercicio y período, consigne una "X" esta casilla.

[ ] Declaración complementaria

En este caso, consigne a continuación el número de justificante identificativo de la declaración anterior.

Nº de justificante:

Firma (8)

_______________ , a ____ de _______________ de ______   Firma:

Este documento no será válido sin la certificación mecánica o, en su defecto, firma autorizada

Ejemplar para el contribuyente

Ver. 1.0/2010   Rellenar Formulario   Castellano   Català   Galego   Valencià

Figura 1. Impreso para el pago fraccionado del impuesto sobre la renta de la personas físicas, modelo 130.

Debe llevar los siguientes libros y registros:

– Libro diario.
– Libro de inventarios y cuentas anuales.
– Registro de compras.
– Registro de ventas.
– Registro de caja y bancos.
– Registro de gastos.

Estimación directa simplificada

Se aplica cuando la facturación anual no supera los 600.000 € por el total de sus actividades en el año anterior.

El rendimiento neto de las actividades se calcula como en la estimación directa normal, pero las amortizaciones se harán por el sistema lineal, según tablas de amortizaciones del Ministerio de Economía y Hacienda.

La fórmula utilizada será la siguiente:

Rendimiento neto = ingresos – gastos deducibles – gastos de difícil justificación y provisiones (5 % sobre rendimiento neto).

El conjunto de provisiones y gastos de difícil justificación se calcula aplicando el 5 % sobre el rendimiento neto, excluyendo este concepto y también los incrementos y las disminuciones de patrimonio. El máximo de este gasto será de 2.000 €.

Libros que han de llevar los empresarios en esta modalidad: ventas e ingresos, compras y gastos, bienes de inversión (se pueden adquirir en la propia AEAT).

Al igual que en la estimación directa normal, el empresario debe efectuar cuatro pagos a cuenta trimestrales del 20 % del rendimiento neto acumulativo (se resta lo pagado en trimestres anteriores). En el cálculo de estos pagos ha de tenerse en cuenta que como gasto deducible se puede aplicar el 5 % de provisiones y gastos de difícil justificación.

En caso de tener trabajadores, deben ingresar trimestralmente las retenciones que les hagan, igual que en la estimación directa normal.

Se puede renunciar a este sistema y también al de módulos, y presentar la renuncia en diciembre del año anterior al que deba tener efecto. Es válida durante tres años, prorrogables de manera automática, salvo renuncia del interesado. Si en el ejercicio anterior se superasen los parámetros que determinan su aplicación, la renuncia se consideraría no presentada (es decir, se seguiría en el sistema de estimación directa normal).

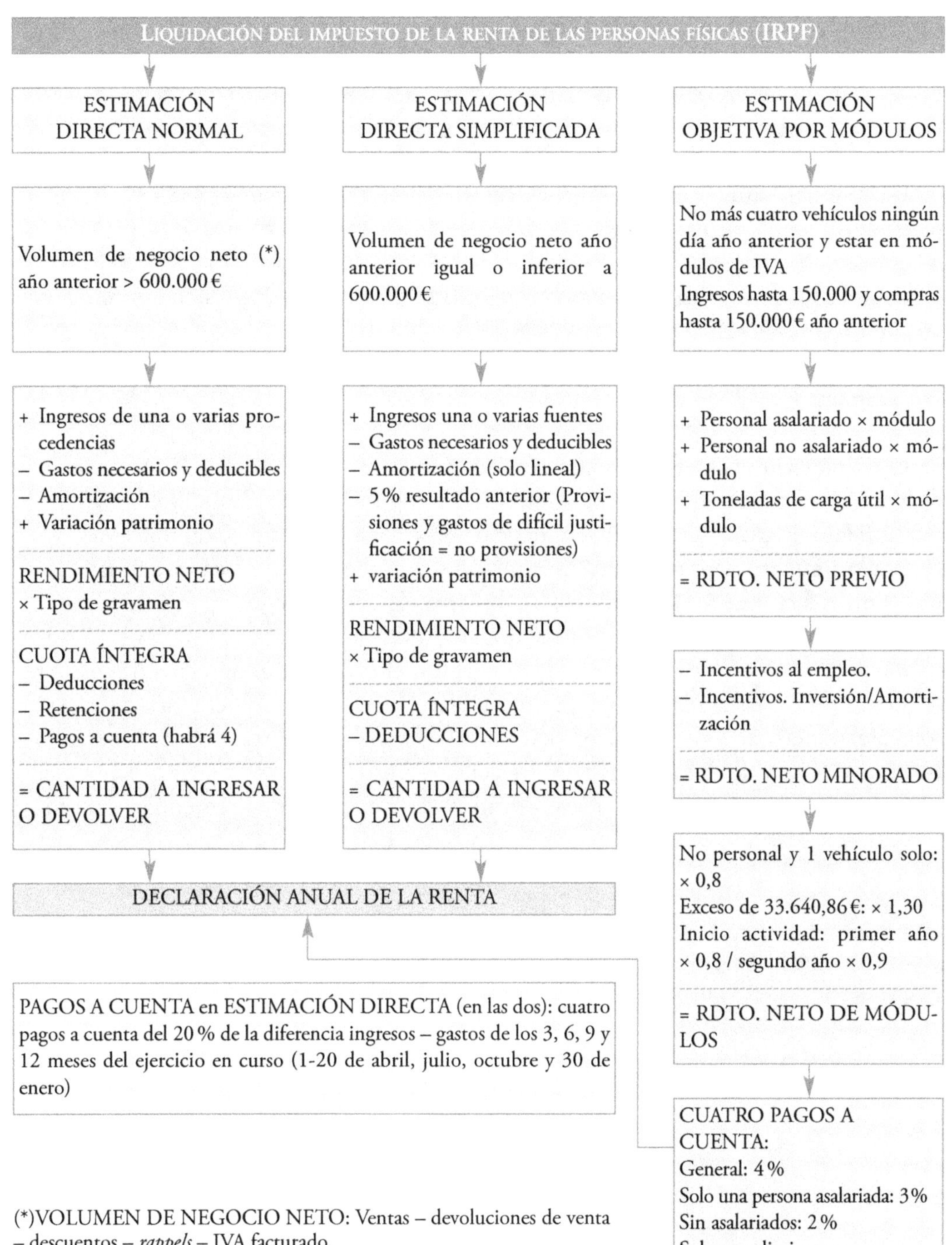

Tabla 1. Esquema del proceso que se debe seguir para las liquidaciones del impuesto sobre la renta de las personas físicas (IRPF).

Estimación objetiva por módulos

Para poder aplicar este sistema, la actividad debe estar incluida en la lista publicada en la normativa correspondiente y tener cuatro vehículos o menos cualquier día del año anterior (el transporte efectuado con epígrafe 722 del IAE está en dicha lista).

Además del número máximo de vehículos, deben cumplirse dos condiciones adicionales:

- Que sus ingresos en el ejercicio anterior (excluidas subvenciones, indemnizaciones e IVA) no hayan superado los 150.000 €.
- Que su volumen de compras (excluidos bienes de inversión) no exceda de 150.000 € anuales.

El empresario debe efectuar su actividad totalmente dentro del territorio nacional, debe necesariamente estar incluido en el régimen simplificado de módulos del IVA y el rendimiento de todas sus actividades debe determinarse por estimación objetiva.

El rendimiento neto se calcula en función del número de empleados (asalariados o no), y otros factores, como las toneladas de carga útil en el caso de transporte. La amortización es deducible, pero solo por sistema lineal de tablas.

Respecto a los pagos trimestrales fraccionados, el empresario ingresa el 4 % del rendimiento neto si tiene más de una persona asalariada, el 3 % si no tiene más de una persona asalariada y el 2 % si no tiene personal asalariado. Las retenciones de trabajadores funcionan igual que en la estimación directa.

Se debe tener un registro de facturas emitidas y justificantes de los módulos aplicados.

Para más información consultar la web de la Agencia Estatal de Administración Tributaria (www.aeat.es). Una vez en la web, se debe seguir la siguiente ruta: inicio, empresas y profesionales, empresarios individuales y profesionales, e IRPF.

Tema 4.3

El impuesto sobre sociedades (IS)

Definición

El impuesto de sociedades es un impuesto directo que grava la renta o los ingresos obtenidos por las personas jurídicas, como sociedades limitadas o anónimas.

El hecho imponible es la obtención de renta (beneficios) por la sociedad; es el equivalente al IRPF pero aplicable a las personas jurídicas.

Esquema del impuesto de sociedades

	Ingresos computables
−	Gastos deducibles
+	Variaciones patrimoniales

RESULTADO CONTABLE AJUSTADO
− Compensación de bases negativas

= BASE IMPONIBLE
× Tipo impositivo (30 %)

= CUOTA ÍNTEGRA
− Deducciones por doble imposición
− Apoyo fiscal a la inversión
− Retenciones
− Pagos a cuenta

= CUOTA DEL EJERCICIO

Base imponible

En general, la base imponible se forma con el importe de la renta obtenida en el período impositivo (un año) menos la compensación de bases imponibles negativas de ejercicios anteriores. Se calcula por el sistema de estimación directa a partir del resultado contable, es decir, diferencia entre ingresos y gastos del período, y sobre el resultado se aplican determinadas correcciones, como las amortizaciones.

Se consideran ingresos las ventas y la prestación de servicios, las bonificaciones y los descuentos en compras y subvenciones.

Se consideran gastos deducibles las compras, los gastos de personal (salarios y seguridad social), los gastos financieros, los tributos deducibles, los trabajos prestados por terceros y la amortización (la parte que corresponda).

Tipos de gravamen y cuota íntegra

El tipo de 25 % debe entenderse como el general, pero no el único, según establece el artículo 29 de ley 27 de 2014 sobre el impuesto de sociedades.

Las entidades de nueva creación que realicen actividades económicas tributarán al tipo del 15 %, en el primer período impositivo en que la base imponible resulte positiva y en el siguiente.

El tipo de gravamen aplicable a las cooperativas de trabajo asociado es el 20 % por resultados cooperativos, pero si son extracooperativos tributan al 25 %.

La cuota íntegra es el resultado de aplicar el tipo de gravamen sobre la base imponible positiva obtenida por la sociedad en el período impositivo. Sobre esta cuota se pueden practicar bonificaciones en determinados casos.

Deducciones de la cuota

Las situaciones que generan derecho a deducir son, entre otras, las que se relacionan a continuación:

- Por doble imposición (cuando la empresa tiene ingresos por dividendos de capital invertido en otra empresa y que ya pagaron allí el impuesto de sociedades de forma previa a su cobro).
- Deducciones pendientes de ejercicios anteriores.
- Deducción por protección del medio ambiente.
- Por creación de empleo para trabajadores minusválidos, siempre que los contratos sean a jornada completa e indefinidos.
- Por actividades de investigación, desarrollo e innovación tecnológica.

- Deducción por inversiones en tecnologías de la información y la comunicación (10 % de gastos efectuados).
- Por medidas de apoyo al sector del transporte, por inversiones efectuadas en sistemas de navegación y localización vía satélite (10 % de las inversiones llevadas a cabo).
- Por actividades de exportación, se podrá deducir el 25 % de las inversiones por creación de sucursales en el extranjero o en publicidad para promocionar productos en el exterior.
- Por gastos en formación profesional, un 5 %, salvo alguna excepción.

Gestión del impuesto

A la cuota efectiva, se le tendrá que restar el importe de las retenciones que se hayan efectuado durante el ejercicio, como por ejemplo las que practican los bancos sobre los intereses. También se deducen los pagos a cuenta efectuados durante el año.

Estos pagos a cuenta se deben hacer en los veinte primeros días de abril, octubre y diciembre. Cada uno de ellos será del 19 % de la cuota íntegra del último ejercicio (en total, 57 % cuota ejercicio anterior).

Las empresas sometidas al impuesto de sociedades deben llevar los libros de contabilidad fijados por el código de comercio:

- Libro diario.
- Libro de inventarios y cuentas anuales.
- Registro de facturas recibidas (compras).
- Registro de facturas emitidas (ventas).

Para quien desee ampliar información sobre este tema, se puede consultar la web de la Agencia Tributaria (www.aeat.es). Una vez en la web, seguir la siguiente ruta: inicio, empresas y profesionales, personas jurídicas, e impuesto sobre sociedades.

Tema 4.4
Otros tributos

Conceptos

- *Tasas*. Se pagan por algún servicio público (se utiliza la Administración o un espacio público), por algo que afecta o beneficia a un sujeto pasivo en particular. Existe, por lo tanto, una contraprestación (tasas por exámenes de competencia, por ejemplo).
- *Contribuciones especiales*. Casi siempre las cobran los ayuntamientos, bien sea por revalorización de bienes o por aumento de servicios (pavimentación, alumbrado, etc.).
- *Impuestos*. Se exigen sin que exista una contraprestación directa o inmediata. Se cobran cuando el sujeto pasivo manifiesta, de diversas formas, su capacidad de contribuir.
- *Hecho imponible*. Es el presupuesto de naturaleza jurídica o económica fijado por la ley para configurar cada tributo y cuya realización origina el nacimiento de la obligación tributaria (Ley General Tributaria, artículo 28).
- *Base imponible*. Importe sobre el cual se aplica un porcentaje (tipo) para calcular un impuesto.
- *Cuota*. Cantidad resultante de aplicar un tipo a la base imponible. Sobre dicho resultado se pueden hacer, en ciertos casos, deducciones, que consisten en minoraciones de tal importe por conceptos diversos.

Clasificación

Impuestos directos

En los impuestos directos, la capacidad de contribuir se manifiesta directamente, mediante declaraciones en las que el sujeto pasivo declara sus ingresos, gastos, etc. Los principales impuestos directos son los siguientes:

- Impuesto sobre la renta de las personas físicas (IRPF).

- Impuesto de sociedades.
- Impuesto sobre patrimonio de las personas físicas.
- Impuesto sobre sucesiones y donaciones.

Impuestos indirectos

En este caso, la capacidad de contribuir del sujeto pasivo se manifiesta indirectamente, generalmente al consumir. Los impuestos indirectos más frecuentes son:

- Impuesto sobre el valor añadido (IVA).
- Impuesto de transmisiones patrimoniales y sobre actos jurídicos documentados (ITP y AJD, respectivamente).
- Aranceles y otros impuestos de aduanas.
- Impuestos especiales.

Impuestos municipales

- Impuesto sobre bienes inmuebles (IBI).
- Impuesto de actividades económicas (IAE).

Tasas

- Diligenciado de libros.
- Matriculación vehículos.
- Inspección técnica de vehículos (ITV).
- Apertura de establecimiento.
- Vados.

Impuesto de transmisiones patrimoniales (ITP) y actos jurídicos documentados (AJD)

Se aplica a los siguientes supuestos:

- *Transmisiones patrimoniales onerosas.* Este impuesto es incompatible con el IVA. Cuando la transmisión la efectúa un empresario o profesional, normalmente estará sujeta a IVA y no a este impuesto. Lo paga el adquirente. La base es el valor menos las cargas deducibles. El tipo, para vehículos, es del 4 %.

– *Operaciones societarias.* Se aplica a la constitución, ampliación o reducción de capital, transformación, fusión y disolución de sociedades. En la disolución o reducción de capital, lo pagan los socios. En el resto de casos la sociedad. El tipo impositivo es del 1 %. Desde el 3 de diciembre de 2010, en virtud del Real Decreto-ley 13/2010, las operaciones societarias están exentas del pago del impuesto sobre transmisiones patrimoniales y actos jurídicos documentados.

– *Actos jurídicos documentados.* Documentos notariales, documentos mercantiles (por ejemplo, letras de cambio).

Impuesto de actividades económicas (IAE)

La gestión de este impuesto es compartida entre Administración central y ayuntamientos. Se paga anualmente. Si la actividad se inicia dentro del año, se pagará desde inicio de actividad hasta final de año, proporcionalmente y por trimestres enteros.

No se tiene que pagar IAE en los siguientes supuestos:

– Personas físicas o jurídicas durante los dos primeros años de actividad.
– Las personas físicas.
– Las personas jurídicas cuando el volumen de negocio no supere 1.000.000 €.

Las altas deben hacerse en los diez días hábiles antes de iniciar la actividad. Las variaciones o bajas deben comunicarse en un plazo de un mes desde la variación o el cese.

Existen determinados epígrafes de IAE nacionales que se pagan directamente a la Agencia Tributaria y no a los ayuntamientos.

Impuesto de circulación

Este impuesto afecta a los vehículos de tracción mecánica, aptos para circular por la vía pública.

El período impositivo es el año natural. En la primera adquisición se debe pagar el mismo día de la adquisición; es condición previa para poder matricular el vehículo.

Las altas se prorratean por trimestres enteros que faltan para terminar el año y las bajas se prorratean por trimestres pasados, incluido el trimestre en que se está.

Impuesto especial sobre hidrocarburos

Tendrán derecho a devolución parcial por el gasóleo de uso profesional, los vehículos de motor destinados exclusivamente al transporte de mercancías por carretera con una MMA igual o superior a 7,5 t.

El límite de la devolución es de 50.000 l por vehículo y año.

Para más información, consultar la web de la Agencia Estatal de Administración Tributaria (www.aeat.es). Una vez en la web, seguir la siguiente ruta: inicio, empresas y profesionales, impuesto actividades económicas y obligaciones censales, e impuesto sobre actividades económicas.

Capítulo 5

Gestión comercial y financiera de la empresa

Tema 5.1
Modalidades de pago

Los títulos-valores

Se define el título-valor como el documento esencialmente transmisible necesario para ejercitar el derecho literal y autónomo en él mencionado. Hay distintas clases de títulos-valores; unas veces son instrumentos de pago (letras de cambio, cheques), otras, de participación social (acciones) y otras, representativas de mercancías (cartas de porte). Los más característicos son:

- Letra de cambio.
- Pagaré.
- Cheque.
- Tarjeta de crédito.

La letra de cambio, el cheque y el pagaré se regulan en la Ley Cambiaria y del Cheque. Las tarjetas de crédito se rigen por las condiciones generales de cada entidad financiera. Los títulos-valores tienen como características principales las siguientes:

- *Transmisibilidad.* Los títulos nominativos con cláusula a la orden o sin ella se transmiten mediante su endoso, mientras que los títulos nominativos con cláusula no a la orden solo se pueden transmitir mediante cesión ordinaria.
- *Literalidad.* Los derechos que el titular confiere han de constar en el propio documento.
- *Autonomía.* La adquisición del título cuando se transmite tiene carácter originario para su adquirente.
- *Abstracción.* En ellos no aparece la causa.

La letra de cambio

La letra de cambio (o efecto comercial) se puede definir como el título-valor que incorpora una orden incondicionada, dada por quien la emite (librador) a otra persona (librado), de pagar una suma determinada a un tercero (tomador). Así, las figuras que aparecen en la letra de cambio son tres:

- *Librador:* persona que emite el documento dando la orden de pago.
- *Librado:* persona a la que va dirigida la orden de pago, quien ha de pagar la letra.
- *Tomador:* persona a la que se ha de hacer el pago.

Las funciones de este título valor son las siguientes:

- Es instrumento de pago.
- Es instrumento de crédito (ya que generalmente se emiten con vencimiento posterior a la fecha de emisión).
- Es instrumento financiero (ya que el tomador, en lugar de esperar el momento de vencimiento de la letra para recibir su importe, puede acudir a una entidad bancaria para proceder a su descuento). Mediante el descuento comercial, el banco nos abonará el importe de esa letra, descontándonos los intereses correspondientes más una comisión.

Los requisitos formales que la ley fija como esenciales para que el documento sea considerado letra de cambio son los siguientes:

- Denominación de «letra de cambio» inserta en el texto, expresada en el mismo idioma que el resto de la redacción.
- Mandato de pagar una determinada cantidad de dinero, que se escribe en letras y en números.
- Nombre (o razón social) del librado (persona que ha de pagar).
- Nombre del tomador (persona a quien se ha de hacer el pago).
- Fecha de libramiento (tiene especial importancia en aquellos casos en los que la letra ha sido girada a un plazo desde la fecha, ya que sin ella no podríamos determinar el vencimiento).
- Firma del librador (persona que emite la letra).

Otros requisitos que no son esenciales ya que se dictan normas para suplir su falta son los siguientes:

- Indicación del vencimiento (cuando no se indique el vencimiento, la letra se considerará pagadera a la vista, es decir, en el momento de su presentación).
- Indicación del lugar de pago. A falta de indicación del lugar de pago, se supondrá que es aquél que aparece junto al nombre del librado; si no aparece lugar alguno junto al nombre del librado, la letra de cambio no será válida.

- Indicación del lugar de emisión. A falta de indicación del lugar de emisión se supondrá que es aquél que aparece junto al nombre del librador; si no aparece lugar alguno junto al nombre del librador, la letra de cambio no será válida.

El documento que carezca de alguno de los requisitos esenciales, no será considerado letra de cambio. Podrá ampliarse el documento mediante la incorporación de una hoja adherida en la que podrá poner cualquier mención regulada en la ley, excepto las previstas como requisitos esenciales, que deberán figurar en el documento mismo.

La Ley Cambiaria no exige que la letra esté redactada en modelo oficial, sin embargo, deberá llevar el timbre que le corresponda según el importe al que esté girada, para lo que hay una escala de timbres. Generalmente, el librador será el obligado al pago del timbre, pero cuando la letra lleve un timbre inferior al que le corresponde, pierde su eficacia ejecutiva.

Cuando una letra lleve firmas falsas, o de personas incapaces a obligarse o de personas imaginarias, las obligaciones de los demás firmantes seguirán siendo válidas. Así, todos los que firmen la letra a nombre de otro, deberán indicar quién es su representado, para que así este quede obligado. En el caso de que se ponga la firma como representante de una persona sin tener poderes para actuar en su nombre, el único obligado cambiario será el representante.

La letra de cambio documenta dos créditos:

- *La provisión:* el que existe entre el librador y el librado, por el que este se compromete al pago.
- *La voluntad:* el que existe entre el tomador y el librador, para cuyo pago este entrega la letra al tomador.

La aceptación

La aceptación es la declaración incondicionada del librado contenida en la letra de cambio por la que se compromete a pagarla a su vencimiento. El librado, al aceptar la letra, se convierte en el obligado principal y directo. La presentación a la aceptación es voluntaria, a no ser que se dé uno de los siguientes supuestos:

- Que el librador establezca que la letra haya de ser aceptada.
- En las letras giradas a un plazo desde la vista.

El tomador será el que tendrá que presentar la letra para la aceptación. Como requisitos, la aceptación se hará constar en el anverso de la letra mediante la palabra «acepto» u otra equivalente y la firma del librado. La aceptación puede ser total o parcial, esto es, por la cantidad total a la que va girada la letra o por una parte. Cuando la aceptación sea total, no es necesario que se consigne la cantidad, y cuando sea parcial, se consignará la cantidad aceptada y en este caso el aceptante quedará obligado solo por esa parte.

El endoso

El endoso es el acto cambiario mediante el cual el tomador actual de una letra de cambio (endosante), se la transmite a otra persona (endosatario). La letra será transmisible mediante endoso, tanto si lleva la cláusula «a la orden» como si no la lleva. El caso en el que una letra no es endosable es aquel en el que figure la cláusula «no a la orden». Tampoco lo será si el endosante pone la cláusula «no endosable de nuevo». El endoso produce los siguientes efectos:

- El endosatario adquiere todos los derechos resultantes de la letra de cambio.
- El endosatario que posee el título se considera su poseedor legítimo.
- El endoso produce un efecto de garantía. El endosante responde del pago de la letra en el caso de que el librado no la acepte o, aceptándola, no la pague, frente a sus tomadores posteriores.

El endoso se efectúa por el tomador de la letra mediante una cláusula escrita en ella o en el suplemento que ha de ser firmada por él. Normalmente, aparece en el reverso de la letra. El endoso ha de ser una declaración incondicionada, esto es, pura y simple. Cualquier mención que lo condicione se tomará como no escrita. El endoso parcial, es decir, limitado a una parte del importe de la letra, se considera como nulo. Puede efectuarse mediante la indicación de «páguese a D.» o incluso dejándolo en blanco, bastando solo para ello la firma del endosante. Todo endoso precisa la entrega material de la letra de cambio al endosatario.

Hay supuestos en los que la letra no es endosable, como son los siguientes:

- Letras emitidas con cláusula «no a la orden».
- Letras protestadas o cuando no habiéndose levantado el protesto, ha pasado el plazo para llevarlo a cabo.

Las letras no endosables solo pueden transmitirse mediante cesión ordinaria y en los casos de sucesión hereditaria, venta de un negocio, etc.

El aval

El aval es una declaración cambiaria que tiene como finalidad garantizar el cumplimiento total o parcial de otra obligación cambiaria. La persona que hace la declaración es el avalista y el obligado cambiario garantizado es el avalado. Puede ser avalista un tercero o un firmante de la letra. En el aval, debe indicarse la persona avalada. A falta de esto, se entenderá que está avalado el aceptante y a falta de este, el librador.

Son requisitos formales del aval los siguientes:

– Figurar en la letra o en su suplemento.
– Expresarse mediante las palabras «por aval» o cualquier expresión equivalente. No obstante, la firma de una persona en el anverso de la letra, no siendo la del librador ni la del librado, sirve como aval.
– Firma del avalista.

El avalista asume la obligación de garantizar el pago de la totalidad o de parte de la letra tomando la posición del avalado. Cuando el aval sea parcial se hará constar el importe que se avala. Cuando no se mencione cantidad alguna, se supondrá que se avala la totalidad. El avalista que paga la letra por la persona avalada tiene derecho a recibir el título y adquiere los derechos derivados de la letra contra el avalado, así como contra aquellos que sean responsables respecto al avalado. El avalista podrá reclamar al avalado o a los demás responsables:

– La cantidad que haya pagado.
– Los intereses, calculados al tipo de interés legal del dinero aumentado en dos puntos, sobre dicha cantidad a partir de la fecha de pago.
– Los gastos que le haya ocasionado.

El aval, en caso de existir más de un avalista, puede ser:

– *Mancomunado.* El acreedor podrá reclamar a cada uno de los avalistas la parte que le corresponda del total (parte alícuota).
– *Solidario.* El acreedor podrá reclamar a cualquiera de los avalistas la totalidad.

El vencimiento

Una de las menciones de la letra es su vencimiento, mediante el cual se va a determinar el momento del pago. La Ley Cambiaria señala cuatro clases de vencimientos:

– *A fecha fija.* La letra es pagadera el día indicado en la misma.
– *A un plazo desde la fecha.* El cómputo de este plazo, si es por días, excluye el día de la emisión, pero no el de los días inhábiles. Si el día del vencimiento es día inhábil, se entenderá que la letra vence el primer día hábil siguiente. Si el plazo se fija

en meses, el cómputo se hará de fecha a fecha, salvo que esta última caiga en día inhábil, en cuyo caso se supondrá que vence el día hábil siguiente.

– *A la vista.* La letra a la vista se pagará el día de su presentación, que deberá hacerse dentro de un período máximo de un año contado desde la fecha de emisión, pudiendo el librador alargar o acortar dicho plazo.

– *A un plazo contado desde la vista.* El plazo se computará desde la fecha de aceptación y a falta de esta, por la de protesto. Si la aceptación no lleva fecha, el plazo se contará desde el último día fijado para la presentación a la aceptación.

Si en la letra se omite el vencimiento, se considera pagadera a la vista.

El pago de la letra

La letra de cambio ha de presentarse por su tomador legítimo (o su representante) al librado para su pago el día del vencimiento o en los dos días hábiles siguientes. La presentación se hará en el lugar fijado para el pago en la letra o, a falta de este, en el domicilio del librado. En la práctica, debido a la intervención de entidades bancarias, se ha sustituido la presentación material de la letra, por el envío de un aviso de vencimiento. El deudor habrá de pagar el importe íntegro de la suma indicada en la letra para que quede liberado de su deuda. Sin embargo, el pago puede ser parcial, no pudiéndolo rechazar el tomador. En caso de pago parcial, el librado puede exigir que conste en la letra y que se le dé un recibo del mismo. En el caso de que el pago sea íntegro, el librado se quedará con la letra y se extinguirán las obligaciones cambiarias que habían surgido con ella.

El protesto

Es el acto que sirve para acreditar que se ha producido la falta de aceptación o la falta de pago. El acto notarial puede sustituirse por una declaración que conste en la letra fechada y firmada por el librado, en la que se haga constar la negativa de no aceptar la letra o de no pagarla. El protesto solo es requisito legal para la acción de regreso. Las líneas generales del protesto notarial son las siguientes:

a) El notario inicia el protesto mediante un acta en el que reproduce la letra.

b) En el plazo de los dos días hábiles siguientes, el notario ha de notificar al librado que la letra está protestada.

c) El librado puede pasar por la notaría para aceptar, pagar o hacer las manifestaciones que crea convenientes hasta las 14 horas del segundo día hábil siguiente a la notificación. Transcurrido este plazo, se devolverá la letra al tomador. Si el librado acepta la letra en ese plazo, se devuelve la letra al tomador y se cancela el protesto. Si el librado paga la letra también se cancelará el protesto. En ambos casos, los gastos de protesto corren a cargo del librado.

Cuando la letra de cambio contiene la cláusula «sin gastos» o «sin protesto», no hará falta levantar protesto por falta de aceptación o de pago para poder ejercitar la acción de regreso. Si la cláusula la ha puesto el librador, producirá efectos en relación con todos los firmantes. Si la cláusula la ha puesto un endosante o un avalista, solo produce efectos en relación con la persona que la haya puesto. Cuando a pesar de la cláusula «sin gastos» se levanta el protesto, los gastos que conlleve serán a cargo del tomador si la cláusula la puso el librador. Si la cláusula la puso un endosante o un avalista, los gastos podrán ser reclamados a todos los firmantes.

El impago de una letra de cambio puede llevar a ejercitar dos tipos de acciones a su tomador:

- *Acciones cambiarias:* son aquellas que surgen de la letra de cambio (acción directa o acción de regreso).
- *Acciones extracambiarias:* son aquellas que no nacen del derecho incorporado a la letra sino fuera de ella (acción causal o acción de enriquecimiento injusto).

La acción directa surge en el caso de falta de pago contra el aceptante o sus avalistas. Se llama directa porque el aceptante es el obligado principal y el que deberá pagar la letra. Para efectuar la acción directa no es necesario que se levante protesto, y existe un plazo de prescripción de tres años contados a partir del vencimiento de la letra. La prescripción quedará interrumpida en caso de reclamación extrajudicial, reclamación judicial o por el reconocimiento por parte del deudor de su obligación. La reclamación podrá hacerse tanto por vía ordinaria como por vía ejecutiva, y la cuantía de la reclamación será por el importe al que estaba girada la letra más los intereses correspondientes y los gastos en que se hubiera incurrido.

La acción de regreso surge en el caso de falta de aceptación o de pago y se efectuará contra cualquier obligado cambiario (librador, endosante o sus avalistas). Para poder llevar a cabo la acción de regreso, es requisito que se haya levantado protesto, a no ser que la letra contenga la cláusula sin gastos, en cuyo caso no será necesario. Podrá iniciarse la acción de regreso con anterioridad al día de vencimiento cuando se deniegue total o parcialmente la aceptación, o cuando el librado se encuentre en suspensión de pagos, quiebra, o se hubiere constatado su insolvencia, en caso de embargo de bienes. La cuantía de la reclamación incluirá el principal, los intereses y los demás gastos originados por el impago de la letra.

La ley prevé que la persona que efectúa la acción de regreso pueda cobrar las cantidades que se le deben mediante la emisión de una nueva letra (letra de resaca), girada a la vista sobre cualquiera de los obligados cambiarios. El importe de esta letra será el principal de la letra no pagada más intereses, gastos, una comisión y el importe del timbre. Las acciones del tomador contra los endosantes y contra el librador prescriben al año contado a partir de la fecha de protesto. Se tomará la fecha de vencimiento en aquellas letras que contengan la cláusula «sin gastos». Las acciones de los endosantes entre sí o de un endosante contra el librador prescriben a los seis meses contados desde la fecha de pago de la letra por el endosante. La reclamación por medio de la acción de regreso puede hacerse tanto por vía ordinaria como por vía ejecutiva.

La acción causal es la que ejercita el tomador de una letra en relación con el negocio que ha servido de causa de emisión de esta. La entrega de una letra de cambio como pago de un servicio prestado no produce los efectos de pago hasta que esa letra no haya sido efectivamente abonada. Así, si se ha producido el impago de esa letra podremos reclamar la cantidad que corresponda como pago del servicio prestado. Nunca se pueden efectuar a la vez la acción cambiaria y la causal. Eso sí, una vez agotada una vía podremos iniciar la otra.

La acción de enriquecimiento injusto por parte del tomador tiene dos presupuestos: que haya perdido la acción cambiaria contra todos los obligados o que no pueda ejercitar las acciones causales. Si se dan estos presupuestos, el tomador podrá dirigir esta acción contra al librador, al endosante o el aceptante, exigiéndoles el pago de la cantidad con la que se hubieran enriquecido injustamente en su perjuicio. Esta acción prescribe a los tres años de haberse extinguido la acción cambiaria. Las acciones en caso de impago de una letra pueden hacerse bien por juicio ordinario o por juicio ejecutivo. La vía ejecutiva solo puede utilizarse cuando el importe de la letra sea superior a 300,50 €, y se pueden acumular varias letras contra una misma persona.

El cheque

Se denomina cheque (o talón bancario) el título-valor, dado a la vista, por el que una persona (librador), que tiene previamente fondos depositados en una entidad bancaria (librado), da a este la orden incondicional de que pague a su tenedor (o tomador) una determinada cantidad de dinero. Según esta definición, en el documento de cheque aparecen las tres figuras de siempre:

- *Librador:* es la persona que emite el cheque y la que da la orden de pago al banco en el que tiene depositados sus fondos.
- *Librado:* es la entidad bancaria en la que el librador tiene depositados sus fondos y a la que se da la orden de pago.
- *Tenedor o tomador:* es la persona que tiene el cheque en su poder y la que lo presentará al cobro.

Las funciones del cheque se pueden resumir tal como sigue:

– Sirve como instrumento de pago.
– Permite retirar fondos depositados en la entidad bancaria.
– Evita el riesgo de utilizar dinero en metálico.
– Simplifica operaciones cotidianas.

Para la emisión regular de un cheque la ley exige que ha de librarse contra un banco que tenga fondos a disposición del librador y de conformidad a un acuerdo según el cual el librador tenga derecho a disponer por cheque de esos fondos.

Los requisitos formales que debe contener el cheque, es decir, aquellos que señala la Ley Cambiaria para que el documento sea considerado cheque son los siguientes:

– Denominación de cheque inserta en el texto y redactada en el mismo idioma que el resto de la redacción.
– Mandato de pagar una determinada cantidad de dinero.
– Nombre del librado (persona que ha de pagar el cheque).
– Lugar de pago.
– Fecha y lugar de emisión del cheque.
– Firma del librador (persona que expide el cheque).

No todas esas menciones son esenciales, pues algunas de ellas si faltan pueden suplirse. Así, si no aparece el lugar de pago se tomará el que figura al lado del nombre del librado, y si no aparece el lugar de emisión del cheque, se tomará el que figura al lado del librador.

La transmisión del cheque depende de la forma en que este se ha emitido en relación con la determinación de su tomador:

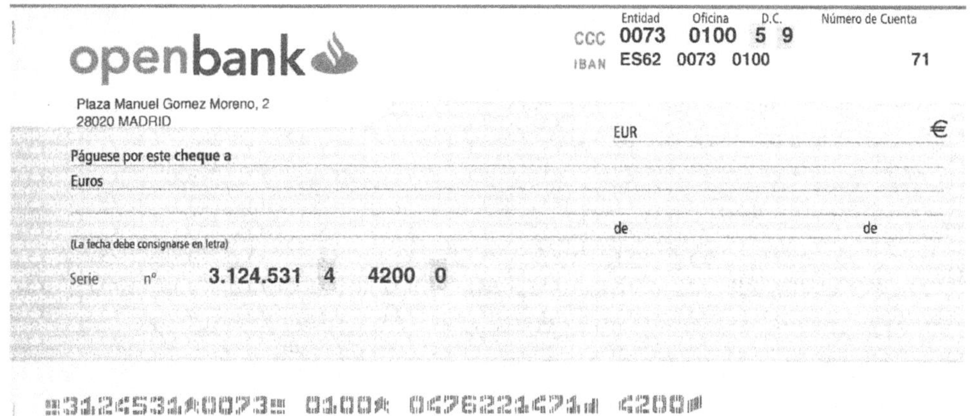

Figura 1. Cheque de una entidad bancaria.

- *Al portador.* Puede hacerse bien indicándolo con la mención «al portador» o bien dejando en blanco el nombre del tomador. Este cheque puede cobrarlo su poseedor legítimo (la persona que lo posea materialmente). Se transmite mediante su simple entrega, es decir, mediante la entrega del documento.
- *Nominativo.* En este tipo de cheque queda determinado quién es el tomador y aparece el nombre de una persona determinada. Puede llevar o no la cláusula a la orden. Se transmite mediante endoso.
- *Nominativo directo.* Se expide a favor de una persona determinada (tomador) y llevará la cláusula no a la orden. Solo es transmisible con los efectos de una cesión ordinaria.

Además, existen otras maneras especiales de emitir este documento:

- *Cheque cruzado o barrado.* Consiste en que el librador o el tomador lo crucen por medio de dos barras paralelas en el anverso (parte delantera). Si entre las dos barras no aparece nombre alguno o contiene la mención «banco» o «compañía», el banco librado no podrá pagar el cheque nada más que a un banco o a un cliente del propio librado. Si entre las dos barras aparece el nombre de un banco determinado, el librado solo puede pagar el cheque al banco designado, o si este es el mismo librado, a un cliente suyo. De esta manera queda restringida la circulación del cheque y así el banco librado puede conocer la identidad de quien lo cobra.
- *Cheque para abonar en cuenta.* Consiste en la mención en el anverso del cheque «para abonar en cuenta». El librado tiene prohibido abonar en efectivo el importe del cheque, solo podrá abonarlo en una cuenta.
- *Cheque conformado.* Contiene la mención de «certificado», «conforme», etc., firmada por la entidad financiera. Sirve para acreditar que el cheque es auténtico y que existen fondos suficientes.

En un cheque, se entiende por aval la declaración cambiaria que tiene como finalidad garantizar el pago total o parcial del cheque. Quien hace esa declaración es el avalista y la persona a favor de quien lo hace es el avalado. La entidad bancaria (librado) no puede ser nunca avalista. A falta de indicación del avalado, se entenderá que se ha prestado a favor del librador. Cuando el librador incumpla sus obligaciones, habrá de ser el avalista el que las lleve a cabo dependiendo de si el aval ha sido total o parcial.

El cheque es pagadero a la vista y cualquier mención contraria se tomará como no escrita. Si el cheque está postdatado (es decir, se ha puesto como fecha de emisión una posterior a la verdadera), y se presenta al cobro antes del día indicado como fecha de emisión, el librado habrá de pagarlo siempre que tenga fondos del librador a su disposición. Aunque la ley fija unos plazos para la presentación del cheque al cobro, el librado podrá pagarlo pasado ese plazo siempre y cuando no haya recibido del librador la orden de que no lo haga. La presentación al cobro se hará por la persona legitimada a ello; no obstante, lo más usual es que el tomador entregue el cheque a su banco para que este sea el que se encargue de su cobro por medio de compensación.

Cuando el librado paga el cheque, se extinguen todas las relaciones creadas con su libramiento y el librado se lo quedará en su poder. Todo cheque que después de la fecha de vencimiento esté en poder del librado se considerará ya pagado. En el caso de que el librado no tenga fondos suficientes para el pago total del cheque, el tomador no podrá rehusar un pago parcial. En este caso, el cheque seguirá en poder del tomador haciéndose constar en él el importe de la suma ya pagada, o bien entregando al librado un recibo de ese pago. Interesa saber que la entrega de un cheque por su librador al tomador no produce los efectos de pago hasta el momento en que el cheque se presenta al banco librado y se cobra.

Acciones del tomador del cheque impagado

El tomador de un cheque impagado puede ejercitar las siguientes acciones:

- *Acción cambiaria de regreso.* El tomador de un cheque no puede dirigirse contra el librado, pero tiene una acción de regreso contra el librador, los endosantes y sus avalistas. Todos ellos responden solidariamente. Para poder efectuar la acción de regreso, tiene que haberse presentado el cheque al cobro dentro de los plazos fijados y debe acreditarse la falta de pago mediante protesto o declaración equivalente, suscrita por el librado o por el representante de la cámara de compensación. Aunque falte alguno de esos dos presupuestos, el tomador no pierde la acción de regreso contra el librador. Esta acción prescribe a los seis meses contados desde la finalización del plazo de presentación. El tomador del cheque podrá reclamar el importe del cheque no pagado, los intereses sobre esa cantidad, calculados al tipo de interés legal del dinero aumentado en dos puntos, los gastos y el 10 % del importe no cubierto del cheque y la indemnización por daños y perjuicios, cuando la acción se ejercite contra el librador de un cheque emitido sin la correspondiente provisión de fondos en poder del librado. La acción de regreso puede efectuarse tanto en juicio ordinario como en juicio ejecutivo, siendo condición en este último caso que el importe exceda de 300,50 €.
- *Acción causal.* Sobre el negocio subyacente a la emisión del cheque.
- *Acción de enriquecimiento.* Cuando hayamos perdido la acción cambiaria y la acción causal (igual que lo visto anteriormente referente a la letra).

Cuando el librado (entidad bancaria) pague un cheque falso, los daños producidos por esa acción serán responsabilidad de este. El banco podrá librarse de esa responsabilidad si demuestra que el librador ha sido negligente en la custodia del talonario de cheques o, siendo conocedor de la pérdida o sustracción del talonario, no lo ha comunicado al banco.

El banco (librado) estará obligado al pago del cheque siempre que tenga fondos depositados por el librador. Cuando los fondos depositados no sean suficientes para el pago total deberá entregar la cantidad depositada en concepto de pago parcial.

El pagaré

El pagaré es un título a la orden que contiene una promesa incondicionada de un sujeto a otro de pagar una suma determinada. Por tanto, las figuras que aparecen son:

- *Firmante:* quien lo emite y ha de pagarlo.
- *Tenedor:* persona a la que se ha de hacer el pago.

El funcionamiento del pagaré será similar al de la letra de cambio. Como requisito esencial figura el de que aparezca la palabra «pagaré» inserta en el texto del documento. El pagaré cumple funciones importantes tanto en el campo financiero como en el comercial. Los pagarés son utilizados para la obtención de créditos, en general a corto plazo, así como en operaciones comerciales. El pagaré, al igual que la letra de cambio, es un título a la orden, es decir, transmisible mediante endoso a no ser mediante las cláusulas «no a la orden», «no endosable» u otras equivalentes.

Tema 5.2
El crédito bancario

Apertura de crédito

La apertura de crédito es un contrato entre un cliente y su banco. El banco concede al cliente disponibilidad de dinero dentro de unos límites de cantidad y de tiempo, a cambio de una comisión. Las formas de pago pueden consistir en entregas en efectivo, pago de cheques, pago de efectos domiciliados, descuento de letras, etc.

Un crédito no es igual a un préstamo. En el caso de un préstamo, el banco entrega al prestatario la totalidad del importe solicitado en el momento de la firma del contrato, mientras que en el crédito lo que se le concede es la posibilidad de disponer del dinero, sin que tenga que existir ninguna entrega efectiva en el momento de firmar el contrato.

Este contrato que celebran banco y cliente es consensual, aunque suele hacerse por escrito, y es también bilateral, puesto que genera obligaciones para ambas partes.

El cliente dispone del dinero y debe reintegrarlo y pagar los intereses correspondientes, según la cantidad y el tiempo.

En todo caso, la comisión, la cobra el banco, tanto si el cliente ha dispuesto de cantidades de dinero como si no lo ha hecho.

Crédito en cuenta corriente

En esta modalidad, el banco pone a disposición del cliente una cantidad de dinero en una cuenta, y este retira dinero o lo reintegra, y la cuenta tiene un saldo variable. Según el cliente vaya retirando fondos de la cuenta corriente, irá disminuyendo la cantidad disponible de crédito, y según vaya reintegrando fondos a la cuenta corriente aumentará la cantidad disponible. Se extingue cuando se da algunas de estas circunstancias:

- Acaba el plazo acordado en el contrato.
- Incumplimiento por parte del cliente de su deber de reintegrar las cantidades adeudadas a la entidad de crédito.
- Defunción o incapacitación de cualquiera de las partes que han intervenido en el contrato.
- Declaración de concurso y liquidación de una de las partes.

Apertura de crédito a favor de tercero

Es un acuerdo por el que una entidad financiera (banco emisor), obrando a petición de un cliente (ordenante) y de acuerdo con las instrucciones de este, se obliga a una de estas cosas:

- Hacer un pago a un tercero (beneficiario) o a aceptar y pagar letras de cambio libradas por él.
- Autorizar a otro banco para que efectúe el pago, o para que acepte y pague las letras.
- Autorizar a otro banco para que negocie, contra entrega de los documentos exigidos, siempre que se cumplan las condiciones del crédito.

Crédito documentario

Es el medio de pago que ofrece un mayor nivel de seguridad en las ventas internacionales, asegurando al exportador el cobro de su operación.

El crédito documentario es una orden que el importador da a su banco para que proceda al pago de la operación en el momento en que el banco del exportador le presente la documentación acreditativa de que la mercancía ha sido enviada de la manera convenida.

El banco del importador va a pagar si la documentación está en regla, con independencia de que en ese momento el importador tenga saldo o no. Es decir, el banco del importador garantiza la operación.

La documentación debe ser muy precisa e incluir todos los documentos que se han especificado en el crédito documentario. No puede haber ningún tipo de error, ni de fondo ni de forma. Cualquier fallo en este sentido puede llevar al banco emisor a no proceder al pago, a la espera de que los errores sean subsanados.

El procedimiento comienza cuando el importador instruye a su banco para abrir un crédito documentario y se lo comunica al exportador, indicándole la documentación que debe remitir. Acto seguido, el exportador procede al envío de la mercancía al lugar convenido y, paralelamente, a través de su banco, remite al banco del importador la documentación acreditativa de que la mercancía ha sido enviada en las condiciones acordadas. El banco del importador recibe esta documentación, comprueba que está todo en regla y procede al pago (véase la figura 1).

Revocable o irrevocable

Revocable es el que, después de su apertura y antes de haber procedido al pago, el comprador puede anularlo en cualquier momento a su libre voluntad, por lo que la seguridad que ofrece al vendedor es muy reducida.

Irrevocable es el que una vez abierto ya no se puede cancelar, lo que garantiza al exportador que si la documentación presentada es correcta, va a cobrar su operación de compraventa.

Crédito documentario confirmado

En este caso, un tercer banco (normalmente un banco internacional de primera fila) garantiza el cumplimiento del pago en el supuesto de que el banco del importador no lo hiciera. Por los costes que supone, este tipo de crédito solo se utiliza si el banco emisor o el país del comprador no ofrecen suficientes garantías o solvencia.

A la vista o a plazo

Cuando es a la vista, el pago de la operación es al contado, por lo que en el momento de presentar la documentación el banco del importador procede al pago.

Si es a plazo, una vez entregada la documentación hay que esperar al transcurso del plazo acordado para recibir el importe de la venta.

Descuento comercial

Consiste en una cesión de crédito: el cliente entrega al banco letras u otros efectos que debe cobrar en un plazo determinado y el banco anticipa el dinero a su cliente, pero no el 100 %, sino que descuenta una parte por los intereses hasta el cobro de los efectos, como se indica a continuación.

En virtud de este contrato, el banco asume las siguientes obligaciones:

- Anticipar el dinero lo antes posible al cliente, a fin de que este pueda disponer de liquidez de forma inmediata.
- No reclamar el pago del anticipo antes del plazo establecido.
- Intentar cobrar el crédito descontado cuando venza, de manera que el crédito no prescriba ni se vea perjudicado.

Por su parte, el cliente deberá:

– Declarar al banco la naturaleza comercial o financiera de las letras descontadas.
– Transmitir el crédito a favor del banco. El cliente no quedará libre hasta que el tercero deudor pague.
– Pagar los intereses correspondientes al anticipo. Estos intereses se perciben por anticipado descontándolos del importe nominal del crédito.
– Restituir al banco la cantidad anticipada, cuando venza el plazo de la concesión del crédito, en caso de impago por parte del deudor.

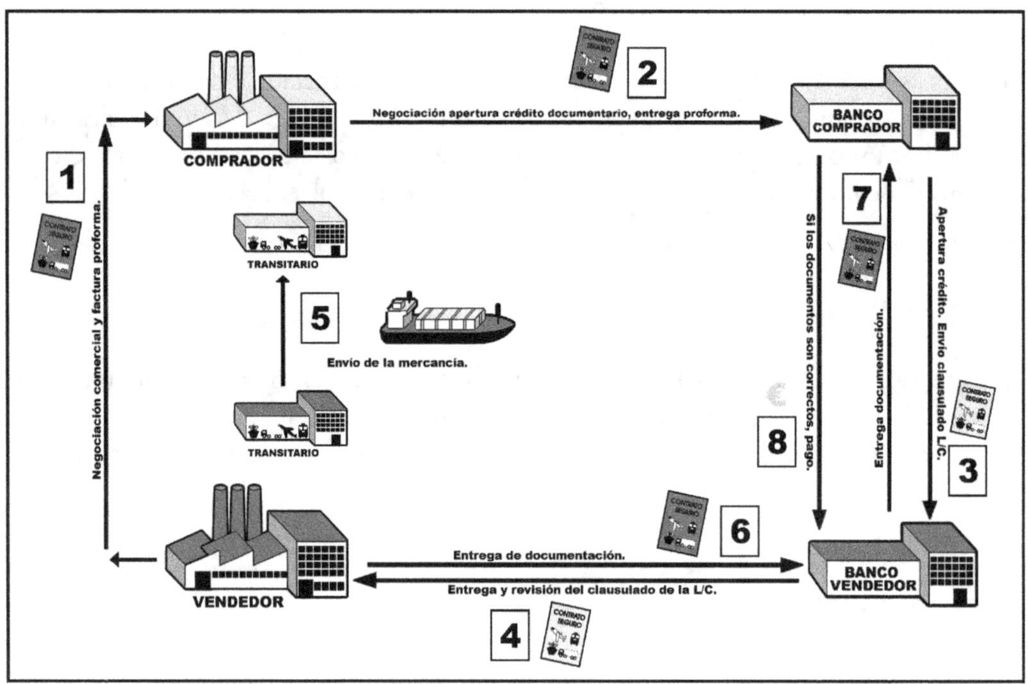

Figura 1. Flujo logístico de un crédito documentario.

Sobre el crédito documentario como modalidad de pago internacional, véase el libro *El crédito documentario y el mensaje SWIFT,* Luis Sánchez Cañizares, Marge Books, 2018, Barcelona. La web www.margebooks.com reúne esquemas y documentos de apoyo.

Tema 5.3
Contrato de fianza y de hipoteca. Los avales y las garantías

El contrato de fianza

Mediante el contrato de fianza, un tercero (fiador) se compromete a efectuar un pago si no puede hacerlo el deudor principal, que ha contraído la obligación frente al acreedor. Sin embargo, en el Código civil existe la fianza solidaria en la que deudor y fiador tienen la misma obligación frente al acreedor, que puede reclamar a uno u otro. Se pierde, en este caso, el carácter accesorio de la fianza, ya que permite al acreedor actuar contra el patrimonio del fiador, sin necesidad de haberlo hecho antes contra el deudor principal.

Derecho de excusión del fiador

Mediante este derecho, el fiador no puede ser obligado al pago hasta agotar todos los recursos legales contra el deudor. El fiador puede renunciar a este derecho. Las fianzas mercantiles (el aval de aduanas, por ejemplo) son siempre solidarias y sin beneficio de excusión.

Si existen varios fiadores, cada uno responde de una parte, pero si entre ellos son solidarios, todos responden del total.

Si el fiador tuviese que pagar, el deudor tiene obligación de indemnizar al fiador (cantidad pagada + intereses + gastos + daños y perjuicios). Si la deuda tenía un plazo y el fiador la paga antes, no puede exigir reembolso al deudor hasta el vencimiento.

Si el fiador paga y no informa al deudor, que también paga por esta falta de información, el fiador no puede reclamar al deudor, sino al acreedor (que habrá cobrado dos veces).

La obligación del fiador termina al mismo tiempo que la del deudor. Cuando se produce el pago de la deuda queda extinguida la fianza; también queda extinguida la fianza si el acreedor concede al deudor prórroga sin conocerlo el fiador.

El contrato de hipoteca

Este contrato se constituye para asegurar el cumplimiento de una obligación. El bien tiene que ser propiedad de quien lo hipoteca. Si son bienes inmuebles es necesaria escritura pública e inscripción en el registro de la propiedad. El acreedor no puede apropiarse de los bienes hipotecados, salvo que se le adjudiquen en venta y no haya postor.

El contrato de hipoteca solamente se podrá modificar con el consentimiento conjunto del acreedor y del deudor.

Una variante es la hipoteca mobiliaria. Se establece sobre establecimiento mercantil (se hipoteca el negocio), automóviles, maquinaria, etc. Un bien hipotecado no se puede vender sin consentimiento del acreedor. El dueño de los bienes hipotecados tiene la obligación de conservarlos en el lugar y en el estado en que se encuentran, y no se podrá constituir una hipoteca sobre bienes ya hipotecados.

Una vez constituida la hipoteca, el deudor no podrá transmitir la propiedad de los bienes sin el consentimiento del acreedor. En el caso de vehículos hipotecados, han de estar asegurados contra riesgos de robo, extravío, sustracción o menoscabo por una cantidad igual o superior al importe total de la obligación hipotecaria.

Tanto para hipotecas inmobiliarias como mobiliarias, las acciones prescriben a los tres años.

El seguro de caución

Mediante este seguro, el asegurador se obliga a indemnizar al asegurado, en el caso de que el tomador incumpla sus obligaciones de pago ante él. Es decir, el acreedor en este caso, es el asegurado y beneficiario. Cualquier pago que el asegurador haga al asegurado, deberá serle reembolsado por el tomador del seguro.

El fin que se busca con el seguro de caución es constituir una garantía frente al incumplimiento del tomador del seguro de sus obligaciones legales o contractuales. El asegurador asume en este seguro la obligación que en principio tiene el tomador, de indemnizar al asegurado por los daños patrimoniales sufridos por el impago del tomador. Por lo tanto, este seguro protege al acreedor contra el incumplimiento del deudor.

Es un seguro por cuenta ajena, en el que el tomador del seguro (deudor) y el asegurado (acreedor) deben ser siempre personas distintas, pues en caso contrario no tendría sentido.

Sociedades de garantía recíproca (SGR)

Son sociedades constituidas por pequeñas y medianas empresas (pyme) al menos en sus 4/5 partes, entendiendo por pyme la en que su número de trabajadores no excede de doscientos cincuenta. Su finalidad es la de conceder avales (nunca préstamos) a sus socios.

Legalmente son entidades financieras, su forma jurídica ha de ser de sociedad anónima y los socios pueden entrar y salir libremente. En la denominación social, se deberá añadir «sociedad de garantía recíproca» o bien «SGR». El capital social es variable, entre un mínimo fijado en los estatutos y el triple.

Dicho capital mínimo no podrá ser inferior a 1.803.036,31 €, totalmente suscrito y desembolsado. El capital se divide en participaciones sociales, no son acciones y no son negociables.

Deben crear un fondo de provisiones y para su constitución necesitan autorización administrativa. La autorización puede revocarse si:

- Se cometen infracciones muy graves.
- En un año tras la autorización no inicia actividad.
- Interrumpe sus actividades durante un año.

Estas sociedades se inscriben en el Registro Mercantil y en un registro especial del Banco de España. Para su fundación son necesarios un mínimo de 150 socios. Puede haber socios protectores, que no pueden superar el 50 % del capital ni recibir garantías de la sociedad.

Tema 5.4
Leasing, renting y factoring

Leasing

El *leasing* es un contrato mediante el cual el arrendador traspasa el derecho a usar un bien a cambio del pago de unas cantidades durante un plazo determinado. Al término de este plazo, el arrendatario tiene la opción de comprar el bien arrendado, devolverlo o renovar el contrato.

Una vez vencido el plazo del contrato, el arrendatario tiene la facultad de adquirir el bien a un precio determinado, que se denomina residual. Si el arrendatario no ejerce la opción de comprar el bien, deberá devolverla al arrendador, salvo que el contrato se prorrogue.

Las personas que intervienen en un *leasing* son las siguientes:

- *Empresa o cliente.* Necesita un bien, como puede ser un camión; necesita financiación.
- *Financiera.* Financia la compra y es propietaria del bien; puede financiar la operación.
- *Fabricante.* Es el proveedor del bien y su interés consiste en vender el bien fabricado.

Las principales ventajas del *leasing* son que permite financiar el 100 % del precio, se puede estar al día en tecnología y las cuotas son deducibles fiscalmente. Su principal inconveniente es que resulta muy costoso.

Clasificación

Según el tipo de bien objeto del contrato:

- *Mobiliario:* maquinaria, vehículos, etc.
- *Inmobiliario:* oficinas, locales, edificios, etc.

Según el valor residual al término del plazo convenido:

– *Financiero:* valor residual reducido, que acaba en compra.
– *Operativo:* valor residual más elevado, se trata más bien un arrendamiento.

Renting

El *renting* consiste en el alquiler de determinados activos fijos por parte de la empresa, para evitar que esta no tenga que cargar con los inconvenientes de gestionar y poseer una parte de dichos activos. El término *renting* procede del verbo inglés *to rent,* que significa alquilar.

Para una empresa, el hecho de tener que adquirir, gestionar y mantener una flota de vehículos, además de suponer la inmovilización de una serie de recursos financieros, supone la obligación de dedicar personal a su gestión y mantenimiento, y el elevado coste que ello conlleva.

Como contrapartida a dicha situación, la empresa puede optar por alquilar dichos vehículos durante los próximos dos o tres años, incluyendo en dicho alquiler todos los servicios necesarios para su mantenimiento. Mediante esta opción, la empresa simplemente tendrá que pagar las cuotas de alquiler pactadas y dispondrá siempre de los vehículos que necesita en perfecto estado.

El *renting* se podría definir también como un contrato de alquiler de bienes de equipo (mobiliario, automóviles, maquinaria, etc.) a medio y largo plazo, por el cual el arrendatario se compromete a pagar una renta fija periódica –normalmente mensual o trimestral– durante el plazo de vigencia del contrato. A cambio de esta renta, recibirá de la compañía de *renting* los siguientes servicios:

a) Uso del bien objeto de la operación.
b) Mantenimiento del bien.
c) Seguro del bien.

Operativa

La operativa consiste en definir primero el activo que precisamos, así como los servicios que deseamos incluir. El siguiente paso ya es la firma del contrato. En el caso de que se trate del *renting* de un vehículo, una vez firmado el contrato tan solo nos tendremos que hacer cargo de la factura del carburante.

Ventajas

- No se inmoviliza el capital de la empresa.
- El riesgo de obsolescencia lo soporta la empresa de *renting*.
- El mantenimiento del bien lo soporta la empresa de *renting*.
- Resulta especialmente útil cuando no se dispone de tiempo o recursos para mantener una flota propia.
- Toda la cuota satisfecha es deducible en el impuesto de sociedades, ya que estamos hablando de un alquiler.
- El consumo del crédito bancario de la empresa es mínimo.
- A diferencia del *leasing* operativo, lo puede contratar cualquier persona.

Inconvenientes

- No todos los bienes están disponibles a través del *renting*.
- Para que mantenga la consideración fiscal de *renting* y que, por lo tanto, sus cuotas se puedan deducir íntegramente en el impuesto de sociedades, no puede existir la opción de compra.
- Generalmente las cuotas a pagar son caras.

Figura 1. El leasing *y el* renting *facilitan la adquisición y el alquiler de los vehículos.*

Fases o etapas

a) El cliente elige el vehículo y las características del contrato de alquiler, acordando con la empresa de *renting* la cuota que deberá satisfacer.

b) La empresa de *renting* negocia con el fabricante el precio del vehículo y el coste del mantenimiento por kilómetro.

c) La empresa de *renting* negocia con la aseguradora la prima del seguro y la forma de pago.

Factoring

El *factoring* es un producto financiero que los bancos ofrecen a sus clientes cuando éstos son empresas o empresarios. Supone dar dos servicios: administración de cobros y financiación.

A través de esta operación, una empresa o un comerciante contrata con un banco o entidad financiera la gestión de todos sus cobros y el adelanto de los mismos a cambio del pago de un interés.

El *factoring* es la prestación de un conjunto de servicios administrativo-financieros que lleva a cabo una compañía a un cliente respecto de la facturación a corto plazo, originada por la venta de mercancías o la prestación de servicios, y que le cede el cliente a la compañía de *factoring*. Consiste en la compra de los créditos originados por la venta de mercancías o servicios a corto plazo.

El servicio de *factoring* ofrece a una empresa la posibilidad de liberarse de problemas de facturación, contabilidad, cobros y litigios que requieren un personal muy numeroso.

Tema 5.5
Contabilidad

Concepto de contabilidad

Se denomina contabilidad a la técnica empresarial que permite conocer la evolución económica y financiera de la empresa de una manera ordenada y sistemática. Se trata de un sistema de información fundamental para la toma de decisiones y, por tanto, de actuación por parte de la dirección de la empresa.

Los objetivos de la contabilidad son los siguientes:

- Conocer la situación patrimonial de la empresa en un momento determinado de su vida (balance de situación).
- Controlar el resultado de la gestión de la empresa durante un período de tiempo determinado, así como las causas que lo han producido (cuenta de resultados o de pérdidas y ganancias).

Para poder alcanzar estos objetivos son necesarios dos pasos previos:

- El registro sistemático de la información, es decir, de todos los hechos económicos que se hayan producido y que afecten a la empresa.
- El tratamiento y control de esta información.

Así, puede decirse que la contabilidad no es un fin en sí misma, sino que se trata de un medio, una técnica empresarial que, presentada de la manera adecuada, nos facilitará la información necesaria para la toma de decisiones.

Con el fin de conseguir los objetivos mencionados anteriormente, toda la contabilidad se dirige a la obtención de cuatro informes principales: el balance, la cuenta de pérdidas y ganancias, el estado de cambios en el patrimonio neto y el estado de flujos de efectivo, mediante un proceso que, como veremos más adelante, se denomina el ciclo contable.

Normativa contable en España

El plan general contable (PGC) constituye el desarrollo en materia contable de la legislación mercantil, es decir, se trata de un compendio de normas con carácter de uniformidad y de obligatoriedad para todas las empresas, reguladas por disposiciones legales. El plan consta de cinco partes:

Marco conceptual de la contabilidad

Es el conjunto de fundamentos, principios y conceptos básicos que conduce al reconocimiento y valoración de los elementos de las cuentas anuales.

Normas de registro y valoración

Explicación, descripción y definiciones de cómo se registrarán (los elementos de las cuentas anuales) y valorarán (importes) las diferentes partidas que intervengan en las operaciones contables.

Relación de cuentas que se deben utilizar de aplicación opcional, ordenada en siete grupos numerados del 1 al 7. Los cinco primeros comprenden las cuentas patrimoniales, mientras que los grupos 6 y 7 son para las cuentas de gestión (de gastos e ingresos). Los grupos de cuentas se verán en el próximo tema 5.6.

Definiciones y relaciones contables

Explicación del uso y la descripción de las cuentas relacionadas en el cuadro de cuentas.

Cuentas anuales

Son los documentos que deben realizarse con carácter obligatorio. Se trata del balance, la cuenta de pérdidas y ganancias, el estado de cambios en el patrimonio neto y el estado de flujos de efectivo. Este último es el documento que explica y amplía la información contenida en los otros informes. Para todos ellos existen dos modelos: el normal y el abreviado. Las sociedades podrán presentar uno u otro de acuerdo con su dimensión (trabajadores, activos y ventas).

Debe tenerse en cuenta que para la pymes no forma parte de estas cuentas el estado de flujos de efectivo.

Cuadro de cuentas

Relación de las cuentas que se deben utilizar de aplicación opcional, ordenada en nueve grupos numerados del 1 al 9. Los cinco primeros comprenden las cuentas patrimoniales, los grupos 6 y 7 son para las cuentas de gestión (de gastos e ingresos), mientras que los grupos 8 y 9 son para las cuentas de cambios en el patrimonio neto. Los grupos son los siguientes:

1. Financiación básica.
2. Activo no corriente.
3. Existencias.
4. Acreedores y deudores por operaciones de tráfico.
5. Cuentas financieras.
6. Compras y gastos.
7. Ventas e ingresos.
8. Gastos imputados al patrimonio neto.
9. Ingresos imputados al patrimonio neto.

Téngase en cuenta que para las pymes solo son de aplicación los siete primeros grupos.

Definiciones y relaciones contables

Explicación del uso y la descripción de las cuentas relacionadas en el cuadro de cuentas.

Libros contables obligatorios

Todo empresario (autónomo o sociedad) debe llevar necesariamente, sin perjuicio de lo establecido en las leyes o las disposiciones especiales, los siguientes libros:

1. *Libro de inventarios y cuentas anuales:* se abre con el balance inicial detallado de la empresa. Deben transcribirse con sumas y saldos los balances de comprobación, al menos trimestralmente, así como el inventario de cierre y las cuentas anuales.
2. *Libro diario:* registra día a día todas las operaciones relativas a la actividad de la empresa. No obstante, también es válida la anotación conjunta de los totales de las operaciones por períodos no superiores al mes, siempre que su detalle aparezca en otros libros o registros concordantes, de acuerdo con la naturaleza de la actividad de que se trate.

Conceptos previos

Concepto de personalidad jurídica

Como se ha visto en el tema de derecho de sociedades, cuando se crea una sociedad, esta tiene una personalidad jurídica diferente a la de los socios que la forman, incluso en el caso de que se trate de una sociedad unipersonal. La anterior separación de personalidades se refleja en una clara separación de patrimonios; esto es, el patrimonio de la empresa es totalmente independiente del patrimonio de los socios. Esto tiene repercusiones, a nivel general, en lo que se conoce como responsabilidad limitada, pero, a nivel de teoría contable, significa que todo lo que la empresa tiene, se lo debe a alguien; es lo que se conoce como el principio de partida doble.

Es decir, si dos socios constituyen una sociedad destinada a la actividad del transporte, y cada uno de ellos aporta 30.000 €, dicho importe pasa del patrimonio de los socios al de la sociedad; es decir, la sociedad se lo debe a los socios.

Concepto de devengo

Es también importante el concepto de devengo, que procede de un principio contable. El devengo hace referencia al momento en el que nace una deuda o un derecho de cobro, que no tiene necesariamente por qué coincidir con el momento en que este efectivamente se lleva a cabo. Por ejemplo, si efectúo un servicio de transporte a un cliente y no me paga hasta transcurridos noventa días, en el momento de llevar a cabo el servicio deberé recoger el correspondiente ingreso por prestaciones de servicios, así como el derecho de cobro que tengo frente a ese cliente. Por el contrario, si, por ejemplo, monto unas cubiertas en mi taller habitual, y no las pago hasta los sesenta días, en el momento en que salgo del taller tengo una obligación de pago, independientemente de que esta no se lleve a cabo hasta transcurridos los mencionados sesenta días.

Activo = patrimonio neto y pasivo

De acuerdo con la idea anteriormente explicada de separación de personalidades y de patrimonio entre la empresa y sus socios, decimos que todo lo que la empresa tiene (activo) se lo debe a alguien, bien sea a propios (a los socios, lo que se refleja en el patrimonio neto) o a extraños (lo que se refleja en el pasivo no corriente o pasivo corriente).

Es habitual que cueste asimilar el concepto de que la empresa pueda deber a sus socios. De todas maneras, es fácil de entender si nos planteamos que las empresas no tienen por qué durar eternamente, esto es, pueden disolverse en cualquier momento a voluntad de los socios.

En el caso de que una empresa se disuelva, se presume que lo mínimo que esperarán los socios (otra cosa es que lo consigan) es recuperar las inversiones que efectuaron en la empresa, bien sea mediante aportaciones de capital o por dotación de las reservas (renuncia a retirar el beneficio de la empresa). Es por ese motivo que se considera el neto patrimonial también como una deuda pues, en cualquier momento, los socios pueden decidir liquidar una sociedad y recuperar las inversiones que han efectuado en ella. Aunque se considera como una deuda, dado que lo normal es que los socios no decidan disolver las sociedades en las que participan, se considera como una deuda a largo plazo, o no exigible.

El balance

El balance que se elabora al cierre del ejercicio es una foto fija de la situación de la empresa en un momento determinado. En él vemos la relación de los bienes y los derechos (activo) y las obligaciones (pasivo) que la empresa tiene con los elementos del mercado con los que interactúa en el desarrollo de sus actividades.

El activo

El activo se clasifica u ordena de menor a mayor liquidez, entendiéndose esta como la mayor o menor facilidad de convertir cada elemento patrimonial en dinero en efectivo. Así, clasificando los elementos del activo según la función que desempeñan tendremos lo siguiente:

Activo no corriente

Se trata de bienes que tienen carácter de permanencia en la empresa, aquellos con los que la empresa desarrolla su actividad productiva. El hecho de que sean inmovilizados no depende del tipo de bienes, sino del tipo de actividad, esto es, el inmovilizado de una empresa de transportes puede ser el circulante de un concesionario de vehículos industriales.

Dentro del activo no corriente distinguimos entre:

- *Inmovilizado material:* bienes que tienen carácter de permanencia en la empresa, como terrenos, edificios, maquinaria, elementos de transporte, etc. Se trata de bienes tangibles.
- *Inmovilizado intangible:* se trata de derechos que también tienen carácter de permanencia en la empresa (generalmente, imprescindibles para el desarrollo de la actividad), tales como concesiones administrativas, marcas (por las que la empresa ha pagado para poder comercializarlas), programas informáticos, patentes, etc.

- *Inmovilizado financiero:* se trata de inversiones financieras de duración superior a un año, tales como la inversión en empresas filiales, inversiones en deuda pública, una cartera de acciones, etc.

Activo corriente

Son los elementos que no tienen carácter de permanencia, es decir, de duración estimada inferior a un año:

- *Existencias:* se trata de las existencias que la empresa tiene disponibles para la venta.
- *Deudores comerciales:* corresponde a los saldos que hay que cobrar de clientes por la venta de existencias (bienes) o servicios.
- *Efectivo y activos líquidos:* se trata de los saldos que la empresa tiene depositadas en bancos a su nombre o como efectivo en las propias instalaciones de la empresa.

El activo corriente recibe dicho nombre por dos motivos: en primer lugar, porque se trata de bienes y derechos que se van a liquidar a corto plazo. El segundo motivo es porque se trata de un círculo que se repite; es corriente:

1. Compro bienes (tengo existencias, realizable).
2. Vendo los bienes (tengo saldo de clientes por la venta de las existencias anteriores, exigible).
3. Cobro los anteriores saldos de clientes a su vencimiento (tesorería, disponible).

Y así se repite el proceso a lo largo de toda la vida de la empresa.

El patrimonio neto y pasivo

El patrimonio neto y pasivo recoge la fuente de recursos de la empresa, con los que ha financiado el activo. La clasificación del patrimonio neto y pasivo es de menor a mayor exigibilidad, entendiendo la misma como lo pronta que está una deuda a hacerse exigible, a vencer.

Patrimonio neto

Esta masa patrimonial está formada por las aportaciones que han realizado los socios a la sociedad en su fundación, mediante ampliaciones de capital, o mediante la retención de los resultados de la propia empresa. Las cuentas más importantes son las siguientes:

- *Capital:* se trata del importe que en el momento de la fundación en momentos posteriores (ampliaciones de capital), los socios han aportado a la sociedad.
- *Reservas:* corresponde al beneficio no distribuido a los socios, esto es, el beneficio que los socios han reinvertido en la propia empresa. Estas reservas pueden ser por requerimiento legal (reserva legal, que debe ser de al menos el 20 % de la cifra del capital social), o bien voluntaria, beneficio que la empresa ha tenido y que no se distribuye a los accionistas vía dividendos.

Económicamente, es lo mismo que el capital, pues es igual darle a alguien un importe que perdonarle una deuda. El empleo de las reservas se debe a que la cuenta de capital no puede tocarse sin tener que incurrir en elevados costes notariales y de registro.

- *Resultado:* del mismo modo que la empresa no tiene nada propio (separación de personalidades), todo lo que la empresa gana está a la plena disposición de los socios para que éstos hagan lo que consideren oportuno, bien repartirlo a los accionistas (dividendos), bien dejarlo en la sociedad (reservas). El resultado es, por tanto, una cuenta transitoria que solo tendrá saldo entre el cierre del ejercicio y la resolución de los socios acerca del fin del mismo.

Pasivo no corriente

En este caso se trata de los importes que la empresa debe no ya a sus socios, sino a terceros. Se trata de las deudas a terceros que tienen un vencimiento superior al año. Por ejemplo, si disponemos de un préstamo de un millón de euros, a reintegrar por partes iguales en diez años, consideraremos novecientos mil euros en el largo plazo, mientras que en el corto plazo solo cien mil euros, por aquellos que debemos devolver en un período inferior al año.

Pasivo corriente

También se trata de importes que la empresa debe a terceros (bancos, entidades de *leasing,* proveedores, organismos públicos, etc. Es aquella deuda con terceros que tiene vencimiento en un plazo de tiempo inferior a un año. Generalmente se refiere a deudas con proveedores (compra de bienes) o acreedores (compra de servicios), así como la parte de vencimiento inferior al año de las deudas que la empresa mantenga con entidades financieras.

Tema 5.6
La cuenta de resultados (pérdidas y ganancias)

Introducción

Así como el balance nos muestra la situación real del patrimonio de la empresa en un momento determinado, la cuenta de resultados informa de los beneficios o las pérdidas que ha tenido la empresa en un período de tiempo determinado; es decir, nos informa del resultado económico derivado de la actividad de le empresa durante un lapso de tiempo, así como de las causas que han originado este resultado.

El resultado del ejercicio es la diferencia entre los ingresos y los gastos del mismo. Obviamente, si los ingresos son superiores a los gastos, la empresa habrá obtenido beneficios, mientras que si los gastos han superado a los ingresos se habrán producido pérdidas.

Es muy importante no confundir el cobro o el pago de una cantidad con el ingreso o el gasto correspondiente. De hecho, mientras que los ingresos y los gastos afectan a la cuenta de pérdidas y ganancias (variación del valor patrimonial de la empresa), los cobros y los pagos afectan al balance (variación de la composición del patrimonio).

También en este caso, diremos que la cuenta anual de pérdidas y ganancias está cuadrada cuando la suma total de los importes de los elementos que componen el debe sea igual a la suma total de los importes que componen el haber.

La redacción de ambos balances es obligatoria (como veremos más adelante) y deben redactarse al final de cada ejercicio económico.

Los gastos se originan por la adquisición de determinados tipos de bienes y de servicios, aunque es necesario distinguir si esta adquisición es un gasto o bien se trata de una inversión:

- Es una *inversión* cuando se trata de un elemento que formará parte del inmovilizado.
- Es un *gasto* en cualquier otro caso (incluso si se trata de existencias).

Los ingresos, por el contrario, se originan por la entrega de bienes o servicios, aunque también en este caso es necesario distinguir entre ingreso e inversión:

– Será una inversión cuando se trate de un elemento que pertenecía al inmovilizado.

– En cualquier otro caso, se considerará un ingreso.

CUENTA DE RESULTADOS

Gastos (debe)	*Ingresos (haber)*
Compras	Ventas
Servicios exteriores	Otros ingresos de gestión
Tributos	Ingresos financieros
Gastos de personal	Beneficios procedentes del inmovilizado
Otros gastos de gestión	
Gastos financieros	
Pérdidas procedentes del inmovilizado	

Tabla 1. Conceptos que intervienen en la cuenta de resultados.

Aunque los gastos y los ingresos (cuenta de pérdidas y ganancias) no deben confundirse con los cobros o pagos de tesorería (balance), es necesario aclarar que los gastos e ingresos sí afectarán al balance, ya que un gasto genera automáticamente una obligación (en efectivo o a crédito), mientras que con un ingreso ocurre lo contrario: genera un derecho. Además, el resultado final de la cuenta de pérdidas y ganancias debe integrarse en el balance, anotándolo como parte del neto patrimonial, dado que un beneficio aumentará el valor del patrimonio de la empresa, mientras que una pérdida lo disminuirá.

El registro contable

Se conoce como registro contable al hecho de anotar en soportes físicos (libros contables) las alteraciones (hechos contables) sufridas por los distintos elementos patrimoniales durante un período de tiempo determinado, para que quede constancia de estas alteraciones. Esta técnica se denomina *teneduría*. Registrar todas estas operaciones permite obtener la información necesaria para la elaboración de los balances que hemos visto anteriormente.

Un hecho contable es toda operación llevada a cabo por la empresa susceptible de ser registrada contablemente porque varía la situación o la composición del patrimonio de la misma. Estas anotaciones las efectuaremos mediante un instrumento que reflejará la situación inicial y los movimientos producidos por las distintas operaciones contables que inciden sobre cada uno de los elementos patrimoniales o bien sobre cada ingreso o gasto: la cuenta (o cuenta patrimonial).

La cuenta se representa como una «T» y consta de dos partes, el debe y el haber:

Debe	*Haber*

Se denomina *cargo a realizar* una anotación en el debe (la parte izquierda) de una cuenta, mientras que llamamos abono a efectuar la anotación en el haber (la parte derecha de la cuenta).

Así, toda anotación reflejada en el debe de una cuenta (cargo) ha de tener como mínimo una contrapartida en el haber de otra cuenta (abono) y por el mismo importe (y viceversa).

Esta importante definición se conoce con el nombre de principio de partida doble, que, dicho de otro modo, establece la siguiente igualdad: el importe total anotado en el debe de una o más cuentas debe ser siempre el mismo que el importe total anotado en el haber de una o más cuentas.

Llamamos *saldo* al valor que tiene una cuenta en un momento determinado. Se calcula como la diferencia entre la suma de los importes del debe y la suma de los importes del haber de una cuenta.

Abrir (una cuenta)	Asignar a una «T» el nombre correspondiente del elemento patrimonial o de gestión al cual representa, y hacer la primera anotación o movimiento de la cuenta
Cargar, adeudar o debitar	Hacer una anotación en el debe de una cuenta
Abonar, acreditar o datar	Hacer una anotación en el haber de una cuenta
Débito	Suma de los movimientos del debe
Crédito	Suma de los movimientos del haber
Saldo	Diferencia entre el total de los movimientos del debe (débito) y el total de los movimientos del haber (crédito) de una cuenta
Saldo deudor	Saldo en que el débito es mayor que el crédito
Saldo acreedor	Saldo en el que el crédito es mayor que el débito
Saldo nulo o cero	Saldo en que débito y crédito coinciden
Saldar (una cuenta)	Anotar el saldo de una cuenta en el lugar correspondiente (debe o haber) para igualar los importes del débito y del crédito. Se acostumbra a poner una línea horizontal debajo de los totales para indicar que la cuenta está saldada
Cuenta deudora	Cuenta que, por naturaleza, tiene saldo deudor
Cuenta acreedora	Cuenta que, por naturaleza, tiene saldo acreedor
Cerrar (una cuenta)	Obtener el débito y crédito de una cuenta, calcular su saldo y saldar la cuenta (comprobando que ambos totales coincidan). Se acostumbra a trazar dos líneas horizontales debajo de los totales para indicar que la cuenta está cerrada

Tabla 2. Conceptos contables más comunes.

Decimos que el saldo es deudor cuando la suma de los importes del debe es mayor que la suma de los importes del haber. El saldo será acreedor cuando ocurra lo contrario, que la suma de los importes del debe sea menor que la suma de los importes del haber. En el caso de que ambos sumen lo mismo, diremos que el saldo es cero o nulo.

Terminología contable

Llamamos *asiento* a la trascripción, en términos contables, de cada una de las operaciones llevadas a cabo a lo largo del ejercicio. De hecho, en el debe y haber de las cuentas se registran los mismos movimientos que se anotan en el debe y haber de los asientos.

CUENTA

Debe	*Haber*
Incrementos de activo (bienes y derechos)	Disminuciones de activo (bienes y derechos)
Disminuciones de pasivo (neto y obligaciones)	Incrementos de pasivo (neto y obligaciones)
Gastos	Ingresos
Pérdidas del ejercicio	Beneficios

Tabla 3. Ejemplo de anotaciones contables y sus contrapartidas.

Existen dos tipos de asientos: asientos simples, en los que solamente intervienen dos cuentas y en que en una de ellas se llevará a cabo un apunte en el debe de la misma, mientras que en la otra el apunte se efectuará en al haber (por el mismo importe), y los asientos múltiples, en los que intervienen dos o más cuentas y deben anotarse uno o más apuntes en el debe de una o más cuentas y/o uno o más apuntes en el haber de una o más cuentas, pero de manera que la suma de los importes anotados en el/los debe/s sea igual a la suma de los importes anotados en el/los haber/es de las otras.

En un asiento, la suma de los importes anotados en el debe del mismo ha de coincidir siempre con la suma de los importes anotados en el haber.

Así pues, la información contabilizada en los asientos se traspasa posteriormente a las cuentas. La estructura de los asientos está normalizada para unificar criterios y seguir una misma sistemática:

Debe			*Haber*	
Número de asiento:			Fecha:	
Importe:	Nombre de la cuenta	a	Nombre de la cuenta	Importe:
Importe:	Nombre de la cuenta	a	Nombre de la cuenta	Importe:

Tabla 4. Elementos que intervienen en una anotación contable.

Los libros de contabilidad

Para registrar las operaciones contables es necesario utilizar soportes físicos para poder consultar y analizar la situación de la empresa, así como para guardar la información. A estos soportes físicos es a lo que llamamos libros contables. La llevanza de estos libros es obligada para todos los comerciantes, por pequeños que sean.

- *Libro diario:* es el libro en el que se registran todos los asientos por orden cronológico de fechas y por orden de numeración. Para facilitar su ordenación se asigna a cada uno un número de orden correlativo; es obligatorio.
- *Libro mayor:* es el libro en el que se relacionan todas las cuentas (las «T») que han tenido movimiento durante el ejercicio económico, es decir, todas las cuentas que han tenido una anotación en el libro diario. A cada una de las cuentas se le asigna un número de orden distinto, para poder relacionar el libro mayor con el libro diario. De hecho, la información se encuentra así duplicada, aunque desde un punto de vista distinto en cada caso:

  - El libro diario nos da la información de manera cronológica, y plasma los hechos contables.
  - El libro mayor nos informa de los movimientos de cada cuenta por separado, y permite analizar la evolución de la misma.

El código de comercio no obliga a llevar el libro mayor, aunque suele ser necesario llevarlo por razones informativas.

- *Balance de comprobación de sumas y saldos:* permite que nos hagamos una idea de la situación global de la empresa. Se trata, sencillamente, de una relación de todas las cuentas del libro mayor, que reflejan en la columna de sumas los totales del debe y del haber de cada cuenta (débito y crédito), y en la columna de saldos, el saldo de las mismas, distinguiendo entre deudor y acreedor. La redacción de este balance es obligatoria, como mínimo, con periodicidad trimestral. Diremos que el balance está cuadrado cuando las columnas de las sumas coincidan entre sí y además coincidan con los totales del libro diario, y cuando el total de los saldos acreedores coincida con el total de los saldos deudores. Gracias a este documento, podemos detectar errores tales como los de cálculo, existencia de asientos descuadrados, etc.
- *Inventario:* es el documento oficial que nos permite conocer cuantitativa y cualitativamente la composición del patrimonio de una empresa. Se trata de una relación detallada de los elementos que componen el patrimonio de la empresa, que detalla el número de unidades, el valor unitario y los importes totales de cada uno de ellos. Se trata de una pieza fundamental e imprescindible para llevar una con-

tabilidad y, por supuesto, su redacción es obligatoria al menos una vez al año (cada vez que se desee iniciar un nuevo ejercicio).

Caso práctico

Los accionistas aportan 10.000 € al contado, para iniciar la actividad de la empresa

Queda afectada una cuenta de activo y otra de patrimonio neto y pasivo. Resultan afectadas dos cuentas: la 570, caja, y la 100, capital social.

La cuenta de «caja» es una cuenta de activo, ya que representa los bienes, es decir, el patrimonio positivo.

La cuenta de «capital social» es una cuenta de patrimonio neto y pasivo, ya que representa la obligación que tenemos con los accionistas, por el importe cuya administración contable nos han confiado.

Las cuentas de activo (en este caso, caja), son anotadas en el debe cuando aumenta el bien que representan.

Las cuentas de patrimonio neto y pasivo (en este caso, capital), son anotadas en el haber cuando aumenta la obligación que representan.

– Solución: en el diario se anotará:

10.000 €	Caja	a	Capital social	10.000 €

y estos importes se trasladarán a las correspondientes fichas del mayor.

Se toman 9.500 € de caja y se ingresan en una cuenta corriente, que se abre a nombre de la sociedad, en el banco A

Quedan afectadas dos cuentas de activo, la 570, caja, y la 572, banco A (cuenta corriente). Ambas cuentas son de activo, ya que representan los bienes, o sea, el patrimonio positivo.

– *Análisis de la anotación contable:* las cuentas de activo son anotadas en el debe cuando aumenta el bien que representan (en este caso la cuenta del banco es la que aumenta) y en el haber cuando disminuyen (en este caso, la cuenta de caja disminuye).

– *Solución:* en el diario se contabilizará:

9.500 €	Banco A, c/c	a	Caja	9.500 €

y estos importes se deberán trasladar a las correspondientes fichas o folios del mayor.

Se adquiere mobiliario por 7.000 €. Pagamos 4.000 € mediante cheque y el resto, o sea 3.000 €, lo pagaremos dentro de 90 días

Resultan afectadas dos cuentas de activo y una de patrimonio neto y pasivo. Las tres cuentas son: la 226, mobiliario; 572, banco A, c/c; y 523, proveedores de inmovilizado a corto plazo.

Las cuentas de «mobiliario» y «banco A, c/c» son cuentas de activo, ya que la primera representa los bienes y la segunda los saldos a favor de la empresa.

La cuenta de «proveedores de inmovilizado» es una cuenta de patrimonio neto y pasivo, ya que representa los importes que debemos a estas personas, o sea, las obligaciones.

- *Análisis de la anotación contable:* la cuenta de activo «mobiliario» aumenta, por lo que siguiendo las normas señaladas para el funcionamiento de las cuentas de activo, deberá anotarse en el debe.

    La cuenta de activo «banco A, c/c» disminuye, por lo que deberá anotarse en el haber.

    La cuenta de pasivo «proveedores de inmovilizado» aumenta, ya que antes representaba obligaciones por valor cero y ahora ha de representar obligaciones por valor de 3.000 €, es decir, aumenta lo que debemos.

    Las cuentas de patrimonio neto y pasivo, de acuerdo con la norma, deben ser anotadas en el haber, cuando aumente la obligación que representan.
- *Solución:* en el diario se contabilizará:

7.000 €	Mobiliario	a	Banco A, c/c	4.000 €
		a	Proveedores de inmovilizado a corto plazo	3.000 €

y estos importes se trasladarán a las correspondientes fichas del mayor.

Aceptamos una letra al suministrador del inmovilizado

Quedan afectadas dos cuentas de patrimonio neto y pasivo. Debemos distinguir entre las obligaciones de pago que no están documentadas en letras de cambio y las que sí lo están, ya que, en caso de impago, en el momento del vencimiento de la operación, la trascendencia inmediata será normalmente diferente. Además, en el balance es necesario mostrar el carácter preferencial de las deudas así documentadas.

Es decir, se sustituye una obligación de pago por otra, cuantitativamente igual, pero cualitativamente distinta.

Resultan afectadas dos cuentas: la 523, proveedores de inmovilizado a corto plazo, y la 524, efectos a pagar a corto plazo.

Ambas cuentas son de patrimonio neto y pasivo, ya que representan las obligaciones, o sea el patrimonio negativo.

- *Análisis de la anotación contable:* la obligación de pago reflejada en la cuenta «proveedores de inmovilizado» disminuye, ya que se transforma en una obligación de pago que, por tener un carácter distinto, debe reflejarse en otra cuenta. En consecuencia la cuenta «proveedores de inmovilizado» se anotará en el debe.

  El saldo de la cuenta «efectos a pagar a corto plazo» aumentará, ya que debe reflejar una obligación de pago que antes no existía, documentada en letra de cambio. En consecuencia, por tratarse de una cuenta de patrimonio neto y pasivo se anotará en el haber.

- *Solución:* en el diario se contabilizará:

3.000 €	Proveedores de inmovilizado	a	Efectos a pagar a corto plazo	3.000 €

y estos importes se trasladarán a las correspondientes fichas del mayor.

Recibimos una carta proveniente del banco, que incluye un recibo de la energía eléctrica, por 100 €, y un extracto bancario en el que ya figura descontado este importe

Resultan afectadas dos cuentas: la 572, banco A, c/c, y la 628, suministros. La cuenta «banco A, c/c» es de activo.

La cuenta «suministros» es una cuenta de resultados (gastos). Representa los importes consumidos en el ejercicio en concepto de electricidad o cualquier otro abastecimiento que no tuviere la cualidad de almacenable.

- *Análisis de la anotación contable:* la cuenta de activo «banco A, c/c» disminuye, por lo que se anotará en el haber. La cuenta de gastos «suministros» ha de reflejar un aumento de los gastos, por lo que se anotará en el debe.

- *Solución:* en el diario se contabilizará:

100 €	Suministros	a	Banco A, c/c	100 €

y estos importes se trasladarán a las correspondientes fichas del mayor.

El propietario del inmueble que disfrutamos en régimen de arrendamiento nos remite la factura del alquiler, por un valor de 50 €. Se la dejamos a deber

Resultan afectadas una cuenta de patrimonio neto y pasivo y otra de resultados (gastos). Estas cuentas son: la 410, acreedores por prestaciones de servicios, y la 621, arrendamientos.

La cuenta «acreedores por prestaciones de servicios» es de patrimonio neto y pasivo. La cuenta «arrendamientos» es una cuenta de resultados (gastos) que representa los importes consumidos durante el ejercicio.

- *Análisis de la anotación contable:* la cuenta de gastos «arrendamientos» ha de reflejar un aumento de los gastos, por lo que se anotará en el debe.

   La cuenta de patrimonio neto y pasivo «acreedores por prestaciones de servicios» representa los importes debidos por este concepto; su importe aumenta, por lo que se anotará en el haber.
- *Solución:* en el diario se contabilizará:

50 €	Arrendamientos	a	Acreedores por prestaciones de servicio	50 €

y estos importes se trasladarán a las correspondientes fichas del mayor.

Entregamos a un cliente una factura por valor de 800 €, correspondiente a las prestaciones de servicios de mediación, que constituyen el objeto social de nuestra actividad. El cliente nos pagará dentro de 90 días

Esto afecta a una cuenta de activo y a otra de resultados (gastos). Resultan afectadas dos cuentas: la 430, clientes, y la 705, prestaciones de servicios.

La cuenta «clientes» es de activo, ya que representa los derechos de cobro existentes contra los compradores de nuestros productos o contra los usuarios de nuestros servicios, cuando constituyan nuestra actividad principal.

La cuenta «prestaciones de servicios» es una cuenta de resultados (ingresos). Representa las cantidades devengadas a nuestro favor a lo largo del ejercicio, como consecuencia del tipo de actividad realizado por la empresa, cuando la misma constituya su objeto principal.

- *Análisis de la anotación contable:* la cuenta de activo «clientes» ha de reflejar un aumento de los derechos de cobro, por lo que se anotará en el debe. La cuenta de resultados (ingresos) «prestaciones de servicios» aumenta; en consecuencia se anotará en el haber.

– *Solución:* en el diario se contabilizará:

800 €	Clientes	a	Prestaciones de servicios	800 €

y estos importes se trasladarán a las correspondientes fichas del mayor.

– *Traspaso al mayor:* los apuntes hasta aquí efectuados en el libro diario, han de traspasarse al libro mayor. Cuando se trata de iniciar la contabilidad de una empresa nueva, es conveniente crear o «abrir», desde un principio, las cuentas que podamos prever que vayamos a utilizar. A esta operación se le suele denominar «abrir o crear el plan de cuentas de la empresa». Este plan de cuentas deberá adaptarse a la estructura establecida por el plan general contable.

Cálculo del umbral de rentabilidad

El estudio del umbral de rentabilidad permite analizar la relación existente entre el resultado y las ventas. El umbral de rentabilidad, denominado también punto muerto o punto de equilibrio, es la cifra de ventas global que una empresa debe alcanzar para no tener pérdida ni beneficio. En este punto, el total de ingresos se iguala con el total de gastos:

$$\text{ventas} - \text{gastos} = 0.$$

Para calcular la cifra de ventas del umbral de rentabilidad, se precisa conocer los datos siguientes:

– Costes fijos (en euros).
– Costes variables (en porcentaje sobre ventas).

De manera que:

$$\text{umbral de rentabilidad} = \frac{\text{costes fijos}}{[1 - (\% \text{ de costes variables} / 100)]}.$$

El cálculo del umbral de rentabilidad también puede hacerse en unidades vendidas aplicando la siguiente fórmula:

$$\text{umbral de rentabilidad} = \frac{\text{costes fijos}}{(\text{precio venta unitario} - \text{costes variables unitarios})}.$$

El estudio del umbral de rentabilidad puede hacerse gráficamente. La representación gráfica se hará tomando dos ejes en los que se situarán los diferentes costes e ingresos para cada nivel de ventas.

En primer lugar, se situarán los ingresos, que serán una recta que se inicia en el origen de coordenadas de la gráfica. A continuación, se representará la recta de los costes. El punto de partida de dicha recta de costes ha de coincidir siempre con el nivel de costes fijos, que son los costes totales cuando no hay ventas. A partir de ese punto, se calcula la recta por medio del cálculo de los costes totales para otro nivel de ventas:

Costes totales = costes fijos + costes variables.

El umbral de rentabilidad se da para aquel nivel de ventas en el que las rectas de costes totales e ingresos se cruzan. Con el gráfico se puede estimar rápidamente la pérdida o el beneficio correspondiente a cada nivel de ventas.

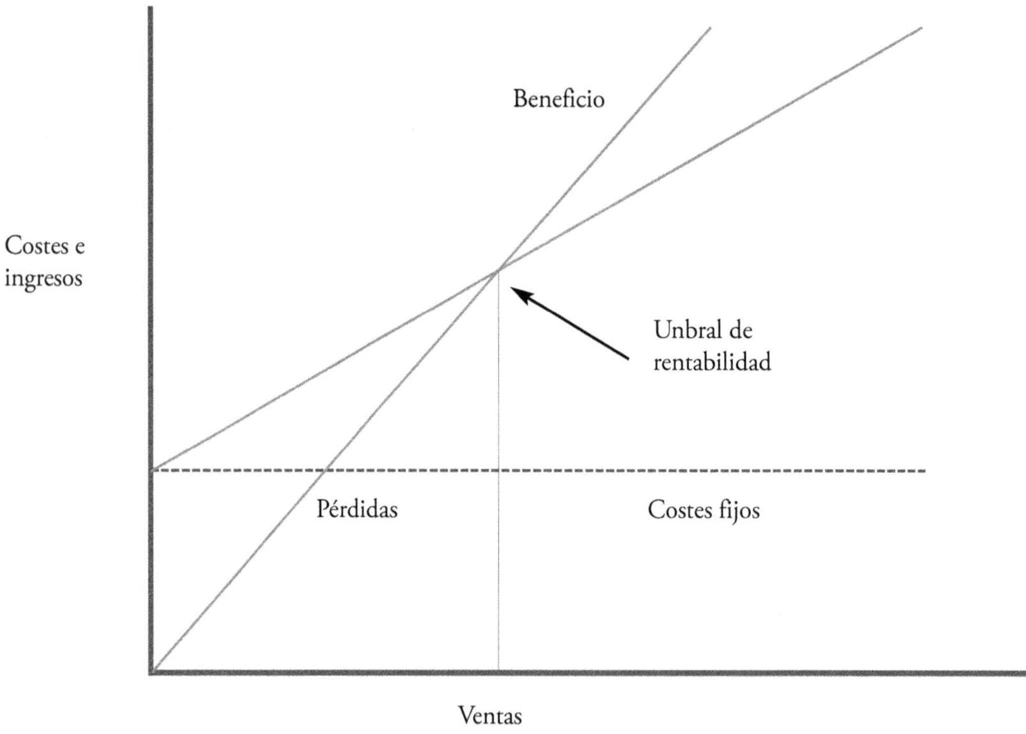

Figura 1. Representación gráfica del umbral de rentabilidad.

Ratios

Son la proporción entre dos magnitudes que tienen entre sí una cierta relación. Existen multitud de ratios que se pueden establecer, pero para resolver los ejercicios de competencia necesitamos conocer dos:

$$\text{Liquidez} = \frac{\text{activo circulante}}{\text{exigible a corto plazo}}.$$

Esta ratio debe ser mayor que 1, ya que en caso contrario estaremos en situación de provocar una suspensión de pagos, dado que no disponemos de dinero suficiente para hacer frente a las obligaciones que tenemos.

$$\text{Liquidez} = \frac{\text{beneficios}}{\text{recursos propios}}.$$

Esta ratio debe ser lo mayor posible; cuanto más grande sea el resultado, mejor rentabilidad obtenemos de nuestro dinero.

Selección de inversiones

Dos conceptos nos ayudan a escoger cuál de entre varias posibles inversiones es la más interesante para la empresa.

VAN (valor actual neto)

El valor actual neto de una inversión es el valor actualizado de todos los cobros menos el valor actualizado de todos los pagos de una inversión. La inversión será aconsejable si su VAN es positivo, mientras que será desaconsejable si es negativo. Si se ha de escoger entre varias alternativas, la inversión más aconsejable será la que tenga el VAN más positivo (mayor).

TIR (tasa interna de rentabilidad)

Es la tasa de actualización que hace que el valor actual neto de una inversión sea igual a 0. Según este método, una inversión es aconsejable si su TIR es igual o más alto que el tipo de interés mínimo que se desea obtener. Si se debe escoger entre distintas alternativas, la mejor será la que tenga el TIR más elevado.

El VAN cuantifica el beneficio en unidades monetarias, mientras que la TIR informa del porcentaje de rentabilidad de una inversión. Como norma general, una inversión será más rentable cuanto mayores sean el VAN y la TIR en el menor plazo de recuperación posible.

Tema 5.8
El presupuesto

La planificación y el presupuesto

La planificación en una empresa consiste en la definición de planes y objetivos con el fin de mejorar, de evitar posibles problemas o de solucionar los ya existentes. Un presupuesto se define como la expresión, en términos monetarios, de los medios que la empresa necesita para llevar a cabo los planes de acción a lo largo de un tiempo y cumplir así los objetivos especificados en la planificación.

El objetivo principal que debe cumplir todo presupuesto es ayudar a controlar los diferentes aspectos de un negocio, lo que se consigue mediante el análisis de las desviaciones (diferencias entre lo presupuestado y los resultados reales). Otros objetivos que persiguen los presupuestos son los siguientes:

- Usar racionalmente los recursos de la empresa.
- Mejorar la actividad de la empresa, lo que incluye:

  - Planificar y predecir, elaborando políticas de acción.
  - Coordinar la actuación de los distintos departamentos de la empresa, y considerarla como un conjunto unificado y no como departamentos separados.
  - Controlar y medir los resultados, asignando responsabilidades.

Aunque la planificación y el presupuesto sean conceptos semejantes, existen diferencias entre ellos que los distinguen:

- En la planificación se definen objetivos y planes a largo plazo; en los presupuestos se define el plan de acción para un período concreto, generalmente, dentro de un plazo más corto.
- Las estimaciones sobre ingresos y gastos son mucho más precisas en los presupuestos que en la planificación. En los presupuestos se designa el responsable de cada plan de acción que desarrollará la empresa.
- Los presupuestos están más limitados por los recursos disponibles de la empresa que la planificación.

Fases del proceso presupuestario

El proceso presupuestario se desarrolla en varias fases:

- *Planificación.* Consiste en establecer los objetivos de la empresa y trazar los planes de actuación.
- *Elaboración del presupuesto.* Hacer estimación de las previsiones y traducirla en dinero.
- *Aprobación de los presupuestos.*
- *Control.* Consiste en comparar los resultados reales con las previsiones efectuadas y tomar las medidas necesarias para la corrección de las desviaciones significativas.

A la hora de elaborar los presupuestos hay que tener en cuenta situaciones futuras tales como las siguientes:

- El comportamiento del mercado actual y las previsiones para el futuro.
- El comportamiento de los costes.
- El comportamiento de la competencia.

Los presupuestos se elaboran para cada uno de los departamentos de la empresa y con todos ellos se forma el presupuesto general. De los objetivos generales de la empresa se pasará a la redacción de objetivos más inmediatos; los diferentes departamentos de la empresa, en función de su área de responsabilidad, redactarán el presupuesto que les atañe y todos los presupuestos juntos constituirán el presupuesto general.

De esta manera, el presupuesto se convierte en una forma de interrelación entre los distintos componentes de la organización de la empresa.

Tipos de presupuestos

Los presupuestos que las empresas suelen desarrollar son los siguientes:

- Presupuesto de ventas.
- Presupuesto de inversión.
- Presupuesto de producción.
- Presupuesto de existencias.
- Presupuesto de gastos.
- Presupuesto de caja.
- Presupuesto financiero, etc.

El presupuesto alrededor del cual giran los demás es el presupuesto de ventas o, lo que es lo mismo, el presupuesto de ingresos por prestación de servicios en el caso de empresas de transporte.

El presupuesto de ventas

Se inicia con la previsión de la cifra de ventas que se espera alcanzar considerando la situación anterior, las actuales condiciones de mercado y de la empresa y los posibles cambios en un futuro próximo. Los presupuestos de ventas se pueden clasificar atendiendo a varios criterios:

1. El período para el cual se efectúa la previsión.
   - A corto plazo: entre uno y dos años.
   - A largo plazo: entre cinco y diez años.

2. El nivel de especificación.
   - Por mercados.
   - Por zonas o centros de responsabilidad.
   - Por productos.
   - Por volumen.

3. La situación en la que se encuentra el producto.
   - Previsión para productos existentes en la empresa.
   - Previsión para nuevos productos.
   - Previsión para productos existentes en el mercado internacional.

Una vez aprobado el presupuesto de ventas, para poder llevarlo a cabo se elaborará un programa de producción que conlleva a su vez la elaboración de un presupuesto de producción.

Presupuesto de producción

Nos permite determinar los recursos necesarios para conseguir los niveles de existencias establecidos en el presupuesto de ventas. En el caso de empresas de transporte, el presupuesto de producción determinaría los recursos necesarios para la prestación de los servicios previstos.

Este presupuesto se divide en dos partes:

- *Presupuesto de volumen,* que determina qué cantidad y en qué plazos se tendrán a punto los productos. A la hora de elaborar este presupuesto habrá que tener en cuenta la capacidad de almacenamiento de la empresa, tanto para materiales como para productos elaborados, así como el coste financiero de este almacenamiento.
- *Presupuesto de coste de producción,* que detalla el conjunto de costes, tanto fijos como variables, derivados de la producción planificada. El presupuesto de producción se apoya en una serie de presupuestos auxiliares:

  - *Presupuesto de materias primas,* centrado en los niveles de existencias.
  - *Presupuesto de mano de obra,* para asegurar que el plan hará posible disponer del número de empleados necesarios para los momentos en que se requiera en función de la producción.
  - *Presupuesto de mantenimiento,* relacionado con los recursos y métodos de mantenimiento y con las reparaciones necesarias.
  - *Control de calidad,* que debe estar presupuestado en la producción para que esta se obtenga correctamente.
  - *Presupuestos de gastos generales de fabricación,* que incluye las partidas que hacen referencia a los servicios y materiales consumibles y la eliminación de residuos.

Cuenta de pérdidas y ganancias presupuestada

El presupuesto de la cuenta de pérdidas y ganancias nos informa sobre la rentabilidad de la empresa. Este presupuesto refleja la correspondencia entre los ingresos obtenidos por ventas o prestación de servicios durante un período y los gastos en que se incurrió durante el mismo.

Los ingresos totales se obtienen como resultado de incluir todos los conceptos que suponen una entrada de dinero para la empresa; los gastos totales son el resultado de la suma de todos aquellos conceptos que suponen una salida de dinero.

La previsión de ingresos menos la de gastos proporciona el resultado de explotación previsto. Los ingresos y los gastos han de responder a las actividades necesarias para la consecución de los objetivos previstos en la planificación.

Problemas de la utilización del sistema de presupuestos

La elaboración de presupuestos presenta una serie de riesgos que hay que tener en cuenta para no caer en ellos y aproximarse al máximo a la realidad. Estos riesgos son los siguientes:

- Basarse en condiciones y relaciones supuestas de épocas pasadas, sin adaptarse a las circunstancias reales.
- Comparar los costes actuales con estimaciones basadas solo en análisis históricos.
- Perpetuar las ineficacias del presupuesto del año anterior, aumentando, por ejemplo, un determinado porcentaje este presupuesto, sin tener en cuenta el factor de eficacia del año que sirve de base.

Los costes y la amortización

El concepto y la clasificación de costes

Al tratar los costes de una empresa de transporte, con frecuencia confundimos términos que aparentemente son sinónimos pero que tienen un significado muy diferente, sobre todo porque lo hacemos desde una óptica de economía doméstica o personal de consumidores finales y no desde un punto de vista empresarial. Se definen a continuación algunos de estos términos:

- *Gasto:* es la adquisición de bienes y servicios y un término opuesto a ingreso. Al hacer un gasto contraemos una obligación de pago frente a un proveedor externo (ejemplo: la compra de una rueda).
- *Coste:* medida de los recursos sacrificados para conseguir un objetivo. No tiene por qué ser un gasto siempre (ejemplo: la rueda anterior se monta en el vehículo y empieza a rodar). Un gasto se convierte en coste cuando se incorpora al precio del producto o servicio que vendemos. Si por error no lo hiciéramos nunca sería coste, sino que continuaría como gasto.
- *Pago:* salida de dinero de la empresa, es lo opuesto a cobro (ejemplo: pagamos la rueda adquirida en el ejemplo primero).

Los costes se clasifican en directos e indirectos. Los directos a su vez se dividen en fijos y variables.

Son costes directos aquellos que se pueden relacionar o identificar directamente con un vehículo, departamento, ruta, etc. Indirectos son aquellos otros que una empresa tiene pero que no se pueden imputar a ningún vehículo o departamento en concreto. Costes fijos son aquellos que existen y no varían en función del nivel de actividad, se tienen incluso con actividad nula. En cambio, los variables son costes que aumentan proporcionalmente a la actividad. Algunos ejemplos aplicados a una empresa de transporte son los siguientes:

- *Fijos:* personal, tributos, seguros, amortización, costes financieros (se tienen aunque el vehículo no se mueva).

– *Variables:* combustible, lubricantes, neumáticos, peajes (aumentan con los kilómetros recorridos).
– *Indirectos:* comerciales, administración, gerencia, infraestructuras.

Amortización

Consiste en los recursos financieros que genera la propia empresa para compensar la depreciación de los bienes de equipo. La depreciación es un coste (no un gasto, porque se produce sin necesidad de ningún elemento externo a la empresa) y su cuantificación es la amortización.

Causas de la depreciación

La depreciación de un bien se produce por tres causas fundamentales:

– *Físicas:* por el simple transcurso del tiempo.
– *Funcionales:* desgaste por el uso.
– *Por causas tecnológicas:* obsolescencia ante las innovaciones tecnológicas.

Desde el punto de vista económico, la amortización, como otros costes, se debe incorporar al precio del servicio. Y desde su vertiente financiera, permite recuperar recursos para financiar la renovación, cuando llegue.

La amortización se empieza a aplicar desde el momento en que los bienes entran en funcionamiento.

Cuando se adquiere un vehículo por *leasing* se amortiza el valor total del vehículo. Los terrenos no se amortizan.

Términos utilizados en la amortización referidos a un vehículo

– *Vida útil (N):* período en que fiscalmente debe efectuarse la amortización. Cuando hay tablas, es el período máximo. Transcurrido este, la amortización ya no será un gasto fiscalmente deducible.
– *Valor de adquisición (VA):* es el precio de compra del vehículo que se amortiza.
– *Valor actual:* exprersa el precio de mercado del vehículo en un momento determinado.
– *Valor de reposición:* es el precio futuro del vehículo cuando deba ser repuesto.
– *Valor residual (VR):* precio que se ha previsto obtener por la venta del vehículo al retirarlo. Lo más probable será que en la realidad y llegado el momento, no coincida con el previsto.

– *Fondo de amortización:* fondo creado por la empresa, destinado a cubrir la depreciación de los elementos de transporte.

– *Valor neto contable:* es el valor de adquisición menos amortizaciones acumuladas hasta la fecha.

– *Tipo de amortización:* coeficiente o porcentaje que se aplica a la base amortizable para calcular la cantidad que hay que amortizar en un período de tiempo.

– *Base amortizable:* valor de adquisición menos valor residual. Si el valor residual previsto es cero, la base amortizable sería la totalidad del valor de adquisición.

– *Cuota de amortización:* resultado de aplicar a la base amortizable el tipo de amortización.

Sistemas de amortización

– *Constante o lineal.* Se amortiza la misma cantidad cada año durante la vida útil prevista del vehículo o bien. La fórmula para calcular la cuota anual es la siguiente: (VA-VR)/N.

– *Decreciente por el sistema de los dígitos de los años.* Se amortizan cantidades más elevadas los primeros años y van disminuyendo en los siguientes. Suponiendo una vida útil de cinco años, la fórmula para calcular la cuota anual sería (VA-VR) × 5/15, 4/15, 3/15, 2/15, 1/15.

– *Creciente.* Carece de interés, dado que además de no ser realista, resulta que fiscalmente no se admite.

– *Técnica o funcional.* Consiste en calcular la cuota anual en función del número de kilómetros que recorre un vehículo o de piezas que fabrica una máquina. El cálculo de la cuota anual se averigua mediante la fórmula (VA-VR)/horas, piezas, kilómetro × horas, piezas, kilómetros del período, que será un año generalmente.

Variación de patrimonio

Como se indicó antes, el valor residual se debe de prever en el momento en el que se hace el plan de amortización y por tanto difícilmente coincidirá con la realidad, una vez acabada la vida útil.

Cuando se vende un vehículo y se obtiene un precio superior o inferior al previsto, se obtiene una variación patrimonial, que será positiva o negativa respectivamente, y que deberá incluirse o ser tenida en cuenta en la declaración de IRPF o de sociedades de su titular en el ejercicio que corresponda.

Sistema de tablas

En el sistema de amortización lineal, se pueden utilizar unos porcentajes aplicados sobre la base amortizable, que tienen el mismo efecto que dividir por el número de años. Ese porcentaje o coeficiente puede ir de un máximo de 25 a un mínimo de 12,5, que podemos traducir fácilmente a años: período mínimo 100/25 = 4 años; período máximo 100/12,5 = 8 años.

En vehículos usados, se toma como coeficiente máximo el doble (50) y como período máximo la mitad (cuatro años). En este caso, no se puede aplicar el sistema decreciente.

Otros costes

- Se llama coste de oportunidad, a los recursos económicos a los que se renuncia al adoptar una alternativa en lugar de otra (no es un gasto).
- Coste medio unitario es el coste total dividido por volumen de actividad.
- El coste marginal mide la variación que experimentan los costes cuando se altera el nivel de producción.

Dentro del coste capital, se incluyen las amortizaciones y los costes financieros. En el coste espacio se incluyen los alquileres, capital en caso de almacenes propios, amortización de edificios y seguros.

Tema 5.10
La departamentación de la empresa

Organización

La organización consiste en otorgar a cada persona un cometido específico y un tiempo para llevarlo a cabo. La organización de una empresa es más necesaria cuanto más compleja es la actividad de la empresa.

Tipos de organización

Deben ser modelos flexibles y adaptables a las necesidades de la organización de las empresas.

Lineal o jerárquico

- Estructura: jerarquía basada en la unidad de mando y en la disciplina.
- Responsabilidad: la mayor responsabilidad recae sobre el personal directivo.
- Autoridad: es directa, del jefe al subordinado.
- Desventajas: concentración del trabajo al personal directivo.

Funcional

- Estructura: basada en la organización de las especialidades de los mandos.
- Autoridad: todos los mandos sobre los mismos subordinados.
- Ventajas: la actividad la organiza un especialista y se facilita la división del trabajo.

En línea y staff. *Organización para industrias y grandes empresas*

- Estructura: nace de la necesidad de que los ejecutivos de la línea dispongan de asesores especializados que se encarguen de las actividades específicas (investigación, planificación, relaciones públicas, etc.).

- Autoridad: el personal staff no tiene autoridad directa sobre los empleados. El jefe o el directivo en línea sí tienen autoridad sobre el subordinado.
- Ventajas: aprovecha las ventajas que ofrecen la organización en línea y la funcional.
- Personal staff: es un grupo de personas (especialistas) que no tienen autoridad sobre los empleados.

En comité. Organización para grandes empresas

- Responsabilidad: las decisiones se toman de manera colegiada.
- Autoridad: compartida por un grupo de personas, asesores o especialistas.
- Ventajas: la toma de decisiones es menos subjetiva que cuando la decisión es individual.

Organigramas

Algunas definiciones pueden ser las siguientes:

- Estructura gráfica de la organización de la empresa efectuada de manera sencilla y esquemática.
- Resumen de la estructura organizativa de la empresa.
- Esquema lógico de la organización.
- Plan o diseño de la organización de la empresa en el que aparecen los órganos de la empresa y/o los departamentos ordenados jerárquicamente.

Tipos de organigramas

Vertical

- Las posiciones elevadas son las de mayor autoridad.
- Los niveles inferiores están subordinados a los niveles inmediatamente superiores.
- Las líneas verticales indican la relación existente entre los elementos de diferentes niveles.
- Las líneas horizontales indican la relación existente entre los elementos de un mismo nivel.

Horizontal

– Las posiciones más a la izquierda son las de mayor autoridad.
– Las posiciones hacia la derecha son las que se subordinan a los niveles inmediatamente posicionados más a la izquierda.

Circular

– En un organigrama circular la autoridad principal o el mando jerárquico más alto se coloca en la parte central del círculo.
– Los subordinados se colocan en un círculo más al exterior, y así sucesivamente.

Conceptos que intervienen en un organigrama

Jerarquía (responsabilidad y autoridad)

– Director general.
– Subdirector general.
– Director comercial.
– Jefe de departamento.
– Encargado de sección.
– Empleado.

Autoridad

– Capacidad de mandar a otros.
– Tomar decisiones que afecten a otros.
– Conjunto de autoridad entre los departamentos.
  - Estructura organizativa ancha: los directivos tienen departamentos grandes y pocos niveles directivos.
  - Estructura organizativa alta: los directivos tienen departamentos pequeños y muchos niveles directivos.

Uso de los organigramas

– Para ayudar a definir la autoridad y responsabilidad y a establecer las líneas de mando.

– Para mejorar los canales de comunicación y las relaciones que existen entre las diversas líneas de la estructura organizativa.
– Para aclarar las relaciones que hay entre las diferentes áreas de trabajo.
– Para eliminar las competencias y los conflictos entre los departamentos.
– Para detectar y corregir errores.
– Para informar al personal, a los nuevos trabajadores y a personas ajenas a la empresa sobre la naturaleza y el tipo de estructura.

Inconvenientes

– Muestran un cuadro muy simplificado y limitado que no llega a detectar las relaciones que hay entre los diferentes puestos de trabajo.
– Deben de ser continuamente revisados y actualizados a causa de los cambios constantes de la organización.
– Hacen valer nada más las relaciones formales de la empresa, sin indicar las relaciones informales, que también son importantes.

Ventajas

– Se definen con claridad las funciones y las tareas.
– Se definen las personas que ocupan los diferentes puestos de trabajo.
– Se definen las líneas de autoridad y las partes de la estructura organizativa.
– Ayudan a detectar errores en aspectos relacionados con la estructura de la empresa.
– Hacen que los nuevos trabajadores conozcan fácilmente a las otras personas de la empresa.
– Dan una visión general a las personas ajenas a la empresa de la estructura interna de esta.

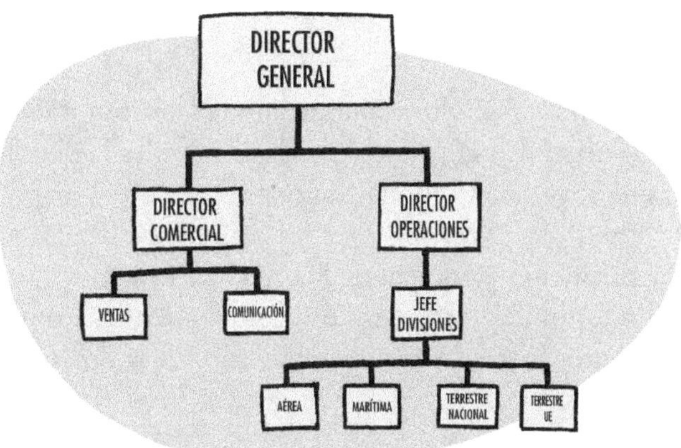

Tema 5.11
La planificación en la empresa

Concepto de planificación

La planificación es la definición de los objetivos y la decisión sobre las estrategias y las tareas necesarias para alcanzarlos. La planificación es necesaria y previa a las demás funciones de dirección; no se puede organizar, gestionar y controlar sin tener unos planes adecuados.

Las funciones de dirección se desarrollan mediante un proceso que pasa por las fases de planificación, programación, ejecución y control. Con la programación buscamos los medios necesarios para conseguir los objetivos, con la ejecución llevamos a cabo los planes y mediante el control comparamos los resultados previstos con los reales y tomamos las medidas adecuadas en función de las desviaciones detectadas.

Podemos hablar de tos tipos de planes: planes a corto plazo y planes a largo plazo.

Planes a corto plazo

Acostumbran a tener un horizonte temporal que no supera un año, y son conocidos también como planificación táctica, por constituir una táctica para alcanzar los objetivos fijados a largo plazo.

Planes a largo plazo

Tienen duraciones variables, siendo las más habituales las comprendidas entre tres y cinco años. La forma más usual de planificación a largo plazo es la denominada planificación estratégica, en la que se llevan a cabo las siguientes tareas:

1. Determinar la función principal de la organización.
2. Analizar el entorno de la organización (oportunidades y amenazas).
3. Analizar los puntos fuertes y débiles del interior de la organización (fortalezas y debilidades).

4. Establecer los objetivos que hay que alcanzar en un plazo determinado.

5. Desarrollar estrategias para llevar a cabo los planes.

La combinación y suma de los puntos 2 y 3 anteriores constituyen la técnica de análisis conocida como DAFO.[1]

Elementos de los planes

Los elementos constitutivos de un plan son los siguientes:

- Objetivos.
- Políticas.
- Procedimientos.
- Reglas.
- Presupuestos.

Los objetivos son el resultado final al que se espera llegar ejecutando el plan. El más frecuente suele ser el beneficio, pero también pueden definirse objetivos de crecimiento, eficiencia o servicio al cliente, entre otros. Los objetivos deben estar muy bien definidos.

Las políticas son líneas que orientan el pensamiento y la acción. Crean límites para que exista cierta consistencia en las decisiones que se toman en los diversos ámbitos de actuación de la empresa.

Una política a largo plazo que limita las decisiones de *marketing* y producción puede ser, por ejemplo, la de «productos de gran calidad y elevado precio». Una política como esta, mantenida durante un período de tiempo suficiente, llega a crear una cierta imagen de la empresa y de sus marcas bien diferente de la que pueda llegar a tener otra empresa que sigue la política de «productos de calidad suficiente y precio tan bajo como permita el mercado».

Los procedimientos son más restrictivos que las políticas: constituyen guías específicas de actuación. Señalan los pasos que han de darse en actividades tales como la atención de reclamaciones de los clientes, la compra de maquinaria o la devolución de mercancías.

Las reglas son aún más estrictas que los procedimientos; indican lo que se puede o no hacer en situaciones muy concretas. Ejemplos: «En el taller ha de utilizarse casco», «En el ascensor no deben subir más de cuatro personas».

---

[1] DAFO se corresponde con las siglas de «debilidades, amenazas, fortalezas y oportunidades». Es un método de análisis para determinar, en función del análisis interno (fortalezas y debilidades) y externo (amenazas y oportunidades), las ventajas competitivas de una organización en el marco de un mercado (*Diccionario de Logística* en www.logisnet.com).

Los presupuestos muestran las expectativas en cifras y pueden estar referidos a cantidades económicas o bien a unidades de producción, de ventas o a porcentajes de aumento o descenso de cualquier parámetro.

Fases del proceso de planificación

Las fases o etapas por las que se ha de pasar durante el proceso de planificación son las que siguen. Las fases entre la 3 y la 5 constituyen el típico proceso de toma de decisiones.

1. Reconocimiento de las oportunidades existentes.
2. Selección de los objetivos del plan.
3. Identificación y creación de alternativas.
4. Evaluación de las alternativas.
5. Selección de una alternativa.
6. Seguimiento.

Reconocimiento de las oportunidades existentes

Los éxitos se consiguen aprovechando las oportunidades, pero para hacerlo, previamente, es necesario conocer su existencia. Hay que conocer si existe algún servicio deseable que podría prestar la empresa, o alguna necesidad que esté sin cubrir y que podría cubrirse creando un nuevo producto.

Una de las técnicas utilizadas en esta fase se conoce como método Delphi, que consiste en recoger las opiniones de expertos, propios o externos, respecto a la situación del mercado, o de un sector específico, y su posible evolución en el futuro.

Selección de los objetivos del plan

El plan ha de tener alguna finalidad, ya que sin un objetivo claro y medible, el plan fracasaría. En cambio, un objetivo preciso ofrece una dirección y un sentido a las demás etapas de la planificación. Los objetivos pueden ser de tipo económico, de crecimiento, de servicio al cliente, o de reducción de errores o incidencias, entre otros.

Identificación y creación de alternativas

Se han de identificar las diversas alternativas que hay para alcanzar los objetivos. En esta fase, es importante tener ideas creativas, pues las mejores alternativas no son siempre las que resultan evidentes. Puede haber alternativas no conocidas por la empresa, por lo que conviene buscar información.

El *brainstorming,* o «tormenta de ideas», es un método de trabajo en equipo utilizado con frecuencia para generar alternativas; y se basa en la experiencia subjetiva de los participantes.

Evaluación de las alternativas

Cada alternativa ha de ser evaluada con precisión a la vista de los objetivos; debe hacerse un estudio cuidadoso de las ventajas y de los inconvenientes de cada una de las alternativas existentes; y hay que estudiar el coste de cada una, sus posibles resultados, la disponibilidad de recursos suficientes para llevarla a cabo, el riesgo o incertidumbre que implica, etc.

Selección de una alternativa

Completada la fase anterior, hay que decidir cuál de las alternativas es la más aconsejable teniendo en cuenta las necesidades que hay que cubrir y las posibilidades de llevarla a cabo. Una vez seleccionada una alternativa, antes de pasar a la realización del plan, será necesario efectuar la programación de las actividades que se llevarán a cabo: las responsabilidades, los recursos, los plazos, los controles, etc.

Seguimiento del plan

Para comprobar la correcta aplicación de la alternativa seleccionada hay que efectuar un seguimiento continuo del plan que puede poner de manifiesto la conveniencia de alterar alguna o varias de las fases en función de los resultados del seguimiento.

Tema 5.12
El marketing

Concepto

La mercadotecnia o *marketing* puede definirse como el conjunto de funciones y medios que utiliza la empresa para atender y satisfacer las necesidades del consumidor de manera que la rentabilidad sea la máxima.

Hay que reseñar dos aspectos en el concepto de *marketing:*

1. Conquista de clientes y mercados.
2. Aumento de la rentabilidad de la empresa.

Así, la mercadotecnia engloba todas las actividades precisas para detectar las necesidades de los clientes y dirigir los productos hacia ellos. Como instrumento principal, utiliza el plan de *marketing,* en el que se establecen las directrices que hay que seguir y la relación de actividades que hay que llevar a cabo. Este plan debe ser lo suficientemente flexible como para poder adaptarse a posibles cambios o variaciones imprevistas. El plan de *marketing* se puede dividir en varias etapas.

Análisis de la situación

Este análisis debe comprender como mínimo los siguientes aspectos:

- Entorno social y económico en el que se opera.
- Situación de la empresa en ese entorno.
- Puntos débiles y fuertes de la empresa.
- Posibles oportunidades y problemas.

Existe una técnica específica para llevar a cabo este análisis (la matriz DAFO) que consiste en analizar todos los elementos que rodean a la empresa (tanto internos como externos) y clasificarlos según cuatro factores: debilidades, amenazas, fortalezas y oportunidades.

Este método combina los aspectos positivos y negativos de la empresa en el momento presente con los riesgos y las oportunidades que el entorno puede generar en el futuro. El resultado de relacionar los distintos factores nos proporcionará el diagnóstico que nos permitirá determinar los apoyos y las dificultades que encontraremos a la hora de identificar los objetivos y planificar las estrategias.

Definición de objetivos globales: es aconsejable definir siempre objetivos reales y mensurables y que respondan a los principios y la política de la empresa.

- *Elección de las estrategias y valoración global del plan.* Estrategia es cualquier solución que, teniendo en cuenta los medios disponibles, se juzga razonable y posible de aplicar para alcanzar los objetivos de un plan.
- *Establecimiento de programas y presupuestos detallados.* Un programa es una secuencia de acciones ordenadas en el tiempo destinadas a la consecución de objetivos. El presupuesto es la definición de un plan en términos monetarios.
- *Control del plan.* Consiste en comprobar que el plan está proporcionando los resultados esperados.

La gestión de *marketing* en la empresa se lleva a cabo mediante la combinación de cuatro variables:

- *Producto:* es cualquier bien que la empresa pone a disposición del cliente para satisfacer sus necesidades. Estos bienes pueden ser tanto materiales o tangibles como intangibles, en el caso de la prestación de servicios.
- *Distribución:* se refiere a la forma en que hacemos llegar nuestros productos o servicios a los clientes. Esta variable engloba factores tales como la ubicación física de nuestra empresa o la extensión geográfica que podemos cubrir.
- *Precio:* es el valor económico de nuestro servicio. Debe satisfacer tanto los intereses de la empresa como los de los consumidores. El cliente debe percibir que el servicio que compra es equivalente al precio que paga.
- *Publicidad o promoción:* es la forma de dar a conocer un producto a los clientes.

A la conjunción de estas cuatro variables del mercado y las técnicas empleadas para controlarlas se le denomina *marketing-mix.*

Riesgo y rentabilidad

Toda actividad económica, sobre todo si está basada en predicciones, conlleva un riesgo. En los resultados de un plan de *marketing* intervienen elementos cambiantes o con pocas posibilidades de control como son la competencia, los cambios de mercado, la actitud del consumidor, los métodos de distribución e incluso el clima. Empleando las técnicas de mercadotecnia adecuadas se puede reducir el factor de riesgo, pero es fundamental asumirlo desde el principio y contemplarlo en las previsiones.

Otro factor determinante a la hora de elaborar el plan de *marketing* es la rentabilidad. La mayor parte de las empresas, exceptuando las no lucrativas, se crean con el objetivo de obtener beneficios, de rentabilizar los esfuerzos y el capital invertido. Por eso, un buen plan de *marketing* debe compatibilizar su objetivo de satisfacer las necesidades del consumidor con la necesidad de la empresa de crecer y obtener beneficios.

Principales herramientas del *marketing*

Los estudios de mercado

Desde el punto de vista del *marketing* el mercado es un conjunto de personas o entidades que necesitan un producto determinado, que desean adquirirlo y que tienen capacidad para hacerlo. Forman parte del mercado tanto los consumidores, que son clientes actuales de la empresa, como aquellos que pueden llegar a serlo en un futuro, los clientes potenciales.

La promoción de ventas

La promoción de ventas engloba todas aquellas actividades enfocadas a estimular la comercialización de un producto o servicio durante un tiempo limitado, utilizando algún tipo de incentivo. Cuando estas actividades de *mercadotecnia* se llevan a cabo en el punto de venta las denominamos *merchandising*.

Elaboración de ficheros de clientes

Las empresas de transporte se enfrentan a un consumidor cada vez más exigente, debido a su mayor conocimiento del mercado y a la creciente competencia existente en el sector. Dos de los objetivos más importantes en cuanto a los clientes son los siguientes:

– Mantener la clientela actual.
– Captar nuevos clientes.

Para conseguirlos, debemos conocer al cliente, su comportamiento y sus necesidades. En cuanto al cliente actual nos interesan los siguientes aspectos:

– Estudio cuantitativo: su volumen de negocio, la cifra de contratación, la frecuencia, etc.
– Evolución de la empresa/cliente: situación financiera y comercial, dificultades de expansión, innovaciones, etc.
– Aparición de nuevas necesidades.
– Percepción que el cliente tiene de nuestra empresa.
– Percepción que el cliente tiene del servicio que ofrece nuestra empresa.
– Seguimiento comercial: reclamaciones recibidas, impagados, etc.

Respecto al cliente potencial:

– Análisis de su situación empresarial y de su actividad.
– Determinación de sus necesidades.
– Conocimiento de sus pautas de comportamiento: empresa de transportes con la que trabaja habitualmente y en qué condiciones.

Publicidad

La publicidad es una forma de comunicación que se dirige a un público genérico, a través de los medios de comunicación de masas, con la finalidad de modificar su comportamiento. Su objetivo es la estimulación de la demanda, aunque no siempre se persigue la venta propiamente dicha.

En ocasiones se busca únicamente un conocimiento de la identidad de la empresa o informar de las características de un determinado producto o servicio. También es frecuente que el objetivo perseguido sea recordar al público la existencia de un determinado producto o servicio y las ventajas que este aporta.

El mensaje que se quiera publicitar debe decir qué se ofrece y por qué resulta beneficioso. Es aconsejable que reúna parte de las siguientes características:

– Captar el interés del público al que va dirigido.
– Fácil de comprender.
– Creíble.
– Inducir una respuesta.
– Persuasivo.
– Fácilmente recordable.

El medio es el canal a través del cual se transmite un mensaje. No todos los medios son iguales, por lo que es necesario determinar en qué medio o medios se va a incluir el mensaje, en función de las características del público o del producto.

Las relaciones públicas

Podemos definir las relaciones públicas como el conjunto de acciones encaminadas a crear una imagen positiva de la empresa, de sus actividades y de su personal. Esta imagen positiva se suele conseguir mediante el contacto directo, y debe transmitirse no solo a los clientes sino también al conjunto de trabajadores de la empresa.

El desarrollo del *marketing*

Consiste en la elaboración de un plan sistemático que asegure la disponibilidad de los recursos necesarios para adaptarse al ritmo del mercado y asegurar el crecimiento continuo de la empresa en términos de rentabilidad.

En un mercado continuamente cambiante, el papel fundamental del desarrollo del *marketing* consiste en mantener y, si es posible, incrementar la rentabilidad de los recursos de la empresa. Se trata de establecer, en términos de futuro, la distribución de los recursos teniendo en cuenta las posibles variaciones del mercado, de las necesidades de los consumidores y la evaluación del sector en que nos movemos.

Tema 5.13
El contrato de seguro

Definición

Contrato por el que el asegurador, mediante la percepción de una prima, se obliga frente al asegurado al pago de una indemnización, si se produce un siniestro (artículo 1 de la Ley 50/1980, de 8 de octubre, de Contrato de Seguro).

Es bilateral, aleatorio, de adhesión y formal (necesario que sea por escrito). Su duración máxima es de diez años, prorrogable por años, excepto en los seguros de vida.

El contrato de seguro será nulo, salvo en los casos previstos por la ley, si en el momento de su conclusión no existía el riesgo o había ocurrido el siniestro.

Si no se prorroga, debe haber aviso escrito de alguna parte a la otra, dos meses antes de finalizar la vigencia del seguro.

Elementos personales

- *Asegurador:* es quien asume el riesgo. Debe ser una sociedad anónima, asociación mutua o cooperativa, de ahí que usualmente hablemos de la «compañía de seguros».
- *Agente de seguros:* representa al asegurador, pero no interviene como parte. Los pagos y comunicados que el tomador haga al agente es como si los hiciera al asegurador.
- *Tomador:* es quien contrata con el asegurador.
- *Asegurado:* es la persona expuesta al riesgo.
- *Beneficiario:* persona que recibirá la indemnización si se produce un siniestro.

Elementos reales

- *Prima:* es el precio que paga el tomador al asegurador. Es anticipada e indivisible, es decir, no se devuelve la parte proporcional. Puede ser única o periódica (varios pagos en duración del seguro). Si no se indica, se entenderá que la prima se paga en el domicilio del tomador.

- *Interés asegurado:* es aquello que se quiere proteger (no su valor).
- *Riesgo:* es la posibilidad de que ocurra el siniestro. Debe ser incierto, posible, fortuito, lícito y que cause una necesidad económica.
- *Suma asegurada:* es la valoración del interés asegurado. Es el límite máximo de la indemnización y sirve de base para calcular la prima. Esto es válido en seguros de vida, pero en seguros de daños es posible que la indemnización no sea por la suma asegurada, sino inferior.

En el lenguaje de los seguros se utilizan con frecuencia los términos daño emergente y lucro cesante. De manera muy sinóptica podríamos definir el *daño emergente* como el valor de «lo que pierdo», mientras que el *lucro cesante* se refiere al «beneficio que dejo de obtener». También hay que tener claro que los términos *riesgo* y *siniestro* son cosas diferentes.

Elementos formales

- *Solicitud de seguro:* es una simple solicitud de información al asegurador y no vincula ni al asegurador ni a quien lo solicita.
- *Póliza:* es obligatorio que sea por escrito y su contenido mínimo está fijado por el artículo 8 de la Ley del Contrato de Seguro. La modalidad de flotante o de abono es muy utilizada en transporte. Si el contenido de la póliza difiere de la proposición de seguro, el tomador puede reclamar en un mes al asegurador para que subsane las divergencias. La póliza tiene unas condiciones generales impresas que suelen ser idénticas para todos los aseguradores del mismo ramo o actividad. También contiene unas condiciones particulares, normalmente mecanografiadas o impresas por ordenador, que sirven para personalizar la póliza, ajustándola a las necesidades o preferencias de cada cliente del asegurador.
- *Certificado de seguro:* justifica la existencia de una póliza (carta verde, seguros de caza).
- *Propuesta de seguro:* es una oferta o proposición de seguro que hace el asegurador. Vincula por quince días para su aceptación por el tomador. No es un seguro, es una oferta.

Aspectos comunes a todos los seguros de daños

- Se produce sobreseguro e infraseguro cuando la suma asegurada es superior o inferior a la realidad, respectivamente.

- Las acciones derivadas de los contratos de seguro prescriben para daños, a los dos años, y para personas, a los cinco años. En caso de litigio, el juez será el del domicilio del asegurado.
- El tomador, asegurado o beneficiario (cualquiera) debe comunicar el siniestro en siete días, desde que conoció el siniestro, salvo que la póliza indique plazo superior. En un máximo de cinco días desde la notificación, debe enviar un escrito relacionando los bienes afectados y su valor.
- El asegurado debe actuar «como si no estuviera asegurado» (evitar, atajar siniestro). Los costes que esto suponga van a cargo del asegurador.
- El tomador o asegurado debe informar al asegurador de las variaciones que influyan en el riesgo. Si hay agravación del riesgo, el asegurador puede, en dos meses, proponer modificación del contrato. El tomador dispone de quince días para aceptarla o rechazarla.
- El asegurador, tras los peritajes y las comprobaciones necesarias, debe indemnizar. En un máximo de cuarenta días desde la recepción de la declaración de siniestro, debe pagar el importe mínimo a que esté obligado. (Podría quedar algo pendiente.)
- Si el asegurador no indemniza en tres meses desde el siniestro, o no cumple el punto anterior, tiene un recargo anual del interés legal incrementado en un 50 %. El cálculo de intereses es siempre anual.
- El asegurador, tras indemnizar, se subroga en derechos del asegurado y puede intentar el recobro de los responsables, si los hay. Esto no se aplica nunca en responsabilidad civil.
- La valoración del siniestro es siempre contradictoria: hay discusión asegurador-asegurado.
- No puede haber lucro. El principio es indemnizar o resarcir, por esta razón existe la subrogación del asegurador.
- La franquicia es una parte que se considera asegurada por el asegurado. Nunca se puede aplicar a terceros.

Tipos de seguros

- *Seguros de personas:* pueden concurrir varios seguros, porque nunca consiguen resarcir (por ejemplo, seguros de vida).
- *Seguros de daños:* por ejemplo, los de responsabilidad civil, los ocupantes, las mercancías, la carga, etc. Su finalidad es indemnizar y no pueden concurrir o sumarse varios seguros para un mismo riesgo, pues habría lucro.
- *Defensa penal y reclamación de daños:* el asegurador proporciona al asegurado asistencia de abogados y fianzas en caso de juicio.

– *Seguro de crédito:* protege al asegurado de las pérdidas netas en caso de que sus clientes no atiendan sus facturas. No garantiza el pago, sino la insolvencia del asegurado como consecuencia de tales impagos de sus clientes.

– *Seguro de caución:* asegura el pago de una deuda ante terceros, por ejemplo, ante la aduana.

La regla proporcional

Se aplica cuando se da la doble circunstancia de infraseguro y siniestro parcial. Es una figura reconocida mundialmente en los seguros. La fórmula que se aplica en estos casos es la siguiente:

Indemnización = (importe real daños × suma asegurada) / valor real del bien.

Proceso usual en caso de siniestro en seguros de daños

a) Producido el siniestro, debe haber una reclamación, una denuncia, etc., por parte del asegurado (el proceso debe iniciarlo el asegurado).

b) Debe notificarse al asegurador en el plazo máximo de siete días desde haberlo conocido y seguir instrucciones del asegurador.

c) Peritaje por un comisario de averías o perito del asegurador.

d) Valoración del siniestro y de la discusión o negociación del valor (posibles peritajes judiciales).

e) Pago de la indemnización o reparación del daño por parte del asegurador.

f) Firma del finiquito por parte del asegurado.

g) Subrogación del asegurador en derechos del asegurado.

Tema 5.14
El seguro de responsabilidad civil

El seguro de responsabilidad civil

Con este seguro el asegurador se compromete a indemnizar todo lo que el asegurado debe pagar a un tercero por algo de lo que sea civilmente responsable (el asegurado es a la vez el causante del siniestro).

Protege al asegurado frente al riesgo que supondría para su patrimonio el nacimiento de una deuda ocasionada por tener que indemnizar a un tercero por los daños causados por él. Se busca también, siguiendo el principio de los seguros, resarcir al perjudicado de los daños personales o materiales sufridos, que sean consecuencia de la conducta del asegurado.

En muchos casos no se consigue totalmente este objetivo, ya que en algunos seguros, como por ejemplo en el de un transportista, la obligación de indemnizar al tercero viene determinada por un máximo por kilo de peso bruto que establece el Convenio CMR o bien las diversas normativas legales nacionales, la última de ellas la Ley 15/2009.

El siniestro en este tipo de seguro se produce cuando existe una deuda frente a un tercero por un acto del asegurado o tomador, pero el acto mismo no constituye un siniestro.

Para determinadas actividades, resulta obligatoria la contratación de un seguro de responsabilidad civil, como por ejemplo:

- *Seguro de automóviles*, para daños causados a terceros al circular con automóviles.
- *Seguro de caza*, para eventuales accidentes y daños a terceros en esta actividad.
- *Seguro obligatorio de viajeros (SOV)*, para los posibles perjuicios que se causen por las empresas transportistas a los viajeros usuarios de sus líneas.

El asegurado está obligado a comunicar al tercero perjudicado por él la existencia del contrato de seguro, así como su contenido o sus coberturas.

El asegurador tiene la obligación, por su parte, de indemnizar al perjudicado por los daños materiales o personales causados por el tomador del seguro. En caso de reclamación por vía judicial, y salvo pacto en contra, el asegurador asume la dirección jurídica frente a la reclamación del perjudicado así como los gastos que se deriven de esta reclamación.

Seguro obligatorio de automóviles

Todo propietario de un vehículo a motor (ciclomotores y todo vehículo terrestre accionado por una fuerza mecánica) está obligado a suscribir y mantener en vigor una póliza de seguro para cubrir la responsabilidad civil del conductor del vehículo.

Cubre daños personales y materiales a terceros, incluso por defecto del vehículo. Los límites máximos de la cobertura son 70 millones de euros por siniestro, sean cuantas sean las víctimas, por daños personales, y, para daños materiales, 15 millones de euros por siniestro. Estos importes se actualizan periódicamente.

Carecer de él implica depósito del vehículo y multa de 600 a 3.005 €. El 50 % del importe de dichas multas se destina al Consorcio de Compensación de Seguros.

En el seguro obligatorio de viajeros, hay determinados riesgos que están expresamente excluidos:

- Daños al tomador, asegurado, propietario o conductor, porque no son terceros.
- Daños en los que el accidente es causado por embriaguez, drogas, vehículo robado, exceso de carga o exceso de viajeros. En este caso, el responsable será el causante.
- Daños materiales sufridos por el vehículo o por las cosas transportadas en él.
- Daños corporales causados por culpa o negligencia del tercero o bien por fuerza mayor ajena a la conducción del vehículo o su funcionamiento.
- Daños producidos por conducir el vehículo una persona no autorizada, que no tenga permiso de conducir o por incumplir el vehículo las obligaciones relativas a su estado de seguridad.

Una vez que el asegurador ha hecho efectivo el pago, puede ejercer el derecho de repetición contra el conductor, contra el propietario del vehículo causante y el asegurado, si el daño se ha debido a conducta dolosa o motivos similares imputables a ellos. Esta curiosa situación se puede dar en esta modalidad de seguros y también en los seguros de caución.

Solicitud y propuesta de seguro

La solicitud de seguro que hace el tomador al asegurador, así como la propuesta que este hace al tomador, debe incluir, como mínimo, la siguiente información:

- Datos identificativos del tomador del seguro y, si no es el propietario del vehículo, los datos de ambos.
- Datos de identificación del vehículo y sus características.

– Datos del conductor habitual, que puede ser el propietario o no.
– Garantías que se solicitan o se ofrecen, según el caso, que no pueden ser inferiores a las obligatorias (pensemos que se trata de proteger a un tercero, no un bien nuestro).

La solicitud de seguro, una vez entregada copia sellada por el asegurador o su agente, sirve como cobertura provisional durante quince días. El asegurador puede rechazarla por escrito en un máximo de diez días desde que recibió la solicitud y tiene derecho a cobrar la prima por los quince días de cobertura indicados. Si no lo hace así, se entiende que la solicitud ha sido admitida. Pasados los diez días que tiene para rechazar la solicitud sin haberlo hecho, tiene otros diez días para enviar al tomador la póliza definitiva.

Seguro de la carga

Es una modalidad de seguro de responsabilidad civil no obligatoria, pero que resulta altamente aconsejable para cualquier transportista, sobre todo en los casos de vehículos pesados. La caída de una pesada carga, como un contenedor, un tubo de cemento, una bobina de cable o un vehículo transportado durante la marcha, puede causar un gran daño a otros usuarios.

Este seguro cubre la responsabilidad civil por daños que un transportista pueda producir a terceros con la carga o mercancía que transporta.

Evidentemente, en el supuesto de carecer de dicho seguro, sería el propio transportista el que debería hacer frente personalmente al pago de dichos daños.

Consorcio de Compensación de Seguros

El Consorcio de Compensación de Seguros es una sociedad estatal que cumple funciones aseguradoras. Respecto al seguro obligatorio de vehículos asume las siguientes:

– Siniestros en los que el vehículo causante sea desconocido, sea robado o no esté asegurado.
– Supuestos en los que el asegurador se hubiera declarado en concurso o se hubiera disuelto.
– Responsabilidad civil de vehículos propiedad del Estado o de comunidades autónomas, si no tienen contratado otro seguro.
– Cuando el tomador no encuentra asegurador que lo acepte.

Tema 5.15
El seguro de transporte terrestre

Seguro de transporte terrestre

Según el artículo 54 de la Ley 50/1980, de 8 de octubre, de Contrato de Seguro, con el seguro de transporte terrestre el asegurador se obliga, dentro de los límites establecidos por la ley y en el contrato, a indemnizar los daños materiales que puedan sufrir con ocasión o como consecuencia del transporte de las mercancías porteadas, el medio utilizado u otros objetos asegurados.

El fin de este seguro es reparar el daño producido durante el transporte o incluso en las operaciones precedentes y posteriores al propio transporte.

Para el propietario de la mercancía, este es un seguro de daños y para el porteador es un seguro de responsabilidad civil. Nadie tiene obligación de contratarlo y todos los que tengan interés en la mercancía pueden hacerlo.

A veces una mercancía que se transporta está amparada por dos seguros, uno que ha contratado el remitente de la misma y otro que por sistema aplican determinadas compañías, siendo esta duplicidad un coste absurdo, dado que en caso de un siniestro el asegurado no cobrará dos veces. Los seguros son un coste más en la venta del producto o en su transporte, siendo por lo tanto soportados tales costes por el consumidor final. Pero también puede darse el caso de que un transportista se confíe cuando su cliente le indica que la mercancía «ya está asegurada», pero el asegurador del cliente, tras indemnizarle en caso de siniestro, reclamará al transportista, quien para esta eventualidad debiera tener contratado un seguro de responsabilidad civil (tema 5.14).

Una vez que expira el seguro de transporte, el asegurador responde durante seis meses de los daños que sean consecuencia del transporte y que se manifiesten después, circunstancia que deberá demostrarse pericialmente.

La cobertura de este seguro, si no se pacta alguna cosa diferente, comienza cuando se entregan las mercancías al porteador para su transporte en el punto de salida del viaje que se asegura, y termina cuando se entreguen al destinatario en el lugar o punto de destino, dentro del plazo que figure en la póliza (artículo 58 de la Ley del Contrato de Seguro).

Suele cubrir, además, el depósito temporal de las mercancías y la inmovilización o sustitución del vehículo durante el viaje, cuando sea debido a incidencias propias del transporte. Para dichos depósitos transitorios, la póliza puede estipular un plazo máximo, transcurrido el cual, y sin que se haya reanudado el viaje, cesaría la cobertura del seguro (artículo 59 de la Ley del Contrato de Seguro).

En España hay unas noventa compañías aseguradoras que comercializan seguros de transporte terrestre.

Opciones de seguro que tiene un transportista

1. No contratar ningún tipo de seguro, ya que legalmente no está obligado a hacerlo, y si la mercancía se daña o se pierde y resulta él responsable, la pagaría de su propio bolsillo.
2. Contratar un seguro de responsabilidad civil, que cubra estrictamente lo que él tendría que pagar conforme a la normativa nacional o internacional que regula el contrato de transporte. Por ejemplo, en las pólizas que indican «Condiciones LOTT» quedaría cubierta la responsabilidad máxima o el techo legal del transportista ante su cliente; es decir, por un tercio del Iprem/día, por kilo de peso bruto.
3. Contratar un seguro de daños, que será más completo y beneficioso para su cliente, aunque lógicamente será también más caro que el anterior.

Póliza flotante

En esta modalidad, el seguro se pacta por un tiempo determinado, generalmente un año, y cubre todos los envíos en ese período, de acuerdo con las condiciones pactadas en la póliza.

La prima se establece en función del histórico de la empresa asegurada. Es una de las pólizas más utilizadas en el sector del transporte y de los transitarios, porque ahorra tiempo, trámites y, por tanto, dinero.

La póliza debe existir y estar firmada por ambas partes. Pasado un año, o el período convenido, se procede a su renovación o bien a su anulación. Según el histórico y volumen de incidencias, se recalcula la prima, que puede ser más cara o más barata.

Como asegurado se puede indicar «por cuenta de quien corresponda», y pueden incluirse las operaciones previas y posteriores (carga, estiba, descarga, etc.) en su cobertura.

El valor declarado en una carta de porte y el seguro son cosas completamente diferentes, que no debemos confundir.

Como en otros seguros de daños, las acciones derivadas de este seguro prescribirán en el plazo de dos años.

Comisario de averías

Es una persona física o jurídica, que designa el asegurador del transporte y que constata la realidad de las averías o los daños de los bienes asegurados y las circunstancias en que se han producido en un documento llamado certificado de averías.

Si el asegurado discrepa, puede contratar otro comisario a su cargo (hay que tener en cuenta que resulta caro). Si persiste el desacuerdo, se establece una cláusula de cierre, que consiste en someterse al arbitraje de un tercer perito o comisario de averías, esta vez designado por un juez.

Proceso seguido en caso de siniestro

Cuando se produce el siniestro debe haber una reclamación del cargador o del destinatario al porteador, por escrito. A continuación se notifica al asegurador en el plazo máximo que indique la póliza y se siguen las instrucciones del asegurador a partir de ese momento.

Si el asegurador lo considera necesario ordenará el peritaje por un comisario de averías o perito designado por el propio asegurador, que valorará el siniestro.

Finalmente, se produce el pago de la indemnización o reparación del daño por parte del asegurador y la subrogación del asegurador en los derechos del asegurado. Es decir, una vez el asegurador indemniza al asegurado o beneficiario, intenta el recobro, si no del total, al menos de una parte del valor, del responsable de los daños o de las averías, que suele ser el porteador.

Tema 5.16
La informática y las aplicaciones telemáticas en el transporte

Concepto de informática

Es una técnica de tratamiento de la información con medios automáticos. En sentido descriptivo, la informática es la técnica que procesa datos para obtener informaciones de salida en sistemas físicos a los que se proporcionan instrucciones escritas en unos lenguajes especiales.

Estructura de un sistema informático

Básicamente, la estructura de un sistema informático responde al siguiente esquema:

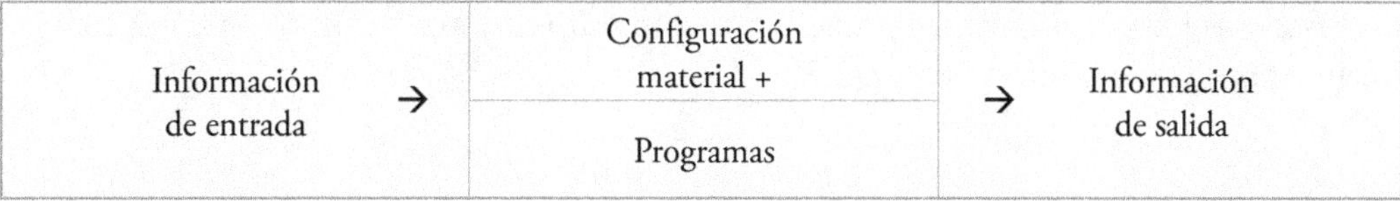

La configuración material es un conjunto de instrumentos de tecnología básicamente electrónica que nos permiten hacer todas las manipulaciones de datos necesarias hasta obtener los resultados deseados. Está constituida por lo que coloquialmente llamamos ordenador y todos los dispositivos de entrada, salida o almacenamiento que lo complementan. Son dispositivos de entrada los que permiten la introducción de información en el sistema: teclado, ratón, escáner, módem, lector de soportes, línea telefónica, etc. Son dispositivos de salida, los que devuelven la información procesada por el sistema: pantalla, impresora, *plotter,* etc. Los dispositivos de almacenamiento son los que guardan toda la información que discurre por el sistema: discos flexibles, discos duros o discos compactos.

Un programa es un conjunto de instrucciones capaces de actuar sobre el sistema y provocar en él una respuesta. El programa se comunica con el sistema a través de un lenguaje de programación que es un conjunto de símbolos que transmiten al sistema físico las instrucciones del programa. Actualmente, existen infinidad de programas específicos que atienden a todo tipo de necesidades, tanto personales como profesionales en cualquier sector:

- *Sistemas operativos:* son programas que controlan la ejecución, carga o elaboración del resto de programas. Son indispensables dentro de un sistema informático.
- *Aplicaciones:* programas construidos para la realización de una tarea específica. Son aplicaciones, los procesadores de texto, las hojas de cálculo o los programas que nos permiten consultar los mapas de carreteras.
- *Virus:* son programas «hostiles» creados con la intención de provocar daños en el sistema.

La información de salida es la que nos proporciona el sistema una vez procesada la información de entrada mediante los programas. Los elementos del sistema se pueden agrupar en dos bloques diferenciados:

a) *Hardware* o soporte físico. Es el conjunto de elementos materiales, como el microprocesador, la memoria física, los teclados, los ratones, las impresoras, el monitor, etc.
b) *Software* o soporte lógico. Es la parte inmaterial del sistema: el sistema operativo, las aplicaciones o cualquier tipo de programa que se ejecute en él, así como la información que procesa.

Como conclusión se puede decir que en todo proceso informático, partiendo de unos datos de entrada y mediante un proceso o tratamiento de estos datos, obtenemos una información de salida o unos resultados.

Plan informático

Actualmente, la informática dispone de todos los medios necesarios para facilitar la mayoría de las tareas que se llevan a cabo en cualquier empresa, tanto en el ámbito de gestión como de producción o prestación de servicios.

Disponer de un adecuado sistema informático permitirá optimizar los resultados de la empresa, puesto que proporcionan un medio de organización, ordenación, gestión y control de toda la información que se maneja habitualmente. En general se puede asegurar que, en una u otra medida, toda empresa requiere introducir el tratamiento informático en alguno o en la totalidad de sus departamentos.

- En el área comercial, es conveniente un adecuado sistema de información que nos permita conocer las necesidades de los clientes para poder satisfacerlas.

- En las tareas administrativas, los denominados paquetes ofimáticos facilitan notablemente el trabajo.
- En el proceso productivo y en el almacenaje se simplifican las tareas mediante el uso adecuado de sistemas identificativos a través de códigos.
- En el departamento de ventas, la informatización del sistema permitirá ofrecer al cliente información detallada acerca de las características y la situación de sus envíos, facturas, deudas, etc.
- El intercambio de información y documentos entre los distintos departamentos y las delegaciones de la empresa a través de una red fiable de intercomunicación actualizará y facilitará las relaciones entre éstos.

El proceso de informatización de la empresa requiere la elaboración de un plan detallado que contemple cada uno de los pasos que hay que seguir para conseguir un sistema informático eficaz y adecuado a las necesidades concretas de la empresa.

Antes de proceder a la confección de un plan informático, conviene diagnosticar la necesidad de informatización de la empresa, aunque sea a niveles muy rudimentarios. Los siguientes síntomas son exponentes claros de que una empresa necesita de la informática para mejorar sus procesos de toma de decisión:

- Falta de información a todos los niveles.
- Información excesivamente controlada por alguno de los departamentos de la empresa, o, lo que es peor, por alguna de las personas que trabajan en ella.
- Existencia de información incoherente y/o contradictoria.
- Retrasos sistemáticos en la obtención de cualquier tipo de información.
- Primacía de la información muy poco elaborada y con pocas posibilidades de ampliación.
- Falta de uniformidad de criterios a la hora de elaborar informes.
- Existencia de relaciones complicadas entre la información y las decisiones que se deben adoptar.
- Existencia de volúmenes elevados de datos e información.

Para que un plan informático sea eficaz y repercuta de forma positiva en la totalidad de la organización es necesario un proceso de transformación que afectará sensiblemente a todos los componentes de su estructura. Es muy conveniente tener presente lo siguiente:

- La dirección de la organización debe tomar parte muy activa en su realización y ejecución.
- Informatizar una empresa implica mentalidad de medio y largo plazo.
- Introducir la informática en una empresa implica una etapa de trastornos en la cual todos los implicados en el proceso tendrán que trabajar bastante más, y obtener,

al principio, incluso peores resultados de los que se venían obteniendo por los procedimientos convencionales.
– La introducción de la informática en una empresa exige, al menos en cierta medida, una especialización y una coordinación de funciones y departamentos.

El plan debe tener una filosofía en cuanto al sistema físico, que en cualquier caso debe ser coherente con la estructura informática elegida. Por lo que al sistema lógico se refiere, la filosofía del plan se puede montar sobre alguna de las tres siguientes alternativas:

1. Desarrollo propio de todo el *software.*
2. Contratación de servicios para la elaboración del *software* necesario.
3. Contratación de paquetes de programas, tanto de aplicaciones como de uso general: un sistema de gestión de bases de datos, un sistema para generar informes a partir de las bases de datos creadas con el sistema de gestión, un paquete de procesamiento de textos, un paquete de gráficos, un paquete de simulación, etc.

En cuanto al personal sobre el que va a recaer la tarea de informatizar la empresa, las diferentes filosofías que hay que adoptar se pueden resumir en dos líneas concretas de actuación:

1. Basar la informatización en personal especializado en informática, procediendo a su contratación.
2. Formar en informática al personal propio de la empresa.

Brevemente, se podría decir que el plan informático debe cumplir las siguientes características:

– Flexibilidad para poder ser modificado de acuerdo con las circunstancias cambiantes de la empresa.
– Concreción en fases, actividades, tareas y competencias.
– Disposición de calendario de acciones, actividades y tareas.

El plan informático debe contener, al menos, los siguientes extremos:

– Relación de todos los procedimientos que hay que informatizar.
– Sistema físico necesario.
– Sistema lógico necesario.

Una vez elaborado el plan, antes de implantarlo, se debe evaluar el impacto del nuevo sistema sobre la empresa y sobre su personal, estudiar cómo repercutirá en cada departamento y en cada persona, con el fin de ir preparándolos para el cambio y formándolos. De esta manera, se evitan las actitudes negativas frente al cambio que pueden hacer fracasar el plan.

Las aplicaciones telemáticas en el transporte

La competitividad actual exige a las empresas un esfuerzo cada vez mayor en la modernización de sus sistemas de gestión, redes de distribución, comercialización, fuentes de información, etc. La Comisión Europea se ha marcado como objetivo la introducción adecuada de la telemática en el sector del transporte por carretera con el fin de garantizar a los clientes infraestructuras y servicios óptimos. La telemática, como unión de la informática y las telecomunicaciones, tiene actualmente un número de aplicaciones prácticamente ilimitado en cualquier sector. Su utilidad en el área empresarial está limitada únicamente por la imaginación del empresario. En el sector del transporte, las aplicaciones telemáticas son igualmente innumerables: contratación de cargas, tarifas, consultas sobre transporte de mercancías peligrosas, partes del estado de las carreteras y meteorológicos, etc.

Concepto de telemática

El avance tecnológico y el manejo de la información mediante la electrónica, la informática y las telecomunicaciones ha hecho que las diferencias entre la recolección de la información, su procesamiento y su distribución estén desapareciendo. La telemática tiene su origen en la unión de estas tecnologías (la electrónica, la informática y las telecomunicaciones) para resolver los problemas asociados con el manejo electrónico de los sistemas de información.

La telemática estudia los sistemas que permiten el acceso a la información, sin importar la distancia, englobando todos los servicios de aplicación que ofrece la tecnología de los sistemas de información. Algunos de los servicios más utilizados son los siguientes:

- *Fax:* permite la transmisión de documentos escritos e imágenes impresas a través de la línea telefónica.
- *Transferencias electrónicas de fondos:* consisten en la realización de operaciones de pago tanto de débito como de crédito. Se llevan a cabo, fundamentalmente, mediante tarjetas electrónicas.
- *Banca GSM:* es un conjunto de redes mediante las cuales algunos bancos permiten a sus clientes consultas sobre saldos, movimientos, etc., mediante la telefonía móvil.

– *Acceso a bases de datos:* una base de datos es una colección de datos de carácter homogéneo agrupada y organizada, que atiende a unos criterios determinados. Existen bases de datos de interés general que pueden ser consultadas mediante medios telemáticos.

– *Comercio electrónico:* consiste en la realización de transacciones comerciales donde las partes se relacionan electrónicamente en lugar de por contacto directo. Mediante el comercio electrónico se pueden llevar a cabo tanto operaciones de compraventa como de contratación de servicios.

– *Intercambio electrónico de datos (EDI):* consiste en el intercambio directo entre sistemas de documentos estándares de transacción. Este servicio permite a la empresa llevar a cabo la mayoría de las gestiones en cuanto a relaciones comerciales, fabricación, seguros, transportes y aduanas. Existe también el protocolo llamado Edifact que es el acrónimo de las palabras inglesas que significan intercambio electrónico de datos para la administración, el comercio y el transporte.

– *Comunicaciones por satélite:* la existencia de satélites permite la comunicación entre puntos situados a gran distancia sin necesidad de conexiones físicas. Las comunicaciones vía satélite tienen aplicación en múltiples campos, como el militar, la radio, la televisión, la educación, la cartografía, los transportes, etc.

– *Radiomensajería:* permite el envío de avisos a través de pequeños terminales portátiles.

Dependiendo de si la respuesta del servicio telemático es o no en tiempo real distinguimos dos tipos:

1. Sistemas telemáticos interactivos o en línea *(on line):* reciben la entrada de datos directamente desde la fuente y envían la respuesta en tiempo real al punto de destino de la información.

2. Sistemas no interactivos: los datos están almacenados en un terminal periférico y se puede acceder a ellos en cualquier momento, independientemente de cuando fueran procesados.

Dentro del inmenso campo que abarca la telemática, internet ocupa un lugar preferente que, en los últimos años, se ha consolidado como el principal instrumento para la consulta y transmisión de datos, eliminando distancias, ahorrando tiempo y simplificando la búsqueda de información. Internet es una red de redes, es decir, está formada por numerosas redes esparcidas por todo el mundo y conecta usuarios geográficamente dispersos mediante unos servicios y unas herramientas comunes.

Las redes que forman parte de internet son de muy diversa índole, propósito y tamaño; hay redes públicas y privadas, locales, regionales e internacionales, institucionales, educativas, de ocio, etc.

Una de las aplicaciones de internet más extendida es el correo electrónico. Es una herramienta de gran utilidad por su rapidez y fiabilidad. Permite enviar y recibir mensajes a través de medios telemáticos de una manera sencilla. Además, la mayoría de las aplicaciones de correo electrónico son compatibles con el resto de herramientas de nuestro sistema, con lo que podemos manipular, a priori o a posteriori, toda la información que enviamos o recibimos mediante el correo electrónico.

La contratación de transporte por medios telemáticos

La contratación de cargas, que tradicionalmente se ha venido efectuando mediante las agencias de transporte o bien por contacto directo, se ve sustancialmente mejorada al automatizarse telemáticamente.

En primer lugar, las ofertas se pueden hacer públicas desde el mismo instante en el que surgen. Igualmente, el transportista tiene un conocimiento instantáneo y global de todas las ofertas que hay. Las consultas se pueden llevar a cabo desde una oficina, mediante una simple llamada telefónica, o desde algún punto de la ruta, para completar una carga o asegurarse una carga que evite un retorno en vacío. Los viajes se pueden planificar con detalle, con todos los transportes delante, seleccionando entre todas las posibles mercancías y rutas.

Figura 1. Modelo de navegador por GPS.

A todas estas ventajas, habría que añadir la sencillez y comodidad en el uso de un sistema telemático al alcance de cualquier persona sin necesidad de formación específica alguna.

Otras aplicaciones de la telemática para el transporte

El sistema de posicionamiento global (GPS) es un sistema de posicionamiento por satélite que permite conocer la posición de un elemento fijo o móvil mediante la recepción de determinadas señales.

El sistema de localización automática de vehículos mediante GPS permite centralizar la posición de cada uno de los vehículos de una flota al instante. Para ello, cada vehículo debe estar dotado de un equipo móvil de localización (celular GPS) que obtiene en cada instante su posición y velocidad. Se consigue, así, aumentar la seguridad de los vehículos y de la mercancía al tiempo que se mejora la gestión en tiempo y recursos de la flota, lo cual repercute en una disminución de costes para la empresa.

El sistema RDS-TMC *(Radio Data System/Trafic Message Channel)* es un sistema telemático que informa sobre el estado de las carreteras. Esto permite al conductor conocer de antemano las condiciones en las que va a efectuar el viaje: las restricciones de tráfico, los atascos, las condiciones climáticas adversas y la localización de áreas de servicio, lo que conlleva un ahorro de tiempo y dinero a la vez que una conducción más segura.

Existen otras aplicaciones para la gestión de flotas que buscan optimizar el parque móvil de la empresa tratando de minimizar los kilómetros en vacío que lleva a cabo cada vehículo.

Tema 5.17

La facturación y las reglas Incoterms®

Normas de facturación

Según el reglamento del IVA y el Real Decreto 1619/2012 los empresarios y profesionales deben expedir y entregar facturas por cada operación que efectúen, y conservar copia o matriz de las mismas.

Se pueden agrupar varias operaciones en una factura, si son de un mes o período inferior al mes y son para el mismo cliente. Si la fecha de la operación facturada es diferente a la de emisión de la factura, se deben indicar ambas. En el supuesto de un servicio exento de IVA, debe indicarse en la factura el artículo de la Ley del IVA en que se base dicha exención.

Los empresarios usuarios del transporte pueden reclamar facturas si el transportista no las entrega, a fin de poder deducir el IVA. Según el nuevo reglamento de facturación, en vigor desde 1 de enero de 2013, las facturas pueden ser emitidas por el destinatario de las mismas, cumpliendo unos requisitos. Muchos operadores de transporte aplican esta modalidad con sus proveedores.

Las facturas pueden estar formalizadas en cualquier moneda, siempre que la cuota de IVA esté expresada en euros. También se pueden hacer en cualquier idioma, si bien la Agencia Tributaria, en una comprobación, podría solicitar traducción al castellano o a cualquier otro idioma oficial de España.

Se podrá expedir en cualquier caso factura simplificada cuando su importe no supere los 400 € (IVA incluido) y en las operaciones siguientes, si su importe no excede de 3.000 €, IVA incluido:

- Ventas al por menor.
- Ventas o servicios en ambulancia.
- Ventas o servicios a domicilio del consumidor.
- Transporte de personas y equipajes.
- Servicios de hostelería, restaurantes, bares, cafeterías, etc.
- Servicios prestados por salas de baile y discotecas.
- Servicios telefónicos a través de cabina o tarjetas.
- Servicios de peluquerías y salones de belleza.

- Utilización de instalaciones deportivas.
- Revelado de fotografías y servicios de estudios fotográficos.
- Aparcamiento y estacionamiento de vehículos.
- Alquiler de películas.
- Servicios de tintorería y lavandería.
- Utilización de autopistas de peaje.

Contenido de las facturas simplificadas

- Número de la factura y, en su caso, serie. La numeración de las facturas simplificadas dentro de cada serie debe ser correlativa.
- Fecha de expedición.
- Fecha de la operación, siempre que se trate de una fecha distinta a la de expedición.
- Número de identificación fiscal, así como el nombre y apellidos, razón o denominación social completa del obligado a su expedición.
- La identificación del bien entregado o de los servicios prestados.
- Tipo impositivo aplicado y, opcionalmente, la expresión «IVA incluido».
- Contraprestación total.

Pero siempre que el cliente lo solicite, para deducir el IVA en su declaración o para otros fines, se deberá indicar, además:

- NIF atribuido por la Administración tributaria española o, en su caso, por la de otro Estado miembro de la UE, así como el domicilio del destinatario de las operaciones.
- Cuota tributaria que, en su caso, se repercuta, que deberá consignarse por separado.

Contenido de las facturas completas

- Es obligatoria la consignación del domicilio, cuando el destinatario de las operaciones sea una persona física que no actúe como empresario o profesional.
- No es obligatorio indicar su condición de copias en las copias de las facturas.
- Debe incluirse en las facturas las siguientes menciones:

  - Aquellas en las que sea el adquirente o destinatario de la entrega o prestación quien expida la factura en lugar del proveedor o prestador: mención «facturación por el destinatario».

- Operaciones en las que el sujeto pasivo es el adquirente o el destinatario de la operación: mención «inversión del sujeto pasivo».
- Aplicación del régimen especial de las agencias de viajes: mención «régimen especial de las agencias de viajes».
- Aplicación del régimen especial de los bienes usados, objetos de arte, antigüedades y objetos de colección: mención «régimen especial de los bienes usados», «régimen especial de los objetos de arte» o «régimen especial de las antigüedades y objetos de colección».

— Solo se expide un original y si hay que expedir duplicados por extravío o situación similar, debe figurar escrito «DUPLICADO».
— Las facturas emitidas y recibidas se deben conservar durante cuatro años. Las recibidas se deben numerar.
— Si una factura rectifica a otra, se deben indicar los datos de la factura a la cual rectifica.

Con el reglamento de facturación vigente desde el 1 de enero de 2013, desaparece el uso del tique en determinadas operaciones, siendo sustituido por la factura simplificada.

Las reglas Incoterms

Aunque nada tiene que ver las reglas Incoterms con la facturación, sino con las compraventas internacionales, forman parte del tema 5.17 en el temario oficial de competencia, razón por la cual se tratan aquí.

Las reglas Incoterms (acrónimo de *International Commercial Terms)* son unos términos comerciales que se utilizan en comercio nacional e internacional, establecidos por la Cámara de Comercio Internacional de París. Son muy utilizadas y muy útiles porque ayudan a que empresas vendedoras y compradoras de países diferentes se entiendan con suma facilidad. Pero se trata de recomendaciones, no son normas ni son obligatorias. La última versión es la de 2020, en vigor desde el 1 de enero de 2021.

Sobre las reglas Incoterms véase *Guía práctica de las reglas Incoterms 2020. Derechos y obligaciones sobre las mercancías en el comercio internacional,* David Soler, Marge Books, 2017, Barcelona.

EXW / *Ex work* (en fábrica)

1. **Entrega y riesgo.** "En fábrica" significa que la empresa vendedora entrega la mercancía a la compradora cuando la pone a disposición de esta en un lugar designado (como una fábrica o un almacén), que puede ser las propias instalaciones de la vendedora u otro que se pacte.

   Para que ocurra la entrega, la empresa vendedora no tiene la obligación de cargar la mercancía en el vehículo de recogida, ni es necesario que la despache para la exportación, cuando tal despacho sea aplicable.

2. **Modo de transporte.** Esta regla puede utilizarse con independencia del modo o modos de transporte, si los hay, seleccionados.

3. **Lugar o punto preciso de entrega.** Las partes solo necesitan designar el lugar de entrega. Sin embargo, es muy aconsejable que también especifiquen, tan claramente como sea posible, el punto preciso en el lugar de entrega designado. Esta precisión dejará claro a ambas partes cuándo se entrega la mercancía y se transmite el riesgo a la compradora, a la vez que también marcará el momento a partir del cual los costos son por cuenta de la compradora. Si las partes no designan el punto de entrega, se considera que han dejado que la vendedora seleccione el punto "que mejor le convenga". Esto significa que la compradora puede incurrir en el riesgo de que la vendedora elija un punto inmediatamente antes de donde la mercancía es más probable que pueda perderse o resultar dañada. Es mejor para la compradora, por tanto, que se indique el punto preciso en el lugar donde ha de ocurrir la entrega.

4. **Advertencia para empresas compradoras.** EXW es la regla Incoterms que impone menos obligaciones a la vendedora. Desde la perspectiva de la compradora, por tanto, la regla debería utilizarse con precaución.

5. **Riesgos de carga.** La entrega ocurre y el riesgo se transmite cuando la mercancía se pone, no cargada, a disposición de la parte compradora. Sin embargo, el riesgo de pérdida o daño de la mercancía ocurridos mientras la vendedora llevara a cabo la operación de carga, probablemente recaería sobre la compradora, quien no ha participado físicamente en la carga. Dada esta posibilidad, sería aconsejable, cuando la vendedora ha de cargar necesariamente la mercancía, que las partes acuerden de antemano quién corre el riesgo por cualquier pérdida o daño que pueda producirse. Se trata de una situación habitual, sencillamente porque es más probable que la vendedora disponga del equipo de carga necesario en sus propias instalaciones o porque las normas de seguridad o las de protección impiden el acceso de personal no autorizado a las instalaciones de la vendedora. Si la compradora tiene interés en evitar cualquier ries-

EXW *(exworks):* en fábrica

La operación de carga en el vehículo de transporte es siempre responsabilidad de la empresa compradora, por lo que debe ser ella misma o la transportista contratada por esta la que la efectúe, inclusive cuando la mercancía vaya a combinarse con otros envíos para formar unidades de carga mayores o camiones completos.

La empresa vendedora entrega la mercancía al ponerla a disposición de la compradora en sus propias instalaciones sin cargarla en el vehículo que envía la empresa compradora. Esta última asume todos los costos y riesgos desde ese momento.

go durante la carga, debería considerar la posibilidad de elegir la regla FCA, según la cual, si la mercancía se entrega en las instalaciones de la vendedora, esta tiene la obligación de cargarla y asume el riesgo de pérdida o daño durante la operación.

6. **Despacho de exportación.** Al ocurrir la entrega cuando la mercancía está a disposición de la compradora, ya sea en las instalaciones de la vendedora o en otro punto designado, habitualmente en la jurisdicción de la vendedora o dentro de la misma unión o espacio aduaneros, la vendedora no tiene la obligación de realizar el despacho de exportación o en países terceros por los que pase la mercancía en tránsito. De hecho, EXW puede ser apropiada para operaciones nacionales, en las que no existe intención alguna de exportar la mercancía. La participación de la vendedora en el despacho de exportación se limita a proporcionar ayuda para obtener los documentos y la información que la compradora puede necesitar con el propósito de exportar la mercancía. Si la intención de la compradora es exportar la mercancía y prevé dificultades para obtener el despacho de exportación, se aconseja que pacte la regla FCA, con la que la obligación y el costo de obtener el despacho de exportación recaen sobre la vendedora.

FCA / *Free carrier* (franco porteador)

1. **Entrega y riesgo.** "Franco porteador" (lugar designado)" significa que la empresa vendedora entrega la mercancía a la compradora mediante una de estas dos opciones:

   - Si el lugar designado son las instalaciones de la vendedora, la mercancía se entrega cuando se carga en el vehículo de transporte dispuesto por la parte compradora.
   - Si el lugar designado es otro, la mercancía se entrega cuando, habiendo sido cargada en el medio de transporte de la empresa vendedora, alcanza dicho lugar y está preparada para la descarga desde el mismo y a disposición de la entidad porteadora o de otra persona designada por la compradora.

   En cualquiera de las opciones que se pacte, el lugar de entrega identifica dónde se transmite el riesgo a la parte compradora y el momento a partir del cual los costos son por cuenta de esta.

2. **Modo de transporte.** Esta regla puede utilizarse con independencia del modo de transporte seleccionado y también cuando se emplea más de un modo de transporte.

3. **Lugar o punto preciso de entrega.** Una compraventa en condiciones FCA puede cerrarse designando únicamente el lugar de entrega, ya sea en las instalaciones de la em-

FCA instalaciones de la empresa vendedora *(free carrier):* franco porteador

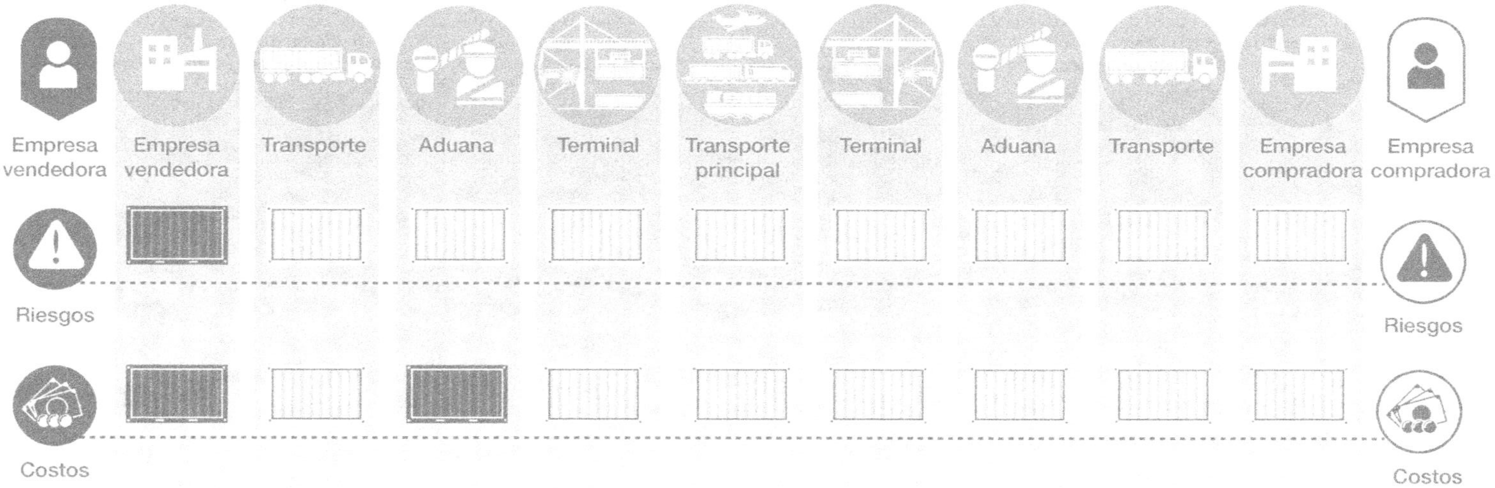

La empresa vendedora entrega la mercancía, despachada de exportación, una vez cargada sobre el vehículo que la empresa compradora envía a sus instalaciones. Desde ese momento, los costos y riesgos siguientes corresponden todos a la empresa compradora.

FCA otro lugar *(free carrier):* franco porteador

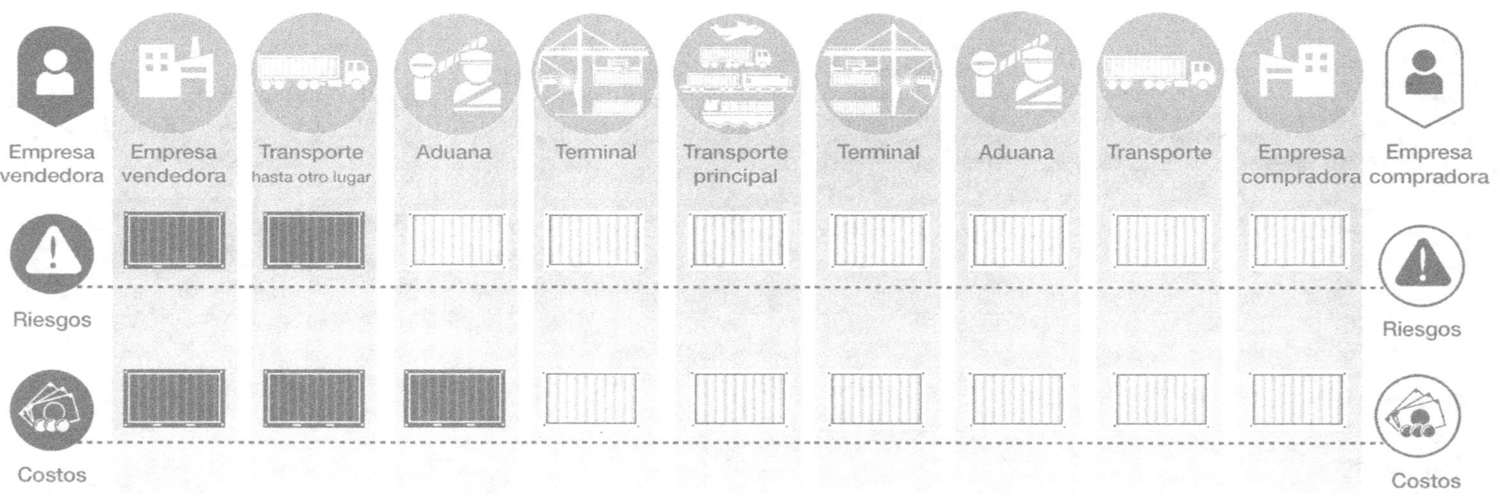

La empresa vendedora asume los costos y riesgos hasta situar la mercancía en el lugar designado (almacén, terminal, etc.), sin descargarla del vehículo de llegada y despachada de exportación. Desde ese momento, los costos y riesgos siguientes corresponden todos a la empresa compradora.

La empresa vendedora entrega la mercancía en el lugar acordado (sin descargarla del vehículo con que la transporta) y despachada de exportación. Desde ese momento, los costos y riesgos siguientes corresponden todos a la empresa compradora.

presa vendedora o en cualquier otro lugar. Sin embargo, es muy aconsejable que las partes especifiquen con la mayor precisión posible el punto de entrega designado. Solo así quedará claro para ambas partes cuándo se entrega la mercancía y se transmite el riesgo a la compradora, así como el momento a partir del cual los costos son por cuenta de esta. Si no se identificara el punto preciso en el contrato de compraventa, la parte vendedora tiene el derecho de seleccionar el "que mejor le convenga", lo que significa que la compradora puede incurrir en el riesgo de que la vendedora elija un lugar inmediatamente antes de donde la mercancía es más probable que pueda perderse o resultar dañada. Es mejor para la compradora, por tanto, que se seleccione de mutuo acuerdo el punto preciso en donde ha de ocurrir la entrega.

4. **Despacho de exportación / importación.** La regla FCA exige que la parte vendedora despache la mercancía para la exportación, cuando sea aplicable. Sin embargo, esta no tiene la obligación de despacharla para la importación o para el tránsito a través de países terceros, de pagar derechos de importación o de llevar a cabo ningún trámite aduanero de importación.

CPT / *Carriage paid to* (transporte pagado hasta)

1. **Entrega y riesgo.** "Transporte pagado hasta" significa que la parte vendedora entrega la mercancía y transmite el riesgo a la compradora al ponerla en poder de la empresa portadora contratada por ella misma, en la manera y el lugar apropiados para los medios de transporte utilizados, asumiendo el costo del transporte desde la entrega hasta el destino acordado.

   Obsérvese que una vez que la vendedora ha realizado la entrega de la mercancía, no puede garantizar que la mercancía llegue al lugar de destino en buen estado, en la cantidad estipulada o incluso que llegue, dado que el riesgo se transmite a la parte compradora cuando la mercancía se entrega a esta última poniéndola en poder de la porteadora.

2. **Modo de transporte.** Esta regla puede utilizarse con independencia del modo de transporte seleccionado y también cuando se emplea más de un modo de transporte.

3. **Lugares (o puntos) de entrega y destino.** En CPT es importante considerar dos ubicaciones: el lugar o el punto (si lo hay) en donde se entrega la mercancía (por la transmisión del riesgo) y el lugar o el punto acordado como destino de la mercancía (hasta donde la empresa vendedora se compromete a contratar el transporte).

4. **Identificar con precisión el lugar o punto de entrega.** Es muy aconsejable que las partes identifiquen el lugar o punto de entrega con la mayor precisión posible en el con-

CPT *(carriage paid to):* transporte pagado hasta

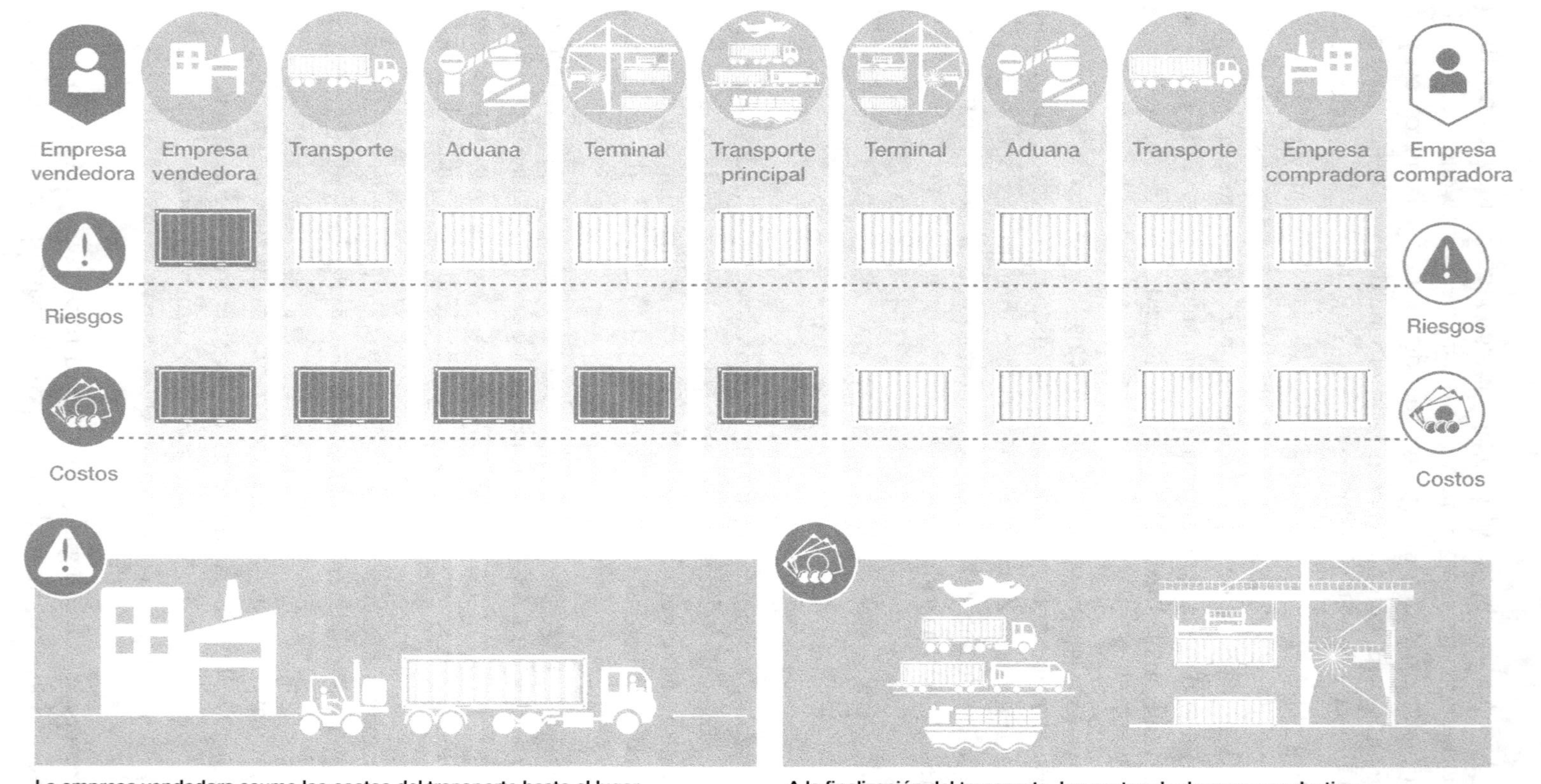

La empresa vendedora asume los costos del transporte hasta el lugar de destino designado (terminal portuaria o ferroviaria, centro logístico, etc.), si bien la entrega y la transmisión de riesgos a la compradora tienen lugar al poner la mercancía a disposición de la primera empresa transportista en sus instalaciones u otro lugar acordado.

A la finalización del transporte, los costos de descarga en destino corresponden a la empresa compradora, excepto que el contrato de transporte de la vendedora los incluya.

CPT por carretera *(carriage paid to):* transporte pagado hasta

La empresa vendedora asume los costos del transporte por carretera hasta el lugar designado (habitualmente, instalaciones de la empresa compradora), si bien la entrega y la transmisión de riesgos a la compradora tienen lugar al cargar la mercancía sobre el vehículo de la empresa transportista en sus instalaciones u otro lugar acordado.

A la finalización del transporte por carretera, los costos de descarga en destino corresponden a la empresa compradora, excepto que el contrato de transporte de la vendedora los incluya.

trato de compraventa. Ello es importante para hacer frente a la situación en la que se contrata a distintas empresas portadoras, cada una para etapas diferentes del trayecto, desde la entrega hasta el destino. Si esto ocurre y las partes no han acordado un lugar o un punto de entrega específico, la posición por defecto es que el riesgo se transmite cuando la mercancía se ha entregado a la primera porteadora en un punto a la entera elección de la empresa vendedora y sobre el que la compradora no tiene ningún control.

5. **Identificar el destino tan precisamente como sea posible.** También es aconsejable que las partes identifiquen en el contrato de compraventa de la manera más precisa posible el destino acordado, ya que este es el punto hasta donde la vendedora debe contratar el transporte y hasta donde los costos del mismo recaen sobre esta.

6. **Costos de descarga en destino.** Si la empresa vendedora incurre en costos relacionados con la descarga en el lugar de destino designado, en virtud de su contrato de transporte, no tiene derecho a recuperar tales costos por separado de la compradora a menos que las partes lo acuerden de otro modo.

7. **Despacho de exportación/importación.** La regla CPT exige que la parte vendedora despache la mercancía para la exportación, cuando sea aplicable. Sin embargo, esta no tiene la obligación de despacharla para la importación o para el tránsito a través de países terceros, de pagar derechos de importación o de llevar a cabo ningún trámite aduanero de importación.

CIP / *Carriage and insurance paid to* (transporte y seguro pagados hasta)

1. **Entrega y riesgo.** "Transporte y seguro pagados hasta" significa que la empresa vendedora entrega la mercancía y transmite el riesgo a la compradora poniéndola en poder de la porteadora, contratada por la vendedora, en la manera y el lugar apropiados para los medios de transporte utilizados.

   Obsérvese que una vez que la vendedora ha realizado la entrega de la mercancía, no puede garantizar que la mercancía llegue al lugar de destino en buen estado, en la cantidad estipulada o incluso que llegue, dado que el riesgo se transmite a la parte compradora cuando la mercancía se entrega a esta última poniéndola en poder de la porteadora.

2. **Modo de transporte.** Esta regla puede utilizarse con independencia del modo de transporte seleccionado y también cuando se emplea más de un modo de transporte.

3. **Lugares (o puntos) de entrega y destino.** En CIP es importante considerar dos ubicaciones: el lugar o el punto (si lo hay) en donde se entrega la mercancía (por la trans-

CIP *(carriage and insurance paid to):* transporte y seguro pagados hasta

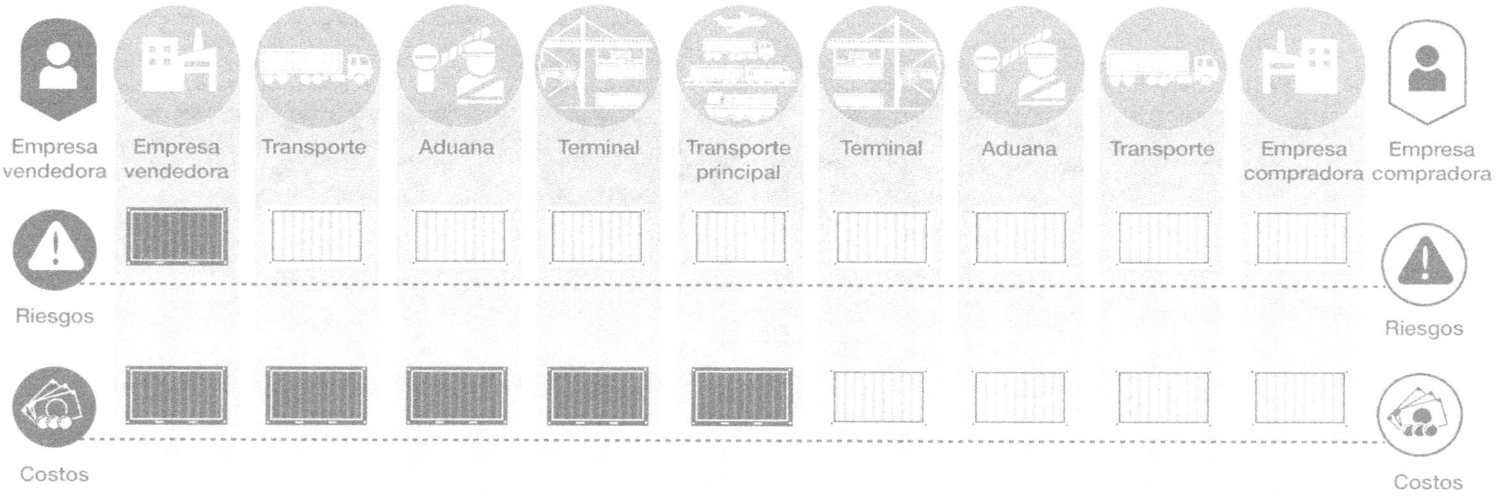

La empresa vendedora asume los costos del transporte hasta el lugar de destino designado (terminal portuaria o ferroviaria, centro logístico, etc.), si bien la entrega y la transmisión de riesgos a la compradora tienen lugar al poner la mercancía a disposición de la primera empresa transportista en sus instalaciones u otro lugar acordado.

A la finalización del transporte, los costos de descarga en destino corresponden a la empresa compradora, excepto que el contrato de transporte de la vendedora los incluya.

CIP por carretera *(carriage and insurance paid to):* transporte y seguro pagados hasta

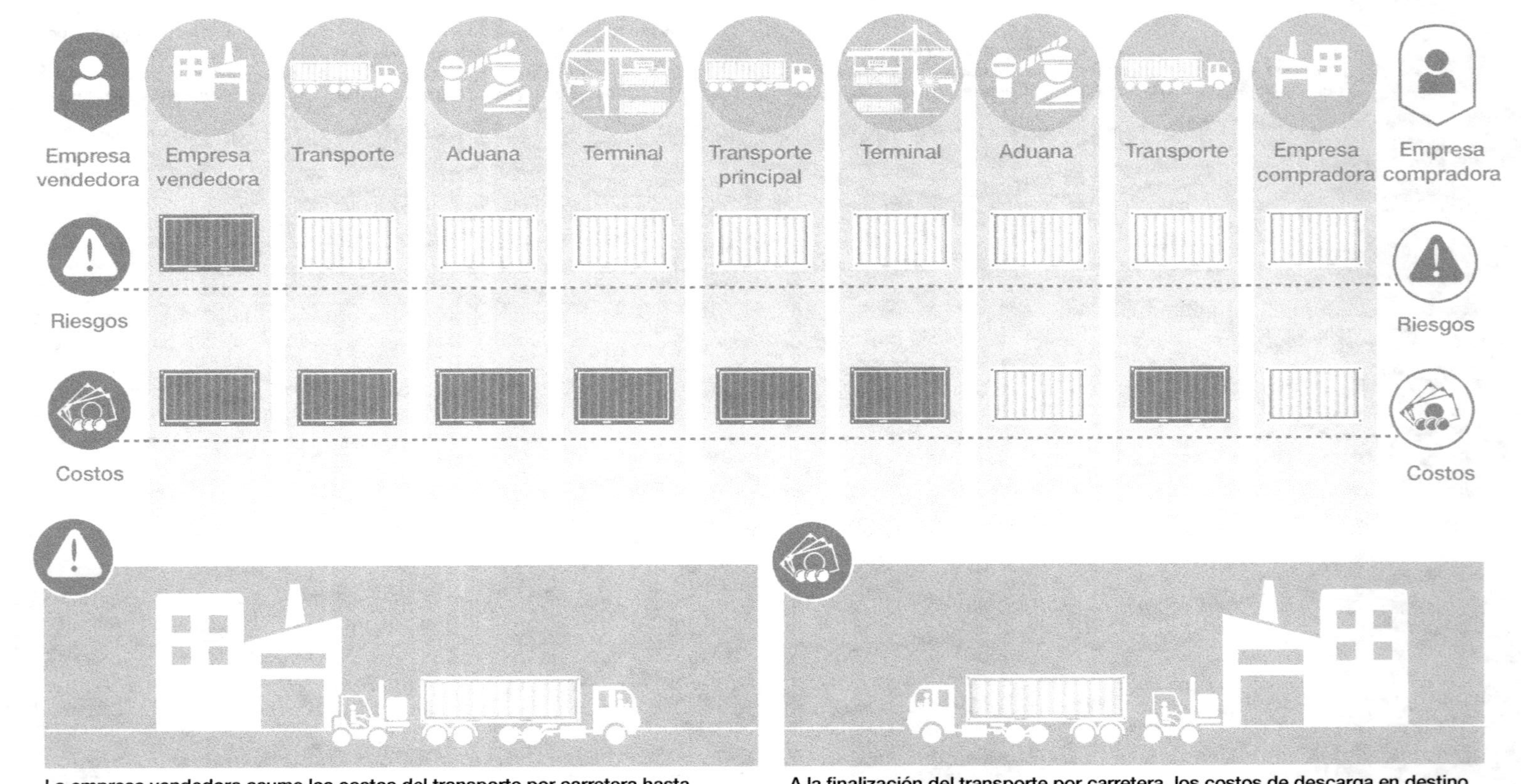

La empresa vendedora asume los costos del transporte por carretera hasta el lugar designado (habitualmente, instalaciones de la empresa compradora), si bien la entrega y la transmisión de riesgos a la compradora tienen lugar al cargar la mercancía sobre el vehículo de la empresa transportista en sus instalaciones u otro lugar acordado.

A la finalización del transporte por carretera, los costos de descarga en destino corresponden a la empresa compradora, excepto que el contrato de transporte de la vendedora los incluya.

misión del riesgo) y el lugar o el punto acordado como destino de la mercancía (hasta donde la parte vendedora se compromete a contratar el transporte).

4. **Seguro.** La vendedora también debe contratar la cobertura de un seguro sobre el riesgo de pérdida o daño de la mercancía desde el punto de entrega hasta, al menos, el punto de destino. Esto puede causar dificultades cuando el país de destino exige que la cobertura de seguro se contrate localmente. En este caso, las partes deberían considerar la posibilidad de vender y comprar en condiciones CPT. La compradora también debería tener en cuenta que la regla CIP exige que la vendedora obtenga una cobertura de seguro amplia que cumpla con las Cláusulas de Carga del Instituto (A) o una cláusula semejante, y no con la cobertura más limitada de las Cláusulas de Carga del Instituto (C). Las partes, no obstante, siguen teniendo la posibilidad de pactar un nivel inferior de cobertura.

5. **Identificar con precisión el lugar o punto de entrega.** Es muy aconsejable que las partes especifiquen, con la mayor precisión posible en el contrato de compraventa, ambos lugares, o los puntos concretos en esos lugares. Identificar el lugar o el punto (si lo hay) de entrega es importante para hacer frente a la situación habitual en la que se contrata a varios porteadores, cada uno para etapas diferentes del trayecto. Cuando las partes no han acordado un lugar o un punto de entrega específico, la posición por defecto es que el riesgo se transmite cuando la mercancía se ha entregado a la primera empresa porteadora en un punto a la entera elección de la vendedora y sobre el que la compradora no tiene ningún control. Si las partes desearan que el riesgo se transmita en una etapa posterior (por ejemplo, en un puerto oceánico o fluvial, o en un aeropuerto), o incluso anterior (por ejemplo, un punto del interior a cierta distancia de un puerto oceánico o fluvial), necesitan especificarlo en su contrato de compraventa y reflexionar cuidadosamente sobre las consecuencias de actuar así en caso de que la mercancía se pierda o resulte dañada.

6. **Identificar el destino de manera precisa.** También es aconsejable que las partes identifiquen en el contrato de compraventa, de la manera más precisa posible, el punto en el lugar de destino acordado, ya que este es el punto hasta donde la empresa vendedora debe contratar el transporte y hasta donde los costos de transporte recaen sobre esta.

7. **Costos de descarga en destino.** Si la vendedora incurre en costos relacionados con la descarga en el lugar de destino designado, en virtud de su contrato de transporte, la vendedora no tiene derecho a recuperar tales costos por separado de la compradora a menos que las partes lo acuerden de otro modo.

8. **Despacho de exportación/importación.** La regla CIP exige que la parte vendedora despache la mercancía para la exportación, cuando sea aplicable. Sin embargo, esta

no tiene la obligación de despacharla para la importación o para el tránsito a través de países terceros, de pagar derechos de importación o de llevar a cabo ningún trámite aduanero de importación.

DAP / *Delivered at place* (entrega en lugar)

1. **Entrega y riesgo.** "Entregada en lugar" significa que la empresa vendedora entrega la mercancía y transmite el riesgo a la compradora cuando la mercancía se pone a disposición de esta en el medio de transporte de llegada preparada para la descarga, en el lugar de destino designado o en el punto acordado.

   La parte vendedora corre con todos los riesgos que implica llevar la mercancía hasta el lugar o punto de destino designado. Según esta regla Incoterms, por tanto, coinciden la entrega y la llegada a destino.

2. **Modo de transporte.** Esta regla puede utilizarse con independencia del modo de transporte seleccionado y también cuando se emplea más de un modo de transporte.

3. **Identificar con precisión el lugar o punto de entrega.** Es muy aconsejable que las partes especifiquen el lugar o punto de destino con la mayor precisión posible. Esto es importante porque:

   - El riesgo de pérdida o daño de la mercancía se transmite a la empresa compradora en ese punto de entrega o destino.
   - Los costos antes de ese lugar o punto de entrega son por cuenta de la parte vendedora y los costos a partir de él son por cuenta de la compradora.
   - La vendedora debe contratar o disponer el transporte de la mercancía hasta el punto acordado. Si no lo hace, estará incumpliendo sus obligaciones y será responsable ante la empresa compradora por cualquier pérdida consiguiente. Así, por ejemplo, la vendedora sería responsable de cualquier costo adicional cobrado por la empresa porteadora a la compradora.

4. **Costos de descarga en destino.** No se exige que la vendedora descargue la mercancía de los medios de transporte de llegada. Sin embargo, si en virtud de su contrato de transporte esta incurre en costos relacionados con la descarga en el lugar de entrega o destino, no tiene derecho a recuperar tales costos por separado de la compradora, a menos que las partes lo acuerden de otro modo.

5. **Despacho de exportación/importación.** La regla DAP exige que la parte vendedora despache la mercancía para la exportación, cuando sea aplicable. Sin embargo, esta

DAP *(delivered at place):* entregada en lugar

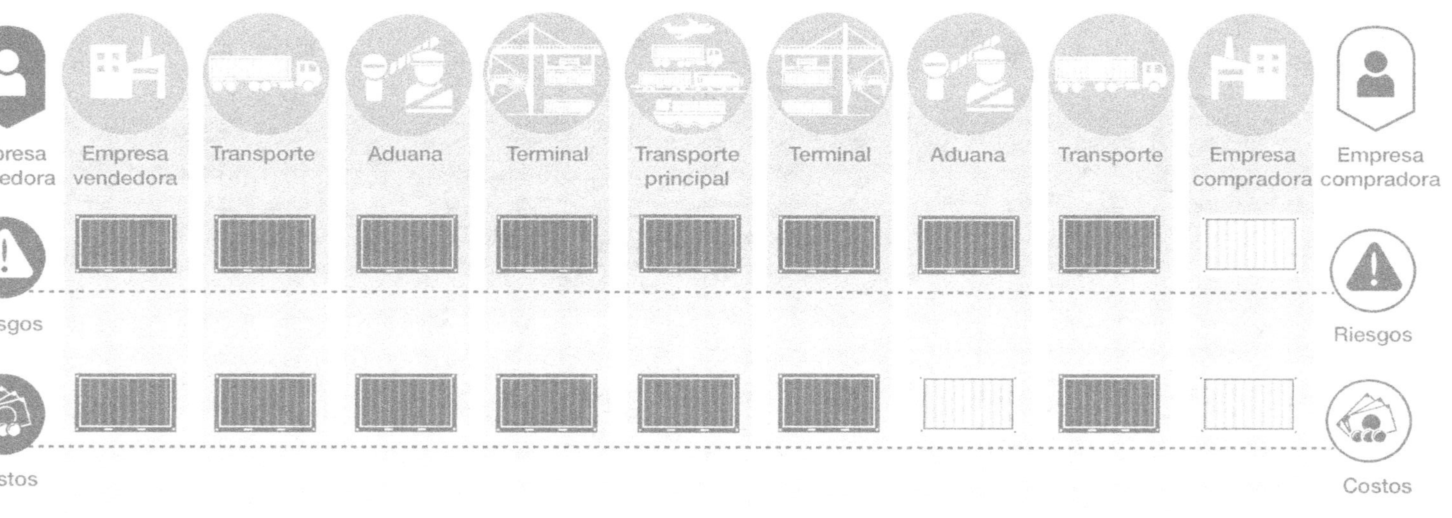

La empresa vendedora asume los costos y riesgos hasta entregar la mercancía en el lugar de destino designado (terminal, centro logístico, almacén, etc.), sin descargarla del vehículo de llegada. A partir de ese momento, los costos y riesgos corresponden a la empresa compradora.

no tiene la obligación de despacharla para la importación o para el tránsito posterior a la entrega a través de países terceros, de pagar derechos de importación o de llevar a cabo ningún trámite aduanero de importación. Como resultado, si la parte compradora no puede organizar el despacho de importación, la mercancía puede quedar retenida en un puerto o una terminal interior en el país de destino. ¿Quién corre con el riesgo por cualquier pérdida que pueda ocurrir mientras la mercancía está retenida? La respuesta es: la empresa compradora. La entrega todavía no habrá ocurrido y el riesgo de pérdida o daño de la mercancía corresponde a esta última hasta que pueda reanudarse el tránsito hasta un punto interior designado. Si, para evitar este escenario, la intención de las partes es que la vendedora despache la mercancía para la importación, pague los derechos o impuestos correspondientes y lleve a cabo cualquier trámite aduanero de importación, las partes tendrían que considerar la posibilidad de utilizar la regla DDP.

DPU / *Delivered at place unloaded* (entrega en lugar descargada)

1. **Entrega y riesgo.** "Entregada en lugar descargada" significa que la empresa vendedora entrega la mercancía y transmite el riesgo a la compradora cuando la mercancía, una vez descargada de los medios de transporte de llegada, se pone a disposición de esta, en el lugar de destino designado o en el punto acordado en ese lugar.

   La empresa vendedora corre con todos los riesgos que implica llevar la mercancía hasta el lugar de destino designado y descargarla. En esta regla, coinciden la entrega y la llegada a destino. DPU es la única regla Incoterms que exige que la vendedora descargue la mercancía en destino. Esta, por tanto, debería asegurarse de que puede organizar la descarga en el lugar designado. Si la intención de las partes fuera que la parte vendedora no corra con el riesgo y el costo de la descarga, deberían evitar la regla DPU y utilizar en su lugar la DAP.

2. **Modo de transporte.** Esta regla puede utilizarse con independencia del modo de transporte seleccionado y también cuando se emplea más de un modo de transporte.

3. **Identificar con precisión el lugar o punto de entrega.** Es muy aconsejable que las partes especifiquen el lugar o punto de destino con la mayor precisión posible. Esto es importante porque:

   - El riesgo de pérdida o daño de la mercancía se transmite a la empresa compradora en ese punto de entrega o destino.
   - Los costos antes de ese lugar o punto de entrega son por cuenta de la parte vendedora y los costos a partir de él son por cuenta de la compradora.

DPU

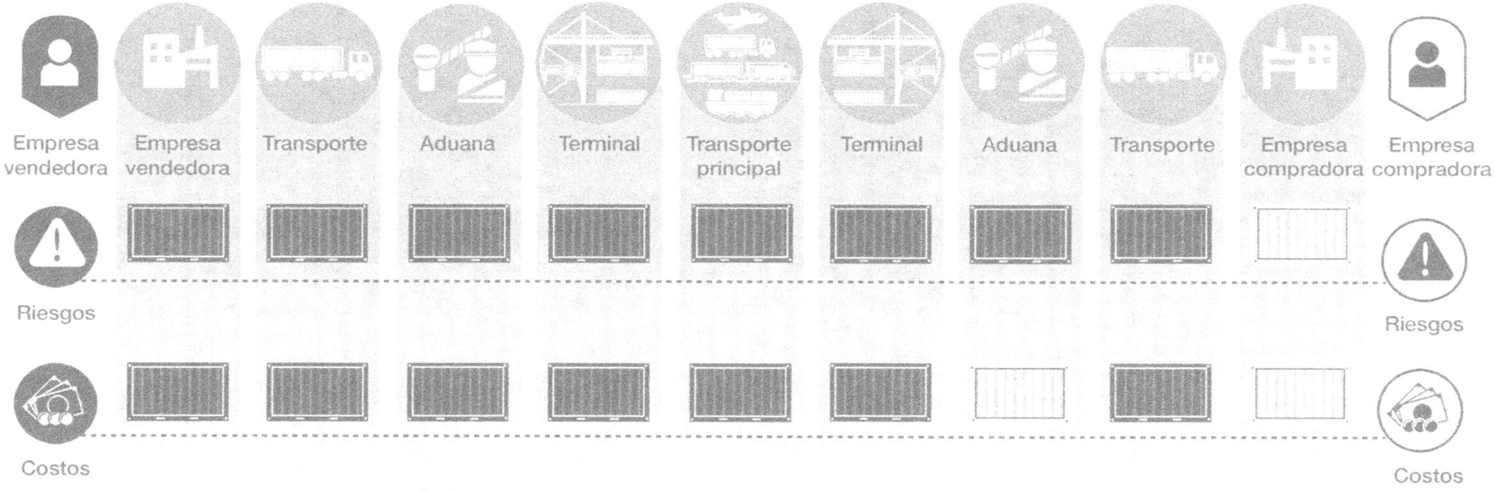

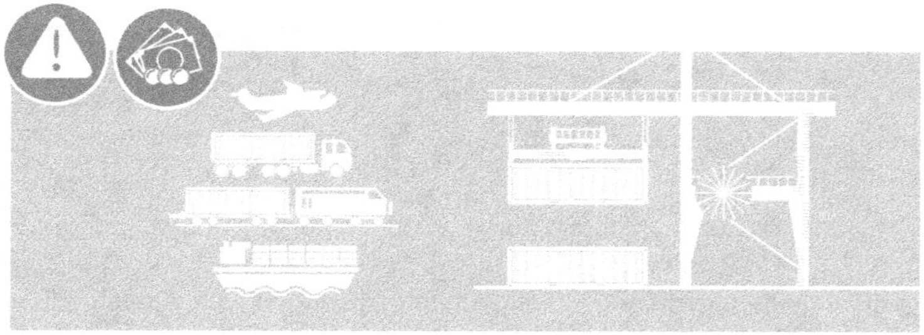

La empresa vendedora asume los costos y riesgos hasta entregar la mercancía en el lugar de destino designado (terminal portuaria o aeroportuaria, centro logístico, etc.), descargada del vehículo de llegada. A partir de ese momento, los costos y riesgos corresponden a la empresa compradora.

La empresa vendedora asume los costos y riesgos hasta entregar la mercancía en el lugar de destino designado (almacén, centro logístico, etc.), descargada del vehículo de llegada. A partir de ese momento, los costos y riesgos corresponden a la empresa compradora.

- La vendedora debe contratar o disponer el transporte de la mercancía hasta el punto acordado. Si no lo hace, estará incumpliendo sus obligaciones y será responsable ante la empresa compradora por cualquier pérdida consiguiente. Así, por ejemplo, la vendedora sería responsable de cualquier costo adicional cobrado por la empresa porteadora a la compradora.

4. **Despacho de exportación/importación.** La regla DPU exige que la parte vendedora despache la mercancía para la exportación, cuando sea aplicable. Sin embargo, esta no tiene la obligación de despacharla para la importación o para el tránsito posterior a la entrega a través de países terceros, de pagar derechos de importación o de llevar a cabo ningún trámite aduanero de importación. Como resultado, si la parte compradora no puede organizar el despacho de importación, la mercancía puede quedar retenida en un puerto o una terminal interior en el país de destino. ¿Quién corre con el riesgo por cualquier pérdida que pueda ocurrir mientras la mercancía está retenida? La respuesta es: la empresa compradora. La entrega todavía no habrá ocurrido y el riesgo de pérdida o daño de la mercancía corresponde a esta última hasta que pueda reanudarse el tránsito hasta un punto interior designado. Si, para evitar este escenario, la intención de las partes es que la vendedora despache la mercancía para la importación, pague los derechos o impuestos correspondientes y lleve a cabo cualquier trámite aduanero de importación, las partes tendrían que considerar la posibilidad de utilizar la regla DDP.

DDP / *Delivered duties paid* (entrega derechos pagados)

1. **Entrega y riesgo.** "Entregada derechos pagados" significa que la empresa vendedora entrega la mercancía a la compradora cuando la pone a disposición de esta, despachada para la importación, en los medios de transporte de llegada, preparada para la descarga, en el lugar de destino designado o en el punto acordado en ese lugar.

   La vendedora corre con todos los riesgos que implica llevar la mercancía hasta el lugar de destino designado o hasta el punto acordado en ese lugar. En esta regla coinciden la entrega y la llegada a destino.

2. **Modo de transporte.** Esta regla puede utilizarse con independencia del modo de transporte seleccionado y también cuando se emplea más de un modo de transporte.

3. **Advertencia para empresas vendedoras: máxima responsabilidad.** Con el uso de la regla DDP la entrega ocurre en destino y la empresa vendedora es responsable de pagar los derechos de importación y los impuestos aplicables. Es la regla que impone a la vendedora el máximo nivel de obligaciones, por lo que debería utilizarse con precaución.

DDP *(delivered duty paid):* entregada derechos pagados

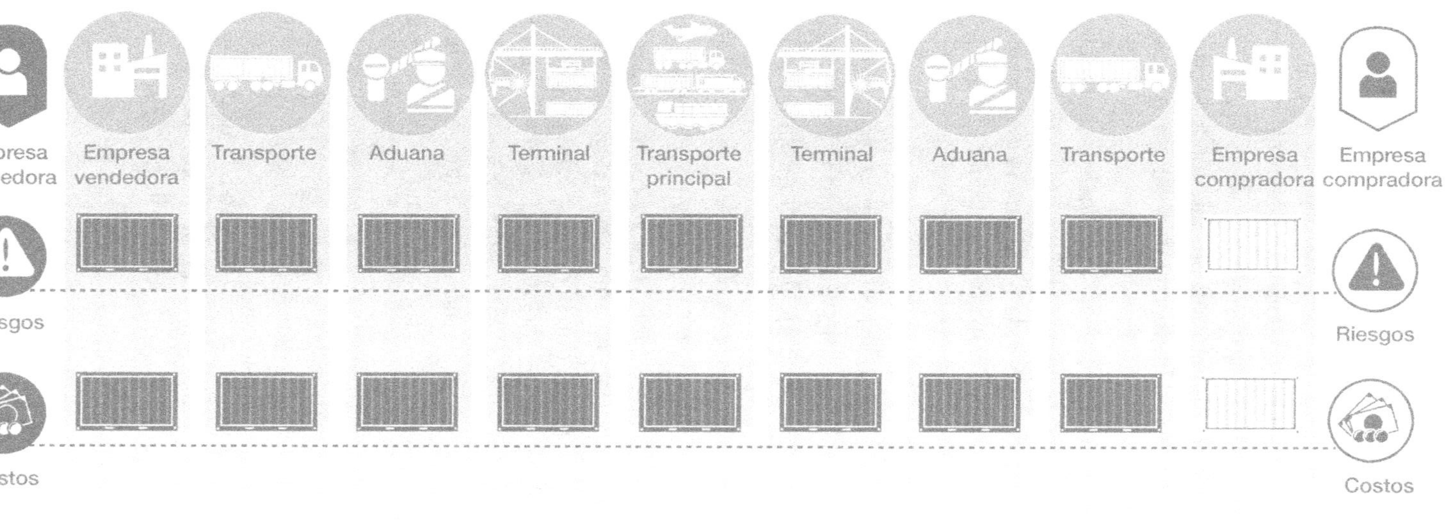

La empresa vendedora asume los costos y riesgos hasta entregar la mercancía, despachada de importación, en el lugar de destino designado (almacén de la empresa compradora u otro), sin descargarla del vehículo de llegada. A partir de ese momento, los costos y riesgos corresponden a la empresa compradora.

4. **Identificar con precisión el lugar o punto de entrega.** Es muy aconsejable que las partes especifiquen el lugar o punto de destino con la mayor precisión posible. Esto es importante porque:

- El riesgo de pérdida o daño de la mercancía se transmite a la empresa compradora en ese punto de entrega o destino.
- Los costos antes de ese lugar o punto de entrega son por cuenta de la parte vendedora, incluyendo los costos del despacho de importación, y los costos a partir de él son por cuenta de la compradora.
- La vendedora debe contratar o disponer el transporte de la mercancía hasta el punto acordado. Si no lo hace, estará incumpliendo sus obligaciones y será responsable ante la empresa compradora por cualquier pérdida consiguiente. Así, por ejemplo, la vendedora sería responsable de cualquier costo adicional cobrado por la empresa porteadora a la compradora.

5. **Costos de descarga en destino.** Si la vendedora, en virtud de su contrato de transporte, incurre en costos relacionados con la descarga en el lugar de entrega o destino, no tiene derecho a recuperar tales costos por separado de la compradora, a menos que las partes lo acuerden de otro modo.

6. **Despacho de exportación/importación.** La regla DDP exige que la vendedora despache la mercancía para la exportación, cuando sea aplicable, así como para la importación, y que pague cualquier derecho de importación o que lleve a cabo cualquier trámite aduanero. Por tanto, si la vendedora no puede obtener el despacho de importación y preferiría dejar estos temas en manos de la compradora en el país de importación, se debería considerar la posibilidad de elegir las reglas DAP o DPU, bajo las que la entrega ocurre en destino pero dejando el despacho de importación para esta. Puede haber consecuencias fiscales y estos impuestos quizá no puedan recuperarse de la compradora.

FAS / *Free alongside ship* (franco al costado del buque)

1. **Entrega y riesgo.** "Franco al costado del buque" significa que la empresa vendedora entrega la mercancía a la compradora cuando la mercancía se coloca al costado del buque (por ejemplo, en el muelle o en una barcaza) designado por esta en el puerto de embarque designado.

2. **Modo de transporte.** Esta regla solo ha de utilizarse para el trasporte por mar o por vías navegables interiores y cuando la intención de las partes es entregar la mercancía colocándola al costado del buque.

FAS *(free alongside ship):* franco al costado del buque

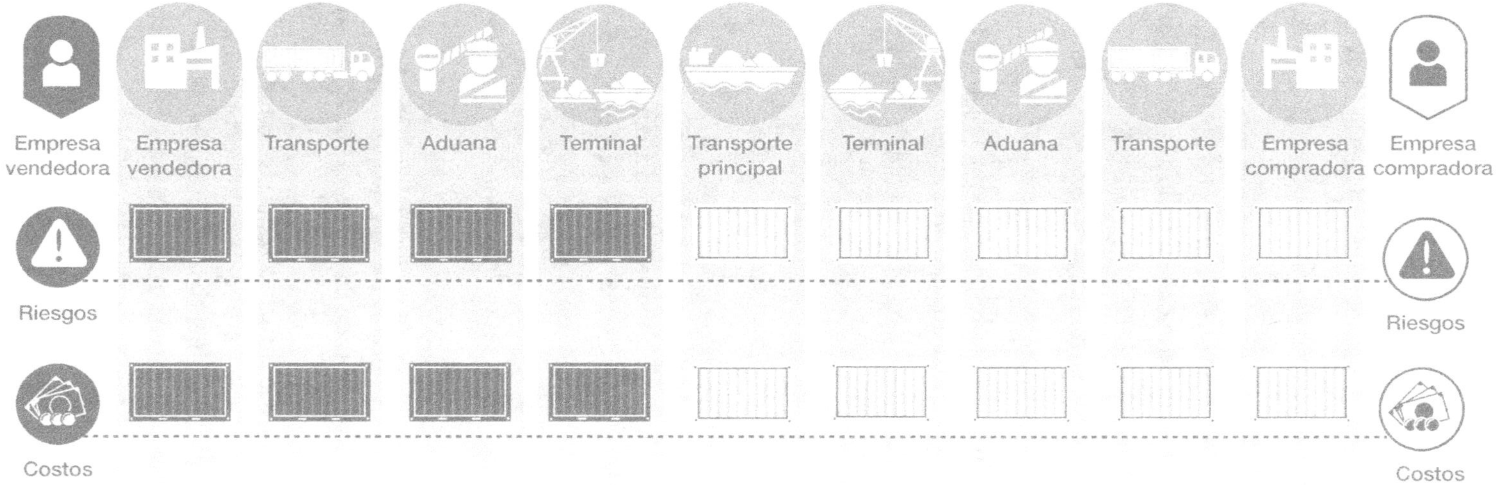

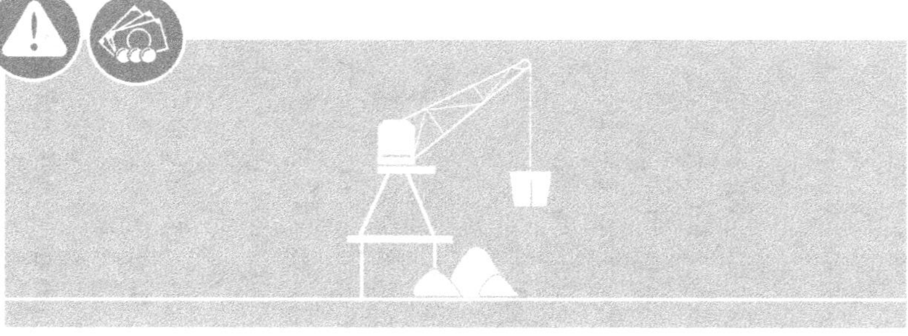

La empresa vendedora asume los costos y riesgos hasta situar la mercancía, despachada de exportación, al costado del buque en la terminal del puerto de embarque. Desde ese momento, los costos y riesgos (carga a bordo del buque, estiba, transporte y otros en destino) corresponden todos a la empresa compradora.

Así, la regla FAS no es adecuada cuando la mercancía se pone a disposición de la empresa porteadora antes de que esté al costado del buque, como ocurre cuando, por ejemplo, se pone a su disposición en una terminal de contenedores. Si este fuera el caso, las partes deberían considerar la posibilidad de utilizar la regla FCA en vez de la regla FAS.

3. **Identificar el punto de carga con precisión.** Es muy aconsejable que las partes especifiquen tan claramente como sea posible el punto de carga en el puerto de embarque designado, donde la mercancía ha de transferirse del muelle o la barcaza al buque, ya que los costos y riesgos hasta dicho punto son por cuenta de la empresa vendedora y estos costos y los gastos de manipulación asociados pueden variar según los usos del puerto.

4. **Despacho de exportación/importación.** La regla FAS exige que la parte vendedora despache la mercancía para la exportación, cuando sea aplicable. Sin embargo, esta no tiene la obligación de despacharla para la importación o para el tránsito a través de países terceros, de pagar derechos de importación o de llevar a cabo ningún trámite aduanero de importación.

FOB / *Free on board* (franco a bordo)

1. **Entrega y riesgo.** "Franco a bordo" significa que la empresa vendedora entrega la mercancía a la compradora a bordo del buque designado por esta en el puerto de embarque convenido.

   El riesgo de pérdida o daño de la mercancía se transmite cuando la mercancía está a bordo del buque, y la compradora corre con todos los costos desde ese momento en adelante.

2. **Modo de transporte.** Esta regla solo ha de utilizarse para el trasporte por mar o por vías navegables interiores, y cuando la intención de las partes es entregar la mercancía colocándola a bordo de un buque.

   Así, la regla FOB no es adecuada cuando la mercancía se pone en manos de la empresa porteadora antes de que esté a bordo de un buque, como ocurre cuando, por ejemplo, se pone a su disposición en una terminal de contenedores. Si este fuera el caso, las partes deberían considerar la posibilidad de utilizar la regla FCA en lugar de la regla FOB.

3. **Despacho de exportación/importación.** La regla FOB exige que la parte vendedora despache la mercancía para la exportación, cuando sea aplicable. Sin embargo, esta

FOB *(free on board)*: franco a bordo

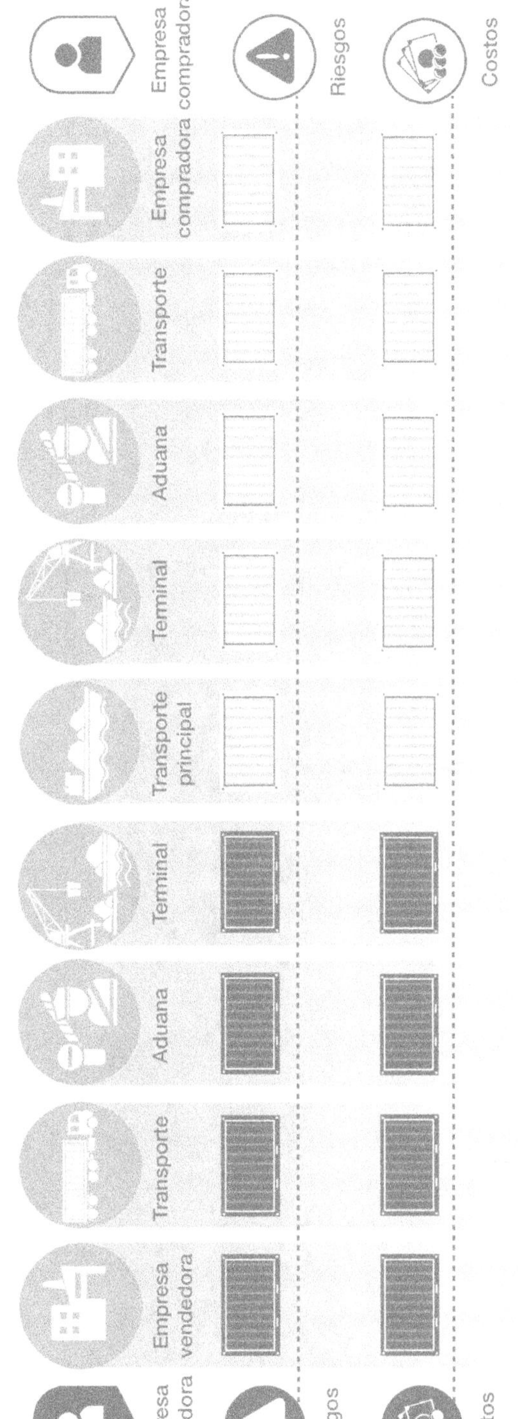

La empresa vendedora asume los costos y riesgos hasta situar la mercancía, despachada de exportación, a bordo del buque en el puerto de embarque. Desde ese momento, los costos y riesgos (transporte y otros en destino) corresponden todos a la empresa compradora.

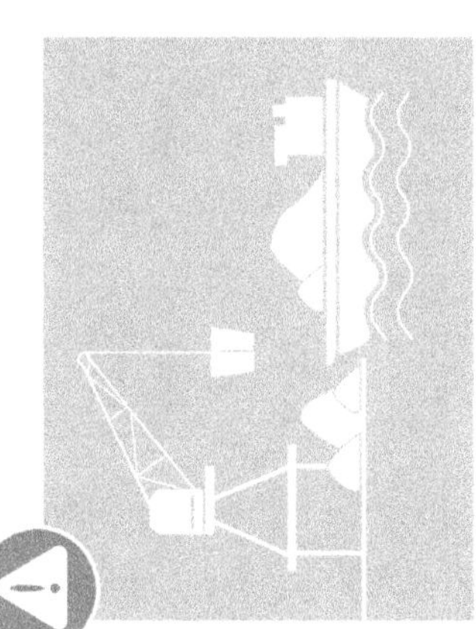

FOB con contenedor

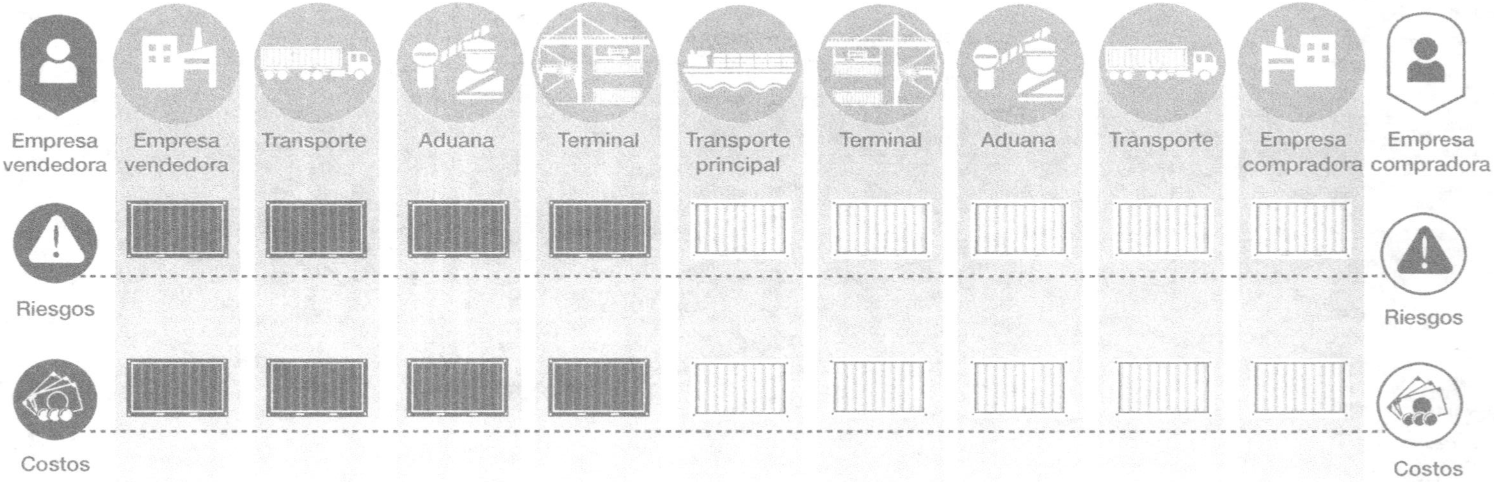

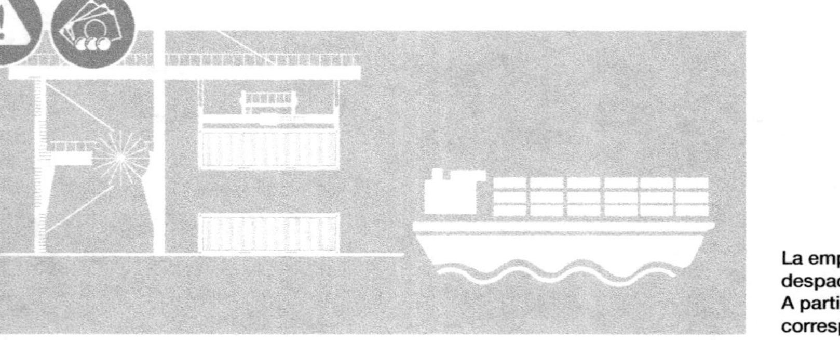

La empresa vendedora asume los costos y riesgos hasta situar el contenedor, despachado de exportación, a bordo del buque en el puerto de embarque. A partir de este punto, los costos y riesgos (transporte y otros en destino) corresponden todos a la empresa compradora.

no tiene la obligación de despacharla para la importación o para el tránsito a través de países terceros, de pagar derechos de importación o de llevar a cabo ningún trámite aduanero de importación.

CFR / *Cost and freight* (coste y flete)

1. **Entrega y riesgo.** "Coste y Flete" significa que la empresa vendedora entrega la mercancía a la compradora a bordo del buque.

   El riesgo de pérdida o daño de la mercancía se transmite cuando la mercancía está a bordo del buque, de modo que se considera que la vendedora ha cumplido su obligación de entregar mercancía tanto si esta llega a su destino, o no, en buen estado, en la cantidad estipulada, o incluso si no llegara.

   En la regla CFR, la vendedora no tiene ninguna obligación ante la compradora de obtener una cobertura de seguro. Es aconsejable, por tanto, que la compradora obtenga alguna cobertura para sí misma.

2. **Modo de transporte.** Esta regla solo ha de utilizarse para el trasporte por mar o por vías navegables interiores. Cuando se utilice más de un modo de transporte, que será el caso habitual cuando la mercancía se pone en manos de una porteadora en una terminal de contenedores, la regla apropiada a utilizar es la CPT, en lugar de CFR.

3. **Puertos de entrega y destino.** En la regla CFR, dos puertos son importantes: el puerto donde se entrega la mercancía a bordo del buque y el puerto acordado como destino de la mercancía. El riesgo se transmite a la compradora cuando la mercancía se entrega a bordo del buque en el puerto de embarque o procurándola así ya entregada. Sin embargo, la vendedora debe contratar el transporte de la mercancía desde la entrega hasta el destino acordado.

4. **¿Debe designarse el puerto de embarque?** Mientras que el contrato siempre especificará un puerto de destino, quizás no especifique el puerto de embarque, que es donde el riesgo se transmite a la parte compradora. Si el puerto de embarque resulta de interés particular para esta, como podría ser, por ejemplo, si deseara comprobar que el precio del flete es razonable, las partes deben identificarlo con precisión en el contrato de compraventa.

5. **Identificar el punto de destino en el puerto de descarga.** Las partes también deben identificar con precisión el punto en el puerto de destino designado, puesto que los costos hasta dicho punto son por cuenta de la vendedora. Esta debe formalizar un contrato o contratos de transporte que cubra(n) el tránsito de la mercancía desde la

CFR *(cost and freight):* costo y flete

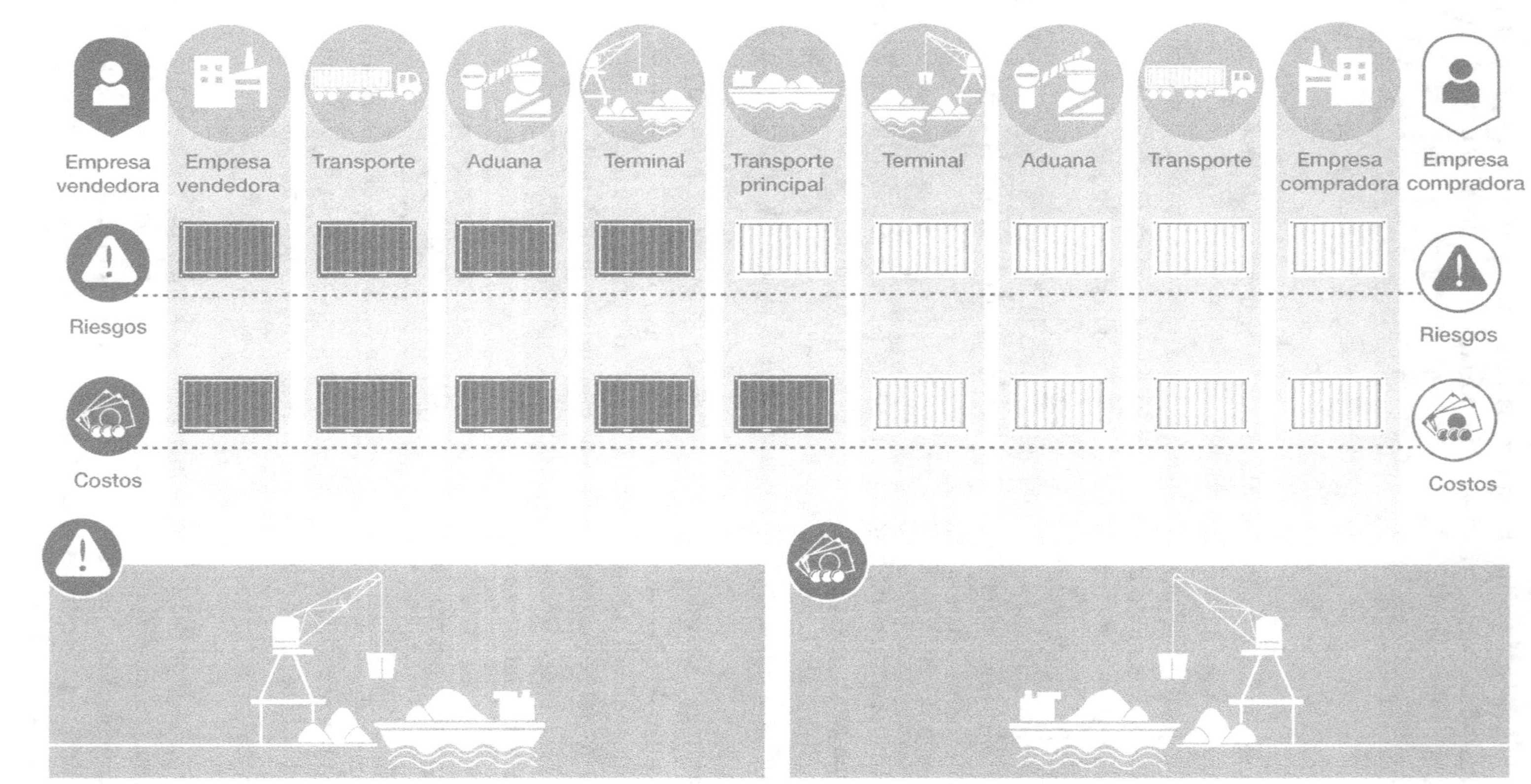

La empresa vendedora asume los costos logísticos hasta situar la mercancía en el puerto de destino designado, si bien la entrega y la transmisión de riesgos a la compradora se producen una vez que la mercancía se encuentra a bordo del buque en el puerto de embarque.

A la finalización del transporte marítimo, los costos de descarga en el puerto de destino corresponden a la empresa compradora, a menos que el contrato de transporte de la vendedora los incluya.

CFR con contenedor

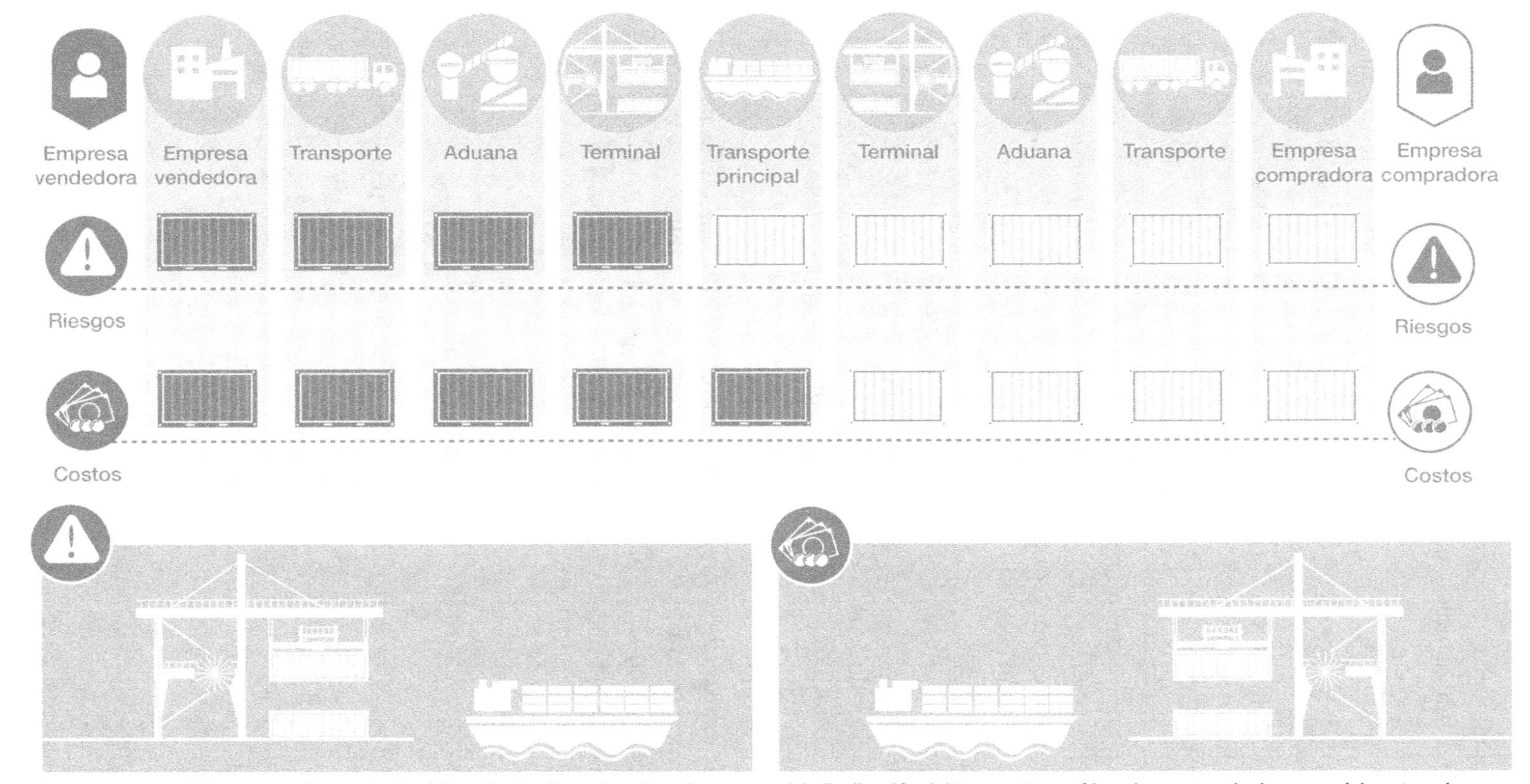

La empresa vendedora asume los costos logísticos hasta situar el contenedor en el puerto de destino designado, si bien la entrega y la transmisión de riesgos a la compradora se producen una vez que el contenedor se encuentra a bordo del buque en el puerto de embarque.

A la finalización del transporte marítimo, los costos de descarga del contenedor en el puerto de destino corresponden a la empresa compradora, a menos que el contrato de transporte de la vendedora los incluya, hecho que suele producirse cuando se contratan servicios de transporte de contenedores en línea regular.

entrega hasta el puerto designado o hasta el punto acordado en ese puerto, cuando tal punto haya sido acordado en el contrato.

6. **Porteadoras múltiples.** Es posible que el transporte se lleve a cabo mediante varias empresas porteadoras para las diferentes etapas del transporte marítimo como, por ejemplo, primero con una que explota un buque de enlace de Hong Kong a Shanghái y, a continuación, un buque oceánico de Shanghái a Southampton. La cuestión que surge es si el riesgo se transmite de la vendedora a la compradora en Hong Kong o en Shanghái: ¿dónde tiene lugar la entrega? Las partes pueden haberlo acordado en el contrato de compraventa, pero si no existe tal acuerdo, la posición por defecto es que el riesgo se transmite cuando la mercancía se ha entregado a la primera porteadora, es decir, en Hong Kong. Con ello se incrementa el periodo durante el que la compradora incurre en el riesgo de pérdida o daño. Si las partes desearan que el riesgo se transmita en una etapa posterior (aquí, en Shanghái) necesitan especificarlo en su contrato de compraventa.

7. **Costos de descarga.** Si la vendedora, en virtud de su contrato de transporte, incurre en costos relacionados con la descarga en el puerto de destino, no tiene derecho a recuperar tales costos por separado de la compradora, a menos que las partes lo acuerden de otro modo.

8. **Despacho de exportación/importación.** La regla CFR exige que la parte vendedora despache la mercancía para la exportación, cuando sea aplicable. Sin embargo, esta no tiene la obligación de despacharla para la importación o para el tránsito a través de países terceros, de pagar derechos de importación o de llevar a cabo ningún trámite aduanero de importación.

CIF / *Cost, insurance and freight* (coste, seguro y flete)

1. **Entrega y riesgo.** "Coste, seguro y flete" significa que la empresa vendedora entrega la mercancía a la compradora a bordo del buque en el puerto de carga.

   El riesgo de pérdida o daño de la mercancía se transmite cuando esta se encuentra a bordo del buque, de modo que se considera que la vendedora ha cumplido su obligación de entregarla, tanto si la mercancía llega a su destino, o no, en buen estado, en la cantidad estipulada, o incluso si no llegara.

2. **Modo de transporte.** Esta regla solo ha de utilizarse para el trasporte por mar o por vías navegables interiores. Cuando se utilice más de un modo de transporte, que será el caso habitual cuando la mercancía se pone en manos de una empresa porte-

CIF *(cost, insurance and freight):* costo, seguro y flete

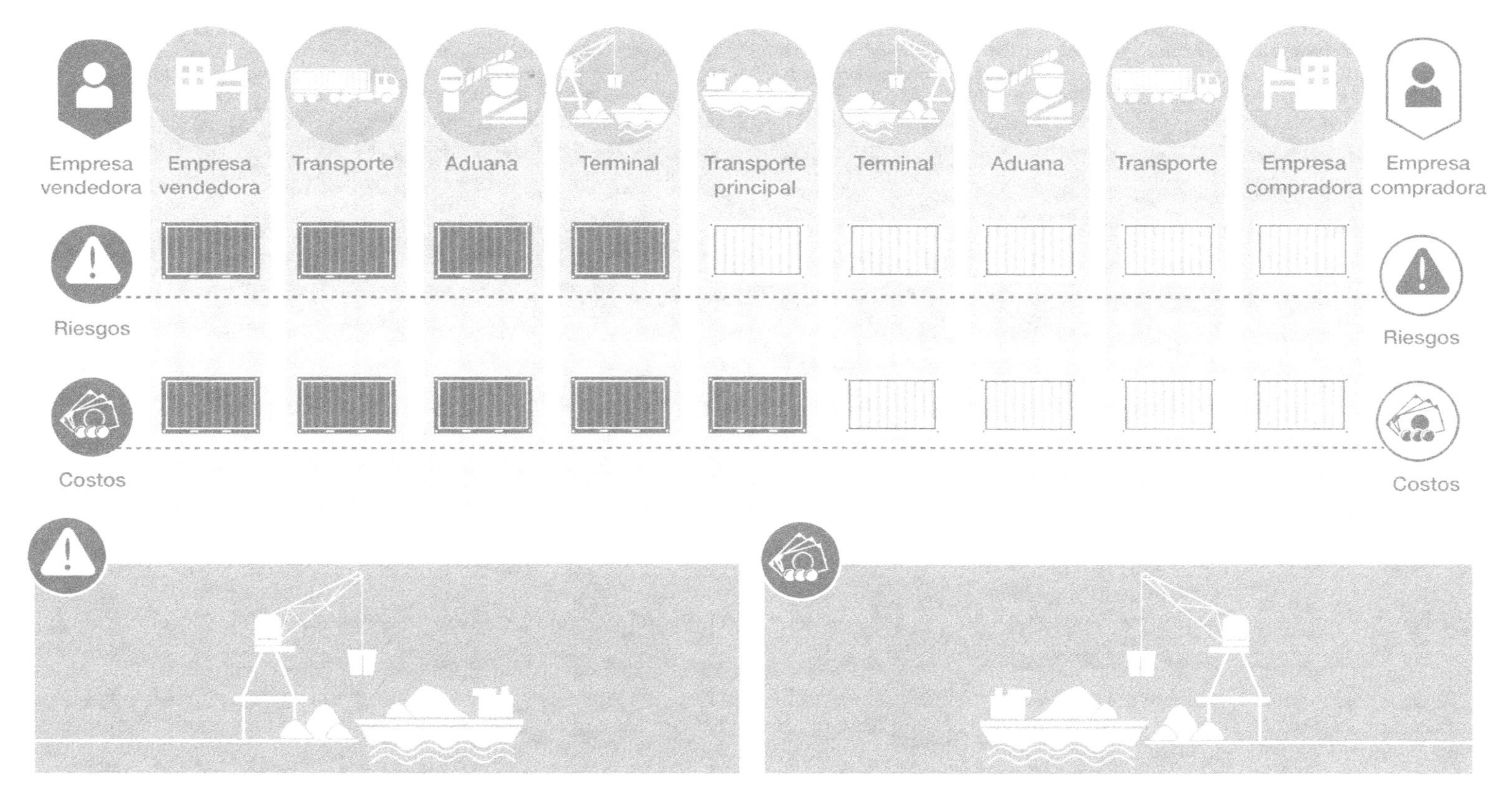

La empresa vendedora asume los costos logísticos hasta situar la mercancía en el puerto de destino designado, si bien la entrega y la transmisión de riesgos a la compradora se producen una vez que la mercancía se encuentra a bordo del buque en el puerto de embarque.

A la finalización del transporte marítimo, los costos de descarga en el puerto de destino corresponden a la empresa compradora, a menos que el contrato de transporte de la vendedora los incluya.

CIF con contenedor

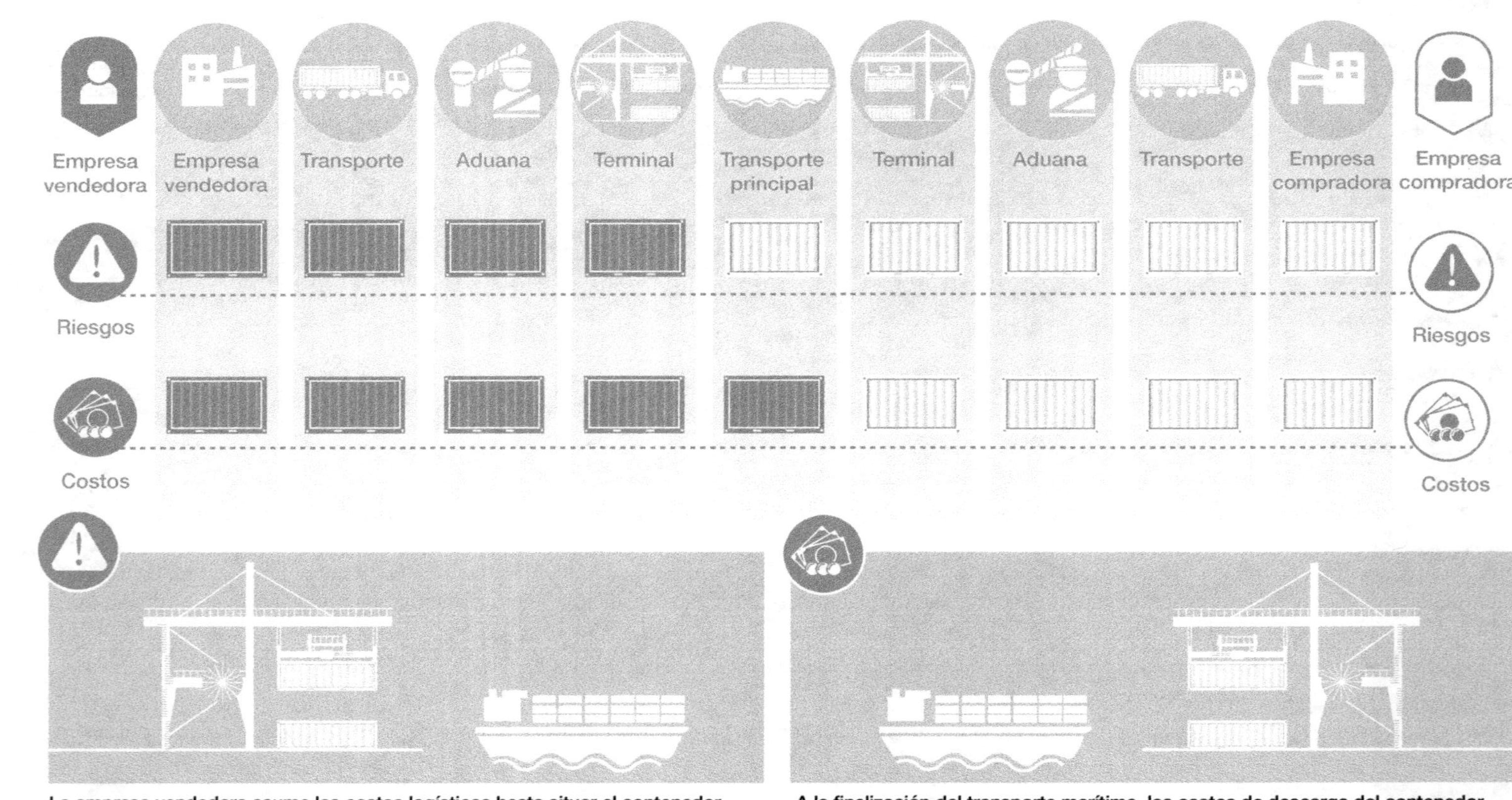

La empresa vendedora asume los costos logísticos hasta situar el contenedor en el puerto de destino designado, si bien la entrega y la transmisión de riesgos a la compradora se producen una vez que el contenedor se encuentra a bordo del buque en el puerto de embarque.

A la finalización del transporte marítimo, los costos de descarga del contenedor en el puerto de destino corresponden a la empresa compradora, a menos que el contrato de transporte de la vendedora los incluya, hecho que suele producirse cuando se contratan servicios de transporte de contenedores en línea regular.

adora en una terminal de contenedores, la regla apropiada a utilizar es CIP en lugar de CIF.

3. **Puertos de entrega y destino.** En la regla CIF, dos puertos son importantes: el puerto donde se entrega la mercancía a bordo del buque y el puerto acordado como destino de la mercancía. El riesgo se transmite de vendedora a compradora cuando la mercancía se entrega a esta última colocándola a bordo del buque en el puerto de embarque. Sin embargo, la vendedora debe contratar el transporte de la mercancía desde la entrega hasta el destino acordado.

4. **¿Debe designarse el puerto de embarque?** Mientras que el contrato siempre especificará un puerto de destino, quizás no especifique el puerto de embarque, que es donde el riesgo se transmite a la parte compradora. Si el puerto de embarque resulta de interés particular para esta, como podría ser, por ejemplo, si deseara comprobar que el precio del flete es razonable, las partes deben identificarlo con precisión en el contrato de compraventa.

5. **Identificar el punto de destino en el puerto de descarga.** Es aconsejable que las partes identifiquen de manera precisa el punto de entrega en el puerto de destino designado, puesto que los costos hasta dicho punto son por cuenta de la vendedora. Esta debe formalizar un contrato o contratos de transporte que cubra(n) el tránsito de la mercancía desde la entrega hasta el puerto designado o hasta el punto acordado en ese puerto.

6. **Porteadoras múltiples.** Es posible que el transporte se lleve a cabo mediante varias empresas porteadoras para las diferentes etapas del transporte marítimo como, por ejemplo, primero con una que explota un buque de enlace de Hong Kong a Shanghái y, a continuación, un buque oceánico de Shanghái a Southampton. La cuestión que surge es si el riesgo se transmite de la vendedora a la compradora en Hong Kong o en Shanghái: ¿dónde tiene lugar la entrega? Las partes pueden haberlo acordado en el contrato de compraventa, pero si no existe tal acuerdo, la posición por defecto es que el riesgo se transmite cuando la mercancía se ha entregado a la primera porteadora, es decir, en Hong Kong. Con ello se incrementa el periodo durante el que la compradora incurre en el riesgo de pérdida o daño. Si las partes desearan que el riesgo se transmita en una etapa posterior (aquí, en Shanghái) necesitan especificarlo en su contrato de compraventa.

7. **Seguro.** La vendedora debe contratar la cobertura de un seguro contra el riesgo de la compradora de pérdida o daño de la mercancía desde el punto de entrega hasta, al menos, el de destino. Esto puede causar dificultades cuando el país de destino exige

que la cobertura de seguro se contrate localmente: en este caso, las partes deberían considerar la posibilidad de vender y comprar bajo la regla CFR. La compradora también debería tener en cuenta que bajo la regla CIF se exige a la vendedora que obtenga una cobertura de seguro amplia que cumpla con las Cláusulas de Carga del Instituto (C) o una cláusula semejante, y no con la cobertura más amplia de las Cláusulas de Carga del Instituto (A).

Las partes, no obstante, siguen teniendo la posibilidad de pactar un nivel inferior de cobertura.

8. **Costos de descarga.** Si la vendedora, en virtud de su contrato de transporte, incurre en costos relacionados con la descarga en el punto que se específica en el puerto de destino, no tiene derecho a recuperar tales costos por separado de la compradora a menos que las partes lo acuerden de otro modo.

9. **Despacho de exportación/importación.** La regla CIF exige que la parte vendedora despache la mercancía para la exportación, cuando sea aplicable. Sin embargo, esta no tiene la obligación de despacharla para la importación o para el tránsito a través de países terceros, de pagar derechos de importación o de llevar a cabo ningún trámite aduanero de importación.

Reglas Incoterms 2020 - Asignación de gestiones y costos	EXW	FCA local vendedor	FCA otro lugar	FAS	FOB	CFR	CIF	CPT	CIP	DAP	DPU	DDP
Envase y embalaje	●	●	●	●	●	●	●	●	●	●	●	●
Otros costos de exportación: documentos, certificaciones...	●	●	●	●	●	●	●	●	●	●	●	●
Carga de la mercancía en el vehículo de transporte inicial	○	●	●	●	●	●	●	●	●	●	●	●
Despacho de exportación	○	●	●	●	●	●	●	●	●	●	●	●
Transporte inicial	○	○	●	●	●	●	●	●	●	●	●	●
Transporte hasta terminal	○	○	●	●	●	●	●	●	●	●	●	●
Costos en terminal de origen: THC, tasas y otros	○	○	○	●	●	●	●	●	●	●	●	●
Carga a bordo	○	○	○	○	●	●	●	●	●	●	●	●
Transporte principal	○	○	○	○	○	●	●	●	●	●	●	●
Seguro de transporte	●	●	●	●	●	●	●	●	●	○	○	○
Descarga en terminal	○	○	○	○	○	○	○	○	○	●	●	●
Costos en terminal de destino: THC, tasas y otros	○	○	○	○	○	○	○	○	○	●	●	●
Despacho de importación	○	○	○	○	○	○	○	○	○	○	○	●
Transporte de terminal a destino	○	○	○	○	○	○	○	○	○	●	●	●
Descarga de la mercancía del vehículo de transporte final	○	○	○	○	○	○	○	○	○	○	●	○

■ Costo a cargo de la empresa vendedora.

▫ Costo a cargo de la empresa compradora.

● ○ No es obligatoria la contratación del seguro como condición de una regla Incoterms, pero se indica la parte, vendedora o compradora, a la que le conviene plantearse su contratación por soportar mayoritariamente los riesgos del transporte. En general, es conveniencia de la compradora desde EXW a CPT, mientras que convendrá mayoritariamente a la vendedora desde DAP a DDP.

Tabla 1. Relación de las gestiones y costes que asumen la parte vendedora y la compradora en función de las distintas reglas Incoterms que acuerden para una operación de compraventa internacional.

Tema 5.18
Auxiliares del transporte

El operador de transporte (OT)

Es una persona física o jurídica que intermedia en la contratación de transportes de mercancías, interponiéndose entre cargadores y porteadores, y que contrata en nombre propio, tanto con unos como con otros. Frente al usuario actúa como porteador y frente al transportista efectivo, como cargador.

Con una misma autorización, denominada OT, puede actuar bajo las modalidades de agencia, empresa transitaria, almacenista distribuidora o de operaciones logísticas, cualquiera de ellas indistintamente, o bien algunas o todas simultáneamente.

Pueden abrir sucursales o locales auxiliares, con el único requisito de comunicarlo al órgano competente del lugar donde se instalen. Deben reunir los mismos requisitos o las condiciones que la sede central. La sede central será la del lugar donde el titular tenga su domicilio fiscal, salvo que la actividad de OT fuese secundaria respecto a otra que pudiera tener.

Requisitos para la obtención de una autorización de OT

Son similares a los exigidos para obtener una tarjeta de transporte público (temas 6.1 y 6.2), es decir, los siguientes: personalidad, nacionalidad, competencia profesional, honorabilidad y capacidad económica. El titular debe cumplir además con sus obligaciones fiscales, laborales y sociales. La capacidad económica consiste en tener un capital y unas reservas de al menos 60.000 €.

Deben disponer de un local abierto al público y distinto al domicilio privado del titular. El local deberá estar dedicado, en exclusiva, a actividades de transporte.

Respecto a la forma de acreditar el requisito de competencia profesional, honorabilidad y capacidad económica, véanse los temas 6.1 y 6.2.

Modalidad de agencia

Cuando los OT operan como agencias, pueden contratar toda clase de transportes, por carretera y otros medios y tanto nacionales como internacionales. Pueden actuar como remitentes o destinatarios de consolidaciones o grupajes, bien sea para su envío a destino, como para su recepción y distribución si actúan como destinatarios del grupaje.

Deben contratar en nombre propio, asumiendo el doble papel indicado anteriormente y hacerlo con transportistas autorizados. En caso contrario, pueden ser responsables de una infracción tipificada como grave. La infracción consiste en «contratar con...» al margen de la responsabilidad que pueda tener el propio transportista no autorizado.

Las agencias de carga fraccionada deberán efectuar las operaciones de manipulación, los grupajes, los almacenajes, el embalaje, etc., con trabajadores de su plantilla.

Modalidad de empresa transitaria

Su actividad consiste en organizar los transportes internacionales y los que se efectúen en régimen de tránsito aduanero.

Contratan en nombre propio con las empresas transportistas, siendo a la vez porteadoras y cargadoras, consolidan y desconsolidan mercancías o envíos enviados como grupajes de carga fraccionada y coordinan las diversas fases del transporte con destino o procedencia internacionales, especialmente en los transportes combinados y en los multimodales.

La empresa transitaria puede actuar también como consignataria de la cargadora. En este caso, se limita a recibir la mercancía y ponerla a disposición de la transportista designada por la cargadora. El contrato de transporte, en este caso, lo formalizan la cargadora y la transportista, limitándose la transitaria a la entrega de las mercancías.

Las empresas transitarias o *forwarding agent* suelen tener una amplia red de corresponsales y colaboradores en todo el mundo. En España, se agrupan en las asociaciones de transitarios internacionales existentes, que a su vez forman la Federación Española de Transitarios Expedidores Internacionales y Asimilados (Feteia). Su homólogas, como por ejemplo la Fedespedi italiana o la Apat portuguesa, forman la Federación Internacional de Asociaciones de Transitarios y Asimilados (Fiata), con gran peso en el ámbito del comercio internacional y con documentos y procedimientos propios reconocidos a escala mundial. Para ejercer esta actividad no es obligatoria la pertenencia a una asociación de empresas transitarias.

Modalidad de almacenista distribuidora

Las empresas almacenistas distribuidoras reciben mercancías ajenas en depósito. Las mercancías pertenecen a sus clientes, y, en ningún caso, a ellas. Entre la almacenista distribuidora y sus clientes existe un contrato de depósito regular. En dicho contrato son depositarias y sus clientes, los depositantes.

Deben asegurarse las mercancías almacenadas contra posible responsabilidad civil, incendio, robo y transporte. La distribución, la pueden hacer bien con vehículos propios y tarjeta de transporte público (nunca PC) o bien contratando en nombre propio con transportistas autorizados o mediante agencias.

Deben informar periódicamente a los depositantes (sus clientes) sobre las existencias y la distribución llevada a cabo.

Operadores logísticos

La Ley 9/2013 incorpora la figura de los operadores logísticos. Se trata de empresas especializadas en organizar, gestionar y controlar, por cuenta ajena, las operaciones de aprovisionamiento, transporte, almacenaje o distribución de mercancías que precisan sus clientes en el desarrollo de su actividad empresarial. En el ejercicio de su función, una empresa dedicada a operaciones logísticas puede utilizar infraestructuras, tecnología y medios propios o ajenos.

Estaciones de transporte de mercancías

Las estaciones de mercancías son centros destinados a concentrar las salidas y llegadas de vehículos de transporte público.

Tras la entrada en vigor de la Ley 25/2009 el 27 de diciembre de 2009 (Ley Omnibus), ya no es necesaria la obtención de ninguna autorización administrativa.

El artículo 21 del título IV de dicha ley determina que «el establecimiento de estaciones y centros de transporte estará sujeto al cumplimiento de las condiciones que, por razones de índole urbanística, fiscal, social y laboral o de seguridad ciudadana o vial, vengan impuestas, al efecto, por la legislación reguladora de tales materias».

Figura 1. Una empresa transitaria puede contratar con todos los medios de transporte.

Centros de información y distribución de cargas

Son puntos de encuentro entre oferentes y demandantes de transporte, o bien lugares que permiten acercar la oferta y la demanda de transporte. El artículo 21 del título IV de la Ley 25/2009 (Ley Omnibus), suprime el artículo 124 de la LOTT, que regulaba la autorización y funcionamiento de estos centros.

En consecuencia, desde su entrada en vigor el 27 de diciembre de 2009, dejan de existir como tales.

Arrendamiento de vehículos sin conductor

El artículo 21 del título IV de la Ley 25/2009 (Ley Omnibus), modifica el artículo 133 de la LOTT que trata del arrendamiento de vehículos. Declara libre esta actividad, que deja de estar sujeta a autorización administrativa.

Fija solo las siguientes condiciones: «La actividad de arrendamiento de vehículos sin conductor podrá ser realizada libremente por todas aquellas empresas que cumplan las obligaciones que, por razones de índole fiscal, social y laboral o de seguridad ciudadana o vial, les vengan impuestas por la legislación reguladora de tales materias».

Algunas direcciones de internet para ampliar información son las de las entidades siguientes:

- Asociación de Transitarios Internacionales de Barcelona (ATEIA-OLTRA) (www.bcn.ateia.com)
- Federación Española de Asociaciones de Transitarios (www.feteia.org).

CAPÍTULO 6

Acceso a la profesión y al mercado

Tema 6.1

Acceso a la profesión de transportista de mercancías por carretera

Introducción

Cuando un Estado se incorpora como miembro a la Unión Europea asume la obligación de respetar toda la normativa y legislación comunitaria, tanto la futura como la que existe desde la creación de la CEE. Cuando España entró a formar parte de la entonces Comunidad Europea, el 1 de enero de 1986, tuvo que legislar a nivel nacional sobre múltiples materias, para dar cumplimiento a las directivas comunitarias existentes.

En materia de transporte terrestre, las principales normas publicadas para transponer las mencionadas directivas comunitarias fueron la Ley de Ordenación de los Transportes Terrestres (LOTT) de julio de 1987 y su reglamento, el Decreto 1211 de 1990.

A partir del 4 de noviembre de 2011 es aplicable el Reglamento (CE) 1071/2009 del Parlamento Europeo y del Consejo de 21 de octubre de 2009, por el que se establecen las normas comunes relativas a las condiciones que han de cumplirse para el ejercicio de la profesión de transportista por carretera y por el que se deroga la Directiva 96/26/CE del Consejo. España ya cumple desde hace muchos años lo que ordena dicho reglamento.

En esta normativa se establece que para llevar a cabo actividades de transporte público, y las auxiliares y complementarias del mismo, se han de acreditar tres condiciones:

- Competencia profesional.
- Capacidad económica.
- Honorabilidad.

Los extranjeros, tanto las personas físicas como las jurídicas, de algún país miembro de la Unión Europea, pueden ejercer en España las actividades de transporte aquí señaladas, para lo cual deben acreditar el cumplimiento de los requisitos de competencia profesional, honorabilidad y capacidad económica que establece la normativa comunitaria.

Competencia profesional

Este requisito solo lo pueden poseer las personas físicas y no requiere ninguna titulación académica. La LOTT la define como la posesión de los conocimientos necesarios para el ejercicio de la actividad de transportista o de las actividades auxiliares de que se traten.

Actualmente, existen dos modalidades de certificados de competencia profesional: para la actividad de transporte interior e internacional de mercancías, y para la actividad de transporte interior e internacional de viajeros.

Reconocimiento

El reconocimiento consiste en el otorgamiento del título de competencia sin haber superado el examen establecido a estos efectos, en determinados casos legalmente establecidos. La competencia se reconoció de oficio en los siguientes casos:

1. A las personas físicas que el día de entrada en vigor de la LOTT (1 de agosto de 1987) eran titulares de autorizaciones de transporte público pesado, o para actividades de agencia, transitario y almacenista distribuidor.
2. A las personas que el día 1 de agosto de 1987 llevaban a cabo la dirección efectiva en una empresa titular de alguna de las autorizaciones indicadas en el punto anterior. En este sentido, la dirección de la empresa se refiere al hecho de tener capacidad jurídica para obligar contractualmente a dicha empresa (poderes).
3. Más recientemente, a las personas que obtengan el título de formación profesional de técnico superior en gestión de transporte, que desde 2013 se denomina transporte y logística, se les expedirá el título de competencia profesional para el transporte interior e internacional de mercancías y también de viajeros, de acuerdo con la disposición adicional única de la Orden de Fomento de 26 de junio de 2001 (BOE de 6 de julio).

Obtención

El título de competencia profesional se obtiene al superar las pruebas que se convocan en las diferentes comunidades autónomas, que consisten en cien preguntas tipo test con cuatro respuestas alternativas, más seis supuestos prácticos relacionados con las materias que según la normativa comunitaria debe conocer el director de una empresa de transporte.

Cada comunidad está obligada a convocar una prueba durante el primer semestre de cada año, aunque suelen convocar una segunda extraordinaria a finales del segundo (esto cambiará a partir del 1 de julio de 2020, según se indicó en la Introducción).

COMUNITAT EUROPEA/*COMUNIDAD EUROPEA*

Generalitat de Catalunya

CERTIFICAT DE COMPETÈNCIA PROFESSIONAL PER AL TRANSPORT
CERTIFICADO DE COMPETENCIA PROFESIONAL PARA EL TRANSPORTE
INTERIOR I INTERNACIONAL DE MERCADERIES / NACIONAL E INTERNACIONAL DE MERCANCIAS
PER CARRETERA / POR CARRETERA

NÚM./N.º

Per la present, la
Por la presente, la
CERTIFICA
a) *que el/la senyor/a:*
que don/doña:
nascut/nascutda BARCELONA   *el*
nacido/a en:
ha superat satisfactòriament les proves de l'examen de~   *organitzat per a l'obtenció del certificat*
ha superado satisfactoriamente las pruebas del examen del   *organizado para la obtención del certificado de*
convocatòria de: Convalidació
convocatoria de:
competència professional per al transport: INTERIOR I INTERNACIONAL DE MERCADERIES
competencia profesional para el transporte: NACIONAL E INTERNACIONAL DE MERCANCIAS
per carretera, conforme a allò que es disposa a:
por carretera, conforme a lo dispuesto en:
Orden de 28 de Mayo de 1999 por la que se desarrolla el capítulo I del título II del ROTT (B.O.E. 11-6-1999)

b) *que la persona esmentada en la lletra a) és facultada per invocar la seva competència professional en una*
que la persona mencionada en la letra a) está facultada para invocar su competencia profesional en una
empresa de transport de: Mercaderies   *per carretera*
empresa de transporte de: Mercancias   *por carretera*
que efectuï transports internacionals.
que efectúe transportes internacionales.

El present certificat constitueix prova suficient de la competència professional esmentada en l'apartat 1 de article 10 de la Directiva 96/26/CE del Consell, de 26 d'abril de 1966, relativa a l'accés a la professió de transportista de mercaderies i de transportista de viatgers per carretera, així com el reconeixement recíproc dels diplomes, certificats i altres títols destinats a afavorir l'exercici efectiu de la llibertat d'establiment d'aquests transportiestes en el sector dels transports interiors i internacionals.

El presente certificado constituye prueba suficiente de la competencia profesional mencionada en el apartado 1 del artículo 10 de la Directiva 96/26/CE del Consejo, de 29 de abril de 1996, relativa al acceso a la profesión de transportista de mercancías y de transportista de viajeros por carretera, así como el reconocimiento recíproco de los diplomas, certificados y otros títulos destinado a favorecer el ejercicio efectivo de la libertad de establecimiento de estos transportistas en el sector de los transportes nacionales e internacionales.

Expedit a BARCELONA   *el 15/11/2011*
Expedido en

El director general

Ricard Font i Hereu

A - RCM-FNMT

0039012

Figura 1. Certificado de competencia profesional.

Cumplimiento de la competencia profesional

Las empresas de transporte público y actividades auxiliares, tanto si son individuales como colectivas, deberán tener al frente de las mismas por lo menos a una persona con el título o certificado de competencia profesional.

Una misma persona no podrá capacitar profesionalmente a más de una empresa simultáneamente, excepto cuando varias empresas tengan más de un 50 % de capital de un mismo titular.

Si el titular de la autorización es una persona física y tiene a su nombre el título de competencia profesional, cumple perfectamente dicho requisito.

Las sociedades, las cooperativas de trabajo asociado y las empresas individuales cuyo titular no cumpla el requisito por sí mismo, deben cumplir el requisito a través de una persona que dirija efectivamente la empresa, lo cual se acreditará mediante:

- Poderes y disposición de fondos, compartido o no.
- Además, ser directivo en plantilla o bien socio con el 15 % o más de capital (esto último, solo en el caso de sociedades, lógicamente).
- Cuando el titular es una persona física y la competencia la aporta su cónyuge no es necesario cumplir el segundo requisito.

Honorabilidad

El cumplimiento de este requisito se le supone a todo el mundo, y tanto la LOTT como las demás normativas establecen los supuestos en que se puede perder tal requisito. Se acredita con un escrito responsable del interesado, aunque la Administración podría pedir un certificado de penales si lo considerase necesario.

Supuestos de pérdida de honorabilidad

Una persona pierde la honorabilidad cuando es:

1. Condenada por sentencia firme, por delitos dolosos a pena igual o superior a seis meses, hasta extinción de responsabilidad penal.
2. Condenada por sentencia firme a inhabilitación o suspensión, y que el delito tenga relación con el transporte, mientras dure la pena.
3. En el anexo I del RD 70/2019 figuran tres listas de infracciones que pueden dar lugar a la pérdida de honorabilidad:

• Lista A: infracciones que darían lugar a la pérdida de honorabilidad por 365 días.
• Listas B y C: infracciones para calcular el índice de reiteración infractora (IRI):

– Si se es titular de autorización: IRI = [I + (i/3)] / V.
– Si no se es titular de autorización: IRI = I + (i/3).

Donde
I = número de infracciones de los apartados B o C del anexo I cometidas en 365 días o menos y sancionadas por resolución firme.
V = número medio de vehículos adscritos a la autorización de que era titular la persona en los 365 días anteriores a la comisión de la última infracción tenida en cuenta para calcular I e i.

Capacidad económica

Se cumple este requisito cuando se dispone de los recursos financieros y materiales necesarios para asegurar la correcta gestión de la empresa. Este requisito se exige en el momento de solicitar cualquier tipo de autorización, así como también en los visados que cada dos años deben efectuarse.

La capacidad económica exigida para los titulares de autorizaciones de transporte de mercancías es de al menos 9.000 € para la primera copia certificada de la autorización y 5.000 € más por cada copia adicional. En el caso de autocares, las cuantías son exactamente las mismas.

Se admite la garantía de una entidad bancaria o aseguradora, por la cual se haga responsable solidaria de deudas hasta estos importes.

Si el titular es un empresario individual, se presume que tiene capacidad económica si ninguno de los vehículos de su flota rebasa los doce años de antigüedad y dispone de ellos en propiedad, arrendamiento financiero *(leasing)* o arrendamiento ordinario por 24 meses o más.

En la modalidad de autorizaciones de vehículos ligeros y ámbito exclusivamente autonómico, como es el caso de Cataluña, se requieren 3.000 € por vehículo.

Y por último, las agencias, los transitarios y los almacenistas distribuidores titulares de autorización OT deben acreditar que disponen de al menos 60.000 €.

Se pueden ampliar estas informaciones en la web del Ministerio de Transportes, Movilidad y Agenda Urbana (https://www.mitma.gob.es).

Tema 6.2

Acceso al mercado
de transporte interior de mercancías

Las normas que desarrollan y regulan este aspecto son el RD 1225/2006 publicado en BOE de 15 de noviembre de 2006, la Ley 9/2013 que modifica la LOTT y que entró en vigor el 25 de julio de 2013 y, finalmente, el RD 70/2019 de 15 de febrero, en vigor desde el 21 de febrero de 2019.

De acuerdo con esta última normativa, dejó de existir la autorización en soporte de papel, que pasó a ser una autorización virtual, es decir, un apunte en el Registro de Empresas y Actividades de Transporte del Ministerio de Transportes, Movilidad y Agenda Urbana. Así, desapareció el concepto de tarjeta de empresa y copias para los vehículos, que pasó a ser una autorización y vehículos vinculados a la misma.

El titular de cualquier autorización (MDP, MDL, VD, etc.) puede excluir de la misma a uno o varios vehículos simplemente comunicándolo a la Administración de transportes.

Si en el momento de entrar en vigor el RD 70/2019 una empresa tenía autorización MDL con algún vehículo adscrito de más de 3.500 kg de MMA, esta pasó a ser automáticamente una autorización MDP. Si no alcanza esos kilogramos de MMA, mantendrá la autorización MDL. Desde la entrada en vigor de dicho real decreto, no se conceden autorizaciones MDL si el solicitante tiene algún vehículo con más de 3.500 kg de MMA; en ese caso se le concede una autorización MDP.

Aspectos comunes del transporte público y privado complementario

Para efectuar transporte de mercancías, las empresas necesitan una autorización o tarjeta, salvo en los siguientes supuestos (artículo 20 del RD 1225/2006 y artículo 3 de la OM):

- Privados particulares (tendrán como máximo una MMA de 6 t, salvo alguna excepción).
- Públicos o privados realizados con vehículos de menos de tres ruedas.
- Privados complementarios de viajeros realizados con turismos, salvo transporte sanitario.

- Públicos con vehículos de hasta 2 t de MMA.
- Privados complementarios con vehículos de hasta 3,5 t de MMA.
- Público y privado complementario en recintos cerrados, dedicados a actividades distintas al transporte terrestre.
- Transportes oficiales.
- Los que lleven unidos de forma permanente máquinas y similares que los inhabilitan para el transporte.
- Privado complementario en tractores agrícolas.
- Fúnebre, y los que transporten dinero, valores y mercancías preciosas.
- Medicamentos, aparatos y equipo médico para catástrofes naturales.
- De basuras, adquiridos con ese fin por la correspondiente entidad local.
- Equipajes en remolques arrastrados por vehículos de transporte de viajeros.

Esta autorización es de ámbito nacional en todos los casos. Se otorga por tiempo indefinido, pero deben hacerse los visados cada dos años.

Los vehículos deben tener capacidad de tracción propia (es decir, no puede tratarse de remolques y similares), y estar matriculados y al día de la ITV.

Figura 1. Vehículo pesado que no necesita autorización de transporte.

Transporte público: requisitos

Para ser titular de una autorización de transporte público se deben cumplir y acreditar los siguientes requisitos:

- *Personalidad.* Ser persona física o jurídica y, en este último caso, sociedad mercantil o cooperativa de trabajo asociado. No pueden ser titulares las comunidades de bienes o similares. En caso de varios herederos forzosos, se permite durante dos años como máximo (no debe confundirse con el plazo para acreditar la competencia profesional).
- *Nacionalidad comunitaria* o de otro estado si hay acuerdo que lo permita.
- Estar al corriente de las obligaciones fiscales.
- Estar al corriente de las obligaciones laborales y sociales.
- Disponer de los vehículos en propiedad, arrendamiento financiero *(leasing)* o arrendamiento ordinario.
- Disponer de dirección y firma electrónica, así como de un equipo informático que permita cumplimentar a distancia el contrato de transporte y otros documentos con los clientes (requisito introducido por la Ley 9/2013).

Para la autorización de transporte en vehículos de más de 3.500 kg de MMA se han de cumplir cuatro requisitos más:

- *Competencia profesional.* La empresa debe acreditar que cuenta al menos con una persona física que ejerce las funciones de gestora de transporte, y que puede tratarse de la misma persona responsable de la empresa.

  Las sociedades y cooperativas de trabajo asociado no pueden tener certificado de capacitación a su nombre, y deben cumplir el requisito por medio de una persona que dirija efectivamente la empresa. Tanto una persona física como jurídica pueden contratar a un profesional que ejerza de gestor de transporte, con categoría no inferior a jefe administrativo y de taller. Si el titular es una sociedad y el gestor participa como socio, deberá poseer al menos el 15 % del capital de la misma.

  Si el titular de una autorización se queda sin la figura de gestor de transporte (el RD 70/2019 solo cita como causas la muerte o la incapacidad sobrevenida), se permite que siga vigente la autorización por un máximo de tres meses.

  Las personas herederas forzosas que no tengan competencia profesional podrán ser titulares durante un plazo máximo de seis meses, prorrogable por otros tres. Si no la obtienen deberán contratar un gestor de transporte.

  Pero si una persona física, titular de una autorización antes del 21 de febrero de 2019, tenía contratada a una persona que le presta la competencia profesional sin cumplir todos los requisitos establecidos por el RD 70/2019, podrá continuar así indefinidamente, siempre que esta persona esté dada de alta en la Seguridad Social. Si este titular en algún momento cesa en su actividad, si desea retomarla tendrá que cumplir la normativa actual en su totalidad.

A la persona que aporta la competencia profesional a la empresa, el gestor de transporte, la normativa le atribuye las siguientes funciones:

a) Verificar que la empresa cuenta con cuantas autorizaciones, licencias o permisos resulten exigibles para prestar los servicios y las actividades de transporte que realice, y que continúa cumpliendo los requisitos exigidos para su obtención.

b) Supervisar que los contratos de transporte y demás documentación mercantil emitida o suscrita por la empresa en relación con la contratación de operaciones y actividades de transporte se ajusten a la legalidad.

c) Supervisar que todas aquellas otras personas transportistas o empresas operadoras de transporte de mercancías con las que, en su caso, la empresa contrate servicios o actividades de transporte se encuentren autorizadas para prestarlos.

d) Supervisar que la empresa cumpla adecuadamente cuantas obligaciones le incumban en relación con la expedición, suscripción, utilización y conservación de documentos de control relativos a su actividad de transporte.

e) Supervisar que la contabilidad de la empresa refleje adecuadamente todas las operaciones que guarden relación con su actividad de transporte.

f) Organizar el trabajo de los conductores de la empresa teniendo en cuenta la reglamentación vigente sobre jornada laboral y sobre tiempos de conducción y descanso.

g) Supervisar que todos los vehículos utilizados por la empresa se encuentren habilitados para circular, habiendo superado las inspecciones técnicas que resulten exigibles, y tienen instalados y en condiciones de funcionar el tacógrafo, el limitador de velocidad y cuantos otros instrumentos de control sean obligatorios.

h) Señalar los criterios bajo los que se llevará a cabo el mantenimiento de los vehículos de la empresa.

i) Supervisar que todos los conductores de la empresa sepan cómo utilizar correctamente el tacógrafo y hayan sido instruidos acerca del adecuado cumplimiento de la legislación en materia de tiempos de conducción y descanso.

j) Supervisar la asignación de vehículos y conductores de la empresa a cada uno de los servicios que aquella realice.

k) Supervisar que los conductores a los que se asigne cada servicio se encuentran en posesión de cuantos permisos, habilitaciones o certificaciones en vigor resulten exigibles para llevarlo a cabo y conocen las condiciones de transporte que hayan de tenerse en cuenta por razón de sus características.

l) Supervisar que los vehículos asignados a cada servicio se adecuan a las características de este y se encuentran correctamente señalizados y acondicionados para realizarlo, y que sus conductores conocen el peso y las dimensiones máximas de la carga y el número máximo de viajeros que pueden transportar.

m) Supervisar que la prestación de los servicios públicos de transporte regular de viajeros de uso general de que la empresa sea, en su caso, contratista se ajusta a lo establecido en el correspondiente contrato de gestión y en la legislación que resulte aplicable.

n) Supervisar que la prestación de los transportes regulares de viajeros de uso especial que, en su caso, realice la empresa, se ajusta a las prescripciones señaladas en la correspondiente autorización especial.

– *Honorabilidad.* Inicialmente, se le supone a todo el mundo, y se acredita con un escrito responsable de la persona interesada, aunque la Administración puede solicitar un certificado de antecedentes penales si lo considera necesario. El gestor de transporte ha de tener honorabilidad.

– *Capacidad económica.* Al menos 9.000 € para la primera copia certificada de la autorización y 5.000 € más por cada copia adicional. Las agencias, las empresas transitarias y los almacenistas distribuidores con tarjeta de operador de transporte deben acreditar que disponen de 60.000 €, y pueden hacerlo mediante una garantía de banco o compañía de seguros.

– Disponer de un establecimiento con locales en los que se conserven a disposición de la Inspección del Transporte los documentos principales de la empresa, contables, de gestión, de tacógrafo, etc. (requisito introducido por la Ley 9/2013).

Inicio de actividad con autorización MDP (transporte público pesado)

El titular debe disponer de al menos un vehículo de más de 3.500 kg de MMA.

Inicio de actividad con autorización MDL (transporte público ligero)

El titular de la autorización ha de acreditar la disposición de, al menos, un vehículo de 3.500 kg o menos de masa máxima autorizada. Se le otorga una autorización válida para vehículos con esta MMA o inferior.

Inicio de actividad con autorización MPC (mercancías privado complementario)

El titular ha de acreditar la disposición de al menos un vehículo que puede tener en propiedad, *leasing* o arrendamiento ordinario. En el servicio privado si que puede iniciarse la actividad con vehículo de alquiler, según el artículo 31 de la OM.

La actividad principal de la empresa debe ser distinta de la de transporte de mercancías. En ningún caso se otorgará una autorización de servicio privado a quien sea previamente titular de una autorización de servicio público.

Es imperativo estar al corriente de las obligaciones fiscales y laborales.

El volumen de transporte autorizado a la empresa debe estar acorde con el volumen de mercancías adquiridas o producidas por esta, así como con el volumen de clientes y proveedores, de modo que el órgano competente, en función de los datos obtenidos, puede limitar el número de vehículos afectos a la autorización.

El Tribunal de Justicia de la Unión Europea, en sentencia de 3 de abril de 2014, manifestó que la exigencia de una antigüedad máxima a los vehículos de transporte privado complementario de mercancías constituye una medida restrictiva sobre las importaciones de vehículos. Esta sentencia introdujo estos cambios en la legislación española:[1]

- No se exigirá antigüedad máxima del vehículo para obtener tarjeta MPC
- No es necesario disponer de tantos conductores como vehículos MPC
- No es necesario respetar la antigüedad máxima de la flota en los casos de ampliación o sustitución de vehículos MPC.

Sustitución de vehículos con autorización MDP y MDL

Las sustituciones de vehículos vinculados a una autorización de transporte público de mercancías, se podrá hacer con el único requisito de que tras la sustitución la antigüedad media de la flota no sea mayor que la que tenía antes del cambio.

Ampliaciones de flota

Las ampliaciones de flota de una autorización de transporte de servicio público se podrán hacer con el único requisito de que tras la ampliación la antigüedad media resul-

---

[1] Para cumplir dicha sentencia se publicó la Orden FOM/1996/2014, de 24 de octubre, BOE del 31 de octubre, que entró en vigor el 20 de noviembre de 2014.

tante no sea mayor que la que tenía antes de dicha ampliación. No se exigirá este requisito en el caso de que la empresa titular adquiera todos los vehículos de otra empresa titular de autorización que cesa en el transporte.

Si un vehículo adscrito a una autorización se encuentra averiado, el titular podrá sustituirlo por otro alquilado provisionalmente, sin inscribirlo en la autorización. Deberá comunicarlo a la Administración acompañando un certificado del taller de reparaciones, que indicará la presunta duración de la avería. Solo se podrá hacer transporte con ese vehículo arrendado llevando a bordo dicho certificado del taller y un justificante de haberlo notificado a la Administración.

Transmisión de autorizaciones

La transmisión de autorizaciones de servicio público de mercancías se podrá hacer cumpliendo los siguientes requisitos:

- Que el adquirente no sea titular de una autorización como la que pretende adquirir.
- Que el adquirente se haga cargo de todos los vehículos vinculados a la autorización.
- Que el adquirente cumpla todos los requisitos, excepto la antigüedad de los vehículos.

Deja de ser necesario que el transmisor tenga una antigüedad de diez años como titular de la autorización que transmite.

Visados

Deben formalizarse cada dos años. Las tarjetas de operadores de transporte (OT) y las de transporte público (MDP y MDL) deben proceder al visado en los años pares, mientras que las de transporte privado complementario (MPC) y autocares deben hacerlo en los años impares.

El mes lo marca la última cifra del NIF o DNI: aquellos titulares cuyo número de identificación termine en 1 deben hacer el visado en enero; si este acaba en 2, en febrero, y así sucesivamente. No obstante, a la cifra 8 no le corresponde el mes de agosto, sino el de septiembre, y el 0 designa el mes de noviembre. De este modo, diciembre queda libre.

Tras la entrada en vigor del RD 70/2019 el 21 de febrero de 2019, el visado no consistirá en un trámite o gestión que deba iniciar el titular de una autorización, sino que lo hará de oficio la Administración con los datos de que dispone en sus registros.

En los años en que no corresponda hacer el visado, se inspeccionará al menos al 25 % de las empresas, para comprobar si tienen contratada la figura de un gestor de transporte de acuerdo con la normativa vigente.

Sobre este tema se puede encontrar información de interés en la web de la Generalitat de Catalunya (http://www20.gencat.cat/portal/site/territori).

Tema 6.3
Autorizaciones de transporte internacional

Introducción

La LOTT define el transporte internacional como el que discurre parcialmente por territorio de estados extranjeros. Para realizar transporte de mercancías por otros países es necesario disponer de autorizaciones expedidas por dichos países.

El órgano correspondiente del Ministerio de Transportes, Movilidad y Agenda Urbana se ocupa de su reparto entre las empresas solicitantes, intentando evitar acaparamientos y garantizando su uso correcto. La manera de hacerlo estaba regulada en la Orden Ministerial de 4 de abril de 2000, pero ha sido derogada por el punto 8 de la disposición derogatoria única del Real Decreto 70/2019 de 15-02-2019, BOE del 21. Este aspecto se regula actualmente en los artículos 144, 150 y 151 del Reglamento de la LOTT.

Transportes liberalizados y sujetos a autorización

Algunos transportes internacionales de mercancías están sujetos a autorización. Si hay algún límite cuantitativo en su otorgamiento de manera que las peticiones son superiores a las cantidades disponibles se habla de situación de escasez; si, por el contrario, existen suficientes para atender todas las peticiones, no habrá situación de escasez.

Según su origen o forma de obtención, las autorizaciones pueden ser de dos clases: bilaterales, obtenidas mediante acuerdos entre España y otro estado, y multilaterales, cuando se obtienen de una negociación en el seno de un grupo de países en que esté España, como por ejemplo la Unión Europea o la Conferencia Europea de Ministros de Transporte (CEMT).

Tanto las autorizaciones bilaterales como las multilaterales permiten la ida, la vuelta o el tránsito por ese o esos países.

Transporte liberalizado es el que no precisa de ninguna autorización para hacerse. La definición varía en función del país o grupo de países, pero de manera genérica se consideran liberalizados los siguientes: transportes postales, los efectuados en vehículos ligeros, el transporte de vehículos averiados para reparar, los transportes por cuenta propia, los artículos de socorro en catástrofes, etc.

Un paso previo a la solicitud de cualquier tipo de autorización es la inscripción en el Registro de Empresas Transportistas Internacionales de Mercancías (Retim). En este registro no se inscriben ni vehículos ligeros ni de transporte privado, solamente vehículos pesados de transporte público.

Para su inscripción la empresa transportista debe disponer de competencia profesional para transporte nacional e internacional de mercancías y además disponer de al menos un vehículo pesado con ámbito nacional (MDP-N).

En el Retim se inscriben los datos de la empresa, de quien la capacita profesionalmente y de los vehículos pesados de ámbito nacional.

El hecho de estar inscrito en el Retim constituye lo que se conoce como habilitación genérica y permite hacer directamente transportes liberalizados con vehículo público pesado, o bien solicitar autorizaciones bilaterales o multilaterales, incluida la licencia comunitaria.

Autorizaciones bilaterales

Se conceden a nombre de la empresa y son intransferibles, salvo casos de cambio de denominación de la empresa o por transmisión a herederos forzosos del titular. Pueden ser «al viaje» o temporales, teniendo estas últimas un año de validez (por ejemplo, España-Marruecos, España-Rusia).

Otorgamiento ordinario (no hay escasez)

Se conceden según las peticiones llevadas a cabo. El máximo al mismo tiempo para empresas con hasta cinco vehículos en Retim será de cinco autorizaciones (es decir, una empresa con tres vehículos podrá tener cinco). Para empresas con más de cinco vehículos inscritos, el máximo será el número de vehículos que tenga inscritos. Si se trata de autorizaciones «al viaje», se obtiene una nueva autorización por cada una usada que se devuelve.

Otorgamiento especial (hay escasez)

A ser posible se concede a cada empresa las mismas autorizaciones que tuvo el año anterior y que utilizó adecuadamente (usadas o devueltas dentro de su plazo de vigencia). Si existen aumentos de cupo y siguen siendo insuficientes, se reparten en función de la dimensión de la empresa, medida por el número de vehículos. Toda esta información que la Administración utiliza como criterio de reparto se obtiene del Retim; de ahí su utilidad y necesidad.

Devolución

Se deben devolver a la Administración como máximo un mes después de terminado el transporte. Si son temporales, un mes desde que termina su validez. En ambos casos deben llevar los sellos de las aduanas de salida o entrada en la UE así como documentos justificantes de haber efectuado en transporte.

Si una empresa no las devuelve en los plazos indicados, o las devuelve sin cumplimentar los datos requeridos, no podrá obtener nuevas autorizaciones para ese país en los tres meses siguientes a la fecha de vencimiento de la autorización no devuelta o devuelta incorrectamente.

Autorizaciones multilaterales de la Unión Europea

Permiten el transporte a o desde los distintos países de la Unión Europea, incluyéndose a estos efectos Noruega, Liechtenstein e Islandia, aunque de hecho no sean miembros comunitarios. Este ámbito representa el mayor porcentaje de nuestro transporte internacional por carretera. La autorización consiste en la licencia comunitaria, vigente desde 1993.

La licencia comunitaria va a nombre de la empresa y no es transferible. Su validez, según la norma comunitaria, es de diez años, pero según la normativa española se concede por un máximo de cinco años, renovable. De la licencia se expiden tantas copias certificadas como vehículos pesados tenga la empresa inscritos en el Retim. Se debe solicitar la renovación dos meses antes de que venza. En la renovación se conceden licencias y copias nuevas a cambio de las vencidas.

Solo se conceden duplicados cuando quede plenamente acreditada la pérdida efectiva de los originales (por ejemplo, cuando un camión se incendia por completo con la copia de licencia dentro, si se puede demostrar).

Cabotaje

Con licencia comunitaria se pueden hacer hasta tres transportes de cabotaje consecutivos a un transporte internacional procedente de otro Estado miembro o de un tercer país y con destino al Estado miembro de acogida. (Se pueden hacer en España si el transporte internacional tenía como destino España.)

La última descarga en el curso de un transporte de cabotaje previa a la salida del Estado miembro de acogida deberá tener lugar en el plazo de siete días a partir de la última descarga en el Estado miembro de acogida en el curso del transporte internacional entrante.

Si un transportista entra en vacío en España (por ejemplo, porque venía de Alemania y descargó en Portugal) podrá hacer como máximo una operación de transporte en te-

COMUNIDAD ECONÓMICA EUROPEA

| E | MINISTERIO DE FOMENTO |

0000154418
LICENCIA N.º ....

para el transporte internacional de mercancías por carretera por cuenta ajena

B53584629
La presente licencia autoriza (1)...

TRANSPORTES FUFU, S.L.

AVDA. DE ASPE, 23

03670 MONFORTE DEL CID   ALICANTE

para efectuar transportes internacionales de mercancías por carretera por cuenta ajena en todos los trayectos de tráfico para el recorrido efectuado en el territorio de la Comunidad así como en Finlandia, Islandia, Noruega y Suecia, con arreglo al Reglamento (CEE) n.º 881/92 del Consejo, de 26 de marzo de 1992, adaptado a efectos del Acuerdo sobre el Espacio Económico Europeo, y a las disposiciones generales de la presente licencia.

Observaciones particulares: ....

....

....

....

....

....

02/10/2006   02/10/2011
La presente licencia será válida del .... al ....

MADRID   02/10/2006
Expedida en ...., el ....

POR LA DIRECCIÓN
(2) GENERAL,

---

(1)   Nombre o razón social y dirección completa del transportista.
(2)   Firma y sello de la autoridad o del organismo competente que expide la licencia.

Ñ RCM · FNMT

Figura 1. Licencia comunitaria.

rritorio español en el plazo de tres días desde la entrada en vacío en España, tras un transporte internacional previo con destino a otro Estado miembro. Dicha operación de cabotaje deberá tener lugar dentro de los siete días siguientes a la descarga del transporte internacional. (En el ejemplo, desde que descargó en Portugal.)

En caso de que la actividad de cabotaje perturbe seriamente la situación de los transportes nacionales en una zona geográfica determinada, el Estado puede solicitar a la Comisión que adopte medidas de salvaguarda. Por ejemplo, cuando se haya creado un excedente grave de la oferta de transporte sobre la demanda. Dichas medidas pueden tener una duración de seis meses, prorrogables por otros seis.

Autorizaciones multilaterales de la CEMT

Sirven para transportes en que el punto de carga y descarga esté en países diferentes, miembros de la CEMT, y para circular en vacío por todo el territorio de los Estados miembros. No valen para hacer transportes entre un Estado miembro y otro que no lo sea.

La validez es de un año. Son personales e intransferibles y solo se pueden usar en un vehículo a la vez, pues el original tiene que ir a bordo.

Deben solicitarse entre el 10 y el 20 de noviembre de cada año. Están sometidas a contingente, y en su reparto se intenta conceder a cada empresa las mismas que tenía el 1 de enero del año anterior, si es posible, y que hubiera utilizado correctamente. Si existen incrementos de contingente se distribuirán según lo siguiente:

a) Dimensión de la empresa y número de vehículos.
b) Número y aprovechamiento de autorizaciones CEMT que ya tenga la empresa.
c) Si varias empresas tienen más del 50 % de capital de una misma persona, se cuentan a estos efectos como una sola empresa.

La Conferencia Europea de Ministros de Transporte (CEMT), con sede en París, cuenta con cincuenta y cuatro estados miembros: los veintisiete de la Unión Europea, Albania, Armenia, Australia, Azerbaiyán, Bielorusia, Bosnia y Herzegovina, Bulgaria, Canadá, Chile, China, Croacia, Estados Unidos de América, Federación de Rusia, Georgia, India, Islandia, Japón, Liechtenstein, México, Montenegro, Noruega, Nueva Zelanda, República de Corea, República de Moldova, ex República Yugoslava de Macedonia, Serbia, Suiza, Turquía, y Ucrania.

En la reunión que se celebró en Dublín, los días 17 y 18 de mayo de 2006, la CEMT se transformó en el Foro Internacional del Transporte (IFT).

Tema 6.4
Documentación del transporte

En cualquier transporte de mercancías son necesarios una serie de documentos, que se han de llevar a bordo del vehículo, y que están referidos al propio vehículo, al conductor, a la mercancía transportada o bien al contrato de transporte cuando este sea público o por cuenta ajena.

Documentación del vehículo

Todo vehículo de transporte debe llevar la siguiente documentación:

- *Tarjeta de transporte.* Salvo las excepciones ya vistas en los temas 6.1 y 6.2, la tarjeta es un documento obligatorio para llevar a cabo transporte. Se concede con carácter indefinido, pero cada dos años su titular debe hacer el visado correspondiente.
- *Permiso de circulación,* expedido al mismo titular de la tarjeta de transporte, salvo los casos de vehículos en alquiler. El permiso de circulación es una tarjeta que contiene los caracteres de la matrícula asignada al vehículo, el domicilio del titular, el número de plazas en los de viajeros y la MMA en los de mercancías. El permiso de circulación será necesario para todos los vehículos automóviles y remolques o semirremolques con peso máximo superior a 750 kg.
- *Autorización especial,* cuando se superen los pesos y las dimensiones máximos.
- *Otros documentos:* tarjeta ITV en vigor y seguros obligatorios.

Documentación específica según la carga

- *Mercancías no especiales:* una carta de porte o un simple albarán, utilizado como justificante de la recepción y entrega de las mercancías transportadas.
- *Mercancías peligrosas:* carta de porte, certificados de homologación de las cisternas o los envases (Administración pública), instrucciones escritas, distintivos especiales (paneles y etiquetas).

- *Mercancías perecederas:* certificado de aprobación ATP,[1] documentación de la carga (certificados sanitarios, veterinarios, etc.), distintivos (tipo de vehículo y fecha de la próxima inspección periódica ATP).
- *Animales vivos:* documentación sanitaria y veterinaria de los animales transportados y el plan de viaje, cuando resulte necesario, según la normativa de este transporte.

Transporte internacional

Los documentos necesarios en un transporte por carretera internacional son las autorizaciones de transporte internacional o la licencia comunitaria y la carta de porte CMR. Si el transporte requiere paso de aduanas por exceder el ámbito de la UE, serán necesarios otros documentos adicionales, como la documentación de tránsito, TIR, documentación aduanera (certificado de origen, de sanidad exterior, etc.), o documentación comercial (facturas, lista de embalajes, etc.).

Documento de control

La Orden del Ministerio de Transportes, Movilidad y Agenda Urbana 2861/2012, publicada en BOE de 5 de enero de 2013, establece la obligatoriedad de documentar cada uno de los servicios de transporte público de mercancías que se lleven a cabo mediante el correspondiente documento de control (carta de porte), que debe acompañar a las mercancías y en el que deben constar los datos que figuran en la tabla 1.

El modelo de este documento de control es de libre elección, de modo que puede ajustarse al formato que más convenga a las partes intervinientes. De él deben expedirse dos ejemplares, uno para el cargador y otro para el transportista. Este documento tiene naturaleza administrativa.

La obligación de expedir la carta de porte corresponde al cargador contractual y al transportista efectivo, y ambos son responsables de la no emisión de dicho documento de control. Ambas partes deben conservar su ejemplar durante al menos un año a disposición de la Inspección del Transporte Terrestre.

En caso de que el transportista no lleve a bordo el documento de control y el cargador demuestre que fue expedido, el único responsable es el transportista.

---

[1] Certificado expedido por el Ministerio de Industria y Energía relativo al Acuerdo sobre Transportes Internacionales de Mercancías Perecederas (ATP) y sobre los vehículos especiales utilizados en estos transportes (*Diccionario de Logística* en www.logisnet.com).

Responsable: *CC = cargador contractual; TE = transportista efectivo*	*CC*	*TE*
a) Nombre o denominación social, NIF y domicilio del cargador contractual	X	
b) Nombre o denominación social y NIF del transportista efectivo	X	
c) Lugar de origen y destino del envío objeto del transporte	X	
d) Naturaleza y peso de la mercancía transportada	X	
e) Fecha de realización del transporte del envío de que se trate		X
f) Matrícula del vehículo utilizado en la realización del transporte. Cuando se trate de un conjunto articulado debe hacerse constar tanto la matrícula del vehículo tractor como la del semirremolque o remolque arrastrado por este. Si una vez iniciada la operación de transporte se produce un cambio de vehículo, esta circunstancia debe hacerse constar en la documentación de control por la empresa de transportes		X
g) Siempre que así lo soliciten los sujetos intervinientes, deben constar las observaciones, reservas o cualquier otra indicación que se considere útil	X	X

Tabla 1. Datos obligatorios del documento de control para el transporte público de mercancías.

Están exentos de utilizar este documento de control:

- Transportes para cuya realización no resulte necesaria la tarjeta de transporte.
- Transporte de mudanzas.
- Transporte de vehículos averiados en vehículos especiales.
- Transporte de reparto y recogida de mercancías en régimen de carga fraccionada, consistente en un reducido número de bultos que pueden ser fácilmente manipulados por una persona sin otra ayuda que la de las máquinas o herramientas que lleve a bordo el vehículo utilizado.

En aquellos supuestos en que el transporte se documente en una carta de porte u otra documentación acreditativa ajustada a la legislación nacional, comunitaria o internacional vigente en la materia, esta sirve como documento de control administrativo siempre que contenga todos los datos recogidos en el artículo 6 de la orden.

La Orden FOM/2861/2012 entró en vigor el 5 de julio de 2013, y la Orden FOM/238/2003 ha quedado derogada.

Según el Baremo Sancionador de 2013, no llevar este documento de control constituye una infracción leve sancionada con multas de 201 €, de las que es responsable el cargador contractual, el transportista efectivo o ambos (véase la tabla 1).

DOCUMENTO DE CONTROL ADMINISTRATIVO PARA LA REALIZACIÓN DE TRANSPORTE PÚBLICO DE MERCANCÍAS POR CARRETERA

(Orden FOM/2861/2012, BOE nº 5, de 5 de enero de 2013)

DATOS DEL CARGADOR CONTRACTUAL (cargador efectivo u otro operador que contrate el transporte o intermedie en su contratación)

Nombre o denominación social:
NIF:
Domicilio:

Observaciones del cargador:

DATOS DEL TRANSPORTISTA EFECTIVO (Titular de la autorización de transporte)

Nombre o denominación social:
NIF:

Observaciones del transportista:

LUGAR DE ORIGEN	**LUGAR DE DESTINO**

DATOS DE LA MERCANCÍA:

NATURALEZA:	PESO:

FECHA DEL ENVÍO:

MATRÍCULAS DE LOS VEHÍCULOS QUE INTERVIENEN EN EL TRANSPORTE

Vehículo tractor:	Remolque o semirremolque :
En caso de cambio de vehículo indicar matrículas de otros vehículos:	
Vehículo tractor:	Remolque o semirremolque :
Vehículo tractor:	Remolque o semirremolque :

OTRA INFORMACIÓN NO OBLIGATORIA:

DESTINATARIO O CONSIGNATARIO:

Nombre o denominación social:
NIF:
Domicilio:

Firma del cargador,	Firma del transportista,

Figura 1. Modelo de documento de control del transporte de mercancías por carretera.

E	**Denominación de la autoridad o del organismo competente**

CERTIFICADO DE CONDUCTOR Nº.......

para el transporte de mercancías por carretera por cuenta ajena al amparo de licencia comunitaria y/o el transporte interior de mercancías o de viajeros en autobús

[Reglamento (CEE) nº 881/92 modificado por el Reglamento (CE) nº 484/2002 de 1 de marzo de 2002, y Orden de 20 de diciembre de 2002

Por el presente documento se certifica que comprobada la documentación presentada por:

(1) ....

....

el conductor siguiente:

Apellidos y nombre ....

Fecha y lugar de nacimiento.. Nacionalidad ....

Tipo y número del documento de identidad: ....

expedido el .... en ....

Nº de permiso de conducción: ....

expedido el .... en ....

Nº de afiliación a la Seguridad Social: ....

está empleado con arreglo a las disposiciones legales, reglamentarias o administrativas y, en su caso, a los convenios colectivos, conforme a las normas aplicables en el Estado miembro siguiente, relativas a las condiciones de empleo y de formación profesional de los conductores que sean de aplicación en ese Estado miembro para efectuar en él transportes por carretera: ESPAÑA.

Observaciones particulares: ....

....

El presente certificado será válido del .... al ....

Expedido en ...., el ....

....

(2)

---

(1)   Nombre o razón social, dirección completa del transportista o empresa titular de la autorización y CIF o NIF.
(2)   Firma y sello de la autoridad o del organismo que expida el certificado.

Figura 2. Modelo de certificado de conductor para conductores no comunitarios.

Certificado de conductor

Cuando el conductor de un vehículo que haga transporte nacional público o privado de viajeros o mercancías, sea de un país no perteneciente a la Unión Europea, necesitará un permiso de conducir válido, así como un «certificado de conductor».

Dicho certificado, lo solicitará la empresa que contrate al conductor y será propiedad del titular de la autorización de transporte, con una validez de dos años. Lo expide el órgano de transportes de la comunidad autónoma donde resida el titular de la autorización.

Para su obtención hay que presentar la correspondiente solicitud acompañada de la documentación que se detalla:

- Documento de identidad del conductor.
- Permiso de conducir del conductor, que cuando no sea expedido en España, deberá tener un informe de la Jefatura Provincial de Tráfico que acredite su validez para conducir en España.
- Número de afiliación a la Seguridad Social del conductor y justificante del alta en la empresa.

Tema 6.5
La logística empresarial

Definición

Podemos definir la logística como la planificación, la organización y el control del conjunto de las actividades de transporte y almacenamiento que facilitan el movimiento de materiales y productos desde la fuente al consumo, para satisfacer la demanda al menor coste, incluidos los flujos de información y control.

- *Objetivo:* satisfacer la demanda (eficacia) al menor coste (eficiencia).
- *Coordinación:* gestión de existencias, almacenamiento, transporte, manutención, preparación de pedidos.
- *Flujo de productos:* desde los proveedores hasta los clientes.
- *Localización de los productos:* mediante sistemas telemáticos (código de barras, etc.).

Sistema logístico

Es el conjunto de medios interconectados (objetos, maquinaria, personas, informaciones) utilizados según un proceso dinámico, con el fin de alcanzar los objetivos señalados. Este sistema se divide en tres subsistemas:

- *Aprovisionamiento.* Todas las operaciones efectuadas para colocar a disposición del subsistema de producción las materias primas, las piezas y los elementos comprados.
- *Producción.* Transforma los materiales, efectúa el montaje de las piezas y los elementos, almacena los productos terminados y los coloca a disposición del subsistema de distribución física. No obstante, hay importantes sistemas logísticos que carecen en la práctica del subsistema de producción. Por ejemplo, las cadenas de supermercados tienen un importante sistema logístico, pero, salvo algunos productos alimenticios (el pan, las pastas, etc.), carecen de producción.
- *Distribución física.* Es el encargado de satisfacer las demandas de los clientes, directamente o mediante depósitos o almacenes intermedios o regionales.

Plan logístico

No hay reglas fijas y cada empresa es un caso diferente. El plan logístico adecuado depende de la política de aprovisionamiento, del volumen de éstos, del sistema de transportes y de los almacenes disponibles, productos y elementos manejados, así como de la evolución futura previsible. Se debe alcanzar los objetivos siguinetes:

- Reducir los transportes empleados, no solo en cuanto a distancias recorridas, sino buscando su consolidación o agrupamiento.
- Reducir las manipulaciones necesarias.
- Reducir las existencias al mínimo, así como el volumen y el espacio ocupado.
- Adquirir los materiales en la manera más adecuada para su consumo, evitando en lo posible los desembalajes, las adaptaciones y las preparaciones posteriores.
- Reducir el número de controles y revisiones necesarias, y hacer que sean lo más fáciles y cómodas posibles.

El principio general es reducir al máximo el proceso logístico necesario, haciéndolo más rápido, sencillo, cómodo y barato y utilizando los mínimos medios humanos y materiales. Compromiso entre servicio y mínimo coste.

Almacenamiento

El almacén regula las fluctuaciones entre la oferta y la demanda, las diferencias entre la producción y el consumo y también es parte importante en la distribución.

Emplear un solo almacén, haciendo una distribución centralizada o radial, tiene algunas ventajas:

- Reduce las existencias necesarias y hace más fácil su control.
- Necesita menos espacio de almacenaje y menos personal.

Suele presentar ventajas para materiales con poco volumen de movimiento, mucho valor, poca urgencia de servicio, o distancias cortas al punto de suministro.

Otra opción, denominada distribución descentralizada o capilar, consiste en emplear almacenes más cercanos a los centros de consumo o clientes. Su gestión y control son más complejos aunque tiene también sus ventajas:

- Menos distancia y recorridos de transporte.
- Mayor rapidez de entrega o servicio.

Se pueden utilizar distribuidores propios o ajenos, y estos últimos tienen sus ventajas e inconvenientes.

En función de los puntos de venta, la distribución de productos se puede clasificar en:

— *Intensiva:* se presta servicio a todos los puntos de venta en un área.
— *Selectiva:* se presta servicio a algunos puntos de venta en un área.
— *Exclusiva:* se atiende un único punto de venta dentro de un área.

Los transportes en el sistema logístico de la empresa

La organización de los transportes depende de la distribución geográfica de los puntos (fábricas, almacenes, clientes) entre los que se lleva a cabo el flujo de los productos. Toda operación de transporte está integrada en uno de los tres subsistemas. Hay dos problemas que hay que solventar en la organización de los transportes: la elección del medio y la programación de los movimientos. La elección del medio dependerá de aspectos como los siguientes:

— Cantidad de toneladas anuales que hay que transportar, considerando las fluctuaciones durante el año o estacionales.
— Naturaleza de la mercancía.
— Peso unitario y dimensiones de cada elemento que hay que transportar.
— Distancia que se debe recorrer.
— Demoras admisibles y duración del transporte en cada medio.
— Infraestructura de transportes existente.
— Coste de cada solución, teniendo en cuenta que en ocasiones puede prevalecer la eficacia sobre la eficiencia.

Transporte por cuenta propia o bien subcontratado

Una empresa puede optar por llevar a cabo sus portes o confiarlos a transportistas públicos. No hay reglas estrictas para hacer esta elección, porque cada empresa representa una situación diferente, pero se han de tener en cuenta algunos factores.

El coste total de explotación de un vehículo se puede descomponer en costes fijos y variables. Entre los fijos estaría la amortización, las tasas, los salarios, el seguro y los costes financieros. Dentro de los costes variables están los carburantes, los neumáticos, las reparaciones, el mantenimiento, los lubricantes, las dietas y otros.

El vehículo debe ser empleado al máximo para amortizar los costes fijos, ya que todo el recorrido en vacío (sin carga) aumenta los costes variables. Un vehículo propio es interesante si el tráfico es equilibrado en el espacio y en el tiempo.

Al determinar el tamaño óptimo de la flota se tendrán que minimizar los costes totales de los vehículos propios y los indirectos de los vehículos contratados.

Cuando el tráfico se efectúa en un solo sentido, el empleo de un vehículo propio significa un retorno en vacío, lo que prácticamente duplica el coste del transporte. El transporte hacia las fábricas (aprovisionamiento) y los relativos a la distribución física de productos elaborados, deben ser tratados separadamente. La mayor parte de las veces son desequilibrados y el empleo de un parque propio no es aconsejable.

Cuando un tráfico dado es equilibrado y permite utilizar convenientemente un vehículo propio, es necesario también que pueda ser utilizado durante todo el año. Es decir, se debe considerar si las mercancías a transportar están sujetas a variaciones estacionales y aleatorias.

En general, se puede concluir diciendo que el parque propio debe estar dimensionado para hacer frente a la parte del tráfico que permanece estable y que las variaciones estacionales deben atenderse mediante la contratación de vehículos suplementarios.

Cálculo de rutas de distribución

Para hacer una distribución eficiente (eficacia al coste mínimo) existen varios métodos, cuyo desarrollo no se aborda en esta obra, y que resultan complicados de aplicar en la práctica debido a las muchas restricciones que encontramos. Entre estos métodos están los siguientes:

- Método del coste mínimo.
- Método de esquina noroeste.
- Método aproximado de Vogel.
- Método de la matriz de ahorros.

Los tres primeros solo aseguran una solución inicial factible, no la óptima.

El último es el más conocido. Se usa como base de muchos sistemas de planificación, tanto manuales como informáticos. Busca la solución óptima.

Cálculo de distancias

- *Por sistema de recta corregida:* se mide la distancia en línea recta y se multiplica por el coeficiente 1,2. Es decir, se incrementa en un 20 %; el problema es la orografía.

Un mapa por ordenador permite operar en tiempo real y tiene muchas cosas en cuenta.

Restricciones

Son las circunstancias o el entorno los que nos limitarán a la hora de diseñar rutas; para ello, hemos de tener en cuenta lo siguiente:

- *Mano de obra:* personal cualificado, permisos de conducir disponibles, nivel de formación. convenios con sindicatos, horarios de trabajo, turnos de trabajo, tacógrafo.
- *Características de los vehículos:* número de vehículos, tipo de vehículos, capacidad de carga, mantenimiento de vehículos, dimensiones.
- *Clientes:* forma de efectuar los pedidos, localización, distancias desde almacén, puntos de entrega, restricciones de acceso, horarios de apertura y cierre, entregas de día o nocturnas, cargas de retorno.
- *Empresa:* política de servicio al cliente, política de operaciones.
- *Producto:* localización de los productos en los almacenes.
- *Entorno:* carreteras, obras, condiciones climatológicas, restricciones legales: tiempos de operación, limitación de pesos, etc.

Tipos de rutas

- *Rutas fijas.* Se desarrolla un sistema de rutas de vehículos para un ciclo a elegir (semanal, mensual, trimestral, semestral, etc.). La ventaja es que solo es necesario hacer el diseño una vez en cada ciclo y el conductor tiene a su favor el buen conocimiento de las carreteras. En cambio, este conductor acaba por desconocer las otras rutas que habitualmente no hace (por ejemplo, en la distribución de prensa).
- *Rutas periódicas.* Se desarrolla un servicio de rutas para un cierto período de tiempo, con el fin de satisfacer a clientes con unas determinadas exigencias de nivel de servicio. Por ejemplo, lunes y miércoles una ruta y martes y jueves otra.
- *Rutas diarias.* Las rutas son fijadas cada día y, por tanto, son diferentes todos los días, porque dependen de demandas diarias. El tener que diseñar cada día las rutas supone un laborioso proceso y un alto coste en tiempo. El reparto de muebles o electrodomésticos que una gran superficie o hipermercado debe efectuar para sus clientes cada día es un ejemplo de este tipo de rutas (por ejemplo, en la distribución de grandes almacenes).
- *Ruta lazo.* Ruta que se lleva a cabo en zona reducida para atender un número reducido de clientes.

Producción «justo a tiempo»

Es una técnica de producción que consiste en que cada unidad de producción produce solo la cantidad necesaria y en el momento oportuno para alimentar a la siguiente fase del proceso. Esto evita los *stocks* intermedios con el consiguiente ahorro de costes y el incremento de la calidad. Dicho de manera más sencilla, consiste en que las existencias, sus costes y problemas los soporte el proveedor.

Está claro que en un sistema tan ajustado, los problemas que puede acarrear la falta de puntualidad en las entregas y recogidas tienen serias consecuencias para el sistema, por lo que es frecuente que figuren entre las cláusulas de un contrato de transporte penalizaciones importantes.

Inventarios

Hay dos tipos principales de inventarios, en función de su periodicidad:

- *Perpetuo:* se actualiza cada vez que hay una entrada o una salida.
- *Periódico:* se hace un recuento de existencias cada cierto tiempo.

El estándar de ocupación «se»

Representa los metros cuadrados necesarios para almacenar una tonelada (m^2/t). Ejemplo: 20.000 kg ocupan 50 m^2, el «se» = 2,5. Pero si necesitan 120 m^2 por no poderse apilar tanto, el «se» = 120/20 = 6.

Se utiliza como un coeficiente o factor a la hora de cobrar almacenajes a un cliente. Se puede aplicar sobre un precio base, de modo que el que utiliza más superficie del almacén tendrá una tarifa un poco más elevada, dado que el coste de almacenes generalmente va en función de los metros cuadrados.

Se calcula dividiendo los metros cuadrados entre las toneladas. Se parece mucho a la relación peso/volumen en transporte. Ese cálculo es válido para un almacén lleno. Símil de transporte: si una partida por camión tiene 2 m^3, le cobraremos 666 kg, pero si la enviamos sola en un tráiler no habremos conseguido gran cosa.

Del conjunto de los costes de distribución, el transporte supone aproximadamente un 10-15 %. Los costes de almacenaje suponen entre el 25-50 % del valor de existencias medias de un almacén.

LA LOGÍSTICA EMPRESARIAL

Concepto	– Planificación, organización, control (se planea, se hace y se revisa y controla) – Eficacia: conseguir un objetivo, sin más – Eficiencia: conseguir algo sin derrochar medios ni costes
Sistema	Aprovisionamiento
	Producción
	Distribución física
	Los tres de acuerdo = logística integral Otros ejemplos: sistema eléctrico, informático, de frenos, etc.
Plan logístico	Lo que hace una empresa para conseguir eficiencia. No hay reglas fijas y cada empresa tiene su plan: – Reducir transportes – Reducir manipulaciones – Reducir las existencias – Reducir los controles y las manipulaciones necesarias – Mejorar servicio y fiabilidad, corregir errores, mejora continua
Almacenes	*Función:* Regular fluctuaciones oferta-demanda, producción-consumo y como parte de la distribución. Es imposible tener *stock* cero
	Distribución centralizada: argumentos a favor y en contra. ¿Cuándo se usará?
	Distribución descentralizada: pros y contras. ¿Cuándo se usará?
	Distribuidores propios o ajenos. Ventajas e inconvenientes de cada uno
	Tipos de distribución: exclusiva, selectiva, intensiva
	Tipos de inventario: perpetuo y periódico
	Se = Estándar de ocupación = metros cuadrados por tonelada
Transporte	El medio: depende de varios factores, pero siempre hay carretera
	Vehículos propios o contratados: pros y contras y cuándo

Transporte / **Rutas**	Solución inicial factible	– Coste mínimo – Esquina noroeste – Método de Vogel
	Solución óptima	– Método de matriz de ahorros
	Cálculo distancias	– Por ordenador – Recta corregida (km × 1,2)
	Restricciones	– Plazos, fiestas locales, horarios clientes, capacidad y MMA vehículos, tacógrafo, etc.
	Tipos	– Fijas (no cambian) – Periódicas (varían) – Diarias (varían cada día)

Tabla 1. Conjunto de elementos que intervienen en la logística empresarial.

Tema 6.6
Formalidades relativas al paso de fronteras

Convenio TIR

El TIR *(Transport International Routiers)* es un convenio aduanero para facilitar el tránsito de mercancías que se transportan por carretera. Se firmó en Ginebra el 14 de noviembre de 1975 y España es parte de dicho convenio, que se publicó en el BOE de 9 de febrero de 1983. Posteriormente, se han producido algunas enmiendas del TIR, que se han publicado en el BOE de 6 de junio de 2003.

Los aspectos más destacables de este convenio, que no debemos confundir con el CMR (aquel regula contratos), son los siguientes:

El cuaderno TIR

El convenio se aplica a transportes desde un país miembro hasta otro que también lo sea y el documento que se utiliza es el carné o cuaderno TIR, que sirve para un solo viaje de ida, que normalmente se inicia en una aduana y termina en otra. No obstante, cabe la posibilidad de que las aduanas de salida y las de llegada sean más de una, siempre que entre todas ellas no sumen más de cuatro.

Una figura clave en la organización TIR es la entidad garante, que es la que expide los cuadernos TIR y quien además se responsabiliza ante la aduana de posibles irregularidades. Todas estas entidades garantes a su vez son miembros de la IRU.

En España, la entidad garante es la Asociación de Transportistas Internacionales por Carretera (Astic). Los cuadernos que expide generalmente tienen una validez de cuarenta y cinco días, lo cual significa que se puede iniciar un viaje hasta el mismo día número 45.

Los cuadernos TIR son a la vez documentos aduaneros y de transporte, y garantía ante las aduanas. La entidad garante española responde hasta 50.000 dólares por irregularidad que pueda cometer cualquier vehículo que circule por España, sea español o no lo sea. Tienen una portada y una contraportada, algunas hojas informativas de cómo utilizarlo e incluso alguna para posibles atestados en caso de accidente. Además suelen tener seis, catorce o veinte hojas, según el número de fronteras que se debe cruzar.

El titular de un cuaderno TIR en España debe devolverlo a Astic una semana después de finalizar la operación o de que el vehículo haya regresado a su sede. Los cuadernos no utilizados, deben devolverse en cuanto termine su plazo de validez. De lo contrario, Astic no expedirá más cuadernos a esa empresa.

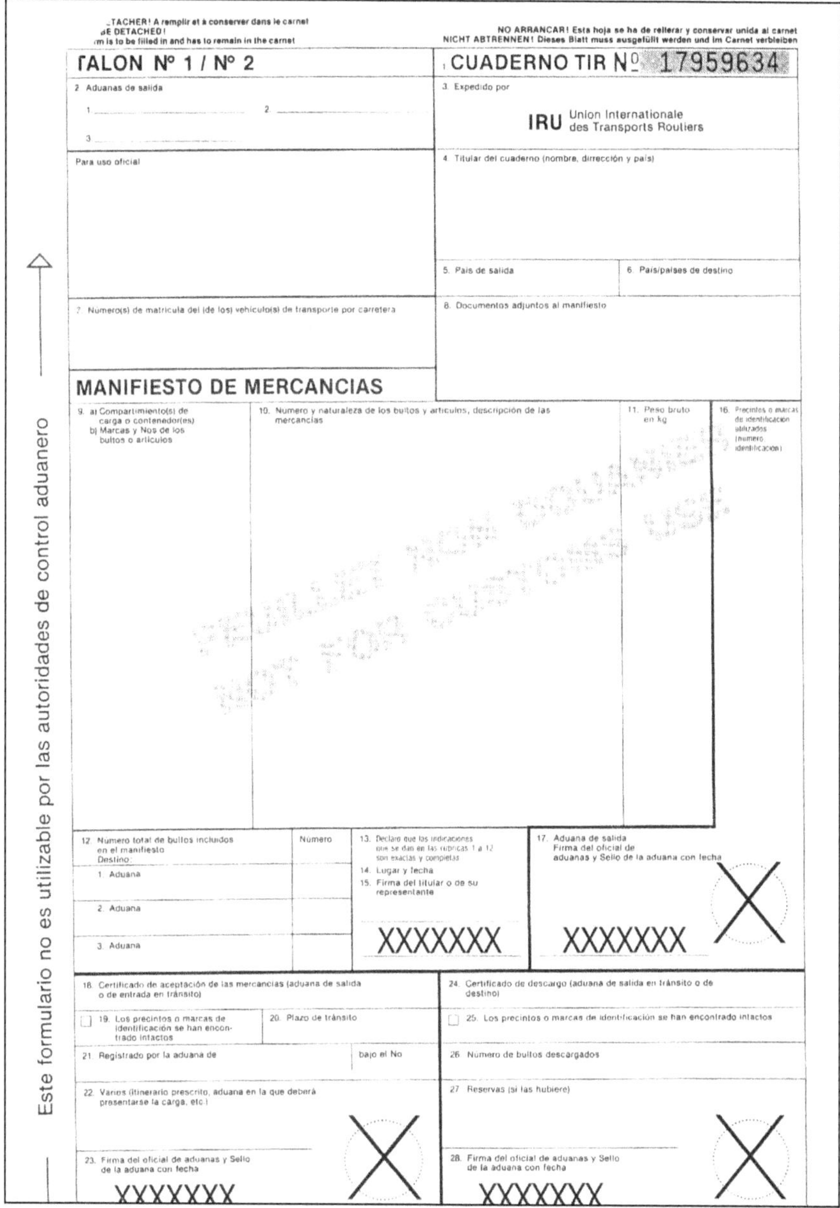

Figura 1. Modelo de cuaderno TIR

Funcionamiento de las operaciones TIR

Para poder hacer transporte en régimen TIR, el vehículo o contenedor tiene que ser seguro, en el sentido de que una vez precintado no sea posible introducir ni extraer nada de él, y además debe carecer de trampillas o dobles fondos donde pudieran ocultarse mercancías. Esto se acredita mediante un certificado que expiden conjuntamente ingenieros de aduanas, del Ministerio de Industria, Energía y Turismo y de Astic, que se denomina *agrèment* y que tiene una validez de dos años. El número de este certificado debe figurar en la portada del cuaderno TIR. Estos vehículos, cuando efectúan transporte deben ir señalizados con una placa delante y otra detrás, de fondo azul y letras TIR en blanco.

Figura 2. Placa que debe llevar todo vehículo que realice un transporte en régimen TIR.

Cuando se hace un transporte en régimen TIR, la aduana de salida comprueba la mercancía, precinta el vehículo y se queda una hoja del cuaderno. En los países de tránsito, normalmente la aduana no reconoce físicamente la mercancía, aunque puede hacerlo. A la entrada sella y firma, y puede dar un plazo para salir. A la salida del país la aduana sella, firma y retira una hoja del cuaderno TIR. En el cuaderno queda una matriz de cada hoja retirada.

Al llegar a destino, la aduana rompe el precinto y comprueba la mercancía. Si todo es correcto, anota la descarga sin reservas en el cuaderno, y termina en este punto el transporte TIR. Hay un recibo para el transportista, pero lo que sirve para ultimar la operación y cancelarla es el cuaderno con sus correspondientes sellos.

Los países miembros del TIR son los veintisiete de la Unión Europea y además Afganistán, Canadá, Moldavia, Chile, Estados Unidos, Noruega, Corea del Sur, Suiza, Túnez, Uruguay y CEI.[1]

---

[1] Siglas de «Comunidad de Estados Independientes», constituida en 1991 por doce Estados que anteriormente formaban parte de las quince repúblicas que integraban de Unión Soviética: Federación Rusa, Armenia, Azerbaiján, Bielorrusia, Georgia, Kazajstán, Kirguizia, Moldavia, Tayikistán, Turkmenistán, Ucrania, Uzbekistán.

Instrucciones de uso

La organización Astic hace las siguientes recomendaciones a los conductores que llevan a cabo transporte en régimen TIR:

A verificar obligatoriamente por el conductor antes de iniciar un viaje de transporte internacional

- El cuaderno TIR responsabiliza totalmente al conductor y a la empresa.
- Bajo ningún pretexto, puede ser cedido a otra empresa.
- Antes de iniciar el viaje, el conductor debe proveerse del número suficiente de cuadernos TIR necesarios para cubrir la totalidad del viaje, comprendiendo la ida y la vuelta, y asegurándose de que éstos estén dentro de su fecha de validez.

- *Antes de salir*

  1. Comprobar la validez del cuaderno TIR verificando su fecha de caducidad.
  2. No firmar las casillas15 y 16 del cuaderno TIR si no se ha podido comprobar antes que la mercancía transportada y la documentación coinciden exactamente con la relacionada en el manifiesto de mercancía.
  3. En ningún caso pueden ser modificados los datos que figuran en las casillas 1, 2, 3 y 4 de la portada del cuaderno TIR.

- *Durante el transporte*

  1. Presentar el cuaderno TIR en cada aduana (salida, paso y destino). Deberá siempre ser diligenciado por el funcionario de aduanas, con fecha, sello y firma y si es posible, con el número de registro.
  2. Jamás se deben quitar los precintos si no es en presencia de un funcionario de aduanas.
  3. En caso de accidente o cualquier otro suceso relacionado con la mercancía o los precintos del vehículo o del contenedor, hay que dar cuenta a la autoridad competente, y, con su asistencia, rellenar y formalizar la correspondiente acta de atestado (última hoja del cuaderno TIR).
  4. Respetar los plazos, el horario y el itinerario que la aduana haya fijado.

- *En destino*

  1. Presentar el cuaderno TIR para que sea diligenciado en la aduana de destino.
  2. Recoger el cuaderno TIR prestando atención en que esté debidamente diligenciado (cancelado) por la aduana de destino. Si por alguna causa, la aduana no

devuelve el cuaderno TIR, hay que exigir que firmen el recibo que figura en el ángulo superior derecho de la contraportada del cuaderno TIR y que puede separarse fácilmente por la línea dispuesta para ello.

3. En caso de dificultad en alguna aduana, hay que ponerse inmediatamente en contacto con la empresa para la cual trabaja el conductor.

4. En caso de robo, el conductor debe dirigirse inmediatamente a la policía y a su empresa.

Tránsito comunitario

El tránsito aduanero internacional se constituye por transportes de mercancías que han de atravesar una o varias fronteras hasta llegar a su destino final.

El tránsito aduanero comunitario se caracteriza por el hecho de ser la Unión Europea un territorio aduanero único, constituido a su vez por países independientes. Por esta razón la regulación aduanera comunitaria distingue entre el tránsito externo y el tránsito interno.

El tránsito interno se refiere a mercancías comunitarias que no hayan perdido ni puedan perder tal condición.

El tránsito externo se refiere a mercancías no comunitarias o aquellas mercancías comunitarias que hayan perdido o puedan perder tal condición.

Tránsito comunitario externo

El régimen de tránsito externo permite la circulación de uno a otro punto del territorio aduanero de la UE de:

- Mercancías no comunitarias, sin que dichas mercancías estén sujetas a derechos de importación y demás gravámenes ni a medidas de política comercial (licencias).
- Mercancías comunitarias que sean objeto de una medida comunitaria que requiera su exportación a países terceros y para las que se cumplan los trámites aduaneros de exportación correspondientes (por ejemplo, restituciones agrícolas).

La circulación de mercancías en el territorio comunitario aduanero no se limita al procedimiento de tránsito comunitario externo, ya que tal circulación se puede efectuar por otros procedimientos diferentes.

- Circulación al amparo de un cuaderno TIR, cuando dicha circulación haya comenzado o deba terminar en el exterior de la UE.

- Circulación al amparo de un cuaderno ATA (lo expiden las cámaras de comercio).
- Manifiesto renano (mercancías no comunitarias que circulan por el Rhin).
- Mercancías de las Fuerzas del Tratado del Atlántico Norte (OTAN).
- Envíos por correo o paquete postal.

Funcionamiento

El tránsito se inicia con la presentación por parte del interesado (previo depósito, en su caso, de la garantía impuesta), de la documentación correspondiente en la aduana de partida, con la indicación.

Presentado el documento, la aduana procede a su registro y efectúa las oportunas comprobaciones de identidad de las mercancías, así como a tomar las medidas de control sobre el precinto de los medios de transporte que se van a utilizar.

La aduana, en función del destino declarado, determinará el itinerario y el plazo de transporte.

El titular del régimen de tránsito comunitario, obligado principal, debe presentar las mercancías intactas en la oficina de aduana de destino en el plazo señalado, habiendo respetado las medidas de identificación tomadas por las autoridades aduaneras, así como todas las disposiciones relativas al régimen.

Sin embargo y sin perjuicio de estas obligaciones, el transportista o el destinatario de las mercancías que las acepte sabiendo que están bajo un régimen de tránsito comunitario también debe presentarlas intactas en la oficina de aduana de destino en el plazo señalado, habiendo respetado las medidas de identificación tomadas por las autoridades aduaneras en la aduana de partida.

Una vez iniciado el transporte, el porteador debe seguir el itinerario autorizado y entregar en cada aduana intermedia un aviso de paso.

La aduana comprueba los precintos y coteja los datos contenidos en los avisos de paso con los contenidos en los formularios de tránsito, así como también controla los propios vehículos utilizados.

Una vez finalizado el transporte, la documentación de las mercancías se presenta en la aduana de destino, que procede a realizar las oportunas comprobaciones documentales para verificar el cumplimiento de todas las formalidades durante el transporte, procediéndose al reconocimiento de las mercancías solo en el caso de dudas o irregularidades.

Cuando todo resulta correcto, la aduana de destino confirma la llegada a la aduana de salida, y hace constar el resultado de la comprobación efectuada y se queda en su poder uno de los ejemplares, que constituirá la base para un posterior destino aduanero de la mercancía.

Nuevo sistema de tránsito comunitario externo telemático (NCTS)

En lo referente a la confirmación y comunicación entre aduanas comunitarias se produjo un importante cambio de normativa con la publicación del Reglamento CE 2787/2000, que modificó parcialmente a los reglamentos 2913/92 y 2454/93. Se pretende mayor seguridad de los tránsitos, evitando usos fraudulentos del régimen, así como una mayor facilidad para los operadores. La herramienta para conseguirlo es la informática y la telecomunicación o EDI *(electronic data interchange)* entre aduanas comunitarias, de ahí su nombre NCTS *(new computerized transit system)*.

Los aspectos más destacables de esta norma son los siguientes:

- No se utilizan los ejemplares 4 y 5 del DUA (documento único administrativo), sino un nuevo modelo denominado MRN (número de registro de movimiento) que llevará un número codificado individual en el momento de listarlo por impresora.
- Se acelera el proceso de devolución de avales. Al décimo mes de la admisión de un tránsito, la operación será necesariamente concluida.
- Es obligatorio el precintado de los vehículos y también de los bultos, salvo excepciones. Si el precinto lo coloca un operador, dicho precinto deberá ser autorizado por las autoridades aduaneras.
- Se clasifican los operadores en generales y fiables, siendo estos últimos los que en base a su bajo nivel de irregularidades y a su experiencia en tránsitos, solvencia financiera, equipos informáticos, posesión de precintos propios homologados, etc., ofrecen mayores garantías para las aduanas. En función de dicha fiabilidad, se pueden conseguir reducciones o incluso dispensas de garantía.

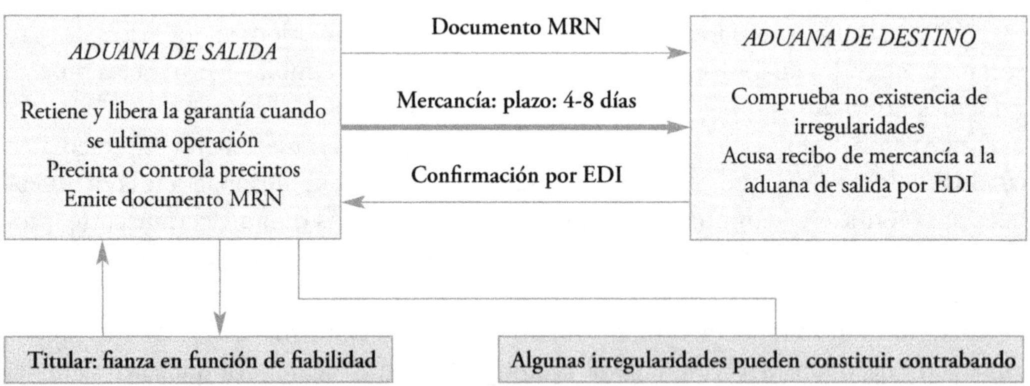

Figura 3. Esquema del sistema de tránsito comunitario externo telemático (NCTS).

- Los plazos genéricos para la presentación de las mercancías en destino serán de cuatro días para tránsitos nacionales y de ocho días a nivel de países de Unión Europea.
- La aduana de destino confirma la llegada a la de salida por sistema EDI.

Garantías

Para responder de la deuda aduanera en los supuestos de tránsito comunitario externo, se pueden prestar tres tipos de garantías en la aduana.

- *Individual.* Es válida para una sola operación de tránsito y se debe formalizar en la aduana de partida. El importe de la misma debe cubrir los derechos e impuestos aduaneros que correspondería pagar a las mercancías que se transporten. Se establece en un 35 % del valor de la mercancía. Suelen ser emitidas por entidades bancarias con las que trabaja quien solicite el tránsito. Se trata de un tipo de garantía poco frecuente.

- *A tanto alzado.* También es válida para una sola operación de tránsito. Consiste en títulos de fianza que emite Astic, en el caso de España, por un valor límite de 10.000 €. Si la aduana considerase este importe insuficiente tendrían que aportarse más títulos, pero siempre del mismo importe indicado.

- *Global.* Sirve para un número indeterminado de operaciones. Se formaliza ante la aduana de garantía, que en España puede ser cualquier administración de aduanas. Cubre todas las operaciones de tránsito externo que el obligado principal lleve a cabo durante el tiempo de validez de la fianza. Su importe se calcula en dos pasos:

  1. Dividimos el valor de las mercancías transportadas durante el año anterior entre veinticuatro.
  2. Al importe resultante se le calcula el arancel y el IVA medios de la Unión Europea, siendo este el importe de la garantía.

Tránsito comunitario interno

Teniendo en cuenta que el establecimiento del mercado único crea un espacio sin fronteras interiores en el que deben circular libremente las mercancías, no tiene ya razón de ser la existencia del tránsito comunitario interno, ya que la circulación de las mismas debe efectuarse en iguales condiciones en que circulan dichas mercancías por el interior de un

COMUNIDAD EUROPEA   **FORMULARIO N**

Introducción   **I**

INTRASTAT

1 Persona obligada   N.º

2 Período   3

4 Tercera persona declarante   N.º   5 | a   d

b

c

6 Designación de las mercancías	7 Part. N.º	8 E.M. proc./Prov. dest.	9 Cond. entr.	10 Nat.	11 T.	12 Puerto de desc.
		a |	b |			
		13 Código de las mercancías		14 P. orig.	15 Régimen estadístico	
		16 Masa neta (Kg)		17 Unidades suplementarias		
		18 Importe facturado		19 Valor estadístico		

6 Designación de las mercancías	7 Part. N.º	8 E.M. proc./Prov. dest.	9 Cond. entr.	10 Nat.	11 T.	12 Puerto de desc.
		a |	b |			
		13 Código de las mercancías		14 P. orig.	15 Régimen estadístico	
		16 Masa neta (Kg)		17 Unidades suplementarias		
		18 Importe facturado		19 Valor estadístico		

6 Designación de las mercancías	7 Part. N.º	8 E.M. proc./Prov. dest.	9 Cond. entr.	10 Nat.	11 T.	12 Puerto de desc.
		a |	b |			
		13 Código de las mercancías		14 P. orig.	15 Régimen estadístico	
		16 Masa neta (Kg)		17 Unidades suplementarias		
		18 Importe facturado		19 Valor estadístico		

6 Designación de las mercancías	7 Part. N.º	8 E.M. proc./Prov. dest.	9 Cond. entr.	10 Nat.	11 T.	12 Puerto de desc.
		a |	b |			
		13 Código de las mercancías		14 P. orig.	15 Régimen estadístico	
		16 Masa neta (Kg)		17 Unidades suplementarias		
		18 Importe facturado		19 Valor estadístico		

20 Lugar/fecha/firma de la persona obligada/tercera persona declarante

Notas explicativas:

Casilla 5c: Código de moneda (ESP/EUR)
  8a: Estado miembro de procedencia
  8b: Provincia de destino
  9 : Condiciones de entrega

Casilla 10: Naturaleza de la transacción
  11: Modo de transporte
  12: Puerto o aeropuerto de descarga
  14: País de origen

Figura 4. Declaración Intrastat de introducción.

solo Estado miembro o de un solo país, es decir, sin controles específicos al paso de los límites fronterizos entre los Estados.

Sin embargo, el código aduanero establece que esta modalidad de tránsito será aplicable en el caso de que una disposición comunitaria así lo determine expresamente.

Este caso puede ocurrir cuando alguno de los regímenes aduaneros o fiscales establezca diferencias de tratamiento en distintas partes del territorio aduanero, como sucede con las disposiciones fiscales en Canarias o en los departamentos de ultramar franceses.

También se prevé la aplicación del tránsito interno para la circulación de un punto a otro del territorio aduanero de la Unión atravesando el territorio de un país tercero, siempre que se trate de mercancías comunitarias y ello sin que su estatuto aduanero se modifique.

Circularán al amparo del régimen de tránsito comunitario interno las mercancías comunitarias que se expidan de uno a otro punto de la Unión, atravesando el territorio de uno o varios países de la AELC/EEE (Asociación Europea de Libre Comercio y Espacio Económico Europeo).

El transporte de mercancías a las que se aplica el tránsito comunitario de uno a otro punto del territorio aduanero de la UE atravesando el territorio de un tercer país no perteneciente a la AELC/EEE, podrá efectuarse en el régimen de tránsito comunitario siempre que el paso por dicho tercer país se efectúe al amparo de un documento de transporte único expedido en un Estado miembro. En dicho caso, el efecto de dicho régimen quedará suspendido en el territorio del tercer país.

Toda mercancía que circule al amparo del régimen de tránsito comunitario interno deberá ser objeto de una declaración T.2 (artículo 381 y siguientes del Reglamento; CE 2454/93).

El Intrastat

No ha sustituido a ningún tránsito interno, como se indica en alguna publicación. Es un sistema para seguir teniendo información estadística de los movimientos de mercancías entre Estados comunitarios, una vez desaparecidos los trámites aduaneros, que eran la fuente de información hasta el 1 de enero de1993.

Deben presentar declaración de Intrastat las empresas que en el año anterior o durante el año en curso, superan en ventas o en compras con el resto de la UE los 250.000 € (cantidad válida para el año 2012 pero que suele cambiar cada año). Se presenta una sola declaración que comprende el total de movimientos del mes natural. Los medios son el papel y los sistemas telemáticos, siendo estos últimos los de uso casi exclusivo. El plazo para presentar el intrastat termina el 12.º día natural del mes siguiente o el primer hábil si este fuese domingo o festivo.

Es una obligación que tienen básicamente las empresas que venden y compran mercancías, y prácticamente en ningún caso afecta a los transportistas.

Tema 6.7
Control e inspección del transporte

Normativa, objetivos y actuación de la Inspección del Transporte

El RD 70/2019 en sus artículos 114, 115 y 116 cambia el contenido de los artículos 197, 198 y 199 del ROTT sobre infracciones muy graves, graves y leves. Y el artículo 118 modifica el 201 del ROTT e indica las horquillas de los importes de las sanciones para cada infracción. Leves de 100 a 400 €, graves de 401 a 1.000 € y muy graves de 1.001 a 6.000 €.

Los objetivos de la inspección de transportes son los siguientes:

– Proteger los derechos de los consumidores y usuarios.
– Mejorar la calidad y seguridad de los servicios.
– Erradicar el intrusismo y la competencia desleal.

Formas de proceder a la inspección

Los servicios de inspección pueden actuar de oficio, mediante la elaboración de planes periódicos de inspección, a fin de sistematizarla, o bien por petición fundada de usuarios, asociaciones o empresas del sector del transporte.

Según la normativa, el personal de la inspección tiene la consideración de autoridad. Por tanto, en su labor inspectora puede solicitar la colaboración de las fuerzas y los cuerpos de seguridad del Estado, tanto autonómicos como locales, así como de las asociaciones del sector.

La inspección se lleva a cabo mediante el acceso a todo lugar donde se desarrollen actividades afectadas por la legislación de transportes, dando cuenta al empresario y acreditándose con la documentación correspondiente. Si se actúa en un domicilio particular, es preciso un mandamiento judicial.

La inspección también puede efectuar pruebas, investigaciones o exámenes necesarios para asegurar que se cumple la normativa de transportes. Otra manera de actuar consiste en solicitar al inspeccionado la presentación de documentos en oficinas de la Administración.

Los titulares de servicios o actividades del transporte están obligados a facilitar la función inspectora (vehículos, instalaciones, documentos, libros de contabilidad, etc.). Obstaculizar la labor inspectora puede ser considerado infracción muy grave o grave, como se detalla más adelante.

Los encargados de proceder a las inspecciones son los servicios de inspección de las comunidades autónomas.

Responsables de las infracciones

Son responsables de las infracciones de las normas reguladoras de los transportes terrestres y de sus actividades auxiliares y complementarias:

- En las infracciones cometidas en la realización de transportes o actividades sujetos a autorización administrativa, la persona física o jurídica titular de la autorización.

- En las infracciones cometidas en la realización de transportes o actividades auxiliares o complementarias de éstos llevados a cabo sin la cobertura del preceptivo título administrativo habilitante, o cuya realización se encuentre exenta de la obtención de este, a la persona física o jurídica propietaria o arrendataria del vehículo o titular de la actividad.

  Se considera titular del transporte o de la actividad clandestina de que se trate a la persona física o jurídica que materialmente la lleve a cabo en nombre propio, la organice o asuma la correspondiente responsabilidad empresarial, así como a todo aquel que, no siendo personal asalariado o dependiente, colabore en la realización de dicho transporte o actividad.

- En las infracciones cometidas por remitentes o cargadores, expedidores, consignatarios o destinatarios, usuarios, y, en general, por terceros que, sin estar comprendidos en los anteriores apartados, lleven a cabo actividades que se vean afectadas por la legislación reguladora de los transportes terrestres, la persona física o jurídica a la que vaya dirigido el precepto infringido o a la que las normas correspondientes atribuyan específicamente la responsabilidad.

Las infracciones tipificadas como muy graves, graves y leves, están recogidas en los artículos 140, 141 y 142, respectivamente, de la Ley 16/1987 (LOTT). Para no dejar ningún supuesto fuera de este libro, a continuación se reproducen entera y literalmente dichos artículos de la LOTT consolidada a 2020.

Artículo 140. Se reputarán infracciones muy graves:

1. La realización de transportes públicos careciendo del título habilitante que, en su caso, resulte preceptivo para su prestación de conformidad con lo dispuesto en esta ley y en las normas dictadas para su ejecución y desarrollo.

   Cuando la realización del transporte de que se trate requiriese disponer de más de un título habilitante, resultará constitutiva de esta infracción la carencia de cualquiera de ellos, aunque se disponga de los demás.

   No se apreciará la infracción tipificada en este punto cuando los hechos deban reputarse infracción leve de conformidad con lo dispuesto en el artículo 142.1.

2. La contratación como porteador o la facturación en nombre propio de servicios de transporte sin ser previamente titular de autorización de transporte o de operador de transporte. En todo caso, incurrirán en esta infracción quienes, aún siendo integrantes de una persona jurídica titular de una autorización de transporte o de operador de transporte, contraten o facturen en nombre propio la prestación de servicios de transporte a terceros o a la propia persona jurídica de la que formen parte sin ser ellos mismos, a su vez, titulares de tal autorización. No se apreciará la infracción tipificada en este punto cuando los hechos deban reputarse infracción leve de conformidad con lo dispuesto en el artículo 142.1.

3. El arrendamiento de un vehículo cuando vaya acompañado por la prestación de servicios de conducción o cualquier otra forma de cesión del uso de un vehículo cuyo titular preste servicios de conducción al cesionario. Incurrirán en esta infracción tanto el arrendador o cedente como el arrendatario o cesionario.

   No se producirá esta infracción cuando el arrendador o cedente sea titular de la autorización de transporte que en cada caso corresponda.

4. La cesión, expresa o tácita, de títulos habilitantes por parte de sus titulares a favor de otras personas.

5. La organización o establecimiento de un transporte regular de viajeros de uso general sin haber sido contratado por la Administración competente para gestionar un servicio público de esas características, con independencia de que los medios utilizados sean propios o ajenos.

6. La venta individualizada de las plazas de un transporte de viajeros, así como la prestación o venta de servicios integrados en una serie de expediciones que atiendan, de forma reiterada, tráficos preestablecidos, cuando no se posea otra habilitación que la autorización de transporte regulada en el artículo 42 (autorización de discrecional).

En esta misma infracción incurrirán quienes presten servicios turísticos incumpliendo las condiciones legalmente señaladas para ello.

7. La falsificación de alguno de los títulos que habiliten para el ejercicio de las actividades y profesiones reguladas en esta ley y en las normas dictadas para su ejecución y desarrollo o de alguno de los datos que deban constar en aquéllos.

    La responsabilidad por dicha infracción corresponderá tanto a las personas que hubiesen falsificado el título, o colaborado en su falsificación o comercialización a sabiendas del carácter ilícito de su actuación, como a las que lo hubiesen utilizado para encubrir la realización de transportes o actividades no autorizados.

8. El falseamiento de los documentos que hayan de ser aportados como requisito para la obtención de cualquier título, certificación o documento que haya de ser expedido por la Administración a favor del solicitante o de cualquiera de los datos que deban constar en aquéllos.

9. El falseamiento de cualesquiera documentos contables, estadísticos o de control que la empresa se encuentre obligada a llevar o de los datos obrantes en los mismos.

10. La manipulación del tacógrafo, del limitador de velocidad o de alguno de sus elementos, así como la de otros instrumentos o medios de control que exista la obligación de llevar instalados en el vehículo, con objeto de alterar su funcionamiento o modificar sus mediciones. En esta misma infracción incurrirán quienes instalen cualquier clase de elementos mecánicos, electrónicos o de otra naturaleza con la misma finalidad, aunque no se encuentren en funcionamiento en el momento de realizarse la inspección.

    La responsabilidad por esta infracción corresponderá, en todo caso, al transportista que tenga instalado en su vehículo el aparato o instrumento manipulado y, asimismo, a aquellas personas que lo hubiesen manipulado o colaborado en su instalación o comercialización.

11. El falseamiento de las condiciones que determinaron que una empresa se beneficiase de exención de responsabilidad contemplada en el artículo 138.4 (cuando la empresa se quiere liberar de una sanción culpando a su empleado de indisciplina grave).

12. La negativa u obstrucción a la actuación de los Servicios de Inspección del Transporte Terrestre o de las fuerzas encargadas de la vigilancia del transporte que imposibiliten total o parcialmente el ejercicio de las funciones que legal o reglamentariamente tengan atribuidas, así como la desatención total o parcial a sus

instrucciones o requerimientos o el quebrantamiento de la orden de inmovilizar un vehículo.

En todo caso, incurrirá en esta infracción toda empresa cuyos propietarios, empleados, auxiliares o dependientes nieguen o dificulten el acceso al personal de los servicios de inspección a los locales o vehículos en que obligatoriamente deba encontrarse depositada la documentación de la empresa o a dicha documentación.

En los supuestos de requerimientos relativos al cumplimiento de la legislación sobre tiempos de conducción y descanso de los conductores, se considerará cometida una infracción distinta por cada vehículo o conductor del que no se aporte la documentación solicitada o se aporte de tal forma que imposibilite su control.

13. La realización de transporte interior en España con vehículos matriculados en el extranjero incumpliendo las condiciones que definen las operaciones de cabotaje de conformidad con lo dispuesto en la reglamentación de la Unión Europea por la que se establecen normas comunes de acceso al mercado del transporte internacional de mercancías por carretera o por la que se establecen normas comunes de acceso al mercado internacional de los servicios de autocares y autobuses, aunque quien los realice sea titular de licencia comunitaria.

14. La interrupción de los servicios señalados en el contrato de gestión de un servicio público de transporte regular de viajeros de uso general, sin que medie consentimiento de la Administración ni otra causa que lo justifique, durante el plazo que reglamentariamente se determine.

15. La realización de transportes, carga o descarga de mercancías peligrosas cuando concurra alguna de las siguientes circunstancias:

    15.1. No informar sobre la inmovilización del vehículo a causa de accidente o incidente grave, o no adoptar las medidas de seguridad y protección que correspondan en tales supuestos, excepto en aquellos casos en que ello hubiera resultado imposible.

    15.2. Utilizar cisternas que presenten fugas.

    15.3. Carecer del certificado de aprobación del vehículo expedido por el organismo competente, donde se acredite que responde a las prescripciones reglamentariamente exigibles para el transporte al que va destinado, así como llevar dicho certificado caducado o llevar uno distinto al exigido para la mercancía transportada.

    15.4. Transportar mercancías a granel cuando ello no esté autorizado por la regulación específica aplicable.

15.5. Utilizar vehículos, depósitos o contenedores que carezcan de paneles, placas o etiquetas de peligro o, en su caso, de cualquier otra señalización o marca exigible, así como llevarlos ilegibles.

15.6. Transportar mercancías por carretera cuando no esté permitido hacerlo.

15.7. Utilizar vehículos o depósitos distintos a los prescritos en las normas que regulen el transporte de las mercancías de que se trate.

En todo caso será constitutiva de esta infracción la utilización de cisternas, vehículos batería o contenedores de gas de elementos múltiples cuyo uso no esté permitido para el transporte de la mercancía peligrosa de que se trate.

15.8. No llevar a bordo del vehículo una carta de porte que cubra todas las mercancías transportadas, o llevarla sin consignar cuáles sean estas.

15.9. Transportar mercancías careciendo del permiso, autorización especial o autorización previa que, en su caso, sea necesario o incumpliendo las condiciones señaladas en ellos.

15.10. Incumplir la prohibición de fumar específicamente señalada en la legislación sobre transporte de mercancías peligrosas.

15.11. No identificar el transporte de mercancías peligrosas en el exterior del vehículo.

15.12. Utilizar fuego o luces no protegidas, así como aparatos de alumbrado portátiles, con superficies capaces de producir chispas.

15.13. Consignar de forma inadecuada en la carta de porte la mercancía transportada.

15.14. Incumplir las normas sobre el grado de llenado o sobre la limitación de las cantidades a transportar por unidad de transporte.

15.15. Utilizar vehículos, depósitos o contenedores con paneles, placas, etiquetas de peligro o cualquier otra señalización o marca exigible no adecuados a la mercancía transportada.

15.16. Incumplir las normas de embalaje en común en un mismo bulto.

15.17. Incumplir las prohibiciones de cargamento en común en un mismo vehículo.

15.18. Utilizar envases o embalajes no autorizados por las normas que resulten de aplicación para el transporte de la mercancía de que se trate.

Se considerará incluido en esta infracción el uso de envases o embalajes no homologados o que se encuentren gravemente deteriorados o presenten fugas o que carezcan de alguno de los requisitos técnicos exigidos.

15.19. Transportar, cargar o descargar mercancías peligrosas cuando las empresas involucradas en tales operaciones no tengan el preceptivo consejero de seguridad o tengan uno que no se encuentre habilitado para actuar como tal en relación con la materia o actividad de que se trate.

La responsabilidad por la comisión de las infracciones contempladas en este punto corresponderá:

a) Al transportista, por la infracción tipificada en el apartado 15.1.

b) Al transportista y al cargador, por las infracciones tipificadas en los apartados 15.2, 15.3, 15.4 y 15.5.

c) Al transportista y al cargador o expedidor, según el caso, por las infracciones tipificadas en los apartados 15.6, 15.7, 15.8, 15.9, 15.10 y 15.11.

d) Al transportista, al cargador y al descargador, por la infracción tipificada en el apartado 15.12.

e) Al cargador o expedidor, según el caso, por las infracciones tipificadas en los apartados 15.13, 15.14, 15.15, 15.16, 15.17 y 15.18.

f) A la empresa obligada a tener consejero de seguridad, por la infracción tipificada en el apartado 15.19.

A los efectos previstos en este punto y en los artículos 141.5 y 142.7, tendrá la consideración de expedidor la persona física o jurídica por cuya orden y cuenta se realiza el envío de la mercancía peligrosa y figura como tal en la carta de porte, con independencia de que sea ella misma o un tercero el destinatario de las mercancías así expedidas. Se considerará cargador o descargador la persona física o jurídica que efectúa o bajo cuya responsabilidad se realizan las operaciones de carga o descarga de la mercancía peligrosa.

16. La realización de actividades de transporte público o la intermediación en su contratación, incumpliendo alguno de los requisitos exigidos para la obtención y mantenimiento de la autorización que, en su caso, resulte preceptiva, excepto en aquellos supuestos en que el requisito incumplido sea el señalado en el apartado f) del artículo 43.1 (es decir, obligaciones de carácter fiscal, laboral y social).

En todo caso, incurrirán en esta infracción quienes no comuniquen al Registro de Empresas y Actividades de Transporte el cambio de su domicilio o de la ubicación de sus centros de explotación o de los locales de que deban disponer a efectos del cumplimiento del requisito de establecimiento.

17. La contratación de servicios de transporte por parte de transportistas, agencias de transporte, transitarios, almacenistas-distribuidores, operadores logísticos o cualquier otro profesional del transporte con transportistas u operadores de transporte no autorizados.

En todo caso, incurrirá en esta infracción la persona jurídica profesionalmente dedicada al transporte que contrate a alguna de las personas que la integran para que realice un servicio de transporte, o abone las facturas que estas le expidan por tal concepto, cuando dichas personas no sean, a su vez, titulares de una autorización de transporte o de operador de transporte.

18. La realización de transportes públicos o privados utilizando conductores que carezcan del certificado de aptitud profesional o de la tarjeta de cualificación (CAP) en vigor.

19. El incumplimiento de la obligación de suscribir el seguro exigido en el artículo 21.1 o tenerlo suscrito con una cobertura insuficiente (se refiere al seguro obligatorio de transporte de viajeros).

20. La carencia del tacógrafo, del limitador de velocidad o de alguno de sus elementos, así como la de otros instrumentos o medios de control que exista la obligación de llevar instalados en el vehículo. En esta misma infracción incurrirán quienes llevando instalado el tacógrafo no lo utilicen o lleven instalado un tacógrafo no homologado.

21. La carencia significativa de hojas de registro o de datos registrados en el tacógrafo o en las tarjetas de los conductores que exista obligación de conservar en la sede de la empresa.

   Se considerará incluida en esta infracción la conservación de registros sin cumplir la estructura de campo o la extensión del fichero reglamentariamente establecidas.

22. No llevar insertada en el tacógrafo la tarjeta de conductor o la hoja de registro de los tiempos de conducción y descanso, cuando ello resulte exigible, o hacerlo de forma incorrecta, así como utilizar una tarjeta de otro conductor, una hoja de registro con nombre o apellido diferentes a los del conductor o llevar insertada una tarjeta que no debería utilizarse por haberse expedido un duplicado posterior.

   Se considerará, asimismo, constitutiva de esta infracción la falta de consignación de datos en una hoja de registro o documento de impresión de los tiempos de conducción y descanso, cuando las normas de la Unión Europea reguladoras de la materia le atribuyan la consideración de infracción muy grave.

23. El exceso igual o superior al 25 % sobre la masa máxima total o igual o superior al 50 % sobre la masa máxima por eje que tenga autorizadas el vehículo de que

se trate. Dichos porcentajes se reducirán al 20 y al 40 %, respectivamente, cuando la masa máxima que tenga autorizada el vehículo sea superior a 12 t.

Cuando el vehículo se encuentre amparado por una autorización especial que le permita circular con una masa superior a la que, de otro modo, le correspondería, los señalados porcentajes deberán referirse a la masa máxima señalada en dicha autorización especial. Cuando se exceda la masa máxima total del vehículo, la responsabilidad por la infracción corresponderá tanto al transportista como al cargador, al expedidor y al intermediario que hubiesen intervenido en el transporte o su contratación, salvo que alguno de ellos pruebe que no le resulta imputable.

Cuando se exceda la masa máxima por eje, la responsabilidad corresponderá a quien hubiera realizado la estiba de la mercancía a bordo del vehículo o bajo cuyas instrucciones se hubiera realizado esta.

En los transportes de paquetería y mudanzas no se exigirá responsabilidad al cargador ni al expedidor por el exceso sobre la masa autorizada, salvo que se pruebe que su actuación resultó determinante de aquél.

24. La utilización en el tacógrafo de hojas de registro o tarjetas de conductor que se encuentren manchadas o estropeadas de tal manera que impidan la lectura de los datos registrados.

25. La utilización de una misma hoja de registro de los tiempos de conducción y descanso por un período de tiempo superior al que corresponda, cuando haya dado lugar a una superposición de registros que impida su lectura.

26. El uso incorrecto del selector de actividades del tacógrafo.

27. La prestación de servicios públicos de transporte regular de viajeros de uso general cuando se dé alguna de las siguientes circunstancias:

27.1. La falta de explotación del servicio por el propio contratista de la Administración, salvo los supuestos de colaboración expresamente permitidos.

27.2. El incumplimiento de los tráficos o del número mínimo de expediciones establecidos en el contrato de gestión del servicio público de que se trate, cuando no deba calificarse conforme a lo señalado en el punto 14 de este artículo.

27.3. Denegar la venta de billetes o el acceso al vehículo a quienes los hubieran adquirido, salvo que se den circunstancias legal o reglamentariamente establecidas que lo justifiquen. Asimismo, se incurrirá en esta infracción si se impide a ciertas categorías de usuarios, o a quienes pretendan acceder al servicio en determinadas localidades o zonas geográficas, adquirir o reservar billetes por cualquiera de los procedimientos utilizados por la empresa con carácter general, o reciben un trato discriminatorio respecto al resto de los usuarios en relación con dicha adquisición o reserva.

27.4. La realización del servicio transbordando injustificadamente a los usuarios durante el viaje.

27.5. El incumplimiento del régimen tarifario previsto en el contrato de gestión del servicio público de que se trate.

27.6. El incumplimiento de las condiciones de accesibilidad a los vehículos establecidas con carácter general para todos los servicios públicos de transporte regular de viajeros por carretera de uso general o especialmente señalados en el pliego de condiciones o el contrato del servicio de que se trate.

Asimismo, incurrirá en esta infracción la empresa contratista del servicio cuyo personal impida o dificulte su utilización a personas con discapacidad, incluso si no existe obligación de que los vehículos se encuentren adaptados para ello, siempre que, en este último supuesto, dichas personas aporten los medios que les resulten precisos para acceder y abandonar el vehículo e instalarse en una plaza ordinaria.

28. La realización de transportes públicos regulares de viajeros de uso especial incumpliendo cualquiera de las condiciones señaladas en la correspondiente autorización con el carácter de esenciales, cuando dicho incumplimiento no se encuentre expresamente tipificado de otra manera en esta ley.

29. En los transportes de uso especial de escolares y de menores, la ausencia de una persona mayor de edad idónea, distinta del conductor, que conozca el funcionamiento de los mecanismos de seguridad del vehículo, encargada del cuidado de los menores, cuando ello resulte obligatorio.

30. En los transportes de uso especial de escolares y de menores, la falta de plaza o asiento para cada menor, así como la inexistencia de plazas cercanas a las puertas de servicio que sean necesarias para personas de movilidad reducida.

31. La contratación de servicios de transporte terrestre de mercancías por parte de transportistas, agencias de transporte, transitarios, almacenistas distribuidores, operadores logísticos o cualquier otro profesional del transporte incumpliendo la obligación de hacerlo en nombre propio, así como la contratación de servicios públicos de transporte regular de viajeros de uso general en concepto de porteador por quien no se encuentre habilitado para ello.

32. La realización de transportes de mercancías o discrecionales de viajeros incumpliendo las condiciones establecidas en el artículo 54 (transportar con vehículos propios). En idéntica infracción incurrirán las empresas o personas que actúen como colaboradores incumpliendo las obligaciones que les afecten.

33. El inadecuado funcionamiento imputable al transportista del tacógrafo, del limitador de velocidad o de alguno de sus elementos, así como el de otros instrumentos o medios de control que exista la obligación de llevar instalados en el vehículo, cuando no deba calificarse conforme a lo señalado en el punto 10 de este artículo.

34. La utilización del tacógrafo sin haber realizado su calibrado o revisión periódica en los plazos y forma establecidos, habiendo sido reparado en un taller no autorizado o careciendo de los precintos o placas preceptivos.

35. La carencia a bordo del vehículo de las hojas de registro de los tiempos de conducción y descanso ya utilizadas o de los documentos de impresión que resulte obligatorio llevar, con independencia del tipo de tacógrafo, analógico o digital, que se esté utilizando.

    En la misma infracción se incurrirá cuando no se lleve a bordo del vehículo la tarjeta del conductor, aunque se esté utilizando un tacógrafo analógico, cuando resulte necesaria para apreciar las condiciones de conducción durante el período anterior exigible.

36. El incumplimiento por un centro de alguna de las condiciones que le fueron exigidas para obtener la autorización habilitante para impartir cursos preceptivos para la obtención o mantenimiento de alguna de las cualificaciones reguladas por las normas de ordenación del transporte.

37. El incumplimiento de la legislación aplicable en materia de tiempos de conducción y descanso de los conductores en los siguientes supuestos:

    37.1. El exceso igual o superior al 50 % en los tiempos máximos de conducción diaria, así como la disminución de los descansos diarios por debajo de cuatro horas y media.

    37.2. El exceso igual o superior al 25 % en los tiempos máximos de conducción semanal o bisemanal.

    37.3. El exceso superior a dos horas en los tiempos máximos de conducción diaria, salvo que deba calificarse conforme a lo dispuesto en el apartado 37.1.

    37.4. La conducción durante más de seis horas sin respetar las pausas reglamentariamente exigidas.

    37.5. La disminución del descanso diario normal en más de dos horas y media o del reducido o fraccionado en más de dos horas, incluso cuando se realice conducción en equipo, salvo que deba calificarse conforme a lo dispuesto en el apartado 37.1.

    37.6. La disminución del descanso semanal normal en más de nueve horas o del reducido en más de cuatro.

38. El transporte de objetos o encargos distintos de los equipajes de los viajeros al amparo de una autorización de transporte público de viajeros, incumpliendo las condiciones que resulten exigibles de conformidad con las normas internas o internacionales que resulten de aplicación.

Artículo 141. Se reputarán infracciones graves:

1. El incumplimiento de la obligación de devolver a la Administración una autorización o licencia de transporte, alguna de sus copias o cualquier otra documentación cuando, por haber sido revocada o por cualquier otra causa legal o reglamentariamente establecida, debiera haber sido devuelta, siempre que el documento de que se trate conserve apariencia de validez.

2. El exceso igual o superior al 15 e inferior al 25 % sobre la masa máxima total o igual o superior al 30 e inferior al 50 % sobre la masa máxima por eje que tenga autorizadas el vehículo de que se trate.

   Dichos porcentajes se reducirán, respectivamente, al 10 y el 20 % sobre la masa máxima total y al 25 y el 40 % sobre la masa máxima por eje, cuando la masa máxima que tenga autorizada el vehículo sea superior a 12 t.

   A efectos de responsabilidad, serán de aplicación las reglas establecidas en el artículo 140.23.

3. No pasar la revisión periódica de algún instrumento o medio de control que exista la obligación de llevar instalado en el vehículo, en los plazos y forma establecidos, cuando no deba reputarse infracción muy grave de conformidad con lo dispuesto en el artículo 140.34.

4. La obstrucción que dificulte gravemente la actuación de los Servicios de Inspección del Transporte Terrestre o de las fuerzas encargadas de la vigilancia del transporte cuando no concurra alguno de los supuestos que, conforme a lo señalado en el punto 12 del artículo 140, implicarían que se reputase infracción muy grave.

En los supuestos de requerimientos relativos al cumplimiento de la legislación sobre tiempos de conducción y descanso de los conductores se considerará cometida una infracción distinta por cada vehículo o conductor del que se aporte la documentación solicitada en tiempo y forma distinta a la requerida.

5. La realización de transportes, carga o descarga de mercancías peligrosas cuando concurra alguna de las siguientes circunstancias:

5.1. No llevar a bordo las instrucciones escritas que resulten exigibles.

5.2. Incumplir lo dispuesto en las normas de aplicación o en las correspondientes instrucciones escritas acerca del equipamiento del vehículo o de los miembros de la tripulación.

5.3. Carecer de los extintores que resulten obligatorios en función del vehículo o la carga transportada, o disponer de unos cuya correcta utilización no esté garantizada.

5.4. Transportar viajeros en unidades que transporten mercancías peligrosas fuera de los supuestos en que las normas reguladoras de esta clase de transportes lo permitan.

5.5. Transportar mercancías peligrosas en vehículos de viajeros en cantidades no permitidas.

5.6. Utilizar bultos o cisternas en el transporte que no estén correctamente cerrados, incluso cuando estas últimas se encuentren vacías si no han sido previamente limpiadas.

5.7. Transportar bultos de mercancía en un contenedor que no sea estructuralmente adecuado.

5.8. Carecer del certificado de limpieza de la cisterna en los casos que sea necesario.

5.9. Incumplir las disposiciones sobre fechas de ensayo, inspección y plazos de utilización de envases y embalajes o recipientes.

5.10. Transportar mercancías peligrosas en envases o embalajes deteriorados, cuando no deba reputarse infracción muy grave de conformidad con lo dispuesto en el apartado 18 del artículo 140.15.

5.11. No consignar en la carta de porte alguno de los datos que deben figurar en ella o hacerlo inadecuadamente, cuando no deba reputarse infracción muy grave de conformidad con lo dispuesto en los apartados 8 y 13 del artículo 140.15.

5.12. Etiquetar o marcar inadecuadamente los bultos.

5.13. Incumplir la obligación de conectar a tierra los vehículos cisterna durante las maniobras de carga o descarga, cuando resulte exigible.

5.14. No realizar en las plantas cargadoras o descargadoras las comprobaciones que sean obligatorias antes, durante o después de la carga.

5.15. Incumplir los consejeros de seguridad las obligaciones que les atribuye su normativa específica.

5.16. Incumplir la obligación de remitir a las autoridades competentes el informe anual y los partes de accidentes.

5.17. Incumplir la obligación de conservar los informes anuales durante el plazo legalmente establecido.

5.18. No proporcionar a los trabajadores que intervienen en el manejo de mercancías peligrosas la formación adecuada para prevenir riesgos ocasionales.

La responsabilidad por la comisión de las infracciones contempladas en este punto corresponderá:

a) Al transportista por las infracciones tipificadas en los apartados 5.1, 5.2, 5.3, 5.4 y 5.5.

b) Al transportista y al cargador por las infracciones tipificadas en los apartados 5.6 y 5.7.

c) Al transportista y al cargador o descargador, según el caso, por la infracción tipificada en el apartado 5.8.

d) Al cargador por las infracciones tipificadas en los apartados 5.9 y 5.10.

e) Al cargador o expedidor, según el caso, por las infracciones tipificadas en los apartados 5.11 y 5.12.

f) Al cargador o descargador por las infracciones tipificadas en los apartados 5.13 y 5.14.

g) A la empresa obligada a tener consejero de seguridad por la infracción tipificada en los apartados 5.15, 5.16 y 5.17.

h) A la empresa de quien dependan los trabajadores por la infracción tipificada en el apartado 5.18.

6. La utilización de títulos habilitantes en condiciones distintas a las establecidas con carácter general o señaladas específicamente en el propio título, salvo que el incumplimiento de dichas condiciones ya estuviera tipificado de forma expresa en esta ley.

7. La oferta de servicios de transporte sin disponer del título habilitante exigible para realizarlos o para intermediar en su contratación, tanto si se realiza de forma individual a un único destinatario o se hace pública para conocimiento general a través de cualquier medio.

8. El arrendamiento de vehículos con conductor fuera de las oficinas o locales que reglamentariamente se determinen, así como la búsqueda o recogida de clientes que no hayan sido contratados previamente.

En esta misma infracción incurrirán aquellos arrendadores de vehículos con conductor que incumplan las limitaciones que definen la prestación habitual del servicio en el territorio en que se encuentre domiciliada la autorización en que se amparan.

9. La realización de transportes públicos o privados utilizando para la conducción del vehículo los servicios de una persona que requiera el certificado de conductor de tercer país, careciendo de este o incumpliendo alguna de las condiciones que dieron lugar a su expedición.

10. La prestación de un servicio público de transporte regular de viajeros de uso general incumpliendo alguna de las condiciones u obligaciones impuestas al contratista en el correspondiente contrato de gestión, cuando no deba reputarse infracción muy grave de conformidad con lo dispuesto en los puntos 14 o 27 del artículo 140.

    Asimismo, incurrirá en esta infracción el contratista del servicio que incumpla la obligación de transporte gratuito del equipaje de los viajeros en los supuestos y hasta el límite en que ello resulte obligatorio.

11. La utilización de hojas de registro de los tiempos de conducción y descanso no homologadas o que resulten incompatibles con el tacógrafo utilizado.

12. La falta de consignación de datos en una hoja de registro o documento de impresión de los tiempos de conducción y descanso, cuando las normas de la Unión Europea reguladoras de la materia le atribuyan la consideración de infracción grave.

13. La carencia no significativa de hojas de registro, de documentos de impresión o de datos registrados en el tacógrafo o en las tarjetas de los conductores que exista obligación de conservar en la sede de la empresa a disposición de la Administración.

14. La realización de transportes privados careciendo de la autorización, certificación o licencia que, en su caso, resulte preceptiva para ello de conformidad con las normas reguladoras del transporte terrestre.

    No se apreciará la infracción prevista en este punto cuando los hechos deban reputarse infracción leve de conformidad con lo dispuesto en el artículo 142.1.

15. La venta de billetes para servicios no autorizados de transporte de viajeros, salvo que deba reputarse infracción muy grave, de conformidad con los puntos 5 o 6 del artículo 140.

Asimismo, incurrirán en esta infracción los titulares de industrias o servicios que, aún siendo ajenos al transporte, permitan que tales billetes se vendan en los locales o establecimientos en que desarrollan su actividad.

16. La realización de transportes públicos interurbanos de viajeros en vehículos de turismo cuando se de alguna de las siguientes circunstancias:

   16.1. Haberse iniciado el servicio en un término municipal no autorizado.
   16.2. Incumplimiento del régimen tarifario que resulte de aplicación.

17. La carencia, falta de diligenciado o falta de datos esenciales de la documentación de control, estadística o contable cuya cumplimentación resulte obligatoria.

   Asimismo, serán constitutivas de dicha infracción la ocultación o falta de conservación de dicha documentación, así como su falta de comunicación a la Administración o la demora injustificada en dicha comunicación, incumpliendo lo que al efecto se determine reglamentariamente.

   En idéntica infracción incurrirán aquellas empresas que carezcan del documento en que preceptivamente hayan de formularse las reclamaciones de los usuarios, que nieguen u obstaculicen su uso o que oculten su contenido o retrasen injustificadamente su comunicación a los Servicios de Inspección del Transporte Terrestre que en cada caso resulten competentes.

   No se apreciará la infracción tipificada en este punto cuando los hechos comprobados deban reputarse infracción muy grave de conformidad con lo dispuesto en los puntos 12, 21, 22 o 35 del artículo 140 o calificarse conforme a lo señalado en los puntos 9 o 10 de este artículo.

18. La salida de los vehículos dedicados al arrendamiento con conductor del lugar en que habitualmente se encuentren guardados o estacionados sin llevar a bordo la documentación exigible o llevándola incorrectamente cumplimentada.

19. La desatención por el destinatario de un transporte de mercancías del requerimiento que le formule una Junta Arbitral del Transporte para que ponga a su disposición las mercancías que hubiese recibido, cuando corresponda que sean depositadas en ejecución de lo dispuesto en el artículo 38.3 (es decir, por las juntas arbitrales).

20. La impartición de cursos que resulten preceptivos para la obtención o mantenimiento de alguna de las cualificaciones reguladas por las normas de ordenación del transporte, cuando se de alguna de las siguientes circunstancias:

20.1. Que los profesores no reúnan las condiciones de titulación o formación específica exigidas para impartir la materia de que se trate.

20.2. Que el curso impartido no se ajuste al modelo previamente homologado.

20.3. Que el curso impartido no se ajuste a las características del que fue comunicado al órgano administrativo competente.

20.4. Que no se haya puesto en conocimiento del órgano administrativo competente, por los medios y en el plazo previstos para ello, que el profesor o la materia impartida no coinciden con los que hubiesen sido inicialmente comunicados.

20.5. Que no se haya puesto en conocimiento del órgano administrativo competente, por los medios y en el plazo previstos para ello, la falta de asistencia injustificada de un 50 % o más de los alumnos inscritos en el curso.

21. La realización de transportes de productos alimenticios o mercancías perecederas utilizando un vehículo que carezca del certificado de conformidad para el transporte de mercancías perecederas o tenerlo caducado o falseado.

La responsabilidad por la comisión de esta infracción corresponderá tanto al transportista como al expedidor.

22. La contratación de servicios de transporte por parte de cargadores o usuarios habituales con transportistas u operadores de transporte no autorizados, cuando no deba reputarse muy grave de conformidad con lo dispuesto en el artículo 140.17.

23. La prestación de servicios de transporte de viajeros con vehículos que incumplan las prescripciones técnicas sobre accesibilidad de personas con movilidad reducida que, en cada caso, les resulten de aplicación, salvo que deba reputarse infracción muy grave de conformidad con lo dispuesto en el artículo 140.27.6.

24. El incumplimiento de la legislación aplicable en materia de tiempos de conducción y descanso de los conductores en los siguientes supuestos, salvo que deba reputarse infracción muy grave de conformidad con lo establecido en el punto 37 del artículo 140:

24.1. El exceso superior a sesenta horas en el tiempo máximo de conducción semanal o a cien en el bisemanal.

24.2. El exceso superior a una hora en los tiempos máximos de conducción diaria.

24.3. La conducción durante más de cinco horas, aunque sin rebasar las seis, sin respetar las pausas reglamentariamente exigidas.

24.4. La disminución del descanso diario normal, reducido o fraccionado en más de una hora.

24.5. La disminución del descanso semanal normal en más de tres horas o del reducido en más de dos.

25. Cualquiera de las infracciones previstas en el artículo anterior, cuando por su naturaleza, ocasión o circunstancia no deba ser calificada como muy grave, debiendo justificarse la existencia de dichas circunstancias y motivarse la resolución correspondiente.

Artículo 142. Se reputarán infracciones leves:

1. La realización de transportes públicos o privados, así como la contratación como porteador o la facturación en nombre propio de servicios de transporte, careciendo de la autorización o licencia que, en su caso, resulte preceptiva, siempre que se acredite que en el momento de realizarlos o contratarlos, se cumplían todos los requisitos exigidos para su obtención y que esta se ha solicitado dentro de los 15 días siguientes a la notificación del inicio del expediente sancionador.

2. El exceso superior al 5 e inferior al 15 % sobre la masa máxima total o superior al 20 e inferior al 30 % sobre la masa máxima por eje que tenga autorizadas el vehículo de que se trate.

   Dichos porcentajes se reducirán, respectivamente, al 2,5 y el 10 % sobre la masa máxima total y al 15 y el 25 % sobre la masa máxima por eje, cuando la masa máxima que tenga autorizada el vehículo sea superior a 12 t.

   A efectos de responsabilidad, serán de aplicación las reglas establecidas en el artículo 140.23.

3. La utilización de hojas de registro de los tiempos de conducción y descanso manchadas o estropeadas cuando, no obstante, los datos registrados resulten legibles; la utilización de hojas durante un período mayor a aquél para el que esté previsto, cuando no haya supuesto la pérdida de datos, y la retirada no autorizada de tales hojas cuando ello no afecte a los datos registrados.

   Se considerará asimismo incluida en esta infracción la falta o insuficiencia de papel en el que deben imprimirse las actividades de los conductores registradas por el tacógrafo digital, cuando no deba reputarse infracción muy grave de conformidad con lo dispuesto en el artículo 140.22.

4. La falta de consignación de datos en una hoja de registro o documento de impresión de los tiempos de conducción y descanso, cuando las normas de la Unión Europea reguladoras de la materia le atribuyan la consideración de infracción leve.

5. La inexistencia de algún rótulo o aviso cuya exhibición para conocimiento público resulte obligatoria.

6. El incumplimiento en los transportes interurbanos de viajeros contratados por plaza con pago individual de la obligación de expedir los correspondientes títulos de transporte a los usuarios o de las normas establecidas para su despacho o devolución, o expedirlos incumpliendo cualquier otra condición exigible.

7. La realización de transporte de mercancías peligrosas cuando concurra alguna de las siguientes circunstancias:

   7.1. No llevar a bordo los documentos relativos al vehículo que resulten obligatorios, poseyéndolos, cuando no deba reputarse infracción muy grave de conformidad con lo dispuesto en el apartado 3 del artículo 140.15.

   7.2. Utilizar paneles, placas, etiquetas, marcas, letras, figuras o símbolos cuyo tamaño no se ajuste al exigido.

   7.3. No llevar a bordo del vehículo un documento de identificación con fotografía para cada miembro de la tripulación, cuando sea exigible.

   7.4. No llevar correctamente sujetas las placas, paneles o etiquetas de peligro.

   7.5. Utilizar documentos de transporte o acompañamiento en los que no se haya hecho constar toda la información obligatoria, cuando no deba reputarse infracción grave o muy grave de conformidad con lo dispuesto en el apartado 11 del artículo 141.5 y en los apartados 8 o 13 del artículo 140.15.

   7.6. No incluir en los informes anuales o en los partes de accidentes alguno de los datos exigibles por la normativa vigente.

   7.7. No comunicar a los órganos competentes la identidad de los consejeros de seguridad con que cuente la empresa y sus áreas de responsabilidad.

   7.8. No conservar los informes anuales durante el plazo reglamentariamente establecido, siempre que hubieran sido remitidos a los órganos competentes.

   7.9. Remitir a las autoridades competentes el informe anual o los partes de accidente fuera de los plazos reglamentariamente establecidos.

   La responsabilidad por la comisión de las infracciones contempladas en este punto corresponderá:

   a) Al transportista por las infracciones tipificadas en los apartados 7.1, 7.2, 7.3 y 7.4.

    b) Al cargador o expedidor, según el caso, por la infracción tipificada en el apartado 7.5.

    c) A la empresa obligada a tener consejero de seguridad por las infracciones tipificadas en los apartados 7.6, 7.7, 7.8 y 7.9.

8. La realización de transportes públicos o privados sin llevar a bordo del vehículo la documentación formal que acredite la posibilidad legal de prestarlos o que resulte exigible para la determinación de la clase de transporte que se está realizando, salvo que dicha infracción deba ser calificada como muy grave o grave conforme a lo dispuesto en los artículos 140.1 y 141.14.

   Se considerará incluido asimismo en esta infracción el incumplimiento de la obligación de que dicha documentación se encuentre en lugar visible desde el exterior del vehículo, en los casos en los que así se exija expresamente en las disposiciones reguladoras de la modalidad de transporte de que se trate.

9. El arrendamiento de vehículos sin conductor incumpliendo las condiciones que reglamentariamente se determinen, salvo que deba reputarse infracción muy grave de conformidad con lo dispuesto en el artículo 140.3 o 140.32.

10. La realización de transportes públicos regulares de viajeros de uso especial incumpliendo alguno de los requisitos establecidos en la correspondiente autorización sin atribuirle carácter esencial.

11. El trato desconsiderado de palabra u obra con los usuarios por parte del personal de la empresa en el transporte de viajeros.

12. En el transporte escolar y de menores, el incumplimiento por la entidad contratante de su obligación de exigir al transportista los documentos o justificantes que resulte preceptivo con arreglo a las normas que regulan la seguridad en dichos transportes.

13. En el transporte de viajeros, la carencia de cambio de moneda metálica o billetes hasta la cantidad que, en su caso, se encuentre reglamentariamente determinada.

14. El incumplimiento por los usuarios de los transportes de viajeros de las siguientes prohibiciones:

    14.1. Impedir o forzar la apertura o cierre de las puertas de acceso a los vehículos.
    14.2. Manipular los mecanismos de apertura o cierre de las puertas de acceso al vehículo o de cualquiera de sus compartimentos previstos para su accionamiento exclusivo por el personal de la empresa transportista.

14.3. Hacer uso sin causa justificada de cualquiera de los mecanismos de seguridad o socorro instalados en el vehículo para casos de emergencia.

14.4. Abandonar el vehículo o acceder a este fuera de las paradas en su caso establecidas al efecto, salvo causa justificada.

14.5. Realizar, sin causa justificada, cualquier acto susceptible de distraer la atención del conductor o entorpecer su labor cuando el vehículo se encuentre en marcha.

14.6. Viajar en lugares distintos a los habilitados para los usuarios.

14.7. Viajar careciendo de un título de transporte suficiente para amparar la utilización del servicio de que se trate.

14.8. Toda acción injustificada que pueda implicar deterioro o causar suciedad en los vehículos o estaciones de transporte.

15. La impartición de cursos que resulten preceptivos para la obtención o mantenimiento de alguna de las cualificaciones reguladas por las normas de ordenación del transporte, sin haber puesto en conocimiento del órgano administrativo competente, por los medios y en el plazo previstos para ello, la falta de asistencia injustificada de un 25 % o más de los alumnos inscritos en el curso, salvo que deba reputarse infracción grave de conformidad con lo dispuesto en el artículo 141.20.

16. La realización de transporte de mercancías perecederas sin llevar en el vehículo las marcas de identificación e indicaciones reglamentarias o llevándolas en lugares distintos a los establecidos.

La responsabilidad por la comisión de las infracciones contempladas en este punto corresponderá al transportista o, en su caso, al titular del vehículo.

17. Todo exceso en los tiempos máximos de conducción, así como la disminución de los períodos de descanso, salvo que deba reputarse infracción grave o muy grave de conformidad con lo dispuesto en los artículos 141.24 o 140.37.

18. La falta de comunicación de cualquier dato o circunstancia que deba figurar en el Registro de Empresas y Actividades de Transportes o que exista obligación por otra causa de poner en conocimiento de la Administración, cuando no deba reputarse infracción muy grave de conformidad con lo dispuesto en el artículo 140.16.

19. Cualquiera de las infracciones previstas en el artículo anterior, cuando, por su naturaleza, ocasión o circunstancias, no deba ser calificada como grave, debiendo justificarse la existencia de dichas circunstancias y motivarse la resolución.

Sanciones

En ejecución de lo que se dispone en el artículo 143.1 de la LOTT los importes de las sanciones, serán los siguientes:

Leves: multa de **100 a 400 €.**
Graves: multa de **401 a 1000 €.**
Muy graves: multa de **1001 a 6000 €.**

Se sancionarán con multa de **6.001 a 18.000 €** las infracciones cuando el responsable de las mismas ya hubiera sido sancionado, mediante resolución que ponga fin a la vía administrativa, por la comisión de cualquier otra infracción muy grave de las señaladas en esta Ley en los doce meses anteriores.

En todos aquellos supuestos en que el interesado decida voluntariamente hacer efectiva la sanción antes de que transcurran los **30 días siguientes** a la notificación del expediente sancionador, la cuantía pecuniaria de la sanción inicialmente propuesta se reducirá en un **30 %**

Las infracciones prescriben **en un año desde que se cometieron.** El plazo de prescripción cuenta **desde el día en que se cometió la infracción.** Se interrumpe si se inicia, con conocimiento del interesado, el procedimiento sancionador. Si el expediente sancionador estuviera paralizado más de un mes, por causa ajena al sancionado, se reanuda el plazo de prescripción.

El pago de las sanciones es **un requisito necesario para realizar el visado** y cualquier transferencia de autorizaciones.

Además de la sanción que corresponda, se podrá precintar el vehículo, retirar su autorización o bien clausurar un local durante el plazo reglamentario establecido, en los supuestos que indica la Ley 9/2013. Se podrá ordenar la inmovilización inmediata del vehículo hasta que no se supriman los motivos determinantes de la infracción, cuando se den cualquiera de las infracciones indicadas para el "precintado".

Los agentes que hayan procedido a la paralización del vehículo podrán retener la documentación del mismo, incluida la tarjeta de transporte, en tanto dure la misma. Cuando se trate de un transporte internacional, podrá retenerse además la documentación de tránsito de las mercancías.

Si un vehículo extranjero se encuentra inmovilizado y tiene sanciones pendientes de pago, se podrá subastar y con el dinero obtenido se pagarán las sanciones y gastos de subasta, quedando el restante a disposición del titular del vehículo.

Si los servicios de inspección o agentes de tráfico sospechan de la existencia de un exceso de peso o de una manipulación del tacógrafo o limitador, podrán ordenar el desplazamiento a una báscula o taller autorizado **hasta una distancia de 30 km acompañando al transportista.** Si la báscula o taller se encuentra en el sentido de la marcha, no habrá límite en la distancia. Los gastos de tal desplazamiento y báscula o taller van por cuenta del transportista si se confirma la infracción o por cuenta de la Administración si no se confirma.

Otras sanciones

Algunas de estas infracciones pueden acarrear la pérdida de la autorización o de la honorabilidad. El Real Decreto 70/2019 de 15 de febrero regula esta materia como sigue:

Infracciones administrativas cuya comisión afecta al cumplimiento del requisito de honorabilidad

Afectarán a las personas, físicas o jurídicas, sancionadas mediante resolución que ponga fin a la vía administrativa por la comisión de cualquiera de las infracciones señaladas en el apartado A (anexo I del ROTT), que se indican a continuación, y aquellas cuyo Índice de Reiteración Infractora (en adelante IRI) alcance un valor igual o superior a 3 (en el tema 6.1 se trata más brevemente esta cuestión), el IRI de una empresa vendrá determinado por la aplicación de las siguientes reglas:

a) Cuando el infractor sea titular de una autorización de transporte de mercancías o de viajeros en autobús, su IRI se calculará conforme a la siguiente fórmula:

$$IRI = [I + (i / 3)] / V$$

b) Cuando el infractor no sea titular de una autorización de transporte de mercancías o de viajeros en autobús, su IRI se calculará conforme a la siguiente fórmula:

$$IRI = I + (i / 3)$$

Los factores que integran estas fórmulas quedan definidos de la siguiente manera:

I = número de infracciones señaladas en el apartado B, que se indican a continuación, cometidas una persona en un plazo igual o inferior a 365 días, que hayan sido sancionadas mediante resolución que ponga fin a la vía administrativa.

i = número de infracciones señaladas en el apartado C, que se indican a continuación, cometidas por una persona en un plazo igual o inferior a 365 días, que hayan sido sancionadas mediante resolución que ponga fin a la vía administrativa.

V = número medio de vehículos adscritos a la autorización de transporte de mercancías o de viajeros en autobús de la que era titular la persona de que se trate durante los 365 días anteriores a la comisión de la última de las infracciones tenidas en cuenta para calcular los factores "I" e "i".

Apartado A. Infracciones administrativas, relativas al transporte de mercancías, cuya comisión dará lugar a la pérdida del requisito de honorabilidad

Para aquellas personas, físicas o jurídicas, que sean sancionadas mediante resolución que ponga fin a la vía administrativa por la comisión de cualquiera de las infracciones señaladas a continuación, dará lugar a su pérdida del requisito de honorabilidad:

- La realización de transportes públicos careciendo del título habilitante que, en su caso, resulte preceptivo para su prestación.
- La contratación como porteador o la facturación en nombre propio de servicios de transporte sin ser previamente titular de autorización de transporte o de operador de transporte de mercancías.
- El arrendamiento de un vehículo cuando vaya acompañado por la prestación de servicios de conducción o cualquier otra forma de cesión del uso de un vehículo cuyo titular preste servicios de conducción al cesionario.
- La cesión, expresa o tácita, de títulos habilitantes por parte de sus titulares a favor de otras personas.
- La falsificación de alguno de los títulos que habilitan para el ejercicio de las actividades y profesiones reguladas en la LOTT y en las normas dictadas para su ejecución y desarrollo o de alguno de los datos que deban constar en aquellos.
- El falseamiento de los documentos que hayan de ser aportados como requisito para la obtención de cualquier título, certificación o documento que haya de ser expedido por la Administración a favor del solicitante o de cualquiera de los datos que deban constar en aquellos.
- El falseamiento de cualesquiera documentos contables, estadísticos o de control que la empresa se encuentre obligada a llevar o de los datos obrantes en los mismos, incluida la falsificación, disimulación, eliminación o destrucción de los datos contenidos en las hojas de registro o almacenados en la memoria del tacógrafo o de la tarjeta de conductor.
- La manipulación del tacógrafo, del limitador de velocidad o de alguno de sus elementos, así como la de otros instrumentos o medios de control que exista la obligación de llevar instalados en el vehículo, con objeto de alterar su funcionamiento o modificar sus mediciones.

- El falseamiento de las condiciones que determinaron que una empresa se beneficiase de la exención de responsabilidad contemplada en la LOTT.
- Transportar mercancías peligrosas por carretera cuando no esté permitido hacerlo.
- Utilizar para el transporte de mercancías peligrosas vehículos o depósitos distintos a los prescritos en las normas que regulen el transporte de las mercancías de que se trate.
- No identificar el transporte de mercancías peligrosas en el exterior del vehículo.
- Utilizar en el transporte de mercancías peligrosas envases o embalajes no autorizados por las normas que resulten de aplicación para el transporte de la mercancía de que se trate.
- La realización de actividades de transporte público o la intermediación en su contratación, incumpliendo alguno de los requisitos exigidos para la obtención y mantenimiento de la autorización que, en su caso, resulte preceptiva.
- La contratación de servicios de transporte por parte de transportistas, agencias de transporte, transitarios, almacenistas-distribuidores, operadores logísticos o cualquier otro profesional del transporte con transportistas u operadores de transporte de mercancías no autorizados.
- La realización de transportes públicos o privados utilizando conductores que carezcan del permiso de conducción adecuado, del certificado de aptitud profesional o de la tarjeta de cualificación (CAP) en vigor.
- La carencia del tacógrafo, del limitador de velocidad o de alguno de sus elementos, así como la de otros instrumentos o medios de control que exista la obligación de llevar instalados en el vehículo.
- No llevar insertada en el tacógrafo la tarjeta de conductor o la hoja de registro de los tiempos de conducción y descanso, utilizar una tarjeta falsificada, utilizar una tarjeta de la que el conductor no sea titular, u obtenida con declaraciones o documentos falsos.
- El exceso igual o superior al 20 % en los vehículos N3 e igual o superior al 25 % en los vehículos N2 sobre la masa máxima total que tenga autorizadas el vehículo de que se trate.
- El exceso igual o superior al 50 % en los tiempos de conducción diaria sin hacer una pausa o descanso de cuatro horas y media como mínimo.
- El exceso igual o superior al 25 % en los tiempos máximos de conducción semanal o bisemanal.
- Utilización de un vehículo que no haya superado la inspección técnica que, en su caso, resulte obligatoria.
- Falta de mantenimiento de las condiciones de seguridad del vehículo utilizado cuando ello provoque deficiencias muy graves en el dispositivo de frenado, el sistema de dirección, las ruedas y neumáticos, la suspensión o el chasis o en otros equipos que podrían crear un riesgo inmediato para la seguridad vial que motivaría una decisión de inmovilizar el vehículo.

- Conducir un vehículo de transporte de viajeros o mercancías sin estar en posesión del permiso de conducción adecuado.

Apartado B. Infracciones administrativas, relativas al transporte de mercancías, que afectan al factor "I" del IRI

- La realización de un transporte internacional o de cabotaje sin llevar a bordo la correspondiente licencia comunitaria o una copia auténtica de esta, cuando no deba ser calificada como muy grave.
- La negativa u obstrucción a la actuación de los Servicios de Inspección del Transporte Terrestre o de las fuerzas encargadas de la vigilancia del transporte que imposibiliten total o parcialmente el ejercicio de las funciones que legal o reglamentariamente tengan atribuidas, así como la desatención total o parcial a sus instrucciones o requerimientos o el quebrantamiento de la orden de inmovilizar un vehículo.
- En el transporte de mercancías peligrosas, utilizar bultos, vehículos, contenedores o cualquier otro recipiente o depósito que presenten fugas.
- En el transporte de mercancías peligrosas, carecer del certificado de aprobación del vehículo expedido por el organismo competente, donde se acredite que responde a las prescripciones reglamentariamente exigibles para el transporte al que va destinado, así como llevar dicho certificado caducado o llevar uno distinto al exigido para la mercancía transportada.
- En el transporte de mercancías peligrosas, no llevar a bordo del vehículo una carta de porte que cubra todas las mercancías transportadas, o llevarlas sin consignar cuáles son estas, incluyendo la falta de información sobre las mercancías que impida determinar la gravedad de la infracción.
- En el transporte de mercancías peligrosas, incumplir la prohibición de fumar específicamente señalada en la legislación sobre transporte de mercancías peligrosas.
- En el transporte de mercancías peligrosas, utilizar fuego o luces no protegidas, así como aparatos de alumbrado portátiles, con superficies capaces de producir chispas.
- En el transporte de mercancías peligrosas, incumplir las normas sobre el grado de llenado o sobre la limitación de las cantidades a transportar por unidad de transporte.
- En el transporte de mercancías peligrosas, incumplir las prohibiciones de cargamento en común de bultos o las normas sobre sujeción o estiba de la carga.
- En el transporte de mercancías peligrosas, transportar mercancías a granel en un contenedor, vehículo o depósito que no sea estructuralmente adecuado.
- En el transporte de mercancías peligrosas, transportar mercancías en un vehículo que haya dejado de cumplir las normas de homologación creando un peligro inmediato.
- Llevar instalado en el vehículo un dispositivo limitador de velocidad que no sea conforme a las prescripciones técnicas aplicables.

- La carencia significativa de hojas de registro o de datos registrados en el tacógrafo o en las tarjetas de los conductores que exista obligación de conservar en la sede de la empresa.
- La posesión o utilización por un conductor de más de una tarjeta de conductor a su nombre.
- La utilización en el tacógrafo de hojas de registro o tarjetas de conductor que se encuentren manchadas o estropeadas de tal manera que impidan la lectura de los datos registrados.
- La utilización incorrecta de las hojas de registro o la tarjeta del conductor, la retirada no autorizada de dichas hojas o tarjeta cuando ello incida en el registro de datos, así como la utilización de una misma hoja de registro o de la tarjeta de conductor durante un período de tiempo superior al que corresponda, cuando ello dé lugar a una pérdida de datos o a una superposición de registros que impida su lectura.
- El uso incorrecto del selector de actividades del tacógrafo.
- El incumplimiento de la obligación de efectuar registros manuales, incluyendo la falta de consignación por el conductor de toda la información necesaria no registrada durante los períodos de avería o funcionamiento defectuoso del tacógrafo.
- El inadecuado funcionamiento imputable al transportista del tacógrafo, del limitador de velocidad o de alguno de sus elementos, así como el de otros instrumentos o medios de control que exista la obligación de llevar instalados en el vehículo.
- La utilización del tacógrafo sin haber realizado su calibrado o revisión periódica en los plazos y forma establecidos, habiendo sido inspeccionado o reparado en un taller no autorizado o careciendo de los precintos o placas preceptivos.
- La carencia a bordo del vehículo de las hojas de registro de los tiempos de conducción y descanso ya utilizadas o de los documentos de impresión que resulte obligatorio llevar, con independencia del tipo de tacógrafo, analógico o digital, que se esté utilizando.
- El exceso igual o superior a dos horas en los tiempos máximos de conducción diaria, salvo que deba calificarse como muy grave.
- La conducción durante seis o más horas sin respetar las pausas reglamentariamente exigidas.
- La disminución del descanso diario normal en más de 2,50 horas o del reducido o fraccionado en más de dos horas, incluso cuando se realice conducción en equipo. La disminución del descanso semanal normal en más de nueve horas o del reducido en más de cuatro.

- La conducción de 65 o más horas, sin superar las 70, en los tiempos máximos de conducción semanal o la conducción de 105 o más horas, sin superar las 112,50 horas, en los tiempos máximos de conducción bisemanal.
- El inicio del descanso semanal superando seis períodos consecutivos de 24 horas después de un período de descanso semanal anterior, cuando el exceso sea igual o superior a 12 horas.
- El exceso igual o superior al 10 e inferior al 20 % en los vehículos de más de 12 t de MMA e igual o superior al 15 e inferior al 25 % en los vehículos de hasta 12 t sobre la masa máxima total que tenga autorizada el vehículo de que se trate.
- La realización de transportes públicos o privados utilizando para la conducción del vehículo los servicios de una persona que requiera el certificado de conductor de tercer país careciendo de este o incumpliendo alguna de las condiciones que dieron lugar a su expedición.
- Conducir un vehículo que transporte mercancías peligrosas careciendo de la autorización especial que habilita para hacerlo.
- El exceso igual o superior al 20 % de la longitud máxima admisible del vehículo utilizado.
- El exceso igual o superior a 3,10 m de la anchura máxima admisible del vehículo utilizado.
- Transportar animales sin que las separaciones sean suficientemente resistentes como para soportar el peso de aquellos.
- Salario vinculado a la distancia recorrida o al volumen de mercancías transportado.
- Organización del trabajo del conductor inapropiada o inexistente, instrucciones dadas al conductor para permitirle cumplir la legislación inapropiadas o inexistentes.
- Superación del tiempo de trabajo semanal máximo de 48 horas, si ya se han agotado las posibilidades de ampliarlo a 60 horas, siendo el exceso superior o igual a 60 horas.
- Superación del tiempo de trabajo semanal máximo de 60 horas si no se ha concedido una excepción.
- Pausa obligatoria insuficiente de duración igual o inferior a 10 minutos cuando se trabaja durante un período comprendido entre 6 y 9 horas.
- Pausa obligatoria insuficiente de duración igual o inferior a 20 minutos cuando se trabaja durante un período de más de 9 horas.
- Tiempo de trabajo diario, igual o superior a 13 horas, por cada período de 24 horas cuando se efectúe trabajo nocturno si no se ha concedido una excepción.
- Empresario que falsifica registros del tiempo de trabajo o que se niega a proporcionarlos al agente encargado del control.
- Conductores por cuenta ajena o autónomos que falsifican registros del tiempo de trabajo o que se niegan a proporcionarlos al agente encargado del control.

Apartado C. Infracciones administrativas, relativas al transporte de mercancías, que afectan al factor "i" del IRI

- La disminución del descanso diario normal en más de una hora y media o del reducido o fraccionado en más de una hora, incluso cuando se realice conducción en equipo, salvo que deba calificarse como muy grave.
- El exceso igual o superior al 5 e inferior al 10 % en los vehículos de más de 12 t de MMA e igual o superior al 5 e inferior al 15 % en los vehículos de hasta 12 t sobre la masa máxima total que tenga autorizada el vehículo de que se trate.
- En el transporte de mercancías peligrosas, no llevar a bordo las instrucciones escritas que resulten exigibles.
- En el transporte de mercancías peligrosas, incumplir lo dispuesto en las normas de aplicación o en las correspondientes instrucciones escritas acerca del equipamiento del vehículo o de los miembros de la tripulación.
- En el transporte de mercancías peligrosas, carecer de los extintores o cualesquiera otros medios de extinción de incendios que resulten obligatorios en función del vehículo o la carga transportada, o disponer de unos cuya correcta utilización no esté garantizada.
- En el transporte de mercancías peligrosas, utilizar bultos o cisternas que no estén correctamente cerrados, incluso cuando estos últimos se encuentren vacíos si no han sido previamente limpiados.
- En el transporte de mercancías peligrosas, transportar bultos de mercancía en un contenedor que no sea estructuralmente adecuado.
- En el transporte de mercancías peligrosas, transportar bultos utilizando embalajes, grandes recipientes para granel y grandes embalajes deteriorados o transportar embalajes vacíos sucios o deteriorados, cuando no deba reputarse infracción muy grave.
- En el transporte de mercancías peligrosas, utilizar etiquetas, marcas o rótulos incorrectos en el vehículo o el contenedor, cuando no deba reputarse infracción muy grave.
- En el transporte de mercancías peligrosas, transportar mercancías en un vehículo que haya dejado de cumplir las normas de homologación cuando no cree un peligro inmediato.
- La realización de transportes públicos o privados sin llevar a bordo el certificado de conductor de tercer país o una copia auténtica válida del mismo.
- La realización de transportes públicos o privados sin que el conductor del vehículo lleve consigo su tarjeta de cualificación CAP o, en su caso, el permiso de conducción con la marca de acuerdo con la legislación nacional de su país de residencia, cuando no deba ser calificada como grave.
- La carencia, falta de diligenciado o falta de datos esenciales de la documentación de control, estadística o contable cuya cumplimentación resulte obligatoria.

- El exceso igual o superior a 60 horas, sin superar 65, en el tiempo máximo de conducción semanal, o el exceso igual o superior a 100 horas, sin superar 105, en el tiempo máximo de conducción bisemanal.
- El exceso igual o superior a una hora e inferior a dos horas en los tiempos máximos de conducción diaria.
- La conducción durante cinco o más horas, sin alcanzar las seis, sin respetar las pausas reglamentariamente establecidas.
- La disminución del descanso semanal normal en más de tres horas o del reducido en más de dos.
- Iniciar el descanso semanal superando seis períodos consecutivos de 24 horas después del período de descanso semanal anterior, cuando el exceso sea superior a tres horas e inferior a doce.
- En los supuestos de conducción en equipo, utilizar la hoja de registro incorrecta o introducir la tarjeta de conductor en la ranura incorrecta.
- El exceso igual o superior al 2 %, pero inferior al 20 % de la longitud máxima admisible del vehículo utilizado.
- El exceso igual o superior a 2,65 m, pero inferior a 3,10 m de la anchura máxima admisible del vehículo utilizado.
- La utilización de un permiso de conducción dañado o ilegible o que no se ajuste al modelo común.
- Aparcar inadecuadamente o sin vigilancia un vehículo que transporte mercancías peligrosas.
- Transportar mercancías peligrosas utilizando una unidad de transporte que comprenda más de un remolque o semirremolque, que no cumpla con las condiciones establecidas en el Acuerdo Europeo sobre Transporte Internacional de Mercancías Peligrosas por Carretera (ADR) y el resto de la normativa internacional dictada para su aplicación.

Capítulo 7
Normas de explotación y técnicas

Tema 7.1

Pesos y dimensiones de los vehículos

En materia de pesos y dimensiones de los vehículos, la normativa comunitaria básica es la Directiva 96/53/CE que más tarde fue modificada por la Directiva 2002/7/CE. La norma nacional es el anexo IX del Real Decreto 2822/98 de 23 de diciembre 1998, en vigor desde el 27 de julio de 1999, modificado por la Orden PRE/3298/2004 de 13 de octubre (BOE de 14 de octubre de 2004) y por Orden PRE/2788/2015, de 18 de diciembre (BOE de 23 de diciembre).

Si un vehículo supera las dimensiones o los pesos aquí indicados, será considerado como un transporte especial y deberá circular al amparo de una autorización especial, sujeto a fecha, horario e itinerario determinados.

Longitud máxima autorizada

Vehículo a motor	12,—	m
Remolque	12,—	»
Vehículo articulado	16,50	»
Distancia entre el pivote y la parte trasera semirremolque máxima	12,—	»
Autobuses rígidos de 2 ejes	13,50	»
Autobuses rígidos de más de 2 ejes	15,—	»
Autobuses articulados	18,75	»
Autobuses con remolque, incluido este	18,75	»
Tren de carretera	18,75	»
Tren carretera especializado en transporte de vehículos, cargado	20,55	»

Anchura máxima autorizada

Para todos los vehículos	2,55	m
Vehículos temperatura dirigida con pared igual o superior 45 mm.	2,60	»
Autobuses acondicionados para el traslado de presos	2,60	»

Altura máxima autorizada

Para todos los vehículos . . . .   4,— m

Estas longitudes, anchuras y alturas máximas son del vehículo más su carga y en todos los casos están incluidos los contenedores y las cajas móviles. Excepcionalmente, los vehículos que transportan coches o contenedores de transporte multimodal pueden llegar a tener 4,5 m de altura.

Masa máxima autorizada

Remolque de 2 ejes . . . . 18 toneladas
Remolque de 3 ejes 24   »
Trenes de carretera de 5 o 6 ejes 40   »
Vehículos articulados de 5 o 6 ejes 40   »
Tractora de 3 ejes más semirremolque de 2 o 3 ejes y contenedor de 40' 44   »
Tractora de 2 ejes más semirremolque de 2 o 3 ejes y contenedor de 40' 42   »
Camión rígido de 2 ejes 18   »
Camión rígido de 3 ejes 25   »
Camión rígido de 3 ejes, neumático doble y suspensión neumática . 26   »
Camión rígido de 4 ejes 31   »
Rígido de 4 ejes, neumáticos y dirección doble y suspensión neumática 32   »
Trenes de carretera de 4 ejes 36   »
Vehículos articulados de 4 ejes 36   »
Autobuses articulados de 3 ejes 28   »
Tractora con neumático doble y suspensión neumática con
semirremolque de distancia entre ejes mayor de 1,8 m 38   »

Peso máximo autorizado por eje

Eje simple motor . . . . 11,50 toneladas
Eje simple no motor . . . . 10,—   »
Eje tándem remolque o semirremolque distancia <1 m . . . . 11,50 t en total
Eje tándem remolque o semirremolque distancia 1 a 1,3 m . . . . . 16,—   »
Eje tándem remolque o semirremolque distancia 1,3 a 1,8 m . . . 18,—   »
Eje tándem remolque o semirremolque distancia 1,8 m o más . . 20,—   »

Se consideran ejes dobles o tándem aquellos en los que la distancia entre ejes mínima es de 0,9 m y la máxima, 1,8 m. Es decir, superada esta distancia, se consideran dos ejes independientes.

Eje trídem remolque o semirremolque distancia <1,3 m . . . . . .   21,—   t en total
Eje trídem remolque o semirremolque distancia 1,3 a 1,4 m . . .   24,—   »

Se consideran ejes triples o trídem aquellos en los que la distancia entre ejes mínima es de 0,9 m y la máxima 1,4 m.

Otras limitaciones

- Todo vehículo a motor o conjunto de vehículos deberá poderse inscribir en una corona circular de radio interior 5,3 m y exterior de 12,5 m.
- En un tren de carretera, la distancia entre eje trasero del vehículo motor y el delantero del remolque no debe ser inferior a tres metros.
- En trenes de carretera, la distancia entre el punto exterior más avanzado de la zona de carga y más posterior del remolque, restada la distancia entre parte trasera del vehículo motor y la delantera del remolque, será de como máximo 15,65 m.
- También en trenes de carretera, la distancia entre el punto exterior más avanzado de la zona de carga y más posterior del remolque, será de como máximo 16,40 m.
- El peso soportado por el eje motor o los ejes motores de un vehículo no debe ser inferior al 25 % del peso total en carga del vehículo (tara más carga del vehículo).
- Ningún vehículo con ruedas neumáticas podrá ejercer sobre el suelo una presión superior a 9 kg/cm^2.

La configuración euro-modular

La Orden PRE/2788/2015, de 18 de diciembre (BOE de 23 de diciembre) modifica el anexo IX del Reglamento General de Vehículos, aprobado por el RD 2822/1998.

Dentro de las definiciones, crea la figura de la «configuración euro-modular». Se trata del conjunto de vehículos con más de seis líneas de ejes, y cuyos módulos separadamente no superan los límites máximos de masas y dimensiones establecidos en el anexo que se modifica para el tipo de vehículo que corresponda.

Para los vehículos en configuración euro-modular se podrá autorizar por el órgano competente en materia de tráfico, previo informe vinculante del titular de la vía, la circulación de conjuntos de vehículos con una masa máxima de hasta 60 t y una longitud máxima de hasta 25,25 m por un plazo determinado, en las condiciones que se fijen en la autorización.

La carga no podrá sobresalir de la proyección en planta del vehículo y, siempre que sea posible, los itinerarios de estos transportes deberán transcurrir por autopistas y autovías.

No se podrá conceder la autorización a la que se refiere el párrafo anterior cuando se pretenda realizar transporte de mercancías peligrosas por carretera.

Tema 7.2
Vehículos ligeros y pesados

Clasificación de los vehículos en función de la masa máxima autorizada

El peso en carga se define como el peso del vehículo y de su carga, detenido y en orden de marcha, incluido el peso del conductor y de cualesquiera otras personas autorizadas transportadas al mismo tiempo.

El peso en carga de un vehículo no es constante, puede variar en el tiempo, incluso en un mismo día un vehículo puede tener diversos pesos en carga en diversos momentos. Si en un instante determinado se hace pasar por una báscula a un vehículo, se podrá determinar su peso en carga en aquel instante. Dicho peso en carga podrá ser inferior, igual o superior a la masa máxima autorizada (MMA), y en función del porcentaje en que el peso en carga supera a la MMA se determina la gravedad de las infracciones cometidas.

La masa máxima autorizada es una limitación legal y fija que se estipula para cada vehículo, de manera que su peso en carga no debería superar en ningún momento a su MMA.

Vehículos ligeros son aquellos cuya MMA es igual o inferior a 6 t o bien aquellos cuya carga útil sea igual o inferior a 3.500 kg al margen de su MMA.

Vehículos pesados son los que tienen una MMA superior a 6 t y que además su carga útil es superior a 3.500 kg. Se han de cumplir ambas condiciones a la vez.

Clasificación de los vehículos en función del uso

Los fabricantes adaptan sus vehículos a las necesidades de cada tipo de transporte, existiendo una gran variedad según su uso o la mercancía a transportar. Los más comunes son los siguientes:

Cabeza tractora

Es un vehículo construido para arrastrar a un semirremolque, constituyendo el conjunto un vehículo articulado. La plataforma situada sobre el eje motor y sobre la cual apoya parte de su peso el semirremolque se denomina «quinta rueda». Como las medidas y los sistemas están estandarizados, cualquier tractora puede remolcar a cualquier semirremolque, lo cual hace del articulado uno de los vehículos más versátiles y prácticos.

Semirremolque

Remolque destinado a ser arrastrado por un vehículo tractor o «tractora», apoyando sobre el mismo parte de su peso; carece de ejes delanteros.

Camión rígido

Tanto la cabina y el motor como la caja donde se aloja la mercancía forman un conjunto rígido, si bien existe una separación física entre la cabina y la caja, aspecto que diferencia un camión de un furgón o una furgoneta. Existen camiones rígidos ligeros y pesados.

Plataforma

Tanto si es un camión rígido como si se trata de un semirremolque, una plataforma es una superficie plana sin protecciones laterales, donde se pueden transportar determinados materiales, como los tubos, las barras de hierro o las bobinas, siempre que queden bien sujetas al chasis. Un tipo particular de plataforma es la portacontenedores.

Carrocerías tipo furgoneta o furgón

Son aquellas en las que la cabina y la caja destinada a las mercancías forman un solo cuerpo, sin separación física, aunque interiormente exista una reja o tela metálica que las separe.

Remolque

Dispone de dos o más ejes y no es automóvil, sino que debe ser remolcado por otro vehículo motor, sin necesidad de apoyar parte de su peso sobre él.

Vehículos de temperatura dirigida

Son los utilizados para el transporte de productos alimenticios de acuerdo con el convenio ATP. Pueden ser isotermos, refrigerantes, frigoríficos y caloríficos.

Cisterna

En un vehículo cisterna, el recinto de carga no es una caja sino un depósito que va unido al chasis y que generalmente se utiliza para el transporte de líquidos o gases licuados. Si el vehículo transporta productos alimenticios debe estar homologado de acuerdo con el convenio ATP, mientras que si lleva mercancías peligrosas debe estarlo con el ADR.

Tauliner

Son así conocidos los camiones, tanto rígidos como articulados, cuya caja tiene una estructura formada por tablas de madera y una lona.

Hormigonera

Al mismo tiempo que transportan el hormigón van batiéndolo, mediante un mecanismo que hace girar lentamente el depósito. Generalmente son vehículos pesados que operan en distancias cortas, de la planta donde cargan la mezcla a la obra.

Figura 1. Imagen de un vehículo hormigonera.

Tema 7.3
Homologación y matriculación. La ITV

Todos los estados europeos intentan incrementar la seguridad de la circulación, no solamente procurando el buen estado de las carreteras, sino también el de los vehículos. Para conseguirlo cada país establece las prescripciones técnicas que se deben cumplir por un determinado vehículo y los ensayos que deben hacerse para comprobar el cumplimiento de dichas prescripciones. Esta primera obligación, lógicamente, ha de cumplirla el fabricante.

Con el uso el vehículo, necesitará un mantenimiento para estar en perfectas condiciones, siendo en este caso el usuario y no el fabricante quien se cuidará de llevarlo a cabo. Para verificar el correcto mantenimiento, el vehículo deberá someterse a las inspecciones periódicas o a la ITV.

El fabricante está obligado a cumplir las prescripciones y los ensayos sobre una unidad o modelo de vehículo, ya que todos los que fabrique serán idénticos a aquel modelo.

La homologación, por tanto, es hacer constar en un documento que un vehículo cumple las prescripciones técnicas estipuladas para su fabricación, siendo conocida como homologación de tipo. Una homologación parcial es aquella en que se acredita el cumplimiento de prescripciones técnicas de ciertas partes o piezas, pero no del vehículo en su conjunto.

Ficha de características técnicas

Documento necesario para matricular un vehículo en España, en el que se relacionan las características técnicas del vehículo. Lo formaliza el fabricante y lo sella el laboratorio oficial, tras haber efectuado los ensayos correspondientes y haber expedido el acta de ensayos de homologación de tipo del vehículo. Esta ficha la conserva el fabricante.

Certificado de características técnicas (tarjeta ITV)

Es un certificado unitario de conformidad con el tipo homologado que indica las características técnicas del vehículo, además de un número de contraseña de homologación

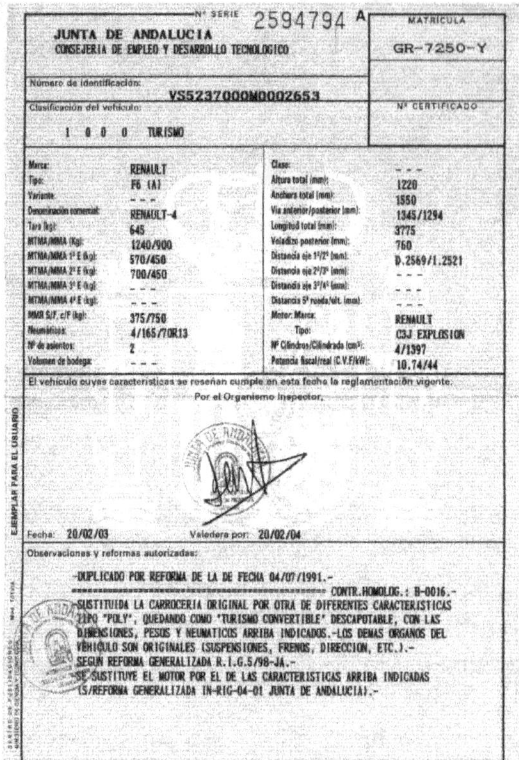

Figura 1. Ficha de características técnicas de un vehículo.

de tipo, y garantiza que el vehículo es conforme con el homologado en su día por el fabricante. Es un documento necesario para poder matricular el vehículo.

Matriculación

Consiste en obtener el permiso de circulación para un vehículo, documento que además de permitir circular, acredita la titularidad del vehículo. Lo concede el Ministerio del Interior a través de las jefaturas de Tráfico.

Variaciones en el permiso de circulación

Variaciones en nombre y apellidos o domicilio del titular, que deben ser comunicadas a la Jefatura Provincial de Tráfico que lo expidió o bien a la del nuevo domicilio, si se cambia de provincia.

Figura 2. Permiso de circulación que expide el Ministerio del Interior.

Extravío

Se pueden hacer duplicados del permiso de circulación, pero si también se extravía la tarjeta ITV hay que pasar una inspección técnica para obtener un duplicado.

Transferencia

Una transferencia es un cambio de titular del vehículo. En el reverso del permiso de circulación se ha de indicar «transferido» y los datos del comprador más la firma del vendedor. Es conveniente que la firma del vendedor sea autentificada, si no ante notario, al menos sí por un reconocimiento de firma hecho por un banco. El vendedor debe notificar la transferencia a la Jefatura de Tráfico en diez días hábiles. Tráfico expide un nuevo permiso al comprador.

Bajas

Un vehículo puede darse de baja a petición de su titular o por iniciativa de la Administración. Dicha baja puede ser temporal o definitiva. En caso de ser definitiva, Tráfico estampa un sello sobre el permiso de circulación que indique «este vehículo no podrá volver a circular».

Matrículas especiales

Las matrículas de los vehículos normales se forman con los números de 0000 a 9999 y letras BBB a ZZZ, en caracteres negros sobre fondo blanco. Pero hay otras matrículas diferentes para vehículos o situaciones especiales, algunas de las cuales son las siguientes.

Temporales

A veces un vehículo tiene que circular por necesidades de las empresas fabricantes o concesionarios, para efectuar pruebas o por otras circunstancias. Para estos movimientos, el vehículo llevará una placa de matrícula provisional con caracteres blancos sobre fondo rojo, compuesta por una «S» (no matriculados) o una «V» (matriculados) seguida de la numeración 0000 a 9999 y las letras BBB a ZZZ. En su parte derecha, y esta vez en rojo sobre blanco, se indica la caducidad, con el mes en número romano y el año con dos dígitos.

Placa normal de vehículos automóviles	E 5134 FFJ
Temporal de empresa para vehículo nuevo	S 2470 BBP
Vehículos especiales	E 7446 BDY
Temporal de empresa para vehículo usados	V 9783 BBC
Ciclomotores	C6 147 BTC
Temporal o provisional para particulares	P 9335 BBZ
Remolques y semirremolques	R 9123 BCB
Vehículos históricos	H 6768 BBB

Figura 3. Modelos de matrículas en función del tipo de vehículo.

Cuando es un particular el que provisionalmente deba circular, la placa será de caracteres blancos sobre fondo verde, y se indicará, en este caso, una «P» delante de los números. Su validez suele oscilar entre treinta y sesenta días.

Remolques y vehículos especiales

Las matrículas de los remolques indican una «R» seguida de los números 0000 a 9999 y de las letras BBB a ZZZ, en caracteres negros sobre fondo rojo. En la de los vehículos especiales figura una «E» en lugar de la «R» y los caracteres son rojos sobre fondo blanco.

Ciclomotores

En caracteres negros sobre fondo amarillo se indica una «C» seguida de las unidades de millar del número de matrícula. Debajo se indica el resto de numeración, seguida de las letras BBB a ZZZ.

Vehículos importados

Si están homologados y proceden de un Estado de la Unión Europea deberán pasar la ITV de forma previa a su matriculación. Si proceden de un país no comunitario, es necesario el Certificado Único de Aduanas y la factura de compra, por lo que deberá pasar la ITV al margen de su antigüedad. Por el contrario, si el vehículo no está homologado, no es aconsejable la operación, dado que el titular tendría que costear el largo y caro proceso de dicha homologación.

Inspección técnica de vehículos (ITV)

Hay que pasarla cuando corresponda por fecha, a requerimiento de la autoridad, en caso de vehículos importados, cuando se hagan reformas de importancia, por pérdida de tarjeta ITV o tras un accidente. Se verifican entre sesenta y cien puntos, con los resultados y las consecuencias siguientes:

- Defectos leves: deben repararse antes de la próxima inspección.
- Defectos graves: nueva inspección en 15-30 días.
- Defectos muy graves: solo se permite circular remolcados para ir al taller.

Plazos para realizar la ITV

La cadencia o frecuencia con que deben efectuarse las inspecciones periódicas varía en función del tipo de vehículo:

- *Taxis, ambulancias y autocares:* hasta los cinco años deberán pasar la inspección cada año y a partir de los cinco años cada seis meses.
- *Vehículos de mercancías con MMA de más de 3,5 t y tractoras:* hasta diez años deberán pasar la inspección cada año y a partir de los diez años cada seis meses.
- *Vehículos de mercancías de MMA igual o menor 3,5 t:* hasta los dos años están exentos, de dos a seis años pasarán la inspección cada dos años, de seis a diez años lo harán cada año y a partir de los diez cada seis meses.
- *Turismos y motos:* hasta los cuatro años están exentos; entre los cuatro y los diez pasarán la inspección cada dos años y a partir de dicha antigüedad cada año.

Para más información, consultar la web de la Dirección General de Tráfico sobre estaciones de ITV (www.dgt.es/portal/es/oficina_virtual/vehiculos/itv).

Tema 7.4

Medio ambiente

Incidencia en el medio ambiente

El transporte por carretera incide en el medio ambiente de varias maneras, siendo algunas de las consecuencias más importantes las siguientes:

- Contaminación atmosférica.
- Contaminación acústica.
- Generación de residuos.
- Vertido de aguas residuales.

Existen muchas directivas comunitarias que tienden a reducir la contaminación provocada por la circulación de vehículos. También existen, para dar cumplimiento a dichas directivas, normas nacionales en el mismo sentido.

Todos los vehículos que se matriculen en España deben cumplir la normativa dictada por la Unión Europea en materia de emisión de contaminantes. Además es obligatorio cumplir la normativa española, en aspectos como los siguientes:

- Se prohíbe la emisión de perturbaciones electromagnéticas, ruidos, gases y otros contaminantes en las vías públicas por encima de las limitaciones establecidas.
- Tanto en vías urbanas como interurbanas públicas se prohíbe la circulación de vehículos a motor y ciclomotores con el llamado escape libre, sin el preceptivo silenciador.
- Se prohíbe la circulación de estos vehículos cuando el tubo de escape o el silenciador estén incompletos o deteriorados y sean inadecuados. No se permite la utilización de tubos resonadores.
- Los vehículos deben estar dotados de un dispositivo que evite la proyección al exterior de combustible no quemado y la expulsión de humos que puedan dificultar la visibilidad a los conductores de otros vehículos o que resulten nocivos.

Contaminantes emitidos

- *Monóxido de carbono (CO)*. Gas incoloro, inodoro e insípido, características que le hacen pasar inadvertido. Es un tóxico muy activo por su capacidad de reacción con la hemoglobina de la sangre. En muchas ciudades, el sector del transporte es el responsable del 90 % de la emisión de este gas.
- *Oxido nítrico (Nox)*. Gas incoloro, inodoro e insípido, con una toxicidad diez veces superior a la del CO.
- *Dióxido de nitrógeno*. Gas pardo-rojizo, no inflamable, cuatro veces más tóxico que el óxido nítrico, de olor asfixiante. Se produce en la cámara de combustión cuando la temperatura es muy elevada. En motores con turbo resulta menos contaminante.
- *Anhídrido sulfuroso (SO_2)*. Gas incoloro, inflamable, con un olor característico e irritante. Se puede almacenar en la atmósfera para caer después a la tierra, y puede corroer metales y otros materiales como los carbonatos. Es responsable del conocido «mal de la piedra» que afecta a los monumentos.
- *Hidrocarburos (HC)*. Conjunto de productos derivados de la combustión incompleta del motor, algunos de los cuales son cancerígenos.
- *Partículas*. Son todas las sustancias que pueden pesarse. Sobre un 15 % de partículas en el humo de los motores diesel tienen su origen en el azufre.
- *Plomo*. Se utiliza como antidetonante en algunas gasolinas y produce emisiones contaminantes.
- *Hollín*. Forma parte de las partículas y está compuesto por carbón sin quemar.

Catalizadores

Un catalizador es un dispositivo que depura los gases que salen por el escape, que transforma gran parte de las emisiones nocivas en otras menos contaminantes:

- Los óxidos de nitrógeno (NO) se convierten en nitrógeno (N_2), completamente inocuo.
- El monóxido de carbono (CO) pasa a dióxido de carbono (CO_2), mucho menos peligroso.
- Los hidrocarburos (HC) sin quemar se transforman en CO_2 y agua.

Los vehículos con catalizador deben usar gasolina sin plomo, pues de lo contrario el catalizador dejaría de funcionar.

Cuidados del vehículo

1. Vigilar posibles fugas de agua, aceite, gasolina, etc.
2. Revisar periódicamente la emisión de CO: además de reducir la contaminación, se ahorra en consumo.
3. Mantener el vehículo en buen estado y practicar una conducción económica.

Contaminación acústica

El ruido provocado por la circulación de vehículos se produce por las siguientes razones:

- La combustión, a través del tubo de escape.
- El rozamiento de los neumáticos contra el pavimento.
- El rozamiento del vehículo con el aire.

Se puede encontrar más información en la web del Ministerio de Agricultura, Alimentación y Medio Ambiente (www.magrama.gob.es/es/calidad-y-evaluacion-ambiental).

Tema 7.5

Mantenimiento de vehículos

Con un adecuado mantenimiento del vehículo conseguiremos un mayor rendimiento, reducir averías y, en consecuencia, unos menores costes y una mayor seguridad.

Revisiones diarias

Antes de poner el motor en marcha comprobaremos los niveles de aceite, agua y combustible, la presión de los neumáticos (siempre se mide en frío), las luces y los testigos, así como posibles pérdidas de líquidos.

Con el motor en marcha y durante el trayecto podemos comprobar:

- El manómetro de presión del aceite.
- La presión de aire de frenos (si es baja, habrá indicadores luminosos y acústicos).
- El termómetro del agua (no es bueno ni que sea muy elevada ni tampoco muy baja).

No se debe circular en punto muerto ni con el pie apoyado en el pedal de embrague. No hay que usar los frenos de manera brusca, a ser posible, porque se produce un desgaste anormal de los neumáticos y el ovalamiento del tambor de freno debido al calor generado.

Inmovilización superior a un mes

Si el vehículo va a estar inmovilizado por un período largo de tiempo, superior a un mes, deberíamos llevar a cabo las siguientes operaciones:

- Vaciar el circuito de refrigeración.
- Vaciar el aceite del cárter y poner aceite limpio.
- Engrasar los cilindros.

Bomba y equipo de inyección

Un motor diésel difiere bastante en su funcionamiento del de uno de gasolina. En el diésel no existen bujías, bobinas de encendido ni carburador. En cambio, sí tienen un equipo de inyección, formado por la bomba de alimentación, la bomba de inyección, los inyectores y los filtros de combustible.

Para el arranque en frío, los motores diésel disponen de unos calentadores, que son simples resistencias eléctricas y no bujías.

Es muy importante prestar atención a los filtros del combustible, puesto que la bomba de inyección y los inyectores son mecanismos de mucha precisión, y, aunque son duros, también son delicados.

El filtro de aire permite eliminar las partículas abrasivas y el polvo, que podrían causar daños en el interior de los cilindros.

Sistema de refrigeración

Sirve para extraer el exceso de calor del motor, y lo libera en el exterior. Las partes que lo integran son el radiador, la bomba de agua, el ventilador, el termostato y los manguitos. El radiador debe ser limpiado periódicamente, mediante chorro de aire o agua y desde la parte interior hacia afuera. Los manguitos deben comprobarse para detectar posibles fugas.

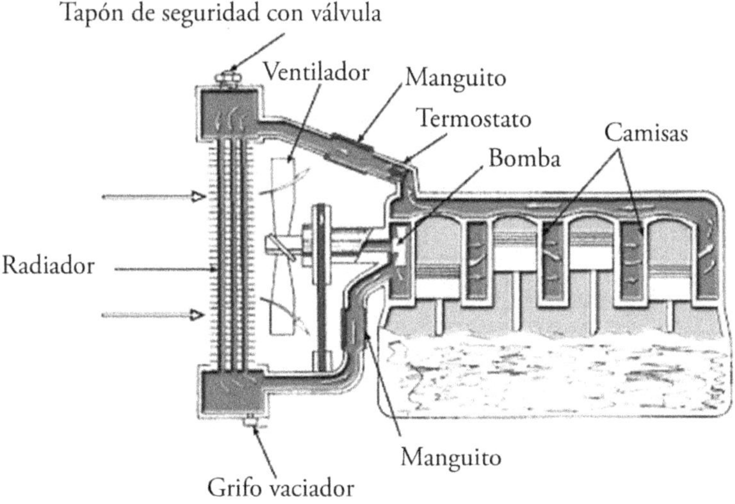

Figura 1. Esquema con los elementos del sistema de refrigeración de un motor de explosión.

Sistema eléctrico

Es complicado, pero los elementos esenciales son el alternador, la batería y el motor de arranque. Los cuidados que hay que tener en cuenta son los siguientes:

- *Alternador:* revisar los tornillos de fijación y la tensión de la correa.
- *Batería:* evitar sulfatos en bornes y añadir agua destilada cuando sea necesario, pero nunca ácido.
- *Motor de arranque:* no accionarlo más de unos segundos seguidos. Dejar una pausa de dos minutos antes de intentarlo de nuevo. No actuar sobre el motor de arranque con el motor en marcha, porque el piñón del motor de arranque y la corona del volante pueden resultar dañados.

Cuando conectamos dos baterías de 12 voltios en paralelo, obtenemos una batería de 12 voltios pero con el doble de capacidad. Si la conexión la hacemos en serie, obtendremos una batería de la misma capacidad, pero de 24 voltios.

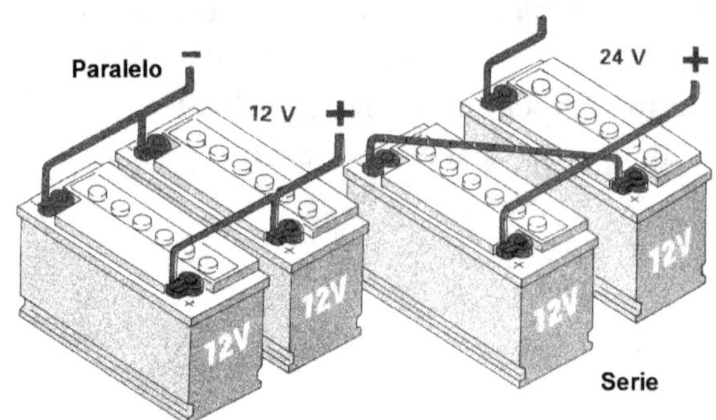

Figura 2. Esquema de la conexión en paralelo y en serie de dos baterías.

Sistema de lubricación

Es el sistema que más influye en la vida de un motor. El aceite sella, enfría, lubrica y protege los elementos del motor.

Existen varios tipos de aceites, que se diferencian por su viscosidad, que aumenta con el frío y disminuye con el calor.

El grado de viscosidad suele ir desde los 10 hasta los 90 grados. Los aceites multigrado se adaptan a distintas temperaturas y la frecuencia con que hemos de efectuar los cambios de aceite será la que nos indique el fabricante en la documentación técnica del vehículo.

Neumáticos

En ruedas gemelas, se deben montar neumáticos de la misma marca y con el mismo dibujo, y si el desgaste es diferente, se debe colocar la más gastada en la parte interior.

Los espárragos de las ruedas se deben apretar bien, pero sin llegar al máximo.

Frenos

Siguen existiendo los frenos de tambor y las zapatas de expansión, pero cada vez se utilizan más los de disco, que pesan mucho menos, se refrigeran mejor y se evitan los ovalamientos típicos de los tambores, así como el efecto *fadding* ante un calentamiento.

El ABS (del alemán, *antiblockiersystem,* sistema de antibloqueo) es un sistema que funciona colocando unos sensores en los cubos de las ruedas, que envían señales a un microprocesador que, en función de la carga, la velocidad, el pavimento, etc., regula o dosifica la fuerza de frenada, evitando el bloqueo de las ruedas y el efecto tijera en los vehículos articulados.

Hay, además, sistemas de ayuda al freno, como los ralentizadores, que suelen colocarse en la transmisión y funcionan eléctricamente o por otros sistemas diferentes. Se trata de dispositivos que ofrecen gran resistencia al giro, y constituyen una ayuda al freno en descensos prolongados.

Turbocompresores

Los motores diésel que succionan el aire y después lo comprimen se llaman aspirados. Estos motores ven mermado su rendimiento cuando la presión del aire y su contenido de oxígeno descienden, cosa que sucede en carreteras de alta montaña. El rendimiento de un motor aspirado puede descender hasta un 50 % en estos casos.

El turbocompresor es un elemento simple aunque muy preciso, que, aprovechando los gases del escape del vehículo, acciona una turbina que aspira aire del exterior y lo introduce a presión en el motor, no dependiendo de la presión atmosférica existente y ganando en rendimiento.

Un *turbo* puede alcanzar las 100.000 rpm y durante su normal funcionamiento puede ponerse al rojo vivo.

El engrase de su eje se hace a presión, a través del mismo circuito de lubricación del motor. Por esta razón es muy aconsejable dejar girar el motor del vehículo unos minutos antes de pararlo, para que el turbo siga engrasándose mientras va perdiendo revoluciones.

Taller propio. Equipo básico

En un taller propio, deberíamos tener las herramientas y los utensilios que realmente vamos a utilizar y cuyo coste sea asumible y no desproporcionado. Por ejemplo, los siguientes:

- Compresor de aire.
- Cargadores de baterías.
- Equipos de lubricación.
- Gatos.
- Elevadores o fosos.
- Taladros y esmeriles.
- Máquinas de lavado.

Taller público

Si acudimos a un taller público, conviene tener presentes algunas consideraciones:

- Debe tener a disposición del público los precios de los repuestos así como el precio/hora de taller y un libro de reclamaciones.
- No debe efectuar ninguna reparación sin la conformidad escrita del cliente al presupuesto elaborado.
- Las averías ocultas que puedan surgir, deben ser notificadas al cliente y no ser reparadas hasta que este dé su conformidad.
- El taller debe entregar factura detallada con los trabajos efectuados y las piezas sustituidas.
- El cliente debe abonar los gastos de confección del presupuesto si finalmente decide efectuar la reparación en otro taller.
- El taller debe ofrecer, y en su caso entregar al cliente, las piezas sustituidas.

Tema 7.6
Carga, descarga, envases y embalajes

Carga y estiba

Cargar es recoger una mercancía y depositarla sobre un vehículo o medio de transporte. La estiba, en cambio, consiste en manipular, distribuir y colocar de manera adecuada estas mercancías, para conseguir minimizar los daños a la mercancía y al vehículo, facilitar descargas parciales y proteger personas y cosas.

Envases y embalajes

El envase es el recipiente en el que se conserva una mercancía, y en el que habitualmente se pone a la venta y llega al consumidor. El envase marca la diferencia entre un producto a granel y uno envasado.

El embalaje es la cobertura exterior que se pone a una mercancía para protegerla y facilitar su manipulación, transporte, almacenaje e identificación.

Formando parte de los embalajes tenemos los palés, que facilitan la manipulación de la mercancía mediante las carretillas elevadoras. Los palés de servicio son aquellos que se pueden usar repetidamente, mientras que los de fondo perdido son de un solo uso. Los de medidas estándar son el europalé (0,8 × 1,2 m) y el isopalé (1 × 1,20 m). Los palés normalmente se cargan con unos 1.000 kg de mercancía.

Normas generales de carga

Las principales normas que hay que tener presentes cuando se carga un vehículo son las que siguen:

- La carga no debe caer ni perjudicar o molestar a otros usuarios de la vía pública.
- Las mercancías que despiden olores, polvo, agua o humedad, nunca deben cargarse junto con otras a las que puedan perjudicar. Tampoco deben transportarse productos peligrosos con no peligrosos.

- Se debe respetar el MMA, la carga útil y el peso máximo por eje.
- La carga no debe poner en peligro al conductor ni a terceros, no debe causar daños a la infraestructura vial, no debe bascular, caer a la calzada ni ser arrastrada.
- No debe desbordar los contornos del vehículo (salvo masas indivisibles con autorización especial).
- No debe obstruir el campo de visión del conductor, ni ocultar luces, catadióptricos ni placas.
- Debe ser repartida de manera uniforme. La carga se apoyará contra la pared delantera de batea de carga.
- Tras una descarga parcial se debe redistribuir la carga.
- En cisternas compartimentadas, las descargas deben hacerse de manera que no se altere el equilibrio, dejando los compartimentos centrales los últimos.

Normas para una correcta estiba

Al hacer la estiba deben tenerse presentes las señales y las indicaciones que tengan los bultos (verticalidad, frágil, no apilar, etc.), así como el sentido común para prever los efectos de la energía cinética sobre los bultos y su comportamiento ante aceleraciones, frenadas o curvas. Las normas de carácter general que se deben tener en cuenta son las siguientes:

- Las mercancías muy pesadas deben quedar sólida y directamente unidas al chasis. Para esto se pueden usar cuerdas, cables, correas, cadenas, tensores, calzos o cuñas. Han de estar tensos y enganchados a puntos adecuados del vehículo.
- Las lonas han de estar tensas y bien atadas. Los pliegues deben ir hacia atrás y, si hay varias, las de delante deben montar sobre las de atrás, para evitar que se inflen con el aire al circular.
- Los troncos, las maderas o los tablones cargados en sentido longitudinal, deben fijarse con largueros, unidos con cadenas en su parte superior. Los troncos, las maderas o los tablones cargados en sentido transversal deben agruparse en pilas de un máximo de dos metros, separadas mediante tabiques y dos largueros al menos.
- Las mercancías diferentes deben estibarse colocando las ligeras sobre las pesadas y nunca al revés. Las cargas de gran longitud no deben resbalar ni a lo largo ni hacia los lados. Los tubos y las barras metálicas deben ir atados. Las vigas de hormigón o acero deben ir sólidamente sujetas en sentido longitudinal. El panel delantero de los vehículos que transporten estas mercancías debe resistir 800 kg por cada tonelada de carga útil.
- Todo vehículo que vaya cargado sobre otro debe ser inmovilizado y anclado por cables, cadenas o correas.

— Las chapas y paneles de aglomerado han de estar unidas en pilas y atadas, para que no resbalen. Las bobinas se colocarán unas contra otras, colocando calzos en la primera y en la última y cadenas en todas ellas, que pasen por su centro.

— Piedras, grava, arena y chatarra deberán ir cubiertas si pueden ser desplazadas por el viento, durante la marcha. Los bloques pesados de mármol o granito se colocarán sobre travesaños para distribuir el peso y evitar desplazamientos. Deben centrarse, y se debe evitar ponerlos en los extremos de la batea.

— Las cargas pequeñas y muy pesadas deberán estibarse sobre aspas para que su peso quede repartido en una mayor superficie.

Todo incumplimiento en la correcta carga y estiba que afecte a la seguridad de las personas por entrañar peligro grave y directo para las mismas está tipificado como muy grave.

El Real Decreto 563/2017, en vigor desde el 20 de mayo de 2018, establece los sistemas de inspección en ruta y contiene una tabla con todas las irregularidades posibles en la estiba de las mercancías, así como su tipificación y sanción. Se recomienda la lectura de dicha tabla.

También es altamente recomendable, de cara a nuevas preguntas del Ministerio de Transportes, Movilidad y Agenda Urbana de julio de 2021, consultar estas dos publicaciones:

- *Código de buenas prácticas en la estiba de camiones de la IRU*
  https://www.iru.org/sites/default/files/2016-01/es-safe-load-securing-8th.pdf

- *Guía Europea de las mejores prácticas en la estiba de camiones*
  https://www.guitrans.eus/documentos/GUIA_SUJECION_CARGAS.pdf

Carga que sobresale

En los vehículos de más de cinco metros, la carga podrá sobresalir por delante dos metros y por detrás tres como máximo, cuando sean piezas indivisibles. En los de cinco o menos metros, podrá sobresalir un tercio de su longitud por delante y por detrás (artículo 15 RGC).

El vehículo más la carga que sobresalga no puede exceder la longitud máxima permitida. Por ejemplo, un rígido de nueve metros solo puede llevar carga que sobresalga en total tres metros. En caso contrario, excedería de los doce metros y debería tener autorización especial.

Por los lados puede sobresalir hasta 0,40 m por cada lado si no excede en total 2,55 m.

Estas cargas indivisibles irán señalizadas en la parte posterior del vehículo con un panel de 50 × 50 cm con franjas diagonales rojas y blancas. De noche además con una luz roja. En vehículos distintos a los de transporte de mercancías, la carga podrá sobresalir solo por detrás un 10 % y cuando sea indivisible, un 15 % de la longitud del vehículo, señalizándola.

Descarga en la vía pública

La descarga se puede efectuar en vías interurbanas siempre que no se dificulte el tráfico ni la seguridad vial. No se puede depositar la carga en el pavimento de la carretera. En las vías urbanas, la carga y descarga se hará de acuerdo con las normas municipales.

Si no hay más remedio que cargar o descargar en la calle, deben observarse estas indicaciones:

- El vehículo no debe dificultar la circulación en aceras ni entradas a vados.
- El vehículo debe estar paralelo a la acera, contra su borde, en sentido de circulación.
- Debe haber personal suficiente para hacerlo de manera rápida.
- No se debe depositar mercancía en la vía pública, sino llevarla del vehículo al local.

Todo incumplimiento que afecte a la seguridad de las personas por entrañar peligro grave y directo para las mismas suele estar tipificado como muy grave.

Materiales para envases y embalajes

Los materiales más utilizados en la fabricación de envases y embalajes son los siguientes:

- *Madera:* cajas, cestos, palés y jaulas.
- *Textiles:* sacos y bolsas.
- *Papel y cartón:* sacos para cemento y similares y cajas.
- *Vidrio:* para líquidos.
- *Plásticos:* para diversos usos, según clase de plástico (relleno, botellas, bolsas).
- *Aluminio y acero:* para bidones.

Según las características del producto y la facilidad de manipulación, los embalajes se pueden clasificar en:

- Embalajes para materias peligrosas.
- Embalajes para productos frágiles.

Clasificación de los transportes

Según la forma de utilización de los vehículos cuando intervienen varios de ellos, así como de transbordar la mercancía, el transporte puede ser:

- *Sucesivo.* Hay un solo contrato y dos o más transportistas en el mismo modo de transporte.
- *Superpuesto.* Cuando un medio de transporte autónomo es a la vez transportado por otro (por ejemplo, un camión sobre un buque).
- *Combinado.* El que se lleva a cabo transbordando la mercancía entre vehículos de distinta naturaleza, existiendo un solo contrato y varios transportistas.
- *Multimodal.* Es un caso particular o variante del transporte combinado, en el que la mercancía se agrupa en unidades superiores de carga, como los contenedores, especialmente concebidas para su transporte por diferentes vías y sin ruptura de carga.
- *Complementario.* Es un transporte, generalmente terrestre, accesorio de otro principal.

Organizadores del transporte multimodal

Los operadores de transporte multimodal (OTM) son personas físicas o jurídicas que se hacen cargo de la ejecución total del transporte convenido, respondiendo de su realización y de las averías ante sus clientes, que actúan por tanto en nombre propio. En España se requiere una autorización denominada OT para ejercer esta función.

En el plano internacional no existe todavía una norma que regule el transporte multimodal. El convenio de Naciones Unidas de 1980 sobre el transporte multimodal, conocido como Convenio de Ginebra, debía entrar en vigor doce meses después de que los gobiernos de treinta Estados lo hubiesen firmado sin reservas, cosa que hasta la fecha no ha sucedido, por lo que no está vigente.

El contenedor

El contenedor es una caja o un cajón que permite un uso repetido, debe tener dispositivos para su manipulación y un volumen interior de al menos un metro cúbico. Pequeño contenedor es el que tiene entre 1 y 3 m³ y gran contenedor, el que tiene más de 3 m³. Se fabrican de acero, forrados internamente con chapas de madera, aluminio o fibra de vidrio.

El contenedor ha cambiado la operativa del transporte, ya que permite agilizar la carga y descarga, utilizar buques más grandes y veloces, el ahorro de manipulación, una mayor seguridad y la agilización de los trámites aduaneros.

Los tipos de contenedores más usuales son cerrados, de techo o de costado abiertos, *half height (open top* de 1,29 m de altura), cisterna, frigoríficos, isotermos, caloríficos, plegables (IBC), iglú, etc.

Tipo de contenedor	*Dimensiones interiores (m)*	*Dimensiones de la puerta (m)*	*Capacidad (m³)*	*Tara (kg)*	*Peso admisible (kg)*
20 pies, cerrado	Largo: 5,89		33	2.200	21.800
	Ancho: 2,34	2,34			
	Alto: 2,33	2,26			
20 pies, frigorífico	Largo: 5,50		28,06	2.870	22.530
	Ancho: 2,26	2,28			
	Alto: 2,25	2,21			
40 pies, cerrado	Largo: 12,01		67,5	3.800	26.680
	Ancho: 2,34	2,28			
	Alto: 2,36	2,27			
40 pies, de gran capacidad	Largo: 12,01		76,1	3.900	26.580
	Ancho: 2,34	2,28			
	Alto: 2,66	2,59			
40 pies, frigorífico	Largo: 11,64		59,81	4.535	27.965
	Ancho: 2,28	2,29			
	Alto: 2,25	2,27			
20 pies, de techo abierto	Largo: 5,81		33	2.140	21.860
	Ancho: 2,34	2,33			
	Alto: 2,34	2,26			
40 pies, de techo abierto	Largo: 12,03		67,5	3.700	26.780
	Ancho: 2,34	2,34			
	Alto: 2,43	2,26			

Tabla 1. Pesos y dimensiones de los principales tipos de contenedores.

Matriculación de contenedores

El convenio internacional sobre seguridad de contenedores (CSC) firmado en Ginebra el 2 de diciembre de 1972, en vigor en España desde el 6 de septiembre de 1997, establece que todo contenedor homologado debe tener una placa de matrícula. Los datos deben figurar en inglés o francés.

Los contenedores los homologa el Ministerio de Industria en cada país. Se comprueba su estanqueidad, la resistencia de paredes y suelos, la resistencia al apilamiento, etc. Se clasifican en tres series, según su uso y sus dimensiones.

- *Contenedores Serie 1:* para uso intercontinental.
- *Contenedores Serie 2:* para uso en un solo continente.
- *Contenedores Serie 3:* para uso en un solo continente, pero de dimensiones diferentes a los de la serie 2.

La CEMT (Conferencia Europea de Ministros de Transporte) establece unos requisitos para transporte internacional bajo precinto aduanero que han de cumplir los contenedores y que básicamente son idénticos a los exigidos a los vehículos para hacer transporte bajo régimen TIR.

Terminología

- *TEU (twenty equivalent unit):* es una unidad de medida que equivale a un contenedor de 20 pies, aunque físicamente un TEU no es nada. Según su capacidad, los buques se clasifican en generaciones. Por ejemplo, los de segunda generación pueden llevar entre 1.200 y 1.600 TEU. Dos contenedores de 40 pies y dos de 20 son cuatro contenedores, pero equivalen a seis TEU.
- *FCL (full container load):* contenedor completo, es decir, que se ha llenado con mercancías de un solo remitente.
- *LCL (less than container load):* carga fraccionada o grupaje. Se trata de un contenedor que se ha llenado con mercancías de varios remitentes. Se suele separar origen y destino con el símbolo «/», dándose combinaciones FCL/FCL, FCL/LCL, LCL/LCL, etc.
- *Red TECO:* red de trenes expresos que solamente transportan contenedores.
- *CY (container yard):* zona de recepción y entrega de contenedores, llenos o vacíos.
- *Caja móvil (en lenguaje coloquial «rana»):* caja de un camión que se puede desprender mediante un sistema de guías y quedar depositada en un lugar mediante cuatro patas desplegables.

- Una caja móvil se diferencia de un contenedor en que el contenedor se puede apilar y la caja móvil no. El ancho interior de la caja móvil es de 2,45 m y el del contenedor, de 2,30 m.
- *Maxicadre:* es un contenedor con ancho igual al de una caja móvil. Sus medidas interiores son 6,06 × 2,44 × 2,60 m.
- *UTI:* siglas de unidad de transporte intermodal (contenedor, palé, caja móvil, etc.).
- *Transporte intermodal acompañado:* cuando un vehículo (tráiler o camión) va acompañado por el conductor mediante otro medio, por ejemplo, un buque o tren.

Otros sistemas intermodales de transporte

Marítimo-terrestre

- *Transroulage:* se carga un camión o vagón sobre un buque. Un ejemplo actual es el transporte marítimo de corta distancia que transporta camiones entre Barcelona o Valencia e Italia y viceversa.
- *Roll on/roll off:* buques ferri que cargan semirremolques por una rampa. En destino es necesaria una tractora para llevar el semirremolque hasta el destino final.
- *Buques celulares:* buques específicamente preparados para el transporte de contenedores.
- *Buque Ro-Lo:* buques acondicionados para apilar contenedores que también tienen espacio para transporte de carga rodada.
- *Buque Ro-Pax:* los que transportan carga rodada y tienen zona habilitada para pasajeros.
- *Autopistas del mar:* la Comisión Europea llama así a las principales rutas de transporte marítimo, en las que intervienen puertos con gran volumen de operaciones.

Carretera-ferrocarril

- *Ferroutage:* consiste en cargar un camión entero sobre un vagón ferroviario.
- *Técnica UFR:* en un vagón se transporta un semirremolque, de estación a estación. Son necesarias dos tractoras, una en origen y otra en destino. Para no exceder los gálibos ferroviarios, estos semirremolques han de tener menos altura de la usual.
- *Canguro:* se trata de vagones con zonas rebajadas donde se alojan los ejes del semirremolque. La carga y descarga del semirremolque se hace mediante grúaspuente, como con los contenedores.
- *Técnica MC-22:* se reduce al mínimo el peso (realmente, se reduce la tara) del semirremolque. El tren de rodaje, es decir las ruedas o los neumáticos y sus soportes, se pueden quitar y se carga solo la caja.

- *Double stack:* dos contenedores apilados viajan en trenes exclusivos de contenedores.
- *Piggy-back:* sistema similar al anterior, usado en Estados Unidos debido al mayor gálibo de sus ferrocarriles.

Sistemas de responsabilidad del OTM

El transporte multimodal no aparece regulado dentro del derecho europeo prácticamente en ningún país excepto en Holanda. Esta falta de regulación ocasiona graves problemas a la hora de regular la responsabilidad dentro de este tipo de contrato.

Por otra parte y como se ha indicado antes, al no estar vigente el Convenio de Ginebra de 1980, los operadores de transporte multimodal asumen su responsabilidad frente a los clientes de tres modos diferentes, conocidos por los siguientes términos.

Unitario

Consiste en establecer una cantidad fija como límite de responsabilidad, con independencia del medio de transporte en que se produzca la avería o el daño a la mercancía.

Montaña rusa

En este caso, el OTM fija su responsabilidad máxima en la misma cantidad que la más elevada de todos los medios de transporte que intervienen, también con independencia del medio de transporte en que se produzca la avería o el daño a la mercancía.

Reticular

El operador se limita a responder ante su cliente con los mismos límites cuantitativos que el medio en el que se haya producido el daño a la mercancía.

Para mayor información se pueden consultar las webs de:

- Renfe mercancías (www.contrenrenfe.com).
- Puerto de Barcelona (www.portic.net).
- Asociación de Transitarios Internacionales de Barcelona (ATEIA-OLTRA) (www.bcn.ateia.com)

Tema 7.8

El transporte de mercancías peligrosas por carretera

Definición

Es todo material dañino o perjudicial que durante su fabricación, manejo, almacenamiento o transporte, genere o desprenda sustancias que pueden lesionar la salud de las personas o causar daños materiales a las cosas o al medio ambiente.

Normativas

ADR, RID,[1] IMO (IMDG),[2] OACI (Anexo 18 del Convenio de Chicago)[3] en transporte internacional. A escala nacional por carretera la normativa es el ADR y también el RD 97/2014. La carga y descarga están consideradas operaciones de transporte por este real decreto.

El ADR se estructura en dos grandes bloques, llamados anejos. El anejo A trata de las materias y objetos peligrosos, los envases y embalajes, y las definiciones; el anejo B trata de los medios, vehículos y material de transporte.

---

[1] Siglas del Anexo I sobre el transporte internacional por ferrocarril de mercancías peligrosas que se encuentra en el Cotif. Véase www.otif.org (OTIF, Organización Intergubernamental para el Transporte Internacional de Ferrocarril) *(Diccionario de Logística* en www.logisnet.com).

[2] IMDG: siglas del *Internacional Maritime Dangerous Goods* o Código Marítimo Internacional de Mercancías Peligrosas. Se publicó en 1965 en el seno de la OMI (Organización Marítima Internacional). Este código regula tanto el transporte de mercancías peligrosas como la prevención de la contaminación. El IMDG agrupa las mercancías peligrosas en: explosivos, gases, líquidos inflamables, sólidos y otras sustancias inflamables, sustancias oxidantes y peróxidos orgánicos, sustancias tóxicas e infecciosas, materiales radiactivos, sustancias corrosivas y sustancias peligrosas varias *(Diccionario de Logística* en www.logisnet. com).

[3] Convenio de Chicago: convenio sobre aviación civil firmado en 1944, en vigor desde 1947, en el que se recogía la primera normativa sobre transporte de mercancías peligrosas por vía aérea (anexo 18). Fue el antecedente de la Organización de la Aviación Civil Internacional (OACI) *(Diccionario de Logística* en www.logisnet.com).

Clasificación

1. Materias y objetos explosivos (limitativa).
2. Gases comprimidos, licuados o disueltos, a presión (oxígeno, cloro, amoníaco).
3. Líquidos inflamables (gasolina, gasóleo, queroseno, alcohol).
4.1. Materias sólidas inflamables (fósforo, azufre, desechos de caucho).
4.2. Materias susceptibles de inflamación espontánea (fósforo blanco, magnesio).
4.3. Materias que, en contacto con agua, desprenden gases inflamables (X) (clorosilano, sodio, potasio, carburo de calcio, carburo de aluminio).
5.1. Materias comburentes u oxidantes (peróxido de hidrógeno, tetranitrometano, clorato amónico, nitrito de amonio).
5.2. Peróxidos orgánicos (peróxido de benzoilo).
6.1. Materias tóxicas (cloroformo, fenol).
6.2. Materias infecciosas (productos biológicos).
7. Materias radiactivas (limitativa) (uranio, torio, cesio, estroncio, plutonio y derivados; un solo gramo de plutonio podría provocar cáncer a más de un millón de personas).
8. Materias corrosivas (ácido sulfúrico, nítrico, clorhídrico, sosa cáustica).
9. Materias y objetos peligrosos diversos (amiantos, difenilos policlorados o PCB, pilas de litio).

- *Compatibles:* mercancías que se pueden transportar en el mismo vehículo. Hay tablas de incompatibilidad en el ADR.
- *Clases limitativas:* si figuran en el ADR, se pueden transportar; si no, no se puede.
- *Clases no limitativas:* si figuran en el ADR se pueden transportar; si no, no son peligrosas.
- *Exenciones:* significa que algunos productos en pequeñas cantidades están exentos de cumplir todo o parte de lo indicado en el ADR (totales o parciales).

Documentación del conductor

- DNI, permiso de conducir y carné especial de la Jefatura Tráfico (de color naranja, a renovar cada cinco años).
- Se debe tener una antigüedad mínima de un año del permiso de conducir, al menos de la clase B. Hay un curso básico común y tres de especialización: cisternas, explosivos y radiactivos.

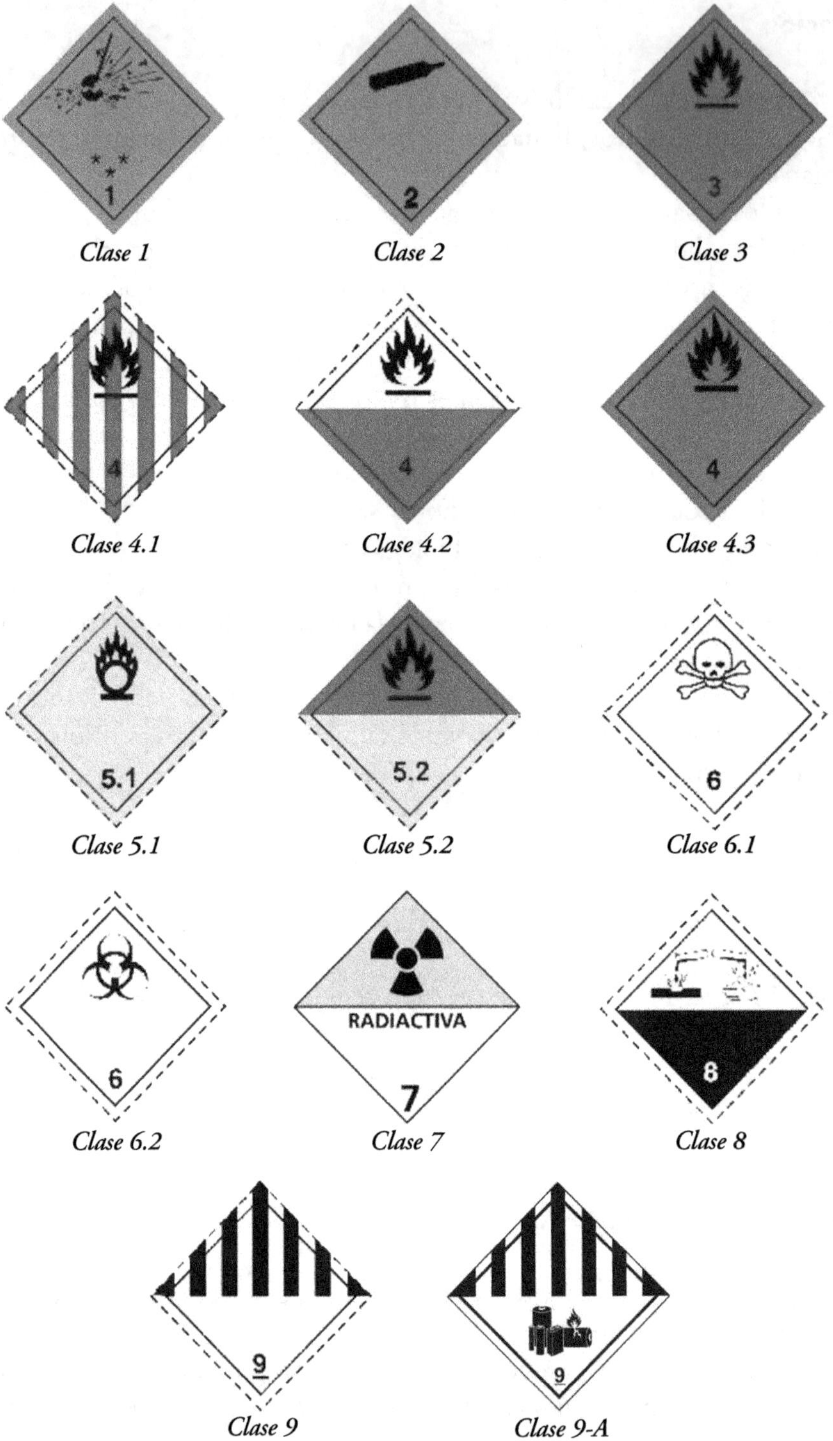

Figura 1. Etiquetas utilizadas en el transporte de mercancías peligrosas o ADR.

Documentación del vehículo

- *Los documentos normales:* permiso de circulación, ficha técnica con las inspecciones ITV en vigor, autorización o tarjeta de transporte y seguro obligatorio.
- *Certificado ADR,* en los siguientes casos:

  a) Vehículos cisterna y vehículos batería de más de 1.000 l.
  b) Contenedores cisterna, CGEM (contenedores de gas de elementos múltiples) y cisternas portátiles de más de 3.000 l.
  c) Vehículos destinados al transporte de explosivos tipos EX/II y EX/III.

Documentación de la carga

- Carta de porte obligatoria tanto en transporte nacional como en internacional, aunque el contrato sea consensual.
- Instrucciones escritas, que debe entregar el expedidor, en un idioma que entienda la tripulación o conductor(es).

El expedidor o, por delegación expresa de este, el cargador, entregará al conductor la carta de porte, así como las instrucciones escritas para el conductor, antes de iniciarse el transporte, sin perjuicio de otro tipo de documentos complementarios que procedan. Las informaciones contenidas en las instrucciones escritas deberán ser comunicadas al transportista, lo más tarde cuando se dé la orden de transporte (artículo 25 del Real Decreto 551/2006).

Normas de conducción

- *Alcohol.* Máximo 0,3 g por 1.000 cm^3 en sangre o 0,15 mg por litro de aire espirado.
- *Fumar.* Cuando se esté cargando o descargando, y según la materia, no se puede fumar cerca del vehículo.
- *Tiempos de descanso y conducción.* Los mismos tiempos que para el resto de vehículos.
- *Estacionamiento.* Por este orden: parques vallados y vigilados, no vigilados, explanadas alejadas de poblaciones y lugares de paso.
- En ningún caso, una unidad de transporte con materias peligrosas puede llevar más de un remolque o semirremolque.
- No se pueden llevar pasajeros en la cabina, ni ninguna persona que no se pueda considerar tripulación.

- Usar autopistas siempre que sea posible o bien autovías y cinturones de circunvalación en las ciudades.
- *Domingos y festivos:* no de 8 a 24 h. Vísperas no sábados, de 13 a 24 h. Están exentos de esta prohibición los vehículos que transporten gases licuados de uso doméstico, aprovisionamiento de estaciones de servicio y gasóleos de calefacción y gases para centros sanitarios.

Equipo

Para determinados tipos de vehículos, es obligatorio disponer de sistema ABS y ralentizador.

Lámparas de recambio, rueda de recambio y herramientas, juego completo de correas y manguitos, un rollo de cinta aislante, lámpara portátil y un calzo al menos, adecuado al peso del vehículo y al diámetro de sus ruedas.

Extintores

Toda unidad de transporte de mercancías peligrosas deberá ir provista al menos de un extintor de incendios portátil con una capacidad de dos kilogramos, adecuada para combatir un incendio de motor o de la cabina de la unidad de transporte.

Son necesarios, además, los aparatos suplementarios siguientes (capítulo 8.1.5 del ADR):

- Las unidades de transporte de MMA superior a 7,5 t, uno o varios extintores con una capacidad mínima total de 12 kg de polvo, de los que al menos un extintor deberá tener una capacidad de 6 kg.
- Las unidades de transporte de MMA superior a 3,5 t e inferior o igual a 7,5 t, uno o varios extintores con una capacidad mínima total de 8 kg de polvo, de los que al menos un extintor deberá tener una capacidad mínima de 6 kg.

– Las unidades de transporte de MMA igual o inferior a 3,5 t, uno o varios extintores con una capacidad mínima total de 4 kg de polvo.

Paneles naranja

– *Parte superior:* se indica el tipo de peligro; dos o tres cifras que indican el peligro principal y el secundario. Si se repiten el peligro es mayor, si el segundo es cero, no hay peligro secundario, y si el primero es X indica «no echar agua».
– *Parte inferior:* número de cuatro cifras asignado por la ONU. Es como el DNI del producto. En la placa del ejemplo, es gasolina; los explosivos no llevan números.

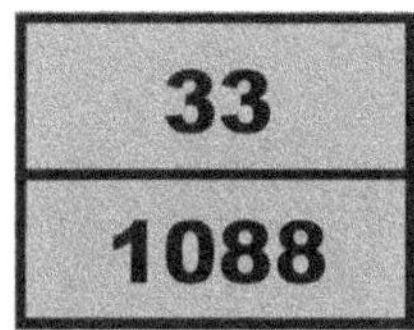

– *Dimensiones de la placa:* 40 × 30 cm. Los números serán indelebles y deberán ser legibles después de un incendio de quince minutos.

Cuando un vehículo-caja lleve mercancías peligrosas, sean de una o de diferentes clases, los paneles delantero y trasero no llevarán numeración. Las etiquetas de peligro solo irán colocadas en los bultos que transporte.

Los vehículos-cisterna con varios compartimentos, que transporten gasóleo (1202), gasolina (1203) y queroseno (1223) no es necesario que lleven paneles en los laterales si los paneles delantero y trasero llevan números que identifican a la materia más peligrosa transportada.

Las instalaciones de llenado de cisternas, para las que el ADR establece un límite superior para el grado de llenado, dispondrán de un dispositivo de control de la cantidad máxima admisible, de tipo óptico y acústico, que garantice las condiciones de seguridad (artículo 30.a Real Decreto 551/2006).

Accidentes

– *Comunicar a la autoridad:* lugar del accidente, tipo de accidente, circunstancias que pueden agravar la situación, número de víctimas, nuestros datos identificativos. Se debe comunicar todo, no unas cosas sí y otras no. Existe un teléfono único para dar aviso a los servicios de emergencia: 112.

– Casos especiales:

22	Gas refrigerado.
44	Sólido inflamable fundido o a alta temperatura.
43	Sólido muy inflamable.

Números primera cifra		*Números segunda cifra*	
2	Gas	0	Carece de significado
3	Líquido inflamable	2	Emanación de gas
4	Sólido inflamable	3	Inflamación
5	Materia comburente	5	Comburencia
6	Materia tóxica o infecciosa	6	Toxicidad
7	Materia radiactiva	8	Corrosividad
8	Materia corrosiva	9	Peligro de reacción violenta
9	Otros peligros		

Tabla 1. Códigos de peligro de los paneles naranja.

Se puede encontrar mucha más información en la web de la Dirección General de Protección Civil (www.proteccioncivil.org). Dentro de la web buscar Publicaciones y a continuación Transporte de mercancías peligrosas.

Tema 7.9
Transporte de mercancías perecederas

Definición

Perecedera sería cualquier mercancía que debe estar en destino en una fecha y hora determinada para poderse comercializar con todo su valor. Teniendo en cuenta esta definición lo más perecedero tal vez sería la prensa. Pero a efectos de competencia, una mercancía perecedera será un producto alimentario que durante su transporte pudiera deteriorarse y que requiere unas medidas especiales para evitarlo.

Principales normativas aplicables

- Código alimentario español (Real Decreto 2484/67).
- Real Decreto 1202/2005 sobre transporte de mercancías perecederas.
- Reglamentaciones tecnicosanitarias (cada producto tiene las suyas).
- Convenio internacional ATP.

El código alimentario define el transporte como el conjunto de operaciones que comprenden el traslado de los alimentos y los medios necesarios para conseguirlo. Además, agrupa los alimentos en dos grupos o categorías:

- Productos secos (se incluyen desecados, deshidratados, liofilizados, salazón, encurtidos, etc.).
- Productos a temperatura dirigida (congelados, ultracongelados y refrigerados).

El Real Decreto 237/2000 es prácticamente una versión española del ATP. Designa como estación de ensayo el túnel del frío de la Administración pública en Getafe, en la carretera de Andalucía, km 15,700. En simples inspecciones sobre estado de la caja, el plazo de validez hasta la siguiente inspección es de tres años cuando sea favorable. Revisiones más profundas (medición de coeficiente K o estado de equipos de frío) favorables, tienen una validez de seis años.

La normativa define «la autoventa y el reparto» como la efectuada en núcleos urbanos, con vehículos que retornan a su base en un máximo de 24 horas, que tienen una MMA igual o inferior a 8 t y cuyo recorrido máximo diario es de 200 km. Estos vehículos no requieren el termógrafo y pueden parar el equipo de frío, los no autónomos, por períodos cortos.

Están permitidas otras cargas de mercancía normal en los retornos, siempre que no contaminen envíos posteriores ni al propio vehículo.

Finalmente para todo lo relacionado con transporte internacional, hay que atenerse al Convenio ATP.

Los vehículos cuyo dispositivo de producir frío sea amovible o no autónomo, llevarán después de las siglas que los identifican, una X.

Las cisternas deben tener una boca hombre y una de vaciado por cada compartimento.

Requisitos que deben cumplir los vehículos

- Las cajas deben estar construidas con un material que permita una completa limpieza.
- El material con que esté construida la caja del vehículo no debe contaminar ni alterar el producto.
- El interior de la caja debe ser resistente a la corrosión, impermeable, fácil de lavar y de desinfectar, sin rincones ni grietas.

Prohibiciones

- Transportar alimentos y productos tóxicos o peligrosos a la vez o alternativamente.
- Alimentos contaminados junto con otros aptos para el consumo.
- Usar instalaciones frigoríficas no autorizadas.
- Transportar alimentos para venta directa sin etiquetar o envasar reglamentariamente.
- Transportar personas o animales en las cajas de los vehículos.
- Parar el equipo de frío durante el transporte (se admite como excepción en reparto).
- Depositar en el suelo de vehículo o almacén productos no envasados.

Otras consideraciones

- *La temperatura al cargar debe ser la requerida:* es necesario un preenfriamiento.
- Varios alimentos juntos es posible si las temperaturas son compatibles.

- *Carga y descarga rápida:* distancias cortas.
- La estiba debe hacerse de manera que haya buena circulación de aire.
- *Temperatura y vehículo durante viaje:* responsabilidad del transportista.
- *Entrega a temperatura exigida:* responsabilidad fabricante o remitente.
- La carga y descarga son responsabilidad de quien las lleve a cabo.

Terminología

- *Pesticidas, plaguicidas y rodenticidas:* son materias peligrosas, clases 6 o 9 del ADR.
- *Refrigeración:* bajar la temperatura de un producto, sin llegar a congelarlo.
- *Congelación:* bajar la temperatura hasta que el agua del producto se convierte en hielo.
- *Ultracongelar:* congelar un producto de manera muy rápida.
- *Esterilización:* sistema que elimina posibles gérmenes mediante el calor.
- *Pasteurización:* se aplica un pico de alta temperatura y corta duración al producto.
- *Desecación:* manteniendo el producto al aire ambiente durante determinado tiempo.
- *Deshidratación:* extraer la humedad de forma artificial.

Figura 1. Imagen de la placa ATP de un vehículo.

- *Liofilización:* se somete el producto a una congelación y posteriormente se extrae todo el hielo mediante sublimación. Se suelen envasar al vacío para preservarlos de la oxidación.
- *Ahumado:* la normativa legal limita las maderas permitidas en este proceso.
- *Otros:* aceite, azúcar, alcohol.

El convenio ATP

El ATP es el acuerdo sobre transportes internacionales de mercancías perecederas por carretera, ferrocarril o una combinación de ambos y sobre los vehículos especiales utilizados en estos transportes.

Se firmó en Ginebra el 1 de septiembre de 1970 y está redactado en inglés, ruso y francés. España se adhirió al convenio ATP el 22 de noviembre de 1976.

En su primer artículo indica que solo podrán considerarse vehículos isotermos, refrigerantes, frigoríficos o caloríficos los que satisfagan las definiciones y normas que se exponen en el propio acuerdo.

Coeficiente K

Buena parte del convenio gira en torno a este coeficiente. Expresa la energía que las paredes de un vehículo permiten intercambiar con el exterior. Por tanto un coeficiente K elevado indica un mal aislamiento, mientras que uno reducido sinónimo de un buen aislamiento térmico.

El certificado de aceptación de un vehículo determinado puede consistir en un documento, en una placa fijada sobre el vehículo o en ambas cosas. En el caso de camiones, será obligatorio llevar a bordo dicho certificado o una fotocopia certificada del mismo. No será necesario si el vehículo lleva la placa citada. En cualquiera de sus versiones, el plazo máximo de validez de un certificado de aceptación es de seis años.

La placa debe estar fijada al vehículo de manera permanente y en lugar bien visible. Debe ser rectangular, de al menos 160 × 100 mm, resistente a la corrosión y al fuego. De la información que debe contener, la más importante es el tipo de vehículo y el límite de validez de su certificado de aceptación para su categoría. Además debe figurar el país del fabricante, el nombre del fabricante, el modelo y el número de serie, el mes y el año de fabricación.

Los vehículos deben llevar, además, unas siglas de color azul marino, sobre fondo blanco, dentro de un cuadrado o rectángulo también azul. Indicarán la clase de vehículo y debajo mes y año en que expira su certificado de aceptación. Suele ir situada esta información en la parte trasera de los vehículos y no es ninguna placa, sino pintura, adhesivos, etc.

Vehículo isotermo

Vehículo cuya caja está construida con paredes aislantes, con inclusión de puertas, piso y techo; dichas paredes permiten limitar los intercambios de calor entre el interior y el exterior de la caja, de tal suerte que el coeficiente K pueda permitir clasificar el vehículo dentro de una de las dos categorías siguientes:

- IN = Vehículo isotermo normal. Coeficiente K igual o inferior a 0,7 $W/m^2/°C$.
- IR = Vehículo isotermo reforzado. Coeficiente K igual o inferior a 0,4 $W/m^2/°C$.

Vehículo refrigerante

Vehículo isotermo que, con ayuda de una fuente de frío (hielo hídrico, placas eutécticas, hielo carbónico, con o sin regulación de sublimación, gases licuados con o sin regulación de evaporación, etc.), distinta de un equipo mecánico, permite bajar la temperatura en el interior de la caja vacía y mantenerla después con una temperatura exterior media de 30 °C:

- a 7 °C como máximo para la clase A.
- a –10 °C como máximo para la clase B.
- a –20 °C como máximo para la clase C.
- a 0 °C como máximo para la clase D.

Este vehículo debe tener uno o varios compartimentos, recipientes o depósitos reservados al agente frigorígeno. Estos equipos deben poder ser cargados o recargados desde el exterior y tener una capacidad tal que la fuente de frío pueda bajar la temperatura al nivel previsto para la clase considerada, y después mantener este nivel durante doce horas por lo menos sin repostado de agente frigorígeno o de energía.

El coeficiente K de los vehículos de las clases B y C debe obligatoriamente ser igual o inferior a 0,4 $W/m^2/°C$.

Vehículo frigorífico

Vehículo isotermo provisto de un dispositivo de producción de frío individual o colectivo para varios vehículos de transporte (grupo mecánico de compresión, máquina de absorción, etc.), que permite para una temperatura exterior media de 30 °C, bajar la temperatura en el interior de la caja vacía y mantenerla después de manera permanente tal como se indica a continuación:

Figura 2. Imagen del interior de un camión frigorífico.

– *Para las clases A, B y C,* a todo valor prácticamente constante deseado t1 conforme a las normas definidas a continuación para las tres clases:

   – *Clase A.* Vehículo frigorífico provisto de un dispositivo tal de producción de frío que t1 pueda elegirse entre +12 y 0 °C incluidos.
   – *Clase B.* Vehículo frigorífico provisto de un dispositivo tal de producción de frío que t1 pueda elegirse entre +12 y –10 °C incluidos.
   – *Clase C.* Vehículo frigorífico provisto de un dispositivo tal de producción de frío que t1 pueda elegirse entre +12 y –20 °C incluidos.

– *Para las clases D, E y F,* a un valor fijo prácticamente constante t1 conforme a las normas definidas a continuación para las tres clases:

   – *Clase D.* Vehículo frigorífico provisto de un dispositivo tal de producción de frío que t1 sea igual o inferior a 0 °C.
   – *Clase E.* Vehículo frigorífico provisto de un dispositivo tal de producción de frío que t1 sea igual o inferior a –10 °C.
   – *Clase F.* Vehículo frigorífico provisto de un dispositivo tal de producción de frío que t1 sea igual o inferior a –20 °C.

El coeficiente K de los vehículos de las clases B, C, E y F debe ser obligatoriamente igual o inferior a 0,4 W/m^2/°C.

Vehículo calorífico

Vehículo isotermo provisto de un dispositivo de producción de calor que permite elevar la temperatura en el interior de la caja vacía y mantenerla después durante doce horas por lo menos sin repostado, a un valor prácticamente constante y no inferior a +12 °C, siendo la temperatura media exterior de la caja la indicada a continuación para las cuatro clases:

- *Clase A.* Vehículo calorífico para una temperatura media exterior de –10 °C.
- *Clase B.* Vehículo calorífico para una temperatura media exterior de –20 °C.
- *Clase C.* Vehículo calorífico para una temperatura media exterior de –30 °C.
- *Clase D.* Vehículo calorífico para una temperatura media exterior de –40 °C.

El coeficiente K de los vehículos de las clases B, C y D debe ser obligatoriamente igual o inferior a 0,4 W/m²/°C.

Vehículo frigorífico y calorífico

Unidad isoterma provista de un dispositivo de producción de frío (por medio de un grupo mecánico de compresión, máquina de «absorción», etc.) y de calor (por medio de dispositivos eléctricos de calefacción, etc.), o de producción de frío y calor, que permite, tanto bajar la temperatura en el interior de la caja vacía y mantenerla después, como elevar esta misma temperatura y mantenerla después durante 12 h al menos sin repostado, a un valor prácticamente constante, según se indica a continuación:

	Clase	*Para temperatura exterior de: (°C)*
Entre +12 y 0 °C	A	–10 a +30
	B	–20 a +30
	C	–30 a +30
	D	–40 a +30
Entre +12 y 10 °C	E	–10 a +30
	F	–20 a +30
	G	–30 a +30
	H	–40 a +30
Entre +12 y –20 °C	I	–10 a +30
	J	–20 a +30
	K	–30 a +30
	L	–40 a +30

Para los vehículos RRC, FRC y FRF que transporten productos ultracongelados (congelados rápidamente) es obligatorio el empleo de termógrafo, desde el 1 de agosto de 1993, por una normativa comunitaria, pero no para los de autoventa y reparto.

Siglas que deberán colocarse en los vehículos especiales

Letras mayúsculas en caracteres latinos de color azul marino sobre fondo blanco. Altura mínima de 100 mm para marcas de clasificación y de 50 mm para las fechas de expiración. En vehículos con MMA no superior a 3,5 t, estas alturas podrán ser de como mínimo 50 y 25 mm respectivamente (enmiendas de los anexos 1 y 3 del ATP, BOE de 14 de octubre de 2004).

Tipo de vehículo	*Siglas*	*Tipo de vehículo*	*Siglas*
Isotermo	IN	Frigorífico normal clase F	FNF
Isotermo reforzado	IR	Frigorífico reforzado clase F	FRF
Refrigerante normal clase A	RNA	Calorífico normal clase A	CNA
Refrigerante reforzado clase A	RRA	Calorífico reforzado clase A	CRA
Refrigerante reforzado clase B	RRB	Calorífico reforzado clase B	CRB
Refrigerante reforzado clase C	RRC	Frigorífico y calorífico normal clase A	BNA
Frigorífico normal clase D	FND	Frigorífico y calorífico reforzado clase A	BRA
Frigorífico reforzado clase D	FRD	Frigorífico y calorífico reforzado clase B	BRB
Frigorífico normal clase A	FNA	Frigorífico y calorífico reforzado clase C	BRC
Frigorífico reforzado clase A	FRA	Frigorífico y calorífico reforzado clase D	BRD
Frigorífico normal clase B	FNB	Frigorífico y calorífico reforzado clase E	BRE
Frigorífico reforzado clase B	FRB	Frigorífico y calorífico reforzado clase F	BRF
Frigorífico normal clase C	FNC	Frigorífico y calorífico reforzado clase G	BRG
Frigorífico reforzado clase C	FRC	Frigorífico y calorífico reforzado clase H	BRH
Frigorífico normal clase D	FND	Frigorífico y calorífico reforzado clase I	BRI
Frigorífico reforzado clase D	FRD	Frigorífico y calorífico reforzado clase J	BRJ
Frigorífico normal clase E	FNE	Frigorífico y calorífico reforzado clase K	BRK
Frigorífico reforzado clase E	FRE	Frigorífico y calorífico reforzado clase L	BRL

Tabla 1. Siglas que se han de colocar en los vehículos especiales.

Temperaturas para transporte de 1 a 6 días

El ATP establece algunas temperaturas de referencia, para transportes cuya duración esté comprendida entre uno y seis días (véase la tabla 1).

Leche fresca o pasteurizada, mantequilla	+6
Helados (o cremas heladas)	−22
Pescados y mariscos frescos (con hielo)	0 a +2
Congelados en general	−18 a −20
Quesos	+4 a +7
Huevos (secos, de pie y cámara de aire arriba)	0 a +15
Frutas	0 a +8
Carne congelada (igual o inferior a)	−14
Legumbres	+2 a +8
Carne sin congelar	−1 a +7
Aves y caza (máximo)	−1 a +4

Tabla 2. Temperaturas de referencia para el transporte de productos refrigerados y congelados.

Tema 7.10

Transporte de animales vivos

La normativa reguladora de este tipo de transporte especial es el Reglamento (CE) 1/2005 del Consejo de 22 de diciembre de 2004 (DOUE de 5 de enero de 2005), relativo a la protección de los animales durante el transporte y las operaciones conexas, y también el Real Decreto 1041/97 en todo cuanto no se oponga al reglamento referido. Regula el transporte de vertebrados vivos dentro de la UE, o con destino o procedencia a o desde otro estado de la UE. Su finalidad es asegurar las condiciones veterinarias y sanitarias y tener un control de estos transportes, así como evitar que los animales sufran innecesariamente durante su transporte.

Animales sujetos a esta normativa

El Decreto 1041/97 establece cinco grupos:

a) Équidos domésticos[1] y animales domésticos de las especies bovina, ovina, caprina y porcina (capítulo I y VII del anexo y la mayor parte del decreto).
b) Aves de corral, aves domésticas y conejos domésticos (capítulo II del anexo).
c) Perros y gatos domésticos (capítulo III del anexo).
d) Otros mamíferos y pájaros (capítulo IV del anexo).
e) Otros animales vertebrados y animales de sangre fría (capítulo V del anexo).

Los transportes de animales en una distancia de 50 km como máximo desde origen a destino o realizados en trashumancia por sus propietarios, solo deben cumplir los artículos 3 y 27 del Reglamento, referidos a las condiciones generales del transporte y a las inspecciones de que pueden ser objeto.

---

[1] Équido: mamífero perisodáctilo que tiene cada extremidad terminada en un solo dedo. Ejemplos: caballo y asno.

Definiciones

- *Viaje largo:* viaje de más de ocho horas. Requiere inspección previa y aprobación del vehículo.
- *Lugar de salida:* lugar en que se carga el animal por primera vez, siempre que lleve allí al menos 48 horas.
- *Lugar de destino:* lugar en que se descarga un animal y se le alberga al menos 48 horas antes de la próxima salida o bien se le sacrifica.

Condiciones que hay que cumplir para llevar a cabo el transporte

Los animales deben de encontrarse en condiciones de efectuar el trayecto previsto. No se consideran aptos los animales enfermos o heridos, a no ser que la herida o enfermedad sea leve. Tampoco se consideran aptos los animales del apartado *a)* recién nacidos a los que no les haya cicatrizado el ombligo, ni las hembras preñadas que hayan superado el 90 % del tiempo de gestación previsto o que hayan parido la semana anterior.

Se han de adoptar las medidas oportunas para su cuidado durante el traslado y a la llegada a destino. Cualquier animal que enferme o se hiera durante el transporte recibirá los primeros auxilios lo antes posible. Se someterá a tratamiento veterinario y, en caso necesario, será sacrificado para evitarle sufrimientos innecesarios.

El espacio del que dispongan los animales debe ajustarse a las dimensiones estipuladas por la normativa, según el tipo de animal y el medio de transporte usado.

Los tiempos de transporte y de descanso y los intervalos de alimentación y de suministro de agua deben ajustarse a los establecidos por la normativa para cada especie.

Duración máxima del transporte

En general, el tiempo máximo de viaje será de ocho horas, pero se podrá ampliar si el vehículo de transporte reúne las condiciones adecuados.[2] En este caso, los tiempos de viaje y los intervalos de suministro de agua y alimentos serán los que se indican en la tabla 1.

Al terminar el viaje, los animales serán descargados, se les suministrará agua y alimentos y descansarán durante al menos 24 horas.

---

[2] El vehículo de transporte reúne las condiciones adecuadas cuando:
- Haya yacija suficiente en el suelo del mismo (lecho o cosa en que se está acostado).
- Se tenga acceso directo a los animales.
- Tenga ventilación regulable y adecuada.
- Tenga paneles móviles para crear compartimentos separados.
- Tenga conexión a tomas de agua en las paradas.

Resumen del capítulo VII del anexo. Vehículos de carretera y animales del grupo a)

Terneros, corderos, cabritos, lechones y potros no destetados	Se les dará un descanso suficiente, de una hora al menos, después de nueve horas de transporte para darles agua y alimento. Tras este período de descanso, podrá continuar su transporte durante nueve horas más
Cerdos	Podrán transportarse durante un tiempo máximo de viaje de 24 horas. Deberán disponer de agua continuamente durante el viaje
Solípedos domésticos	Se podrán transportar durante un tiempo máximo de viaje de 24 horas. Durante ese tiempo deberán ser abrevados y, en caso necesario, alimentados cada ocho horas
Resto de animales del grupo *a)*	Deberán tener un descanso suficiente, de una hora al menos, después de 14 horas de transporte, en especial para suministrarles agua y, si fuera necesario, alimento. Tras este período de descanso podrá continuar su transporte durante 14 horas más

Tabla 1. Tiempos máximos de viaje en el transporte de animales en vehículos acondicionados.

Estas normas solo podrán incumplirse en el caso de traslado de animales para tratamiento veterinario o para un sacrificio de urgencia, siempre que no se incurra en malos tratos o en sufrimientos innecesarios.

Los animales de diferentes especies deberán ir separados y dentro de una misma especie, deberán separarse machos adultos de hembras, así como los animales de distintas edades, excepto las madres y las crías.

Documentación o identificación

Durante todo el trayecto, los animales deben ir identificados y registrados legalmente, con documentación en la que figure.

- Origen y propietario.
- Lugar de salida y de destino.
- Fecha y hora de salida.
- Duración prevista del viaje.

Deberán ir acompañados de los certificados veterinarios y de cualquier otro documento que la normativa exija. La finalidad es que las autoridades puedan controlar el movimiento de animales vivos y las condiciones en que se lleva a cabo el transporte.

Para el transporte de animales descritos en *a)* entre estados de la UE y los que tengan su origen o destino en terceros países, deberán llevar un cuaderno de a bordo u hoja de ruta (Anexo II del Reglamento).

También para el transporte de animales de *a)* los vehículos nuevos deben ir dotados de un sistema de navegación GPS desde el 1 de enero de 2007, y desde el 1 de enero de

2009 todos los vehículos. Los registros de los sistemas de navegación deben conservarse durante tres años.

Los costes de alimentación y suministro de agua y descanso de los animales corren a cargo de los transportistas, que deberán aportar la prueba de que se han tomado las medidas necesarias en este sentido. El transportista debe asegurarse de que los animales sean conducidos sin demora a su lugar de destino.

Interrupciones y retrasos

No debe interrumpirse el transporte salvo que sea imprescindible y necesario para el bienestar de los animales. Si se interrumpe más de dos horas, deberán adoptarse las medidas necesarias para el cuidado de los animales y, en caso necesario, para su descarga y alojamiento (artículo 7.2 del decreto).

Autorizaciones

En su anexo III el Reglamento 1/2005 establece dos tipos de autorizaciones que el transportista debe poseer para el transporte de animales vivos. El solicitante debe acreditar una serie de requisitos referidos a la formación de los conductores en materia de transporte de animales vivos y a los vehículos empleados:

- Autorización no válida para largos recorridos: validez de cinco años.
- Autorización para cualquier transporte: válida para todos los transportes, incluidos los viajes largos. Se exigen condiciones más estrictas para su otorgamiento. Misma validez de cinco años.

Inspección y control

Las autoridades competentes adoptarán las medidas necesarias para el establecimiento de los controles veterinarios y zootécnicos aplicables en los intercambios intracomunitarios de animales vivos con el fin de supervisar el cumplimiento de los requisitos legales. Con este fin se podrá llevar a cabo la inspección de:

- Los medios de transporte y de los animales durante el transporte por carretera.
- Los medios de transporte y de los animales cuando lleguen al lugar de destino.
- Los medios de transporte y de los animales en los mercados, en los lugares de salida y en los puntos de parada y trasbordo.
- Las indicaciones que figuran en los documentos de acompañamiento.

Medidas cautelares

Si durante el transporte se comprueba que se incumplen las normas establecidas, la autoridad solicitará a las personas responsables del vehículo que adopten las medidas que considere necesarias para garantizar el bienestar de los animales de que se trate.

Según las circunstancias de cada caso, dichas medidas podrán comprender:

- La finalización del trayecto o la devolución de los animales a su lugar de salida, por el itinerario más directo, siempre que esta medida no ocasione a los animales un sufrimiento innecesario.
- Alojamiento de los animales en un lugar adecuado, dispensándoles los cuidados necesarios hasta la resolución del problema.
- El sacrificio sin crueldad de los animales.

Modelo de plan de viaje

Transportista: (nombre, domicilio, razón social):
Firma del transportista:
Tipo de medio de transporte:[1]
Número de matrícula o de identificación:
Especie animal:[1]
Número:
Lugar y país de destino:
Lugar de llegada:
Itinerario:[1]
Duración estimada del viaje:
Número del (de los) certificado(s) sanitario(s) o documento de acompañamiento[1]
Sello[2]
Del veterinario del lugar de salida
De la autoridad competente del punto de salida o del puesto fronterizo autorizado[2]
(Fecha y hora de salida:[3]
Puntos de parada o de trasbordo: / nombre del responsable del transporte durante el viaje:
Lugar y dirección / fecha y hora / duración de la parada / motivo[4]
a)
b)
c)
d)
e)
Fecha y hora de llegada:
Firma del responsable del transporte durante el viaje:

[1] Deberá cumplimentarlo el transportista antes del viaje.

[2] Deberá consignarlo el veterinario correspondiente.

[3] Deberá estamparlo la autoridad competente del punto de salida.

[4] Deberá cumplimentarlo el transportista durante el viaje.

Seguridad en carretera

Tema 8.1

Permisos de conducción

Los permisos o carnés de conducir no son expedidos por las autoridades competentes en materia de transporte (Ministerio de Transportes, Movilidad y Agenda Urbana) sino por el Ministerio del Interior a través de las Jefaturas Provinciales de Tráfico. En la tabla 1 se han resumido los datos esenciales de todos los permisos de conducir vigentes en España.

Cualquier variación en los datos que figuran en el permiso o la licencia de conducción deberá ser comunicada en el plazo máximo de quince días a la Jefatura Provincial de Tráfico.

Licencia

Permite conducir vehículos agrícolas, ciclomotores y coches de minusválidos.

Los vehículos especiales no agrícolas que no superen los 40 km/h se pueden conducir con el permiso B. Si superan dicha velocidad, el carné necesario será en función de su MMA.

Permiso o carné	Vehículos para cuya conducción autorizan	Edad de obtención	Validez según edad	
			Hasta 65	Más de 65
AM	Ciclomotores de dos o tres ruedas	15	10	5
A1	Motocicletas, máximo 125 cc, potencia máxima 11 kw. Implica concesión de AM	16	10	5
A2	Motocicletas, potencia máxima 35 kw. Implica concesión de A1	18	10	5
A	Motos con o sin sidecar, triciclos y cuadriciclos de motor. Dos años de antigüedad con A2	20	10	5
B	Automóviles de MMA hasta 3.500 kg y no más de nueve asientos. Pueden llevar remolque de MMA hasta 750 kg. Con tres años de antigüedad = motos A1. Conjunto de vehículo de los que autoriza B + remolque que no pase de 4.250 kg	18	10	5

Continúa

Continuación

Permiso o carné	Vehículos para cuya conducción autorizan	Edad de obtención	Validez según edad	
			Hasta 65	Más de 65
B+E	Conjunto de automóvil de los que autoriza B y remolque de MMA superior a 750 kg siempre que el conjunto no pueda ser conducido con el B	18 Titular de B	10	5
C1	Automóviles con MMA superior a 3.500 kg pero no superior a 7.500 kg y con número de asientos que no pase de nueve. Pueden llevar remolque con MMA no superior a 750 kg	18 Titular de B	5	3
C1+E	Conjunto de vehículo de los que autoriza el C1 y remolque con MMA superior a 750 kg siempre que la MMA del conjunto no exceda de 12.000 kg y que la MMA del remolque no supere la masa en vacío del tractor	18 Titular de C1	5	3
C	Automóviles con MMA superior a 3.500 kg y número de asientos no superior a nueve. Puede llevar remolque con MMA no superior a 750 kg. Es el permiso típico de camiones rígidos. Implica concesión de C1	21 Titular de B	5	3
C+E	Conjunto de vehículo autorizado por C y remolque de MMA superior a 750 kg. Es el permiso típico de tráileres	21 Titular de C	5	3
1	Automóviles para transporte de personas, con más de nueve asientos pero sin exceder de diecisiete y máximo 8 m. Pueden llevar remolque de hasta 750 kg de MMA	21 Titular de B	5	3
D1+E	Conjunto de automóvil de los que autoriza el D1 y remolque de MMA superior a 3.500 kg	21 Titular de D1	5	3
D	Automóviles para transporte de personas, con número de asientos superior a nueve. Pueden llevar remolque de MMA hasta 750 kg. Implica concesión de D1	24 Titular de B	5	3
D+E	Conjunto de vehículos automóviles de los que autoriza D y remolque de MMA superior a 750 kg	24 Titular de D	5	3
Salvo un caso, los permisos que no sean A1, A2 o A no autorizan a conducir motocicletas de dos ruedas				
C1, C1+E, C, C+E, D1, D1+E, D o D+E deben tener el «certificado de aptitud profesional» o CAP				
Nota: toda referencia a número de asientos, es incluyendo el del conductor.				

Tabla 1. Datos esenciales de los permisos de conducir vigentes en España.

Los vehículos para los que se necesita permisos C, C +E, D1y D1 +E se pueden conducir con 18 años si ha superado el examen de CAP ordinario de 280 horas.

El permiso de conducir por puntos

Desde el 1 de julio de 2006 está vigente el sistema de permiso de conducir por puntos, con el que se pretende aumentar la seguridad en la conducción de vehículos. En función de las infracciones que se cometan se pueden ir perdiendo puntos.

El saldo inicial es de 12 puntos, excepto conductores noveles, con menos de tres años de experiencia, que empezarán con 8 puntos. También dispondrán de 8 puntos quienes obtengan un nuevo permiso o una licencia de conducción, tras haber perdido el que tuvieran por haber agotado su crédito. El saldo inicial de puntos es una asignación informática que llevará a cabo la administración de manera automática.

Cuando se cometan determinadas infracciones, además de la correspondiente sanción económica y de la suspensión en su caso del permiso o de la licencia de conducción, ahora también se restarán puntos.

Si un conductor conserva intacto su crédito de 12 puntos, en seis años puede llegar a tener hasta 15 puntos. Para ello es necesario que durante los tres primeros años no cometa ninguna infracción que suponga pérdida de puntos con lo que obtendrá dos puntos más que sumará a los 12 iniciales y ya tendrá 14 puntos. Si vuelven a pasar tres años y sigue siendo un buen conductor, recibirá otro punto extra, hasta un total de 15.

Desde el 1 de julio de 2006, se puede consultar el saldo de puntos accediendo a la web de la Dirección General de Tráfico, www.dgt.es.

Cuando se pierden puntos se pueden recuperar parcialmente, por dos vías distintas: superando un curso o dejando de cometer infracciones que supongan pérdida de puntos. Mediante la superación de un curso de sensibilización y reeducación vial de doce horas, se podrán recuperar hasta un máximo de 6 puntos (desde el 25 de mayo de 2010). Este curso solo se puede hacer una vez cada dos años, excepto los conductores profesionales, que podrán llevar a cabo el curso todos los años.

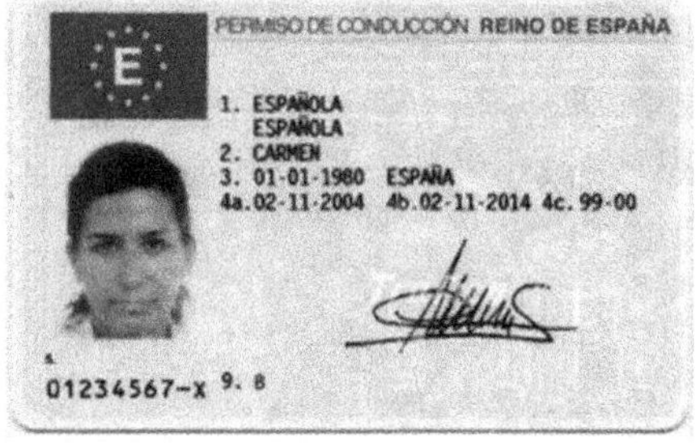
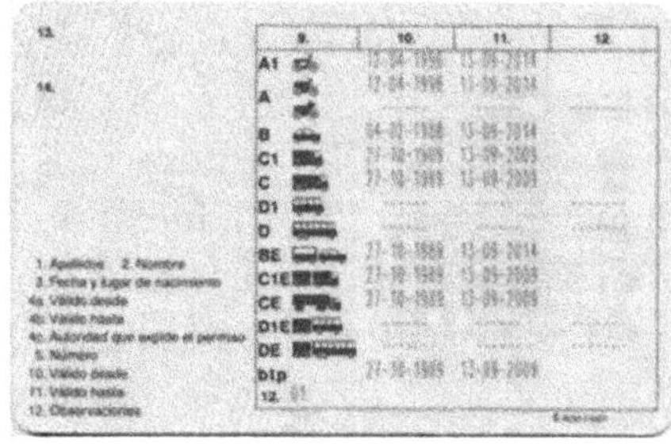

Figura 1. Modelo de permiso de conducir.

Si no se pierden más puntos en un plazo de dos años, se recupera el crédito inicial de 12 puntos, salvo que la pérdida parcial de puntos se debiera a la comisión de infracciones muy graves, en cuyo caso se deberá esperar tres años.

Si un conductor se ha quedado sin puntos y ha perdido el permiso, podrá recuperarlo de la siguiente manera: después de seis meses desde que se le haya notificado la pérdida del permiso podrá obtener uno nuevo superando un curso de reeducación y sensibilización y una prueba teórica en la Jefatura de Tráfico. Además, no recupera los 12 puntos, sino que empieza con 8. Pero si el conductor es reincidente y pierde su permiso por segunda vez, deberá esperar un año para volver a conducir.

Los cursos de reeducación son de formación vial y se impartirán en centros concertados. Su objetivo es sensibilizar a los conductores sobre la implicación que todos tenemos en los accidentes. En estos cursos habrá temas comunes para todos los conductores, donde se hablará de cultura y educación vial, fomentando el debate y la reflexión, y temas específicos para cada conductor, en los que se tratarán las materias que más afecten a cada uno.

Cuando se comete una infracción, los puntos no se pierden inmediatamente, sino cuando la sanción sea firme, es decir:

1. Si no se presenta recurso administrativo, cuando pase un mes desde que se haya recibido la resolución sancionadora.
2. Si se presenta, cuando se notifique la resolución del recurso.

Los conductores profesionales pierden los puntos con las mismas infracciones que el resto de conductores, aunque hay ciertos aspectos que deberán tener en cuenta:

- La tasa de alcohol permitida, en este caso, es menor que para otros conductores.
- Si se excede en más de un 50 % los tiempos de conducción o se reduce en más de un 50 % los de descanso, se restan puntos.

Si pierden su permiso, tendrán que esperar tres meses la primera vez para poder recuperar el permiso, y seis meses, la segunda. También será obligatorio que hagan el curso de sensibilización y reeducación vial y superen una prueba teórica en la Jefatura de Tráfico. Solo dispondrán de un crédito de 8 puntos en el nuevo permiso obtenido.

Los conductores noveles, con menos de tres años de antigüedad en su permiso, empezarán con 8 puntos y, si en dos años no han perdido ningún punto pasarán a tener 12 puntos. En el caso de conductores noveles, también la tasa de alcohol permitida es menor que para otros conductores.

Con la reforma de la Ley de Tráfico de 2010, las infracciones por las que se pueden perder puntos pasan de ser 27 a solamente 20 (véase la tabla 2).

En cuanto a los excesos de velocidad, los puntos que se pueden perder varían en función del exceso cometido (véase la tabla 3).

Infracción	Puntos
1. Conducir con una tasa de alcohol superior a la reglamentariamente establecida:	
Valores mg/l aire espirado, más de 0,50 (profesionales y titulares de permisos de conducción con menos de dos años de antigüedad más de 0,30 mg/l)	6
Valores mg/l aire espirado, superior a 0,25 hasta 0,50 (profesionales y titulares de permisos de conducción con menos de dos años de antigüedad más de 0,15 hasta 0,30 mg/l)	4
2. Conducir con presencia de drogas en el organismo	6
3. Incumplir la obligación de someterse a las pruebas de detección de alcohol o de la presencia de drogas en el organismo	6
4. Conducir de forma temeraria, circular en sentido contrario al establecido o participar en carreras o competiciones no autorizadas.	6
5. Conducir vehículos que tengan instalados inhibidores de radares o cinemómetros o cualesquiera otros mecanismos encaminados a interferir en el correcto funcionamiento de los sistemas de vigilancia del tráfico	6
6. El exceso en más del 50 % en los tiempos de conducción o la minoración en más del 50 % en los tiempos de descanso establecidos en la legislación sobre transporte terrestre	4
7. La participación o colaboración necesaria de los conductores en la colocación o puesta en funcionamiento de elementos que alteren el normal funcionamiento del tacógrafo o del limitador de velocidad	6
8. Utilizar, sujetando con la mano, dispositivos de telefonía móvil mientras se conduce	6
9. Arrojar a la vía o en sus inmediaciones objetos que puedan producir incendios o accidentes	4
10. Incumplir las disposiciones legales sobre preferencia de paso, y la obligación de detenerse en la señal de stop, ceda el paso y en los semáforos con luz roja encendida	4
11. Incumplir las disposiciones legales sobre adelantamiento poniendo en peligro o entorpeciendo a quienes circulen en sentido contrario y adelantar en lugares o circunstancias de visibilidad reducida	4
12. Adelantar poniendo en peligro o entorpeciendo a ciclistas o sin dejar la separación mínima de 1,5 m	4
13. No respetar las señales o las órdenes de la autoridad encargada de la regulación, ordenación, gestión, vigilancia y disciplina del tráfico, o de sus agentes	4
14. No mantener la distancia de seguridad con el vehículo que le precede	4
15. No hacer uso, o no hacerlo de forma adecuada, del cinturón de seguridad, sistemas de retención infantil, casco y demás elementos de protección obligatorios	3
16. Conducir un vehículo con un permiso o licencia de conducción que no le habilite para ello	3
17. Conducir un vehículo teniendo suspendida la autorización administrativa para conducir o teniendo prohibido el uso del vehículo que se conduce	3
18. Realizar la maniobra de marcha atrás en autopistas y autovías	4
19. Efectuar el cambio de sentido incumpliendo las disposiciones recogidas en esta Ley y en los términos establecidos reglamentariamente	3
20. Conducir utilizando cualquier tipo de casco de audio o auricular conectado a aparatos receptores o reproductores de sonido u otros dispositivos que disminuyan la atención permanente a la conducción, o manteniendo ajustado entre el casco y la cabeza del usuario dispositivos de telefonía móvil mientras se conduce, o utilizando manualmente navegadores o cualquier otro medio o sistema de comunicación, así como dispositivos de telefonía móvil en condiciones distintas a las previstas en el punto 8	3
21. Conducir vehículos que lleven mecanismos de detección de radares o cinemómetros	3

Tabla 2. Infracciones que provocan la pérdida de puntos del carné de conducir.

30	40	50	60	70	80	90	100	110	120	Puntos
31	41	51	61	71	81	91	101	111	121	–
50	60	70	90	100	110	120	130	140	150	
51	61	71	91	101	111	121	131	141	151	2
60	70	80	110	120	130	140	150	160	170	
61	71	81	111	121	131	141	151	161	171	4
70	80	90	120	130	140	150	160	170	180	
71	81	91	121	131	141	151	161	171	181	6
80	90	100	130	140	150	160	170	180	190	
81	91	101	131	140	151	161	171	181	191	6

(Header spanning columns 30–120: *Límite*)

Tabla 3. Pérdida de puntos del carné de conducir según el exceso de velocidad cometido.

Certificado de aptitud profesional

El certificado de aptitud personal (CAP) está regulado por el Real Decreto 284/2021. Establece que habrá una formación inicial de 280 horas (normal) o de 140 horas (acelerada), además de una formación continua de 35 horas cada cinco años.

Según dicho decreto, han de tener el CAP los conductores de vehículos para los que se necesite permiso de conducir C1, C1+E, C, C+E (camiones con MMA superior a 3.500 kg) y D1, D1+E, D, D+E (autocares de más de nueve plazas).

Pero están exentos de formación inicial –se les convalida– los titulares de carnés «D», expedidos antes del 11 de septiembre de 2008, y los de carnés «C», expedidos antes del 11 de septiembre de 2009. No obstante, estos conductores exentos deberán hacer la formación continua antes de:

Último número del DNI	Carnets tipo «D»	Carnets tipo «C»
1 o 2	10 de septiembre de 2011	10 de septiembre de 2012
3 o 4	10 de septiembre de 2012	10 de septiembre de 2013
5 o 6	10 de septiembre de 2013	10 de septiembre de 2014
7 o 8	10 de septiembre de 2014	10 de septiembre de 2015
9 o 0	10 de septiembre de 2015	10 de septiembre de 2016

La modalidad de formación inicial viene determinada por la edad, principalmente.

Inicial ordinaria de 280 horas	*Inicial acelerada de 140 horas*
–	C1, C1+E con 18 años
C, C+E con 18 años	C, C+E con 21 años
D1, D1+E con 18 años	D1, D1+E con 21 años
D, D+E con 18 años hasta 50 km regular	D, D+E con 21 años
D, D+E con 21 años	D, D+E con 23 años

Para la formación inicial no es necesario tener el permiso de conducir, mientras que para la formación continua sí lo es.

La formación continua, de 35 horas seguidas o bien en bloques de al menos 7 horas, debe ser en el mismo centro y en el mismo año.

Según el anexo V, los exámenes serán de cien preguntas test con cuatro posibles respuestas. Las correctas valen 1 punto y las incorrectas 0,5 puntos negativos. Para aprobar hay que obtener al menos la mitad de la puntuación máxima, es decir, 50 o más puntos. El tiempo para hacer el examen será de dos horas como mínimo.

La convocatoria de exámenes se publicará con un mes de antelación y con un plazo de inscripción de al menos quince días. Se harán al menos seis convocatorias al año, que se pueden publicar juntas.

Finalizado el examen, se expide el certificado y la tarjeta a las personas que hayan aprobado. La tarjeta tiene validez máxima de cinco años y tras hacer la formación continua se expide otra nueva.

El examen deberá hacerse como máximo **un año después** de finalizado el curso correspondiente.

Se puede consultar el saldo de puntos entrando en la web de la Dirección General de Tráfico (www.dgt.es/portal/es/oficina_virtual/permiso_por_puntos).

Tema 8.2

Normas de circulación

Límites de velocidad máxima

Las velocidades máximas están reguladas por el Real Decreto 965/2006, de 1 de septiembre (BOE de 5 septiembre 2006) por el que se modifica el reglamento general de circulación, aprobado por Real Decreto 1428/2003. Las limitaciones se establecen en función del tipo de vía y de los vehículos, y son las siguientes:

1. En autopistas y autovías: turismos y motocicletas, 120 km/h; autobuses, vehículos derivados de turismo y vehículos mixtos adaptables, 100 km/h; camiones, vehículos articulados, tractocamiones, furgones y automóviles con remolque de hasta 750 kg, 90 km/h; resto de automóviles con remolque, 80 km/h.
2. En carreteras convencionales señalizadas como vías para automóviles y en el resto de carreteras convencionales, siempre que estas últimas tengan un arcén pavimentado de 1,50 m o más de anchura, o más de un carril para alguno de los sentidos de circulación: turismos y motocicletas, 100 km/h; autobuses, vehículos derivados de turismo y vehículos mixtos adaptables, 90 km/h; camiones, tractocamiones, furgones, vehículos articulados y automóviles con remolque, 80 km/h.
3. En el resto de las vías fuera de poblado: turismos y motocicletas, 90 km/h; autobuses, vehículos derivados de turismo y vehículos mixtos adaptables, 80 km/h; camiones, tractocamiones, furgones, vehículos articulados y automóviles con remolque, 70 km/h.
4. En vías urbanas. Vías con plataforma única de calzada y acera: 20 km/h. Vías con un único carril por sentido: 30 km/h, y vías de dos o más carriles por sentido: 50 km/h.

Velocidad mínima

La velocidad no debe ser inferior a 60 km/h en autopistas y autovías. En el resto de vías, debe ser como mínimo la mitad de la genérica; por esta razón en una autopista no pueden circular vehículos de tracción animal, bicicletas, ciclomotores ni vehículos de minusválidos.

Prioridades de paso

Cuando existan obras o estrechamientos, tiene prioridad de paso el vehículo que haya entrado primero y, en caso de duda, el que tenga más dificultad en maniobrar. En las pendientes, tiene prioridad de paso el vehículo que circula en sentido ascendente.

Cargas indivisibles

Si sobresalen más de lo permitido, el transporte debe hacerse con una autorización especial (itinerarios, horarios, señalización, etc., en la propia autorización). Se debe utilizar, de día y de noche, una señal luminosa rotativa, color amarillo auto, visible a 100 m.

La carga que sobresalga, sin exceder los máximos permitidos, debe ir señalizada con paneles de 50 × 50 cm, con franjas diagonales rojas y blancas.

Distancia entre vehículos

Los vehículos de más de 3,5 t de MMA y los que tengan más de 10 m de largo, deben dejar un espacio de al menos 50 m con el vehículo que les precede, para facilitar los adelantamientos de otros vehículos. Cuando haya varios carriles o no sea posible adelantar por saturación u otras causas, no será necesario.

Durante un adelantamiento, la distancia entre el vehículo que adelanta y el adelantado no será inferior a 1,5 m.

Alumbrado

Entre la puesta y salida del sol, deben encenderse las luces de posición. Si la vía está insuficientemente iluminada deberán encenderse las luces cortas o de cruce. Si el vehículo circula a más de 40 km/h, se deberán encender luces largas, teniendo en cuenta las reglas de su uso en relación con otros usuarios.

Se entiende por vía insuficientemente iluminada aquella en que no puede leerse la placa de matrícula a 10 m o no se distingue un vehículo pintado de oscuro a 50 m.

En carriles reversibles se usarán, tanto de día como durante la noche, las luces de cruce o cortas.

Adelantamientos

Desde marzo de 2022 quedó eliminada la posibilidad de que los turismos y las motocicletas puedan rebasar en 20 km/h los límites de velocidad en las carreteras convencionales cuando adelanten a otros vehículos.

Alcohol

Cualquier usuario de la vía pública (incluidos ciclistas desde 2004) puede ser sometido a la prueba de alcoholemia.

Se considera positiva cuando el nivel es superior a:

- 0,5 g/l de sangre o bien 0,25 mg/l de aire espirado, como norma general.
- 0,3 g/l de sangre o bien 0,15 mg/l de aire espirado, en vehículos de mercancías de más de 3.500 kg de MMA y cuando se transporten mercancías peligrosas.

Se tiene derecho a solicitar un análisis. Si el conductor no tiene razón lo pagará él, y si resulta negativo, lo paga la Jefatura de Tráfico.

Desde marzo de 2022 los conductores menores de edad de cualquier vehículo (ciclomotores, permiso AM, motos hasta 125 cc, bicicletas y vehículos de movilidad personal) no pueden circular con una tasa de alcohol superior a cero, tanto en sangre como en aire espirado.

El alcoholímetro antiarranque (alcoholock) es obligatorio para los vehículos de transporte de viajeros por carretera matriculados desde el 6 de julio de 2022.

Vehículos largos

Los vehículos de más de 12 m deben llevar en la parte trasera una placa rectangular amarilla con bordes rojos o bien dos placas rectangulares en sus extremos traseros, para información a otros vehículos que pretendan adelantarlos.

Triángulos de preseñalización

Avisan de la inmovilización de un vehículo. Deben colocarse a 50 m del vehículo y que sean visibles a 100 m. Se colocan delante y detrás o solo detrás en vías de un solo sentido.

Una inmovilización por avería tiene la consideración de detención. Cuando se esté repostando combustible, es obligatorio parar el motor del vehículo.

Como se indicó en el tema 7.4, está prohibida la circulación de vehículos con silenciadores incompletos, inadecuados o deteriorados, que contaminen y hagan excesivo ruido.

Desde julio de 2021 la señal luminosa V-16 sustituyó a los triángulos. Y a partir de 2026 la señal V-16 debe ser, además, geolocalizable.

Para más información, se puede consultar la web de la Dirección General de Tráfico (www.dgt.es/portal/en/normas_legislacion/ley_trafico).

Tema 8.3
Seguridad en la conducción

Elementos de la seguridad vial

Los elementos con que está equipado un vehículo para conseguir una mayor seguridad en su conducción conforman lo que se denomina seguridad activa y pasiva.

Seguridad activa

Son aquellos elementos sobre los que el conductor puede actuar, como los frenos, la dirección, los limpiaparabrisas y los neumáticos (por ejemplo, acelerando). Se refiere a los elementos que sirven para impedir o evitar un accidente.

Seguridad pasiva

Son los que forman parte de la estructura del vehículo, como el cinturón de seguridad, la carrocería y los limitadores de velocidad. Son los elementos sobre los que no puede actuar el conductor, o que una vez se produce un accidente, hacen que este sea lo menos lesivo posible para el conductor o terceros.

Factores que inciden en la seguridad

- *Psicofísicos:* son los que dependen del conductor (sueño, cansancio, alcohol, tiempo percepción y reacción).
- *Complementarios:* dependen del vehículo (falta de mantenimiento, averías, etc.).
- *Ambientales:* son los que dependen de la vía (lluvia, nieve, niebla).

Cinturones de seguridad

El uso de los cinturones de seguridad está regulado por el reglamento general de circulación, aprobado por Real Decreto 1428/2003, que ha sido modificado por el Real Decreto 965/2006 (BOE de 5 septiembre 2006).

Adultos

Se utilizarán cinturones de seguridad u otros sistemas de retención homologados, correctamente abrochados, tanto en la circulación por vías urbanas como interurbanas:

a) Por el conductor y los pasajeros:

- De los turismos.
- De aquellos vehículos con masa máxima autorizada de hasta 3.500 kg que, conservando las características esenciales de los turismos, estén dispuestos para el transporte, simultáneo o no, de personas y mercancías.
- De las motocicletas y motocicletas con sidecar, ciclomotores, vehículos de tres ruedas y cuadriciclos, cuando estén dotados de estructura de protección y cinturones de seguridad y así conste en la correspondiente tarjeta de inspección técnica.

b) Por el conductor y los pasajeros de los asientos equipados con cinturones de seguridad u otros sistemas de retención homologados de los vehículos destinados al transporte de mercancías y de los vehículos mixtos.

c) Por el conductor y los pasajeros de más de tres años de edad de los asientos equipados con cinturones de seguridad u otros sistemas de retención homologados de los vehículos destinados al transporte de personas de más de nueve plazas, incluido el conductor.

De esta obligación deberá informarse a los pasajeros por parte del conductor del vehículo, o bien por el guía o la persona encargada del grupo, a través de medios audiovisuales o mediante letreros o pictogramas colocados en lugares bien visibles de cada asiento.

Menores

La utilización de los cinturones de seguridad y otros sistemas de retención homologados por determinadas personas en función de su talla y edad, excepto en los vehículos de más de nueve plazas, incluido el conductor, se ajustará a las siguientes prescripciones:

a) Respecto de los asientos delanteros del vehículo:

Queda prohibido circular con menores de doce años situados en los asientos delanteros del vehículo, salvo que utilicen dispositivos homologados al efecto.

Excepcionalmente, cuando su estatura sea igual o superior a 135 cm, los menores de doce años podrán utilizar como tal dispositivo el propio cinturón de seguridad para adultos de que estén dotados los asientos delanteros.

b) Respecto de los asientos traseros del vehículo:

1. Las personas cuya estatura no alcance los 135 cm deberán utilizar obligatoriamente un dispositivo de retención homologado adaptado a su talla y a su peso.
2. Las personas cuya estatura sea igual o superior a 135 cm y no supere los 150 cm, podrán utilizar indistintamente un dispositivo de retención homologado adaptado a su talla y a su peso o el cinturón de seguridad para adultos.

c) Los niños no podrán utilizar un dispositivo de retención orientado hacia atrás instalado en un asiento del pasajero protegido con un *airbag* frontal, a menos que haya sido desactivado, condición que se cumplirá también en el caso de que dicho *airbag* se haya desactivado adecuadamente de forma automática.

Los pasajeros de más de tres años de edad cuya estatura no alcance los 135 cm, deberán utilizar los cinturones de seguridad u otros sistemas de retención homologados instalados en los vehículos de más de nueve plazas, incluido el conductor, siempre que sean adecuados a su talla y peso.

En los vehículos que no estén provistos de dispositivos de seguridad no podrán viajar niños menores de tres años de edad. Además, los mayores de tres años que no alcancen los 135 cm de estatura deberán ocupar un asiento trasero.

Limitador de velocidad

Los vehículos para transporte de personas de más de nueve plazas y MMA superior a 10 t tendrán limitada la velocidad a 100 km/h.

Los vehículos de transporte de mercancías con MMA superior a 3,5 t tendrán limitada la velocidad a 90 km/h.

Estas limitaciones no se aplican a vehículos de policía, protección civil, emergencias, etc.

La red viaria

Forman parte de la red viaria los caminos que sean de uso permanente y servicio público, que tengan un ancho de plataforma de al menos tres metros y que tengan obras para salvar los accidentes del terreno. Las carreteras se clasifican en cuatro categorías principales:

- *Autopista:* no tiene acceso a propiedades colindantes, ni cruces a nivel y dispone de diferentes calzadas para cada sentido, separadas por una mediana.
- *Autovía:* tiene calzadas separadas y limitación de acceso a propiedades colindantes, pero no tiene el resto de características propias de la autopista.
- *Vía rápida:* tiene una sola calzada para ambos sentidos y limitación de acceso a propiedades colindantes. Su señalización es en color verde.
- *Carreteras convencionales* son el resto.

Pueden ser, según su dependencia, estatales y autonómicas. Las estatales tienen placas señalizadoras de color rojo, las autonómicas de categoría 1, de color naranja, las autonómicas de categoría 2, de color verde y las autonómicas de categoría 3, amarillo.

- Los cruces de autopistas, autovías y vías rápidas estatales se harán a distinto nivel.
- Los carriles de circulación lenta no se cuentan como carriles de una carretera.
- Los caminos forestales y privados no se consideran carreteras.

Para medir la intensidad de circulación en un punto determinado de una carretera se utilizan dos conceptos: IMD (intensidad media diaria) o bien IMH (intensidad media horaria).

En un mapa, la escala es la proporción que existe entre la realidad y dicho mapa, de manera que cualquier distancia en el mapa habrá que multiplicarla por la escala para obtener la distancia real, y dividir por esa escala si pretendemos conocer la distancia que tendría en el mapa una distancia real dada.

Los relieves se señalizan mediante curvas de nivel y colores. En un mapa de carreteras, los puertos con problemas de nieve están representados por un círculo azul.

Actuación en accidentes si estamos implicados

En esta situación, hemos de detenernos sin crear un peligro para la circulación, intentar mantener y restablecer la seguridad de la circulación y comunicar nuestra identidad a otros implicados, si se nos solicita.

También hemos de dar cuenta a la autoridad y no abandonar el lugar hasta ser autorizados a hacerlo.

En general, ante un accidente, debe conservarse la calma y proteger a las víctimas de otros posibles daños.

Forma de ayudar a una víctima de un accidente de tráfico

Para auxiliar a un accidentado hemos de seguir estas directrices:

- No tirar de sus miembros para sacarlo del vehículo si ha quedado atrapado en el interior.
- El conjunto cabeza-cuello-tronco debe formar un bloque rígido.
- Tumbar de lado al herido, sin nada bajo la cabeza y con la pierna superior flexionada.
- Los heridos conscientes, si respiran ansiosamente y con dificultad, ponerlos semisentados.
- Si un herido está aprisionado, retirar los objetos que lo opriman antes que nada.
- No se debe hacer caminar a un herido, ni darle comida ni bebida. Como única excepción están los quemados, a quienes se les puede dar agua.
- Se debe aflojar cualquier prenda que oprima el pecho o el cuello.
- Se debe tranquilizar al herido. Si no reacciona cuando se le habla o pellizca puede estar inconsciente o haber muerto.
- A cualquier herido se le debe proteger del frío como norma general.

Pulso carotídeo

Es la forma de saber si a un herido le late el corazón y se toma en el cuello.

Hemorragias

Son la causa más frecuente de *shock* en los accidentes de tráfico. La forma de controlar una hemorragia es presionando directamente sobre la herida. Si un apósito o una gasa se empapan de sangre, no debe retirarse, sino poner otro limpio encima.

Ante una hemorragia arterial que no se puede atajar de ninguna otra manera, se puede aplicar el torniquete, siempre por encima de la herida. No obstante, no debe aplicarse nunca más de dos horas y es una decisión delicada, puesto que existe el riesgo de gangrena.

Respiración asistida

Se debe colocar al accidentado boca arriba, con la cabeza inclinada hacia atrás para abrir las vías respiratorias. Acto seguido, pinzar la nariz e insuflarle aire por la boca a razón de unas diez o doce veces por minuto, es decir, una vez cada cinco o seis segundos. El reanimador debe descansar unos segundos mientras expulsa el aire y volver a repetir.

Quemaduras

Las quemaduras se clasifican en tres grados, según su gravedad.

- *Primer grado:* hay un enrojecimiento de la parte externa de la piel. Es muy dolorosa.
- *Segundo grado:* la parte inferior de la piel se quema y forma ampollas.
- *Tercer grado:* la piel está calcinada por completo, con destrucción de tejidos y vasos.

A un quemado no se le deben retirar las ropas y se le puede dar agua, de manera excepcional.

Observación y vigilancia de heridos

Podemos encontrarnos en esta situación desde que se dé aviso a una ambulancia hasta que esta llegue. En tal caso, debemos fijarnos en cinco puntos:

- *Pulso:* si es lento y débil o excesivamente rápido e irregular. Un pulso normal está entre 60 y 80 latidos/min.
- *Respiración:* lo normal es respirar unas 12 veces/min. Debe alertarnos la excesiva lentitud o rapidez.
- *Color de la piel, labios y uñas:* piel pálida puede ser debida a hemorragias internas y graves estados de *shock*. Labios azulados y uñas amoratadas denotan dificultad en la oxigenación de la sangre.
- *Temperatura de la piel:* los heridos tienden a enfriarse, incluso a pleno sol. Una frialdad progresiva es signo alarmante. Se debe abrigar bien al herido.
- *Tamaño de las pupilas:* las pupilas dilatadas y que no reaccionan al recibir luz denotan un grave peligro. Tener las pupilas desiguales es un mal síntoma, y casi siempre indican la existencia de lesiones en el cerebro.

Nuevas normas desde enero de 2004

- No se permite el uso de teléfonos móviles, salvo los de manos libres sin auriculares.

- No se permite el uso de pantallas con imágenes, salvo GPS y similares.
- Tanto la radio como el móvil deben estar apagados al repostar.
- Se prohíbe el uso de detectores de radar así como hacer señales luminosas a otros usuarios advirtiendo la presencia de agentes.
- Uso obligatorio de luces de avería cuando haya peligro de alcance entre vehículos.
- Los autobuses con viajeros de pie, no podrán exceder la velocidad de 80 km/h.
- El chaleco reflectante será obligatorio.
- No se permite a los peatones y autoestopistas circular por autopista ni tampoco por autovías.

Manual del transporte de mercancías

Jaime Mira, David Soler

Prevención de riesgos laborales: Personal de transporte y estiba

Alba Ramírez Soriano,
Eva María Hernández Ramos

Prevención de riesgos laborales: Personal de reparto y de conducción

Alba Ramírez Soriano

Logística urbana. Manual para operadores logísticos y administraciones públicas

Ignasi Ragàs

Manual del transporte en contenedor

Jaime Rodrigo de Larrucea

Transporte de mercancías por carretera. Manual de competencia profesional

José Manuel Ruiz Rodríguez

Manual del transporte de mercancías por carretera

José Manuel Ruiz Rodríguez

Técnicas para ahorrar costos logísticos. Aurum 2

Luis Carlos Hernández Barrueco

Título de transportista

Francisco Martín, M. Teresa Maza, María J. de la Maza, Antonio Muñoz

Manual de gestión de tráfico de mercancías
Rut Castell

Cómo desarrollar la carga aérea en aeropuertos
Javier Arán Iglesia

Cadena de suministro. Principios, máximas y recomendaciones
Luis A. Mora García

Transporte ferroviario de mercancías
Miguel Ángel Dombriz

Gestión documental del transporte por carretera
Eva María Hernández Ramos

Micrologística
Rodolfo Enrique Silvera Escudero

Transporte marítimo de mercancías. Los elementos clave, los contratos y los seguros
Rosa Romero, Alfons Esteve

Normativa de estiba en carretera. Claves, soluciones y modelos para estibar y trincar cargas
Eva María Hernández Ramos

Estiba y trincaje de las mercancías en contenedor
Francisco Fernández Sasiaín

MARGE BOOKS

València, 558 – 08026 Barcelona – Tel. +34-931 429 486 – marge@margebooks.com – www.margebooks.com